21世纪应用型本科会计系列规划教材

成本会计

（第三版）

Chengben Kuaiji

鲁亮升　庞碧霞　编著

东北财经大学出版社
Dongbei University of Finance & Economics Press
大连

图书在版编目（CIP）数据

成本会计 / 鲁亮升，庞碧霞编著．—3版．—大连：东北财经大学出版社，2020.8（2022.7重印）
（21世纪应用型本科会计系列规划教材）
ISBN 978-7-5654-3897-4

Ⅰ.成…　Ⅱ.①鲁…②庞…　Ⅲ.成本会计-高等学校-教材
Ⅳ.F234.2

中国版本图书馆CIP数据核字（2020）第121291号

东北财经大学出版社出版
（大连市黑石礁尖山街217号　邮政编码　116025）
网　址：http://www.dufep.cn
读者信箱：dufep@dufe.edu.cn

大连雪莲彩印有限公司印刷　　东北财经大学出版社发行

幅面尺寸：170mm×240mm　字数：416千字　印张：20.25
2020年8月第3版　2022年7月第3次印刷

责任编辑：孙晓梅　责任校对：王　娟
封面设计：冀贵收　版式设计：钟福建

定价：48.00元

第三版前言

本书第二版出版以来，财政部印发了《事业单位成本核算基本指引》（2019年12月17日）、《关于加强国家统一的会计制度贯彻实施工作的指导意见》（2019年10月22日）、《关于修订印发2019年度一般企业财务报表格式的通知》（2019年4月30日）、《企业产品成本核算制度——电网经营行业》（2018年1月5日）等规范性文件，修订或新发布了多项企业会计准则，为本书修订提供了依据。

本次修订的主要内容有：

（1）根据成本会计的新发展，增加了有关工业互联网的论述。

（2）将成本项目中的“燃料及动力”修改为“燃料和动力”。

（3）修改、完善了职工福利费、职工教育经费等的计算，重新设计了有关职工薪酬核算的案例。

（4）修改、完善了管理费用明细表、财务费用明细表的内容。

（5）修改、完善了有关战略成本管理的案例。

（6）对有关文字表述进行了修改和润色。

本书第一章至第四章和第十一章至第十三章由庞碧霞教授修订，第五章至第十章由鲁亮升教授修订。

欢迎广大读者对书中存在的错误和不足批评指正，如有意见和建议，请致信lulsheng@163.com。

编著者

2020年6月

第三版前言

目　录

第一章　总　论 …… 1
学习目标 …… 1
导入案例 …… 1
第一节　成本的意义 …… 1
第二节　成本会计的形成与发展 …… 6
第三节　成本会计的含义和内容 …… 9
第四节　成本会计工作组织 …… 13
本章重点与难点 …… 15
基本训练 …… 15
第二章　成本核算概述 …… 17
学习目标 …… 17
导入案例 …… 17
第一节　生产费用的分类 …… 17
第二节　成本核算对象 …… 22
第三节　成本核算的原则与基本要求 …… 25
第四节　成本核算的一般程序 …… 32
本章重点与难点 …… 36
基本训练 …… 36
第三章　制造企业生产费用的归集与分配 …… 38
学习目标 …… 38
导入案例 …… 38
第一节　材料费用的归集与分配 …… 38
第二节　职工薪酬的归集与分配 …… 47
第三节　辅助生产费用的归集与分配 …… 55
第四节　制造费用的归集与分配 …… 65
第五节　生产损失的归集与分配 …… 71
第六节　生产费用在完工产品和期末在产品之间的分配 …… 77
本章重点与难点 …… 88
基本训练 …… 88

第四章 产品成本核算的品种法 …… 90
学习目标 …… 90
导入案例 …… 90
第一节 品种法概述 …… 90
第二节 品种法举例 …… 92
本章重点与难点 …… 100
基本训练 …… 100
第五章 产品成本核算的分批法 …… 102
学习目标 …… 102
导入案例 …… 102
第一节 分批法概述 …… 102
第二节 简化分批法 …… 108
本章重点与难点 …… 112
基本训练 …… 113
第六章 产品成本核算的分步法 …… 115
学习目标 …… 115
导入案例 …… 115
第一节 分步法概述 …… 115
第二节 逐步结转分步法 …… 118
第三节 平行结转分步法 …… 133
本章重点与难点 …… 139
基本训练 …… 140
第七章 产品成本核算的分类法和定额法 …… 142
学习目标 …… 142
导入案例 …… 142
第一节 产品成本核算的分类法 …… 142
第二节 产品成本核算的定额法 …… 152
本章重点与难点 …… 165
基本训练 …… 165
第八章 作业成本法 …… 168
学习目标 …… 168
导入案例 …… 168
第一节 作业成本法概述 …… 168
第二节 作业成本法的应用 …… 174
本章重点与难点 …… 179
基本训练 …… 180
第九章 其他行业成本核算 …… 181
学习目标 …… 181

导入案例 …… 181
第一节 农业企业成本核算 …… 182
第二节 物流企业成本核算 …… 190
第三节 建筑企业成本核算 …… 195
本章重点与难点 …… 202
基本训练 …… 203
第十章 成本报表和成本分析 …… 205
学习目标 …… 205
导入案例 …… 205
第一节 成本报表 …… 205
第二节 成本分析 …… 216
本章重点与难点 …… 238
基本训练 …… 238
第十一章 成本预测、成本决策和成本计划 …… 240
学习目标 …… 240
导入案例 …… 240
第一节 成本预测 …… 240
第二节 成本决策 …… 253
第三节 成本计划 …… 267
本章重点与难点 …… 280
基本训练 …… 280
第十二章 成本控制和成本考核 …… 283
学习目标 …… 283
导入案例 …… 283
第一节 成本控制 …… 283
第二节 成本考核 …… 297
本章重点与难点 …… 302
基本训练 …… 302
第十三章 战略成本管理 …… 303
学习目标 …… 303
导入案例 …… 303
第一节 战略成本管理概述 …… 303
第二节 战略成本管理的基本内容 …… 306
本章重点与难点 …… 313
基本训练 …… 313

第一章　总　论

学习目标

通过对本章内容的学习，在知识方面，了解成本会计的产生与发展历程，理解成本的经济内涵，熟悉成本会计的职能和成本会计的工作组织，了解成本会计的指导规范，为学习后面各章打下必要的理论基础。

导入案例

张奎和李江大学毕业后自己创业，合伙开办了一家服装厂，他们聘请了30名技术工人和10名管理人员。经过4个月的筹建，服装厂开始投产，进行生产经营。其中，筹建期内发生员工薪酬6万元、办公费2万元、差旅费2万元、业务费3万元，购入一批新型生产设备120万元（可用5年）、办公设备12万元（可用4年），支付借款利息2.5万元、注册登记费1万元；当年生产经营6个月，发生服装生产用材料费60万元，支付服装设计费3万元、职工薪酬40万元（其中行政管理人员薪酬12万元）、产品广告费3万元，支付罚款2万元，产品收入200万元。

思考：如果你是该厂一名成本会计管理人员，你认为应该如何设置成本核算岗位？如何制定企业内部的成本核算制度？该厂服装的成本应该包括哪些内容？如何区分该厂的支出、费用和成本？该厂投产的这半年是否有盈利？你认为该厂服装应该如何定价？

第一节　成本的意义

一、成本的经济内涵

成本是商品生产的产物。随着生产的不断发展、社会经济管理水平的不断提高以及会计体制改革的不断深化，人们对成本的认识也在不断深入。

（一）成本的一般概念

要准确地理解什么是成本，首先要了解什么是支出、什么是费用。支出、费用、成本是相互联系而又相互区别的概念。在这三个概念中，“支出”这个概念的范围最大。一个会计主体在一定时期内发生的，能以货币表现的一切开支及耗费，统称为支出。一般地说，企业的支出有收益性支出、资本性支出、营业外支出、利润分配支出和偿债性支出。收益性支出是指支出的效益只与本会计年度相关的支出，如企业支付的工资、水电费等。资本性支出是指支出的效益与几个会计年度相关的支出，如企业购建固定资产、无形资产和其他资产的支出以及对外投资支出等。营业外支出是指与企业生产经营活动没有直接关系的支出，一般不经常发生，如自然灾害造成的财产损失等。利润分配支出是指在利润分配环节发生的支出。偿债性支出是指为偿还各种债务而发生的支出。支出是企业成本、费用的来源，所有的成本、费用归根到底都是企业的支出。

费用是某个会计主体在一定时期内为取得营业收入而发生的各种资金耗费。美国财务会计准则委员会第6号概念公告将费用定义为：某一个体在其持续的、主要或核心业务中，因交付或生产了货品、提供了劳务或进行了其他活动而付出的其他耗用资产或因而承担的负债（或两者兼而有之）。我国《企业会计准则》将费用定义为：企业在日常活动中发生的、会导致所有者权益减少的、与向所有者分配利润无关的经济利益的总流出。显然，这两个定义都强调费用是正常经营活动中发生的各种资金耗费，通常表现为资产的减少或负债的增加。不能产生营业收入的耗费不是费用，而是损失。可见，费用的范围比支出要窄一些，利润分配支出、偿债性支出和营业外支出都不属于费用，只有收益性支出可直接表现为费用。资本性支出中有一部分（如购建固定资产、无形资产和其他资产的支出等）可随着生产经营活动的不断进行而分期转化为费用，资本性支出中的另一部分（如对外投资支出）则不属于生产经营活动的资金耗费，不能作为费用处理，因此，费用又称为生产经营费用。

成本有广义和狭义之分。美国会计学会在成本概念与标准报告中给成本下的定义为："成本是为了实现一定的目的而付出的（或可能要付出的），用货币测定的价值牺牲。"这个概念通常被认为是广义的成本概念，表现为费用目的化或费用对象化。例如，购买机器设备、原材料等发生的资金耗费构成了资产的采购成本；企业为筹集资金而发生的资金耗费形成了筹资成本；教育部门的资金耗费对象化后，可以计算出培养一个学生的平均成本；科研部门的资金耗费对象化后，可以计算出科研课题的研究成本；物质生产部门为生产产品而发生的资金耗费归集后，可以计算出产品的制造成本。成本会计所要研究和探讨的是具有典型意义的物质生产部门为制造产品而发生的资金耗费，即产品成本。

产品成本是企业为生产（制造）一定种类和数量的产品所发生的各项耗费的总和。这个概念一般被认为是狭义的成本概念。产品成本的内容因企业采用的成本核算方法不同而有所区别。在全部成本法下，产品成本是产品在生产经营过程中因产品制造、生产组织和管理而发生的全部生产经营费用的总和。此时，产品成本和费用所包含的内容基本是一致的，所不同的是费用强调发生的期间，产品成本强调费用对象化于产品。在制造成本法下，产品成本是与企业产品生产活动关系最直接、最密切的费用。产品成本是企业在产品生产（制造）过程中各个生产单位（车间或分厂）所发生的生产费用。因此，产品成本也称为产品生产成本或产品制造成本。与企业产品生产活动没有直接关系或关系不很密切的生产经营费用作为期间费用，直接计入当期损益。目前，我国采用的是世界各国普遍采用的制造成本法。

（二）成本的理论概念

成本作为一个价值范畴，是商品生产发展到一定阶段的产物。马克思在对资本主义经济条件下的商品生产进行分析时指出，“按照资本主义方式生产的每一个商品W的价值，用公式表示是W=C+V+M。如果从这个产品价值中减去剩余价值M，那么在商品中剩下的，只是一个在生产要素上耗费的资本价值C+V的等价物或补偿价值”，“商品价值的这个部分，即补偿所消耗的生产资料价格和所使用的劳动力价格的部分，只是补偿商品使资本家自身耗费的东西。所以对资本家来说，这就是商品的成本价格”。马克思称为商品的“成本价格”的那部分商品价值指的就是商品成本，我们称之为理论成本。

我国实行社会主义市场经济体制，企业作为自主经营、自负盈亏的商品生产者和经营者，一方面要向社会提供必要的商品来满足社会的一定需要；另一方面要以产品的销售收入来补偿企业在商品生产过程中所发生的各种劳动耗费，并取得盈利。只有这样，企业才能发展，社会才能进步，因此在社会主义市场经济中，商品价值、成本、利润等这些经济范畴仍然有其存在的客观必然性，只是它们所体现的社会经济关系与资本主义市场经济有所不同。

根据马克思关于商品经济的理论，在社会主义市场经济条件下，产品的价值仍然由三部分组成：①在生产过程中耗费的生产资料（包括劳动资料和劳动对象），即物化劳动的转移价值（C）；②劳动者活劳动消耗所创造的价值中归个人支配、主要以工资薪酬形式支付给劳动者的劳动报酬（V）；③劳动者活劳动消耗所创造的价值中归社会支配、主要以利润形式进行分配的部分（M）。从理论上讲，前两部分（C+V）是商品价值中的补偿部分，构成商品的成本，因此，产品成本是指生产一定种类和数量的产品所耗费的物化劳动和劳动者为自己的劳动所创造的价值的货币表现。这个概念反映了产品成本的经济性质。

需要指出的是，马克思的成本理论界定的只是一个抽象的理论成本。理论成本不考虑生产经营活动中偶然因素和异常情况的消耗，只对正常的物化劳动和活劳动消耗进行货币计量。现实经济活动是以理论成本为指导，根据国家宏观调控和微观管理的要求来选择确定成本内容的范围的。从国家宏观管理的角度考虑，国家通过有关法规制度确定成本开支范围是为了保证企业成本核算口径一致，保证成本的可比性。成本开支范围明确规定了哪些费用允许计入产品成本、哪些费用不允许计入产品成本。从微观管理的角度考虑，为了简化成本核算工作，某些难以按产品归集但又属于企业物化劳动和活劳动耗费的部分，如管理费用、财务费用、销售费用，不计入产品成本，而是作为期间费用计入当期损益。同时，为了加强经济核算，节约生产耗费，减少生产损失，某些不形成商品价值的损失性支出（如工业企业的废品损失、季节性和修理期间的停工损失等）以及劳动者为社会劳动所创造的某些价值（如财产保险费等），也作为生产费用计入产品成本。产品成本核算可以理解为资金补偿的需要，也有利于企业改进生产技术，改善经营管理，合理使用资金，减少废品，降低成本，提高经济效益。可见，实际成本可以像商品价格背离价值一样背离理论成本。当然，必须严格限制实际成本与理论成本的背离；否则，产品成本的计算就失去了理论依据。

【同步链接1-1】

现行财务制度规定，应计入产品成本的项目包括：

（1）生产经营过程中为制造产品所消耗的原材料、辅助材料、备品配件、外购半成品、燃料、包装物的原价和运输、装卸、整理等费用；

（2）企业直接从事产品生产人员的工资、奖金、津贴和提取的其他职工薪酬费用等；

（3）生产性固定资产的折旧费、租赁费（不包含融资租赁费）、修理费以及低值易耗品等周转材料的摊销费；

（4）因生产原因发生的废品损失、季节性和修理期间的停工损失等；

（5）为组织和管理生产而发生的办公费、取暖费、水电费、差旅费、运输费、保险费、设计制图费、实验检验费、劳动保护费等；

（6）其他为组织、管理生产活动所发生的制造费用。

（三）成本的多维概念

著名会计学家杨纪琬教授认为，会计学的成本又可分为财务成本和管理成本。财务成本就是前面提到的狭义成本概念，而管理成本则是“企业内部为了提高经营管理水平，由企业自行计算的成本”。管理成本的目的性十分强烈。“不同的目的，不同的成本”观念将构建起一个多维成本的概念体系，如变动成本与固定成本、直接成本与间接成本、产品成本与期间成本、定额成本与标准成本、计划成本与历史成本、差别成本与边际成本、机会成本与应负成本、沉没成本、重置成本与付现成本、责任成本、可控成本与不可控成本、可避免成本与不可避免成本、可延缓成本与不可延缓成本、相关成本与无关成本等。

20世纪80年代末，作业成本、质量成本、资本成本、环境成本、战略成本等新的成本概念出现。

这些都是微观经济领域的管理者们为适应某一管理要求而运用的成本概念。现在，成本的概念还广泛应用于宏观经济领域，如我们常说的经济改革成本、社会责任成本、产业结构调整成本、环境治理成本、人力资源发展成本、教育成本等。这一系列的成本概念组成了多维成本概念体系。随着经济的发展，人们还会提出更多的成本概念，以满足不同的需要。

二、成本的作用

成本的经济性质决定了成本在社会主义市场经济条件下具有十分重要的作用。

（一）成本是生产耗费的补偿尺度

成本是以货币形式表现的为生产一定种类和数量的产品而发生的资金耗费。这种耗费必须通过产品销售过程实现产品价值后，从产品销售收入中获得补偿。产品成本是衡量这一补偿份额大小的重要尺度。企业只有按照这个标准补偿生产中的资金耗费，其简单再生产才能顺利进行；否则，企业资金就会短缺，再生产也就无法维持原有的生产规模。

【同步链接1-2】

值得注意的是，成本的价值补偿和实物补偿有时并不一致。在商品经济条件下，价格是价值的货币表现，价格总是围绕价值上下波动，价格与价值经常发生背离，因此成本价格作为补偿价值的货币表现，与其补偿价值也会不一致。例如，材料费用并非所费材料的价值，而是它的价格。在物价不变的情况下，其价格与价值一致；在物价发生较大变化尤其是物价上涨时，按成本价格确定的补偿量与价值补偿就会产生较大的差异，出现补偿不足的现象。这时，按成本价格确定的补偿量就无法满足实物补偿。此外，会计上还有一些无法精确计算的因素使成本价格同客观的补偿价值发生背离，如固定资产磨损价值的计算带有很大的主观性，使成本中的固定资产折旧费用与固定资产实际损耗的价值不一致。因此，产品价值中的补偿价值只构成产品成本的基础，补偿价值与补偿价值的货币表现在量上也允许发生差异。

（二）成本是综合反映企业工作质量的重要指标

成本是货币表现的资金耗费，是一项综合性的经济指标。企业生产经营管理中各方面的工作业绩，如产品设计的好坏，生产工艺的合理程度，固定资产的利用程度，原材料消耗是否合理和节约，劳动生产率的高低，产品质量的优劣，产品产量的增减以及供、产、销各环节是否衔接协调等，都可以通过成本直接或间接地反映出来。通过对成本的考核和分析，可以发现企业在管理中的成功经验和存在的问题，从而有的放矢地加强对企业的管理，充分挖掘潜在的力量，以尽可能少的劳动耗费取得尽可能多的劳动成果。

（三）成本是制定产品价格的重要因素

在商品经济条件下，产品价格是产品价值的货币表现。产品价格的制定应体现价值规律的要求，使其大体上符合其价值。目前人们还无法精确计算产品价值，但可以比较准确地计算产品成本，即计算产品价值中的C+V，这样就可以间接地、相对地反映产品价值。因此，产品成本就成为制定产品价格的重要因素。

当然，产品的定价是一项复杂的工作，应考虑的因素很多，如国家价格政策及其他经济政策、各种产品的比价关系、产品在市场上的供求情况以及市场竞争态势等，产品成本只是制定产品价格必须参考的因素之一。

（四）成本是企业进行决策的重要依据

在市场经济条件下，每一个企业都是在激烈的市场竞争中谋生存、求发展的。企业生存和发展的关键是能否向社会提供既符合社会需要又质优低耗的产品。要做到这一点，企业首先必须进行正确的生产经营决策。进行生产经营决策需要考虑的因素很多，成本是其中的主要因素之一。在产品价格和税收等因素一定的情况下，成本的高低直接影响企业盈利的多少，决定产品在市场上竞争能力的大小，而较低的成本可以使企业在竞争中处于有利地位。企业运用有关的成本资料可以为扩大产量、增加品种、选择加工方式等决策提供依据。

第二节　成本会计的形成与发展

成本会计是现代会计学科的一个重要分支，它是随着商品经济特别是工业生产的产生、发展而逐渐形成并不断完善的。

一、成本会计的萌芽

据史书记载，成本会计最早起源于中世纪的意大利，它是成本计算与复式簿记相结合而产生的。当复式簿记随着资本主义生产方式由商业领域渗透到工业领域时，工业簿记中的简单成本计算就预示着成本会计的萌芽。如意大利著名银行家梅迪奇与其合伙人在佛罗伦萨经营的两个毛纺制品工场采用的工业簿记中，开始分步骤（如挑选、清洗、梳刷等）设置纺织品账户，计算纺织品成本。16世纪中期，著名的荷兰出版商普拉廷在他的账簿中设立了“用纸”账户，该账户类似于现在的原材料账，并为每一本书设立一个账户，记录印刷该书耗用的纸张、工资及其他一切费用。印刷过程结束后，账户中记录的全部费用就是印刷该书的全部成本。应该说，当时的成本会计还只是非常粗简的成本核算，折旧还不是一个普遍使用的概念，也无直接费用和间接费用的划分，虽然有些家族企业在成本计算技术中引进了复式记账法，设置了一些成本明细账，但没有形成一套较为成熟的成本计算理论和体系，它仍是财务会计的一个组成部分。

二、成本会计的发展

成本会计产生以后，在整整几百年的时间里，一直没有引起人们足够的重视。那时，人们仍然看重商业贸易，工业发展较为缓慢，工业基本上还局限于手工作业，因而成本会计并未有突破性的发展。

成本会计作为一门独立的会计分支学科，从19世纪下半叶产生到目前为止，大致经历了以下几个发展阶段：

（一）早期成本会计阶段

现代成本会计最早出现在英国，19世纪的工业革命给成本会计注入了新的活力，使其飞跃发展。工业革命后，机器大生产取代了传统的手工劳动，工厂取代了工场手工作坊，生产效率迅速提高，企业数量增多，产业规模逐渐扩大，企业之间出现竞争，生产成本受到重视，成本计算的一系列方法也应运而生。当时的代表人物巴特比在《优秀的复式簿记人员》一书提出了“主要成本”概念，并把主要成本划分为直接材料费用与直接人工费用两个部分，还提出了直接费用与间接费用的划分方法及“正规折旧制”的方法和概念。卡克和费尔斯在《工厂会计》一书提出了材料、工资、设备、产品等工业成本计算的特有账户。诺顿《纺织工厂簿记》在探讨费用的分类和摊配的基础上提出了制造成本与非制造成本的划分。刘易斯的《工厂的商业组织》进一步提出将制造成本按产品进行分配，非制造成本直接转到损益账户。这一时期成本会计的特点是建立了材料核算和管理办法，建立了工时记录和人工成本计算方法，确立了间接费用的分配方法，明确了制造成本的内容以及核算方法等，但是，这些特点仍局限于成本核算，提供的是历史成本数据。

（二）近代成本会计阶段

20世纪初，随着工业生产规模的进一步扩大和企业间的竞争加剧，业主们在追求产品产量的同时，还追求较低的成本。业主们认为生产过程的管理不仅是对已发生的费用进行核算，更重要的是要对这些费用的发生施加有利的影响，于是开始重视科学管理，特别是生产过程的成本控制，即由以前的成本汇集转变为通过比较实际经营成果和事前设立的标准值来进行成本管理。于是，泰勒的科学管理思想中有了标准成本制度。泰勒标准成本制度的核心在于强调提高工作效率，通过对一项工作的时间研究和动作研究，制定在一定客观条件下既可以实现又有效率的标准。标准制定出来以后就要严格执行，不允许一切不合理的差异。实行标准成本制度后，通过标准成本的制定，对工人的指导、监督，以及对成本差异的计算与分析，企业可以有效控制成本。

标准成本制度的诞生是成本会计发展史上的一个里程碑，它标志着成本会计的发展已经进入了一个新的阶段，标志着企业成本会计已经摆脱了传统的、完全是事后反映的状况，实现了成本核算与成本管理的有机结合，形成了成本管理的雏形。

（三）现代成本会计阶段

第二次世界大战以后，科学技术迅速发展，生产自动化程度大大提高，跨国公司大量涌现，企业规模越来越大，高新技术与世界经济大发展的基本格局已经形成。与此同时，市场竞争愈演愈烈，失业率增加，通货膨胀、银根紧缩，经济危机频繁发生，世界经济的发展迫切要求把现代化自然科学、技术科学和社会科学的一系列成就综合应用到企业管理中。20世纪30年代至40年代，方法论和管理科学理论蓬勃发展，并深刻地影响了20世纪50年代以后的会计学领域：起初是行为科学与系统论、信息论、控制论的影响，随后是耗散结构论、协同论、突变论以及决策论、增长极限论等理论的影响。这些新兴的管理科学成就在成本会计中得到了广泛的应用，形成了与管理现代化相适应的成本会计体系，使成本会计发展到了一个新的阶段。现代成本会计注重成本管理的全过程，强调成本管理不仅要做好生产过程中的成本核算和成本控制，还要做好成本预测、决策和计划，加强成本的事前管理，同时还要注重成本的考核与分析，为成本事前管理提供信息。

这种成本管理的显著特征仍是以“产品”为中心，从企业内部进行成本管理，是就成本论成本，立足于企业的短期成本管理，而未从长远、持续地降低成本的战略上考虑，属于战术性的成本管理，所提供的会计信息已经越来越不能满足企业生产发展的需要。

（四）成本会计的新发展

20世纪80年代以来，高新技术飞速发展，尤其是信息技术的崛起，极大地提高了社会生产力，促进了社会经济的发展。社会的进步与生活质量的提高使得消费需求多样化、个性化。企业新产品层出不穷，而顾客对产品质量也日益苛求。市场竞争日趋激烈，特别是国际分工合作日趋密切，使得市场竞争近似残酷。客观环境迫使企业在不断更新观念的同时，研究、吸收企业管理的新理念、新方法，提高企业管理的层次和水平。人们开始重视各种专项成本核算与管理，如质量成本管理、人力资源成本管理等。企业为了争夺市场和生存发展空间，在经营管理中将短期目标转向长期目标，由专业化职能性经营管理转向全局性决策和管理，将管理活动提高到战略层次，于是作业成本法和战略成本管理应运而生。

随着计算机辅助设计、计算机辅助制造、计算机辅助测试手段的广泛应用以及电脑一体化制造系统的形成，企业的制造环境从劳动密集型向资本密集型和技术密集型转化，产品成本结构改变，直接材料成本和直接人工成本比重下降，而制造费用比重却大幅度上升。传统的间接费用分配是在以人工费用为标准的情况下进行的。人工费用的大量减少造成分配标准不合理，导致费用的分配不真实。更重要的是，制造费用的发生与直接人工成本逐渐失去了相关性。例如，在高新技术环境中，一种完全自动化的生产方式出现了，也就是所有的灯都可以熄灭的“无灯工厂”。这种工厂根本就没有直接人工成本，取而代之的是大量的制造费用。此时，不论是为了提高产品成本计算的正确性，还是为了提高成本控制的有效性，都应该把产品成本核算的工作重点放在制造费用的分配上。于是，人们开始重视作业成本法。作业成本法将各作业中心的成本以成本动因为依据，采用一定的方法，分配给各种产品，有效提高了成本信息的合理性，为企业进行经营决策、加强成本控制、降低产品成本提供了可靠的成本信息。

英国学者西蒙首先提出了战略成本管理的概念，将成本管理的视角由单纯的生产经营过程管理和重视股东财富，扩展到与顾客需求及利益直接相关的、包括产品设计和产品使用环节的产品生命周期管理，更加关注产品的顾客可察觉价值。战略成本管理的目标立足于用户的满意度，目的是取得更高的用户满意度和市场占有率。一方面，要研究企业内部的价值链，将成本管理从企业内部向外部延伸，向前延伸到采购、规划、设计环节，向后扩展到售后服务环节；另一方面，要分析企业所在行业的价值链及竞争对手的价值链，形成知己知彼、主动把握全局的态势，以取得竞争优势。

进入21世纪，经济的全球化和信息化相互促进，以智能制造、大数据、云服务为技术标志，我们迎来了以工业互联网为基础、以价值链持续优化为创新模式的“工业4.0”时代。越来越多的企业确立了数字化战略，“工业4.0”“互联网+”“AI”等理念推动生产制造发生日新月异的变革，智能化生产模式大量涌现，将生产流程变得更加信息化和程序化。高度智能化的生产方式和日趋严峻的竞争环境，将促使企业的成本管理理念和方法不断改进。

综上所述，现代成本会计产生于工业革命之后，它的发展始终与人类社会生产力密切相关。每一次生产力的变革都会带来管理理念的变革，使成本会计的内容和职能不断地得到丰富与发展。

第三节 成本会计的含义和内容

一、成本会计的含义

（一）成本会计的概念

成本会计是以货币为主要计量单位，运用会计的基本原理和一般原则，采用一定的技术方法，对企业生产经营过程中发生的各项耗费进行连续、系统、全面、综合的核算和监督的一种管理活动。由于成本有狭义和广义之分，成本会计也可分为狭义成本会计和广义成本会计。狭义成本会计对生产经营过程中发生的费用进行归集、分配，计算出有关成本计算对象的总成本和单位成本，并加以分析和考核。狭义成本会计侧重于产品成本的核算。广义成本会计即现代成本会计，是成本会计与管理的直接结合。它按照成本最优化的要求，采用现代数学和数理统计的原理和方法，建立起数量化的管理技术，对企业生产经营过程中发生的资源耗费进行预测、决策、计划、控制、核算、分析和考核等一系列价值管理，旨在提高经济效益。现代成本会计从经营着眼，从技术着手，着眼于规划未来、控制现在、核算与考核过去。现代成本管理促使企业合理利用内部有限资源，降低成本，以便实现企业生产经营的最优化运转，提高企业的市场竞争能力。

（二）财务会计、管理会计与成本会计

会计作为信息系统提供的信息为关心企业经营管理活动的各方关系人所使用。会计信息的使用者从企业组织的角度可分为内部使用者和外部使用者。企业管理部门是会计信息的内部使用者，利用相关的会计信息达到计划、控制企业的日常经营活动和决定企业重大会计事项，为企业未来发展制定重要的规划和方针的目的。投资者、债权人、社会公众等是会计信息的外部使用者。国家作为社会管理者，利用相关的会计信息，满足国家宏观经济管理的需要。

为了满足以上两类会计信息使用者的要求，企业会计又分为两大会计门类：财务会计和管理会计。

财务会计主要通过定期编制对外会计报表，为企业外部同企业有经济利益关系的各方信息使用者服务。股东通过定期的会计报表了解投入资本的运行情况和企业财务成果的分配情况，对所投资金进行效益评价。潜在的投资人也通过会计报表确定是否进行投资。企业的债权人通过会计报表了解企业的偿债能力和盈利能力，以便决定是否提供贷款以及贷款的利率如何等。财政、税务等部门通过企业的会计报表了解企业是否遵守财经纪律，是否及时、足额上缴国家税收等情况。由于企业所有权与经营权分离，企业的这些外部信息使用者一般不直接参与企业的经营管理，只能从企业提供的会计报表中获得相关信息，因此，为保障外部信息使用者的利益，财务会计所反映的信息必须公正、客观、真实，必须严格遵循“公认会计准则”，以统一的货币形式，按照一套固有的程序反映企业的经济活动。

管理会计主要为企业内部经营管理者服务。管理会计主要提供各种具有前瞻性的预报信息，其理论基础是经济学、数学、预测和决策学以及行为科学等。因此，管理会计可以采用灵活多样的方法和手段，无须受“公认会计准则”的约束。

成本会计与财务会计、管理会计既有区别，又有联系。

狭义成本会计侧重于产品成本的计算，被认为是财务会计的有机组成部分。财务会计的两大课题——存货的计价和收益的确定——都与成本计算的正确与否具有密切的联系。这种联系具体表现在：正确计算产品成本是正确划分本期已销产品成本和期末存货成本的基础。我们知道，产品成本在发生时就被认定为现有存货的一部分，只有在销售时，“产品成本”才转化为“销售成本”。销售成本应列入利润表，使之与本期实现的销售收入相配比，据以确定本期的净利润；而期末未销售产品的成本属于期末存货成本，应列入资产负债表，作为流动资产的一部分结转到下期。成本会计对产品成本的计算正确与否，决定本期收益的计算和期末存货计价是否正确，最终表现为据以编制的资产负债表、利润表及现金流量表是否正确、真实地反映企业的财务状况和经营成果，从而关系到会计报表的可信程度和质量。企业在成本核算中对费用成本的确认、计量要遵循“公认会计准则”。

广义成本会计除了产品成本核算以外，还包括成本的预测、决策、计划和控制。从这个角度讲，成本会计与管理会计相互交叉，成本会计又可以被看作管理会计的有机组成部分。同时，管理会计在实施预测、决策、预算、控制的过程中所使用的成本资料必须以狭义成本会计提供的资料为基础，再根据企业内部管理的不同要求和目的进行加工、改制和延伸，以充分发挥管理会计的作用。因此，广义成本会计除了具有狭义成本会计的作用外，还为管理会计提供基础资料，为企业内部经营管理制定经营战术和战略，而后者不受“公认会计准则”的约束。

二、成本会计的内容

随着企业生产经营环境的变化，成本会计的内容也在发生变化。从成本会计产生和发展的历程来看，早期成本会计主要是将企业生产经营过程中发生的各种资源消耗按照一定的方法、程序进行归集和汇总并分配给各种产品，最后计算出各种产品的总成本和单位成本，以便为企业存货计价和损益计算提供成本资料。早期成本会计附属于财务会计，并纳入会计账簿体系，成本会计的重点是成本核算。近代成本会计是在成本核算的基础上进行成本分析，以便进行成本控制。现代成本会计是管理科学与成本会计的结合，包括成本预测、成本决策、成本计划、成本控制、成本核算、成本分析和成本考核等七项内容，其中成本核算是最基本的内容。

（一）成本预测

成本预测，是根据成本的有关资料和数据，运用成本特性和定性分析、定量分析方法，对企业未来成本水平及其变动趋势进行科学的推测，以便为成本决策、成本计划提供及时、有效的信息，提高成本管理的科学性和预见性。企业在成本管理的许多环节都存在预测问题，如企业在建厂、改建、扩建、产品设计时要进行成本预测，在编制成本计划前需要对目标成本和成本降低幅度进行预测，在成本执行过程中需要对成本发展趋势进行预测等。成本预测是成本决策的基础，是进行成本管理和控制的前提。

（二）成本决策

成本决策，是在成本预测的基础上，按照既定的目标和要求，根据成本的有关资料和企业的具体情况，制定优化成本的各种可行性方案，运用一定的决策理论和方法，对各种备选方案进行分析、比较，从中选择最优的成本方案。企业在生产经营过程中存在多个方面的成本决策。在产品投产前，需要对新产品设计成本、试制成本进行决策，以确定投产后的成本水平；在产品的生产过程中，需要对合理生产批量、产品组合如何确定，零配件是自制还是外购，是否接受追加订货，亏损产品是否停产，产品是否转产等一系列成本问题进行决策。企业通过成本决策，选择最优方案，确定成本目标，从而为编制成本计划创造条件。

（三）成本计划

成本计划，是在成本预测和决策的基础上，具体规定计划期内企业生产费用数额，以及各种产品的成本水平和降低任务。企业成本计划一般包括生产费用预算、主要产品单位成本计划、全部商品产品成本计划、可比产品成本降低额和降低率等。成本计划是企业进行成本控制、成本分析和成本考核的重要依据。

（四）成本控制

成本控制，是指根据预先制定的成本标准和目标，对成本形成过程及影响成本的各种因素进行计算、约束、调节、监督，将其严格地限制在规定的范围和标准之内，并随时揭示和反馈实际与标准之间的差异，分析差异产生的原因，采取措施纠正偏差，保证成本目标的实现。成本控制贯穿成本管理的全过程。成本控制的内容和方法很多，可以按不同的标准对成本控制进行划分，以满足成本管理的不同要求。按照成本控制的时间，可以将成本控制分为事前控制、事中控制、事后成本控制；按照成本控制的内容，可以将成本控制分为材料成本控制、人工成本控制和制造费用控制；按照成本控制依据的标准，可以将成本控制分为目标成本控制、定额成本控制、标准成本控制、作业成本控制等。

（五）成本核算

成本核算，是指对生产经营过程中发生的各种费用，按照一定的成本核算对象和标准进行归集和分配，采用恰当的方法计算出各成本核算对象的总成本和单位成本，也就是对费用的发生和成本形成过程进行核算。它是成本计算与会计相结合的一种处理程序和方法。成本核算有广义和狭义之分。广义成本核算是按各行各业、各单位的各种成本进行的核算，如工业企业成本核算、商业企业成本核算、交通运输企业成本核算、施工企业成本核算、农业企业成本核算、房地产企业成本核算等行业成本核算，以及责任成本核算、变动成本核算、质量成本核算、目标成本核算等专项成本核算。狭义成本核算仅指制造业企业成本核算。成本核算是成本信息的生成过程，是成本会计的基础。成本核算提供的资料可以反映企业成本计划的完成情况，为存货的计价和企业损益的计算提供直接资料，也是制定产品价格的重要依据。

（六）成本分析

成本分析，是指利用成本核算资料和其他相关资料，运用一系列专门方法，揭示影响产品成本水平变动的各种因素以及各种因素变化对产品成本的影响程度，以寻求降低成本途径的过程。成本分析包括全部产品成本计划完成情况的分析、主要产品成本计划完成情况的分析、技术经济指标对产品成本影响的分析、车间班组成本分析等。通过成本分析，我们可以深入、细致地了解成本变动的规律，查明影响成本升降的因素，不断挖掘企业内部降低成本的潜力；可以将成本核算资料与计划成本、上年历史成本、同类产品或服务的国内先进水平进行比较，了解成本计划的完成情况和成本变动趋势，为改进成本管理工作、降低成本水平提供依据和建议。成本分析还可以为下一会计期间成本预测、决策和计划编制提供必要的资料。

（七）成本考核

成本考核，是根据成本核算资料和成本计划，并结合成本分析及其他有关资料，对企业成本计划指标的完成情况进行定期的考查和考核，以评价企业成本管理工作的绩效。成本考核以各责任者（单位或个人）为对象，以各责任者的可控成本为界线，并按责任的归属来核算和考核其成本指标的完成情况，评价其工作业绩并决定奖惩。成本考核是对成本实行目标管理的重要手段，其目的在于加强成本管理责任制，提高成本管理水平。

上述七项内容相互联系、相互依存，构成了一个完成的内容体系。在这个体系中，成本预测是成本决策的前提，成本决策是成本预测的结果。成本计划是成本预测所确定的成本目标的具体化，同时又是成本控制、成本分析和成本考核的依据。成本控制对产品成本的形成及成本计划的执行情况进行监督，是保证决策目标实现的手段。成本控制是成本会计的核心，贯穿成本会计的整个内容。从成本管理的时序看，成本预测、决策、计划属于成本的事前控制，成本核算和日常成本管理属于成本的事中控制，成本的分析和考核属于成本的事后控制。成本核算是成本会计最基本的内容，它反映成本的生成过程，是成本计划的实施结果，是对成本决策目标是否实现的检验。成本分析和成本考核是对成本计划执行结果和成本控制业绩的事后评价。

成本会计的内容和各项内容之间的相互关系可以用图1-1表示。

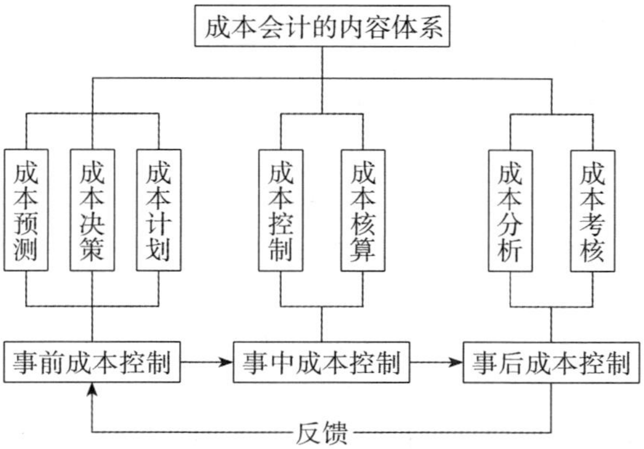

图1-1　成本会计的内容和各项内容之间的相互关系

第四节　成本会计工作组织

为了有效发挥成本会计的职能，企业必须结合生产经营的特点，考虑自身规模，设计成本会计核算体系，建立健全成本会计的组织机构，配备适当的成本会计人员，按照与成本会计有关的各种法规和制度进行工作，在保证成本会计工作质量的前提下，尽量节约成本会计工作时间和费用，提高成本会计工作的效率。

一、成本会计的组织机构

成本会计的组织机构是指组织、领导并从事成本会计工作的职能部门或岗位。

成本会计是会计的一个分支，在实际工作中，成本会计机构一般设在企业会计机构内部，是企业会计机构的组成部分。一般而言，大中型企业应在专设的会计部门（会计处）中单独设置成本会计机构（如成本会计科或成本科），专门从事成本会计工作；小型企业可在企业会计机构（会计科）内部设置成本会计组或配备专职的成本会计人员，负责本企业的成本会计工作。另外，企业内部有关职能部门和生产车间也应根据成本管理的要求，设置成本会计组或配备专职或兼职的成本会计人员，负责本车间的成本会计工作。

成本会计机构的设置应遵循会计机构设置的一般原则：一是要与企业的规模和管理体制相适应；二是要符合精简、效能的原则；三是机构内部的分工要明确、具体；四是成本会计机构内部各岗位之间，以及成本会计与其他会计岗位之间的分工应遵守内部牵制原则。

成本会计机构内部可以按成本会计的职能分工，如将厂部成本会计科分为成本预测决策组、成本计划控制组、成本核算组、成本分析考核组等；也可以按成本会计的对象分工，如分为产品成本组、经营管理费用组和专项成本组。为了科学地开展成本会计工作，企业还应在分工的基础上建立岗位责任制，使每一个成本会计人员都明确自己的职责，每一项成本会计工作都有人负责。

二、成本会计核算方式

企业内部各级成本会计机构之间的组织分工有集中核算和分级核算两种基本方式，企业应根据自身规模的大小和管理体制的要求选用。

（一）集中核算方式

集中核算方式，是指成本会计工作中的预测、决策、计划、控制、核算、分析和考核等方面的工作都集中在厂部成本会计机构来完成。各生产单位和其他有关部门的成本会计机构或人员只负责登记原始记录和填制原始凭证，并对它们进行初步的审核、整理和汇总，为厂部成本会计机构进一步工作提供基础资料。这种核算方式的优点是：便于厂部成本会计机构及时掌握整个企业与成本有关的全面信息；便于集中使用计算机进行数据处理，可以减少成本会计机构的层次和成本会计人员的数量。但是，这种核算方式不便于直接从事生产经营活动的各单位和职工及时掌握本单位的成本信息，不便于成本的及时控制和责任成本核算。

（二）分级核算方式

分级核算方式，又称分散核算或非集中核算方式，是指成本会计工作中的计划、控制、核算和分析等工作由生产单位或其他有关部门的成本会计机构或人员分别进行，成本考核工作由上一级成本会计机构对下一级成本会计机构逐级进行。厂部成本会计机构负责对各下级成本会计机构或人员进行业务上的指导和监督，并对全厂成本进行综合的预测、决策、计划、控制、核算、分析、考核和检查。

与集中核算的优缺点相反，采用分级核算方式有利于开展和加强责任成本核算，有利于调动各车间、各部门及职工参与成本管理和降低产品成本的积极性。但是，由于许多成本、费用的原始资料都分散在各车间、各部门，厂部成本会计机构不能准确了解各车间、各部门的成本费用信息，难以掌握全厂生产经营活动的第一手资料，很难及时、有效地进行监督和控制，也会增加成本会计人员和工作层次，从而增加管理费用。

无论采用哪种核算方式，厂部成本会计机构都应在总会计师的直接领导下负责全厂成本的预测、决策、计划、分析，以及对成本责任者的考核工作。采用分级核算方式的各车间、各部门的成本会计机构或成本核算员，都应在业务上接受厂部成本会计机构的指导和监督，并努力完成本岗位的各项成本会计工作，做好对下一级成本会计机构或成本核算员及员工个人的成本考核工作，分清成本责任，最大限度地调动广大员工参与成本管理的积极性，不断改善经营管理，提高企业经济效益。

三、成本会计制度

成本会计制度是成本会计工作的规范，是会计法规和制度的重要组成部分。成本会计制度可以分为以下四个层次：

（一）《中华人民共和国会计法》

《中华人民共和国会计法》（以下简称《会计法》）是经全国人民代表大会常务委员会通过，由国家主席发布施行的，是我国会计工作的基本法。各专业会计，包括成本会计的一切法规、制度，都应按照它的要求制定。

（二）《企业会计准则》

《企业会计准则》包括基本准则和具体会计准则。其中，基本准则是依据《会计法》，经国务院批准，由财政部发布施行的，是企业进行财务会计工作的基本准则。基本准则的制定和实施会使企业的财务、成本、会计工作规范化、标准化，并与国际惯例接轨，提高了企业信息披露的透明度和可靠性。财政部在基本准则的基础上还陆续颁布了一系列具体会计准则，以进一步规范各类经济业务的会计处理程序和方法。其中，与成本会计有关的具体准则也是规范成本会计工作的重要法规。

（三）《企业产品成本核算制度（试行）》

《企业产品成本核算制度（试行）》是财政部根据《会计法》《企业会计准则》等有关规定制定的。企业产品成本核算工作是企业成本会计工作的重要组成部分，也是企业整个会计工作的重要组成部分。企业成本核算工作应符合有关规定和要求。

（四）企业的成本会计制度

各企业为了规范本企业的成本会计工作，还应根据上述各种法规和制度，结合本企业生产经营的特点和成本管理的要求，具体制定本企业的成本会计制度，以此作为开展本企业成本会计工作的直接依据。

企业的成本会计制度包括对成本预测、决策、计划、控制、核算、分析和考核等做出的规定，通常包括以下几个方面：一是成本预测、决策的制度；二是成本定额、成本计划编制的制度；三是成本控制的制度；四是成本核算的制度；五是成本报表编制的制度；六是成本分析、考核的制度；七是内部结算价格制定和结算的制度；八是其他有关成本会计的规定和制度。

制定本企业的成本会计制度是一项工作量大、技术性强的工作，在制定之前应深入实际，进行广泛的调查研究，反复试点，总结经验教训。成本会计制度一经制定，应认真、严格执行，并保持相对的稳定性，只有在企业的生产经营环境和工艺技术条件发生明显变化的情况下，才能进行补充、修改和调整，使之不断完善，适应新的管理要求。

■ 本章重点与难点

1.本章重点：支出、费用与成本的含义；现代成本会计的内容；企业的成本会计规范；企业成本会计工作组织。

2.本章难点：成本的经济实质；成本会计各内容之间的联系。

■ 基本训练

第一章判断题

第一章选择题

实务题

方远公司9月份发生下列支出：

(1) 工厂生产车间机器设备的折旧费；

(2) 工厂厂部办公用房的折旧费；

(3) 工厂厂房的保险费；

(4) 车间生产工人的薪酬费用；

(5) 行政管理人员的薪酬费用；

(6) 医务福利人员的薪酬费用；

(7) 在建工程人员的薪酬费用；

(8) 工厂生产产品领用材料费用；

(9) 工厂行政管理人员一般消耗领用材料；

(10) 行政管理部门办公用品费用。

要求：以上支出中哪些项目是费用，哪些项目是成本？为什么？

第二章　成本核算概述

学习目标

通过对本章内容的学习，在知识方面，了解工业企业生产费用的分类、生产费用要素和成本项目的内容和作用，理解成本核算应划分的各种费用界限，熟悉财产物资的计价和财产转移的方法以及进行成本核算时应做好的基础工作等；在实务方面，熟悉成本核算应设置的账户，掌握成本核算账务处理的一般程序。

导入案例

宏远造纸厂设有制浆和制纸两个生产车间。制浆车间生产的纸浆全部交给制纸车间继续加工成成品纸，管理上不要求核算纸浆的成本。本月生产纸浆和成品纸共消耗原材料100 000元，生产工艺用电3 000元，生产工人的工资为50 000元，生产车间管理人员的工资为20 000元，车间照明用电800元，设备折旧费用为15 000元；此外，厂部管理人员的工资为12 000元，折旧费用为4 000元，办公费用为6 000元。本月支付机器设备大修理费6 000元（不符合资本化条件）。假定该厂无月初、月末在产品。

思考：该厂本月生产费用由哪些费用要素构成？金额各是多少？该厂的成本核算对象是什么？如何设计产品成本核算程序？该厂应设哪些产品成本项目？如何计算本月产品总成本及各成本项目成本？

第一节　生产费用的分类

企业的生产经营过程是物化劳动和活劳动耗费的过程，也是产品价值形成的过程。这一过程要耗费原材料、燃料和动力，要支付职工薪酬、计提固定资产折旧，还要发生其他耗费，从而形成企业的费用。为了正确地组织成本核算，满足成本管理的要求，必须对成本进行科学的分类。生产费用的基本分类有两种：一是按经济内容分为若干个费用要素；二是按经济用途分为若干个成本项目。

一、生产费用按经济内容分类

生产费用按经济内容分类，是指将企业在生产经营活动中发生的费用按其原始形态进行的分类，包括劳动对象、劳动手段和活劳动三个方面。为了具体反映各种费用的构成和耗费水平，可以进一步划分为下列费用要素：

（一）外购材料

外购材料，是指企业为进行产品生产经营而耗用的一切从外部购进的原料及主要材料、半成品、辅助材料、包装物、修理用备件和低值易耗品等。

（二）外购燃料

外购燃料，是指企业为进行生产经营而耗用的一切从外部购进的各种燃料，包括固体燃料、液体燃料和气体燃料。燃料耗用不多的企业可将其包括在外购材料中，不单独核算。一般情况下，燃料作为重要能源，应单独作为一个要素进行计划和核算。

（三）外购动力

外购动力，是指企业为进行生产经营而耗用的从外部购进的各种动力，包括热力、电力和蒸汽等。

（四）职工薪酬

职工薪酬，是指企业为获得职工提供的服务而给予各种形式的报酬以及其他相关支出，主要包括工资、工会经费、职工教育经费、职工福利费、医疗保险费、养老保险费、失业保险费、生育保险费、工伤保险费、住房公积金等。

（五）折旧费及摊销费

折旧费，是指企业对各项固定资产按照规定的折旧方法计算的固定资产折旧。摊销费，是指对各项无形资产按规定的摊销方法计算的无形资产摊销。

（六）修理费用

修理费用，是指企业为修理固定资产而发生的且不符合资本化条件的各项修理费用。

（七）利息支出

利息支出，是指企业应计入生产经营费用的银行借款利息支出减去利息收入后的净额。

（八）税金及附加

税金及附加，是指企业应当缴纳的计入生产经营费用的消费税、城市维护建设税、资源税、教育费附加及房产税、车船税、印花税、土地使用税等相关税费。

（九）其他费用

其他费用，是指企业发生的不属于以上各要素但计入产品成本或期间费用的费用支出，如办公费、差旅费、租赁费、外部加工费、运输费、财产保险费、试验检验费、劳动保护费、排污费、信息系统维护费等。

生产费用按照经济内容分类可以反映企业一定时期内生产费用的具体内容，据以分析某个时期内各种费用的结构和水平；可以为企业编制各种资金计划和物资供应计划提供依据；可以为各种费用预算和消耗定额的制定、控制、考核和分析提供依据；可以为计算工业净产值和国民收入提供资料。但是，生产费用按经济内容分类也有不足之处，主要表现为这种分类不能反映各种生产经营费用的经济用途，不便于分析各项费用的支出是否节约、合理以及是否符合经济核算原则的要求。因此，生产费用在按经济内容分类的基础上，还必须进一步按其经济用途进行分类。

二、生产费用按经济用途分类

企业在生产经营过程中所发生的费用，按其经济用途不同，可分为产品生产费用和期间费用两大类。产品生产费用是指企业为生产各种产品所发生的应计入产品成本的各项费用，又称产品生产成本或产品制造成本。由于产品生产费用有的直接用于产品生产，有的间接用于产品生产，为了具体反映计入产品成本的生产费用的各种用途、提供产品成本构成情况的资料，还需将其进一步划分为若干个成本项目。成本项目是指生产费用按其经济用途分类核算的项目。工业企业的产品成本项目有以下四项：

（一）直接材料

直接材料，是指构成产品实体的原材料以及有助于产品形成的主要材料和辅助材料。

（二）直接人工

直接人工，是指直接从事产品生产的工人的职工薪酬。

（三）燃料和动力

燃料和动力，是指直接用于产品生产的燃料和动力。

（四）制造费用

制造费用，是指企业为生产产品和提供劳务而发生的各项间接费用，包括企业生产部门（如生产车间）发生的水电费、固定资产折旧、无形资产摊销、管理人员的职工薪酬、劳动保护费、国家规定的有关环保费用、季节性和修理期间的停工损失等。

为了使成本项目更好地适应企业的生产特点和管理的需要，企业可以对上述成本项目进行适当的调整。例如，如果企业燃料和动力在产品成本中所占比重较小，根据重要性原则，也可不单独开设“燃料和动力”成本项目，而是将其并入“直接材料”成本项目。企业在生产过程中可能发生废品或停工，倘若废品损失或停工损失在产品成本中所占的比重较大，需要作为一项重点进行核算和管理，可以增设“废品损失”或“停工损失”成本项目，以满足核算和管理的要求。但是，为了同行业企业成本能进行比较，同行业的成本项目应尽量一致。

上述两种分类方法具有密切的联系：要素费用的发生过程也是产品成本的形成过程，要素费用是构成产品成本的基础。

【例2-1】 某企业20××年9月按费用要素和按成本项目归集的费用，见表2-1。

从表2-1的计算结果可以看出，按费用要素归集的费用为289 000元，按成本项目归集的费用为241 100元，两者相差47 900元，这是因为计入在建工程的要素费用有21 000元，计入管理费用的有25 500元，计入财务费用的有1 400元。

表2-1　**按费用要素、成本项目归集的费用表**　单位：元

按费用要素归集的费用		用途		按成本项目归集的费用	
外购材料	160 000	产品用	120 000	直接材料	120 000
		车间一般消耗	23 000	制造费用	23 000
		厂部管理部门用	7 000		
		在建工程领用	10 000		
外购燃料	8 000	产品用	6 800	燃料和动力	6 800
		车间一般取暖	1 200	制造费用	1 200
外购动力	9 000	产品用	7 000	燃料和动力	7 000
		车间一般用	1 100	制造费用	1 100
		厂部管理部门用	900		
职工薪酬	100 000	生产工人薪酬	60 000	直接人工	60 000
		车间管理人员薪酬	15 000	制造费用	15 000
		厂部管理人员薪酬	14 000		
		在建工程人员	11 000		
折旧费	7 000	车间固定资产	5 000	制造费用	5 000
		厂部管理部门	2 000		
利息支出	1 400	企业借款利息	1 400		
其他	3 600	车间	2 000	制造费用	2 000
		厂部管理部门	1 600		
合计	289 000	—		合计	241 100

三、生产费用的其他分类

为了便于对产品成本进行核算、分析和控制，有必要对生产费用按其他标准进行分类。

（一）按照费用计入产品成本的方法分类，生产费用可以分为直接计入费用和间接计入费用

1.直接计入费用

直接计入费用，是指生产某种产品而发生的，可以根据原始凭证直接计入某种产品成本的费用，如生产某种产品直接耗用的原料和主要材料以及生产工人的计件工资等。

2.间接计入费用

间接计入费用，是指生产几种产品共同发生的，不能根据原始凭证直接计入某种产品成本，需要采用适当的分配方法在这些产品之间进行分配的费用，如同时生产几种产品的生产工人的计时工资和制造费用等。

直接计入费用一般是直接计入产品成本，而间接计入费用则是分配计入产品成本。但是，某些零星的、可以直接计入产品成本的生产费用，如辅助材料或机物料消耗，尽管归属明确，也未必能将其直接计入产品成本，一般做法是先将其归入“制造费用”，然后随“制造费用”一起分配转入产品成本。这样做可以简化成本核算工作，又不影响会计信息的真实性。

【同步链接 2-1】

需要注意的是，不可将直接费用与直接计入费用混为一谈。产品成本中的直接材料、直接人工都是直接费用，但不一定都直接计入某种产品的成本，有些是分配计入的。同理，也不可将间接费用与间接计入费用混为一谈。间接费用可以是间接计入费用，也可以不是间接计入费用。例如，产品成本中的制造费用是间接费用，通常也是间接计入费用，但当企业只生产一种产品时，又可直接计入该种产品成本。

这种分类的目的是合理地选择费用的分配方法，正确计算产品成本。

（二）按照费用与产品产量的关系分类，生产费用可以分为变动费用与固定费用

1.变动费用

变动费用，是指当产品产量变化时，总额随产品产量的变化成比例增减变动的费用，如原材料、燃料和动力、生产工人的计件工资等。所谓“变动”，是指费用总额随产量变化而成比例变化，单位产品所负担的变动费用不随产量的增减而变动。

2.固定费用

固定费用，是指当产品产量变化时，总额相对固定的费用，如生产车间固定资产的折旧费、管理人员的工资等。所谓“固定”，是指在一定时期和一定产量范围内，会计上称为“相关范围”内，其费用总额不变，而不是指单位产品中应负担的该项费用的数额不变。事实上，随着产量的增加，单位产品应负担的固定费用数额将随之减少。

这种分类有利于进行成本预测和决策分析，寻求降低成本的途径。降低固定费用应从提高产品产量和减少费用的绝对额着手，降低变动费用应从降低单位产品的消耗着手。

（三）按照费用与生产工艺的关系分类，生产费用可以分为基本费用和一般费用

1.基本费用

基本费用，是指由生产工艺本身引起的费用，如生产工艺过程耗用的原材料、

燃料和动力、生产工人工资以及职工福利费、机器设备折旧费等。

2.一般费用

一般费用，是指生产工艺过程之外，由于管理和组织生产所发生的各项费用，如车间管理人员工资、办公费等。

这种分类有助于考核和分析企业经营管理水平。一般来说，企业管理水平越高，产品成本中一般费用的比重越低。

第二节　成本核算对象

一、成本核算与成本核算对象

（一）成本核算的概念

成本核算是在日常会计核算的基础上，运用一定的程序和方法，将生产费用按照确定的成本核算对象进行归集和分配，最终计算出各成本核算对象的总成本和单位成本的过程。

为了准确理解成本核算的含义，必须弄清楚成本核算对象的准确内涵。

（二）成本核算对象的概念及构成要素

成本核算对象，是指企业为归集和分配生产费用而确定的对象。它是以一定时期和空间范围为条件而存在的成本计算实体。由于企业的任何生产经营活动都依存于特定的时空范围，因而确定成本核算对象时，不仅要认定是什么产品或劳务的成本，还要认定是什么地点、什么时期的产品或劳务的成本。成本核算对象由三个要素构成：

1.成本计算实体

成本计算实体，是指生产费用和生产经营成果归属的实体。成本计算实体可以是某种产品、某批产品和某类产品的产成品或半成品。

2.成本计算期

成本计算期，是指归集生产费用、计算产品成本的时间范围。由于不同企业的生产特点不同，成本计算期可以是生产周期，也可以是日历月份。

3.成本计算空间

成本计算空间，是指生产费用发生并组织企业成本计算的部门或单位。成本计算空间可以是全厂，也可以是各生产步骤。

因此，成本核算对象是某一成本计算期、某一成本计算主体所生产的某种产品，不能笼统地讲成本核算对象就是某种产品。

二、成本核算对象的确定

既然成本核算对象依存于特定的时空范围，那么成本核算对象的确定必须与企业的生产特点相适应。也就是说，不仅不同企业的同一产品成本不同，即使是同一企业的同一产品，其成本也会因为时间、地点的不同而不同。

同时，成本核算是成本管理工作的基础，为成本管理提供准确而有效的会计信息是成本会计的基本目标和首要任务。各个企业的规模大小不一、组织结构各异、经营环境不同，成本管理所要求提供的会计信息的层次和详略程度是不可能整齐划一的。换言之，即使企业的生产特点相同，但如果成本管理的要求不同，成本核算对象也可能不同。

因此，成本核算对象是由生产特点与管理要求共同决定的。生产特点与管理要求的组合不同，成本核算对象要素的组合自然也不同，成本核算对象也就不同。

（一）生产工艺过程与管理要求的组合

1.按生产工艺过程分类

工业企业产品生产按其生产工艺过程，可分为单步骤生产和多步骤生产。

（1）单步骤生产，是指生产工艺过程不能间断，或受工作地点限制，生产地点不便分散的生产。

（2）多步骤生产，亦称复杂生产，是指生产工艺过程可以间断，可以划分为若干个生产步骤的生产。

2.成本核算对象要素的组合

（1）在单步骤生产情况下，不管成本管理要求如何，只能以“全厂”作为成本计算的“空间”范围。

（2）多步骤生产则不同。如果成本管理要求提供各生产步骤的成本资料，则必须以各生产步骤作为成本计算的“空间”范围；但如果管理上不要求按步骤提供成本核算资料，也可简化核算程序，扩大其空间范围，以“全厂”作为成本计算的空间。

（二）产品生产组织方式与管理要求的组合

1.产品生产组织方式

工业企业为了经济、有效地组织产品生产，其组织方式可分为大量生产、成批生产和单件生产。

2.成本核算对象要素的不同组合

（1）在大量大批生产情况下，产品生产连续不断地进行。等到该批产品全部完工之后才计算其成本，显然是不符合会计信息及时性要求的，因此，有必要将这种“连续不断的过程”人为地分割为若干个相等的时间单位，即“会计期间”，以计算该时段内产品的成本。为了与财务会计分期保持一致，一般以日历月份作为大量大批生产时成本计算的时间范围。

（2）在单件小批生产情况下，产品的品种、规格、交货时间等均有各自的特殊要求，因此，只能将一件或一批产品的生产周期（从该产品投产到完工的一段时间）作为成本计算的时间范围。

（三）三种成本核算对象的形成

工业企业不同的生产特点和不同的管理要求的不同组合，决定了成本计算对象“三要素”的不同组合，从而形成了三种不同的成本核算对象。

1.全厂、某月生产的某种产成品

在大量大批、单步骤生产的情况下，生产过程不可间断，无半成品产出，成本计算“实体”是产成品；不可分散组织生产，成本计算“空间”是全厂；生产连续不断进行，成本计算“时间”被人为地确定为月份。

大量大批、单步骤生产的成本核算对象可归纳为“全厂在某月生产的产成品”。

2.某步骤、某月生产的半成品或产成品

在大量大批、多步骤生产情况下，生产过程可以间断，有半成品产出，成本计算“实体”是半成品（生产步骤）和产成品；生产连续不断进行，不能按生产周期组织成本核算，成本计算“时间”是月份；可以分散组织生产，成本计算“空间”是生产步骤。

大量大批、多步骤生产的成本核算对象可归纳为“某步骤、某月生产的半成品或产成品”。但是，如果成本管理不要求按生产步骤核算成本，成本核算对象也可以是“全厂在某月生产的产成品”。

3.全厂、某生产期内生产的某件或某批产成品

单件小批生产属于复杂生产，生产过程可以间断，往往有半成品产出，但无须交付买主，且批量很小。为简化成本核算，成本计算“实体”是产成品；可分散组织生产，但不计算各步骤成本，成本计算“空间”是全厂；生产周期和交货日期基本一致，按生产周期组织生产和成本核算，成本计算“时间”是生产周期。

单件小批生产的成本核算对象可归纳为“全厂在某生产期内生产的某件、某批产成品”。

根据企业内部成本管理需要，还可以按照现代企业多维度、多层次的管理需要，确定多元化的产品成本核算对象。多维度，是指以产品的最小生产步骤或作业为基础，按照企业有关部门的生产流程及相应的成本管理要求，利用现代信息技术，组合出产品维度、工序维度、车间班组维度、生产设备维度、客户订单维度、变动成本维度和固定成本维度等不同的成本核算对象。多层次，是指根据企业成本管理需要，划分企业管理部门、工厂、车间和班组等成本管控层次。

三、成本核算的基本方法

成本核算对象是划分成本计算方法的基本标志。成本核算对象是各项生产费用的承担者，即成本费用数据处理的结果；成本核算方法则是根据各成本核算对象的具体特征，将产品生产费用转化成产品成本的分配过程，即成本费用进行技术处理的程序。因此，有什么样的成本核算对象，便有什么样的成本核算方法。与三种成本核算对象相对应，成本核算的基本方法有三种，即品种法（单步法）、分批法和分步法。品种法是最基本的方法，按产品品种计算成本是最普遍、最基本的要求。分步法和分批法都必须计算出各种产品的成本，实际上是分步骤、分批别计算各种产品成本的方法。

在实际工作中，在三种成本核算的基本方法基础上，还有两种成本核算的辅助方法，即分类法和定额法。它们是与三种基本方法结合使用的成本核算方法，是为

解决成本核算或成本管理中某一方面的问题而形成的方法。

【同步链接 2-2】

使用分类法主要是为了解决品种规格繁多的问题，简化成本计算。分类法是以产品类别作为成本核算对象，先计算出某一类别产品的总成本，然后再按照一定的标准计算出类内各种不同品种、规格的产品成本的方法。分类法可以理解为产品成本核算的品种法在成本核算对象范围上的扩大。生产的特点和管理的要求对分类法的影响与品种法相同。

定额法是定额管理基础较好的工业企业为了配合和加强生产费用和产品成本的定额管理、实行成本控制而采用的成本核算方法。生产的特点和管理的要求对定额法的成本核算对象没有影响。定额法的成本核算对象并不固定，可以是企业的最终产品、各生产步骤的产品或各批产品等。在以产品成本核算对象为主要标志划分成本核算方法时，定额法不应列为产品成本核算方法。实际上，工业企业会计核算的成本核算方法习惯上已包括定额法。这种归类方法不是以成本核算对象为标志来划分的，而是在长期的实际工作中形成的。

第三节　成本核算的原则与基本要求

一、成本核算的原则

企业进行成本核算的目标是提供真实可靠的成本信息，成本核算原则是成本会计人员进行成本核算时所应遵循的基本规范。尽管不同企业因生产特点和管理要求不同，成本核算各具特点，但对所有企业来说，成本核算提供的信息都必须相关、及时、准确。企业在进行成本核算时，必须遵循以下成本核算的基本原则：

（一）客观性原则

客观性原则，是指在成本核算中要以实际发生的生产耗费为依据，如实反映企业的成本水平，使所提供的成本信息与客观的经济事实一致，不应掺假，不应人为地提高或降低成本。依据这一原则，在实际工作中，企业应建立健全各项成本管理制度，加强各项成本管理的基础工作；任何生产耗费的发生都必须取得合法的原始凭证；各项财产物资要按历史成本计价；各种核算方法与处理程序不仅要符合有关规定，而且要前后一致，严禁乱挤、乱摊成本，严禁各种弄虚作假行为的发生，以确保所提供的成本信息的客观、真实。

（二）分期核算原则

企业的生产经营活动是持续不断地进行的。为了取得一定时期的成本信息，企业就必须将持续不断的生产经营活动人为地划分为若干个相等的成本会计期间，以便按期计算产品的生产成本。为便于各项工作的开展，在实际工作中，成本核算的分期与会计报告期（分月、分季、分年）应当一致。需要指出的是，成本的分期核算是对产品成本的计算工作而言的。费用的归集、汇总和分配等工作都必须定期按月进行，而计算完工产品成本的时期（成本计算期）并不一定要与会计报告期完全一致，因为它主要受企业生产特点的影响。成本计算期可以按月定期，也可以按生产周期不定期。

（三）及时性原则

及时性原则，是指企业应根据成本管理和对外提供财务信息时效性要求，在规定的成本核算期内汇集生产费用、计算产品成本、为有关各方及时提供所需的成本信息。信息要具有较高的使用价值，不仅要真实可靠，还必须有时效性。随着市场经济的不断发展，企业竞争日趋激烈，及时提供成本信息，以便迅速做出生产经营决策、纠正成本管理工作中的失误，并果断地采取进一步加强成本管理的具体措施，是搞活企业、增强企业市场应变能力的重要途径；否则，时过境迁，原本非常重要的成本信息就变得毫无价值了。

（四）合法性原则

合法性原则，是指成本核算时，必须按照有关的法律、法规、规章、制度等的规定对各项支出进行处理，只有符合规定的支出才能计入成本。我国目前制度规定，销售费用、管理费用、财务费用作为期间费用处理，不计入产品成本；购置和建造固定资产的支出、购入无形资产的支出、对外投资的支出、被没收的财物、各种罚款性质的支出、对外捐赠和赞助性质的支出等也不能列入成本开支。如果成本中出现违反规定的开支，则必须在计算利润、编制会计报表和缴纳企业所得税时进行调整，以保证成本指标的合法性。

（五）一致性原则

一致性原则，是指各个会计期间所采用的会计处理方法必须保持前后一致，不得随意变更，以使各期成本资料有一个统一的口径，保持企业不同时期成本信息的可比性。在成本核算中，采用不同的会计处理方法所计算出来的成本也必然会有所不同，因此，企业必须根据自身的生产特点和管理要求，选择一种较为适用的符合会计准则的会计处理方法，并尽量始终如一地使用下去，不宜经常变更，更不允许企业为满足一时的需要而随意变更。会计处理方法中与成本核算有关的包括发出材料的计价方法、固定资产折旧的计提方法、辅助生产费用和制造费用的分配方法、在产品的计价方法、产成品成本的计算方法等。如果因特殊情况确需改变原有的会计处理方法，应按《企业会计准则第28号——会计政策、会计估计变更和差错更正》等具体会计准则和相关制度的规定，在对原成本数据进行必要调整的基础上，通过有关会计报表说明变更情况和原因，并根据需要披露改变会计处理方法对企业财务状况和经营成果产生的影响。

（六）实际成本计价原则

实际成本计价，也称历史成本计价，是在强调成本实际形成的前提下，确保成本信息客观、真实。它要求企业对外披露的会计报表必须按实际成本对资产和劳务予以计价，以客观反映各项资产和劳务的实际情况。具体到成本核算中，它表现为三方面的含义：首先，生产所耗用的原材料、燃料和动力等费用都要按实际成本计价。即使采用计划成本计价的核算方法，最终计入产品成本时也应将计划成本与差异结合起来调整为实际成本。其次，对固定资产计提折旧时，必须将其原始价值（历史成本）作为计算折旧的基数。最后，对完工产品成本也要按实际成本计价，即使对产成品采用计划成本计价的核算方法，也应在产成品对外销售时，将其计划成本脱离实际的差异调整进来，使其成为实际成本。按实际成本计价可以减少成本计算的随意性，客观反映成本的实际水平，合理确定企业当期的盈利状况，并使不同会计期间劳动耗费及财务成果的计算具有可比性，但在物价变动（特别是通货膨胀）时，历史成本不能确切反映资产的现值，不能反映企业资产的收益情况。

（七）划分收益性支出与资本性支出原则

划分收益性支出与资本性支出原则，是指成本核算时应严格区分收益性支出与资本性支出的界限，以正确计算各期的成本、费用和利润。收益性支出，是指仅与本年度（或一个营业周期）收益的取得有关的支出，即该项支出的发生是为了取得本年度（或一个营业周期内）的收益，如生产过程中所消耗的原材料支出、发生的工资支出等。资本性支出，是指与几个会计年度收益相关的支出，如固定资产的购置支出。对这两类不同性质的支出应采用不同的方法进行处理：资本性支出构成资产价值，要在资产使用过程中将其价值逐渐转入成本、费用；收益性支出要在发生时计入当期的产品成本或期间费用。区分收益性支出与资本性支出的目的就是正确确定资产的价值和正确计算企业各期的成本、费用和利润。若将资本性支出错列为收益性支出，则结果必然是少计资产价值，多计当期成本、费用，导致当期利润虚减；反之，若将收益性支出错列为资本性支出，则结果必然是多计资产价值，少计当期成本、费用，导致当期利润虚增。

（八）权责发生制原则

在成本核算工作中，还应遵循权责发生制原则，按应计基础正确确定各项费用的归属期，以保证各期成本核算资料的合理性。所谓权责发生制，是以收入和支出是否在本期已经发生作为确认其应否算作本期的收入和支出的一种会计核算基础。权责发生制的基本内容是：凡是本期已经发生，从而应计入本期的收入或支出，不论款项是否收到或付出，都归属于本期；凡是与本期没有关系，从而不应计入本期的收入或支出，即使款项已经收到或付出，均不应归属于本期。权责发生制原则是从时间选择上确定会计确认的基础，以解决费用的归属期问题。根据权责发生制原则，在成本核算时，对于已经发生的支出，如果其受益期不仅包括本期，还包括以后各期，就应将其作为待摊费用按其受益期进行分摊，而不能全部列作本期费用；对于虽未支出但已受益的费用，则应将其作为预提费用先行预提计入本期费用中。在成本核算中贯彻权责发生制原则，能够分清本期支出的费用与本期负担的费用之间的界限，从而也能更加准确地反映特定会计期间真实的财务状况和经营成果。

（九）重要性原则

重要性原则就是区分情况、突出重点，确保成本核算资料及时、有用。为了充分发挥成本信息对经营管理的作用，重要性原则要求：在产品成本中，重要的内容应单独设立项目进行专门反映，并力求准确；次要的内容则可简化核算，或与其他内容合并反映。例如，主要产品应按品种（甚至再按生产步骤）设立产品成本明细账计算成本，并且要算得细而准；数量少、费用小的零星产品，即使其工艺过程、使用价值等有较大的不同，也可将它们合并到一起作为一类计算成本。又如，在成本项目的设置上，金额大、比重高的原材料费用、人工费用必须单独设置成本项目进行反映；而金额小、比重低的车间办公费用、修理费用、折旧费用、机物料消耗费用等就不必单独设置成本项目，只需合并在一起，反映在“制造费用”这个综合项目之中。

（十）效益性原则

效益性原则，是指成本核算作为一项工作，本身要讲求效益，要进行成本效益分析。某些重要的成本数据，由于其能为企业内部管理和外部有关各方提供有用的信息，或者能对降低产品成本、提高经济效益起到很大的作用，应多花时间、多投入精力，尽量把核算工作做得细一些，数据算得准一些；反之，不必在一些无关紧要的成本数据上花费太多的精力，不必求出一个精确值。效益性原则要求将成本核算的付出与由此所带来的所得进行对比，只有所得大于付出，从事该工作才是合算的、有效益的，也才是有必要的、有意义的。

以上10项原则相互联系，共同构成一个完整的成本核算原则体系。确立这些原则的根本目的是保证并提高成本信息的有用性，对内部管理人员的预测、决策、控制有用，对外部各方掌握成本信息、了解财务状况与经营成果有用。

二、成本核算的基本要求

（一）严格执行国家规定的成本开支范围和费用开支标准

成本开支范围是根据企业在生产过程中的生产费用的不同性质，以及成本的内容和加强经济核算的要求，由国家统一规定的成本列支范围。企业在进行成本核算时，首先要根据国家的有关法规和制度以及企业的成本计划与相应的消耗定额，对企业发生的各项费用进行审核；可以开支的，再看是否应该计入产品成本。费用开支标准是指国家对某些费用的开支数额、比例所做的具体规定。例如，业务招待费在一定限额内可以据实列支。成本开支范围和费用开支标准是国家的重要财经纪律，每个企业都必须严格执行。

（二）划清各种费用的界限

企业的经济活动是多方面的，费用的用途也是多种多样的。为了正确地计算产品成本和归集期间费用，必须划清以下几个费用界限：

1.划清生产经营性支出和非生产经营性支出的界限

企业的支出按照与生产经营活动的关系分类，可以分为生产经营性支出和非生产经营性支出。生产经营性支出是指与企业正常生产经营活动有关的支出，包括收益性支出和部分资本性支出（如购建固定资产、无形资产的支出）。收益性支出在支出时直接表现为费用；而购建固定资产和无形资产的支出则随着企业生产经营活动的不断进行和资产的投入使用，分期转化为费用。以上支出表现或转化的费用又称生产经营费用。非生产经营性支出是指与企业生产经营活动无直接关系的各项支出，包括营业外支出、偿债性支出和部分资本性支出（如对外投资支出）。非生产经营性支出无论当时还是以后都不能作为费用处理。

企业既不能乱挤生产经营费用，将不属于生产经营的费用计入生产经营费用，也不应少计生产经营费用。乱挤和少计生产经营费用都会使成本费用不实，不利于企业成本管理。乱挤生产经营费用会减少企业利润和国家财政收入；少计生产经营费用则会虚增企业利润，超额分配，使企业的生产经营耗费得不到应有的补偿，影响企业再生产的顺利进行。每一个企业都应正确划清生产经营性支出和非生产经营性支出的界限，进而划清生产经营费用与非生产经营费用的界限，遵守国家关于成本、费用开支范围的规定，防止乱挤和少计生产经营费用的错误做法。

2.划清各期的生产经营费用界限

《企业会计准则——基本准则》第九条规定，企业应当以权责发生制为基础进行会计确认、计量和报告。企业在生产经营过程中发生的费用，有的应当计入当期的成本费用，有的应计入以后各期或以前各期的成本费用。为了按期分析和考核成本、正确计算各期损益，企业必须按照权责发生制，正确划分各期的费用界限。这就要求企业必须正确地进行待摊费用和预提费用的核算。对于本期发生的生产费用，应在本期内入账，不得延至下期入账。企业不应未到期末就提前结账，变相地将本期生产费用的一部分作为下期生产费用处理。本期已支付但应由本期和以后各期共同负担的费用，应作为待摊费用进行核算；本期虽未支付但应由本期负担的费用，应作为预提费用进行核算。数额较小的应待摊或预提的费用，按照重要性原则，可不作为待摊、预提费用处理，而在发生时将其全部计入支付期的成本费用。只有划清各期生产经营费用界限，才能保证成本计算的正确性，防止出现利用待摊和预提方法人为调节各期成本、损益的错误行为。

3.划清产品生产成本与期间费用的界限

工业企业用于生产经营的全部费用中，有一些与产品生产有直接联系，如产品生产直接消耗的材料费用以及生产单位为管理和组织生产所发生的制造费用直接形成了产品的生产成本，其中本期销售的部分转化为当期损益；另外一些费用，如管理费用、销售费用和财务费用等期间费用，因与会计期间直接相关，而与产品生产无直接联系，要直接计入当期损益。

企业必须划清生产成本和期间费用的界限，防止出现将期间费用作为产品生产成本，或将产品生产成本计入期间费用进而转入当期损益，人为调节各期的产品成本和利润的现象。

4.划清各种产品的费用界限

成本核算的目的是计算各种产品的总成本和单位成本。企业生产两种或两种以上产品时，就要划清各种产品的费用界限。首先，为某种产品生产单独发生、属于该种产品成本负担的直接费用，应直接计入该种产品成本；为几种产品生产共同发生、属于几种产品成本共同负担的间接费用，应采用合理的分配标准分配计入这几种产品成本。其次，应注意划清可比产品与不可比产品的费用界限，不得将应计入可比产品的费用转为不可比产品成本，以保证成本考核和成本分析工作的顺利进行。最后，还应划清盈利产品与亏损产品之间的费用界限，不得将应列入亏损产品的费用列入盈利产品成本中，防止在盈亏产品之间任意增减生产费用，达到以盈补亏、弄虚作假的目的。

5.划清完工产品与在产品的费用界限

产品生产周期与会计核算期间经常不一致，各会计期末往往会有尚未完工的在产品。在每期（主要为每月）期末，应将各种产品成本负担的本期生产费用在完工产品与在产品之间进行分配，划清两者之间的费用界限。当然，如果期末某种产品已经全部完工而没有在产品，那么这种产品所负担的全部生产费用之和就是这种产品的完工产品成本；如果某种产品月末尚未完工，那么这种产品的各项费用之和就是这种产品的月末在产品成本。

企业通过划清完工产品与在产品的费用界限，可以防止任意提高或降低期末在产品费用，防止人为调节完工产品成本水平。

（三）正确确定财产物资的计价和价值结转的方法

产品成本是对象化了的生产费用，是生产经营活动过程中物化劳动和活劳动的货币表现。其中，物化劳动的绝大部分是生产资料，其价值随着生产过程的进行而转移到产品成本中去，因此财产物资的计价和价值结转的方法也是影响产品成本正确与否的重要因素。为了正确计算产品成本，财产物资的计价和价值结转的方法应做到既较合理又较简便。企业的各项财产物资应当按取得时的实际成本计价。价值结转方法一经确定，要保持相对稳定，不得任意改变，以保持成本信息在时间上的可比性。此外，还要防止任意改变财产物资的计价和价值结转的方法，防止人为调节产品成本的错误做法。

（四）做好成本核算的基础工作

1.建立健全原始记录制度

原始记录是指按照规定的格式，对企业生产经营活动中的具体事实所做的最初的记载。这是反映企业活动情况的第一手材料，是提供计算数据的主要方式，也是产品成本核算资料的“发源地”。

【同步链接2-3】

企业应建立健全的原始记录主要有：（1）原材料的验收入库、领用、退库、盘盈、盘亏等记录；（2）动力消耗、维修费用及其他费用记录；（3）岗位分配、工时耗费及工资等记录；（4）设备运转、事故报废等记录；（5）在产品及半成品的内部转移、交库，废品损失等记录；（6）产品质量检验记录。

2.建立健全计量验收制度

原始记录中的各项数据主要从数量上反映企业生产经营活动中各项财产物资的变动情况，计量工作是确定这些变动数量的重要手段。没有准确的计量，就不能提供准确的数量，进而使成本数据失去真实性。因此，企业财产物资的收发、领退，在产品、半成品的内部转移和产成品的入库，都必须经过一定的审批手续，认真计量、验收或交接，并填制相应的凭证，以防任意领发和转移。

要做好计量验收工作，首先，要提高对这项工作的认识，同时根据不同计量对象，配置必要的计量器具，特别是消耗量大的水、电、汽的计量器具要配备齐全。其次，要设专职的质检机构。再次，应建立计量仪器和器具的管理与定期校验制度，确保计量仪器始终处于良好状态。另外，为保证计量的准确性，企业对库存的材料、半成品和产成品以及车间的在产品与半成品，应按照规定进行盘点、清查，防止丢失、积压、损坏，提高其使用效率。

3.建立健全定额管理制度

定额是企业在生产经营活动中，对人力、物力和财力的配备、利用与消耗以及获得的成果等方面所应遵守的标准或应达到的水平。定额管理制度是指以定额为依据，安排生产计划、组织生产和控制消耗的一种科学管理制度。企业制定的各项定额既要先进合理，又要切实可行。定额既是编制成本计划的依据，又是审核和控制生产费用的标准。在产品成本核算中，要按照产品定额消耗量或定额费用的比例进行费用的分配。因此，定额就成为衡量企业工作数量和质量的客观尺度。凡是能够制定定额的各种消耗，都应制定定额。涉及产品成本的定额主要有产量定额、材料消耗定额、动力消耗定额、设备利用定额、工具消耗定额、劳动定额和各种管理费用定额等。

制定定额的方法通常有经验估计法、统计分析法和技术分析法等。经验估计法是指由定额管理人员、技术人员和生产工人根据过去的经验，参考有关技术文件和资料制定定额的方法。统计分析法是指根据统计调查资料，在分析比较的基础上制定定额的方法。技术分析法是指通过技术测定和计算，充分考虑生产中形成的实践经验以及可能采用的技术组织措施制定定额的方法。

定额既要保持相对稳定，又要随着生产的发展、技术的进步和劳动生产率的提高适时地予以修订，保持定额的先进性与合理性，以充分发挥定额管理的作用。

4.建立健全费用审批制度

费用的发生直接导致成本的形成，要降低成本，必须控制费用。成本核算不能只满足于事后的计算和记录，还应强调在费用发生之前和发生过程中对其加强审核与控制，建立健全费用审批制度。为了使费用控制有章可循，企业必须事先制定各项经常性费用的开支标准，规定对各项费用的审批权限，设计费用报批和报销的程序，并使之制度化。通过有关规定，明确各级、各部门负责人有权审核何种性质费用及其额度，并形成多层次的分级审核程序，分别把关与逐级把关相结合，严格控制费用的发生，杜绝虚假费用，限制随意费用。明确费用审批权限并形成制度，也便于通过费用分析发现问题，追究相应责任，达到有效控制成本的目的。

5.建立健全内部价格制度

在计划管理基础较好的企业，为了分清企业内部各单位的经济责任，便于分析和考核内部各单位成本计划的执行情况，对各单位之间相互提供产品、材料和劳务等可采用内部价格进行相互结算或转账，形成内部价格制度。企业内部价格，亦称内部结算价格或内部转移价格，是企业内部各单位之间相互提供产品或服务的计价标准，是内部结算和考核的依据。

制定企业内部价格的方式通常有三种：一是以生产单位的计划成本作为内部价格；二是以生产单位的计划成本加上一定的内部利润作为内部价格；三是以供需双方临时协商的价格作为内部价格。无论采用哪种方式确定内部价格，都应尽可能接近实际并相对稳定（通常一年内不作变更）。另外，材料的领用、半成品的转移以及各单位间劳务的提供都应先按计划价格结算，月末再采用一定的方法确定价格差异，并据以调整计算产品的实际成本。

（五）选用合适的成本计算方法

产品成本是在生产过程中形成的，由于各个企业产品生产的特点不同、管理要求不同，因此，成本计算的方法也不同。产品生产的特点主要表现为产品的生产工艺过程和生产组织方式两个方面。从生产工艺过程的特点来看，有单步骤生产和多步骤生产，多步骤生产又可分为连续加工式生产和装配式生产。从生产组织方式的特点来看，有大批量生产、成批生产和单件生产。生产费用经归集汇总后，就要计算产品成本。不同的成本计算方法不仅有不同的成本计算对象，而且在成本计算期的确定、生产费用在完工产品与在产品之间的分配等方面也有所不同。成本核算对象、成本项目以及成本计算方法一经确定，不得随意变更。如需变更，应当根据管理权限，经股东大会或董事会，或经理（厂长）会议或类似机构批准，并在会计报表附注中予以说明。

【同步链接2-4】

产品成本核算有三种基本方法、两种辅助方法，另外还有作业成本法等。

第四节 成本核算的一般程序

一、产品成本核算账户的设置

为了全面核算产品成本，既提供总括的成本指标，又提供详细的成本资料，应设置有关成本核算的总账和明细账。

（一）产品成本核算的主要账户

1.“生产成本”账户

“生产成本”账户核算企业进行工业性生产，包括生产各种产品（包括产成品、自制半成品、提供劳务等)、自制材料、自制工具、自制设备等所发生的各项生产费用。本账户下设“基本生产成本”和“辅助生产成本”两个二级账户。

(1)“生产成本——基本生产成本”账户。该账户核算企业基本生产车间为完成企业主要生产任务而进行产品生产时所发生的各项生产费用。该账户借方登记为生产产品而发生的直接材料、直接人工等直接费用和月末从“制造费用”账户转来的间接费用，贷方登记已经生产完工并已验收入库的产成品及自制半成品的成本，月末借方余额，表示尚未加工完成的各项在产品的成本。该账户应按基本生产车间的产品品种等成本核算对象设置明细账。

(2)“生产成本——辅助生产成本”账户。该账户核算企业辅助生产车间在为基本生产服务而进行的产品生产和劳务供应时所发生的各项生产费用。该账户借方登记进行辅助生产所发生的各项费用，贷方登记完工入库的产品成本或月末结转的劳务费用，月末借方余额，反映辅助生产的在产品成本。该账户应按辅助生产车间及其生产的产品、提供的劳务设置明细账。

为了减少二级账户，简化会计分录，也可将“生产成本”总账账户分为“基本生产成本”和“辅助生产成本”两个总账账户。

2.“制造费用”账户

“制造费用”账户核算企业在生产产品和提供劳务时所发生的各项间接费用，包括工资和职工福利费、折旧费、修理费、办公费、水电费、机物料消耗、劳动保护费、季节性和修理期间的停工损失等。该账户的借方登记各生产单位发生的制造费用，贷方登记按企业成本核算办法的规定分配转入有关成本计算对象的费用。结转后，除季节性生产企业外，“制造费用”账户一般无余额。该账户应按不同的车间、部门等生产单位设置明细账。

为了进行成本费用的总分类核算，企业除了要设置“生产成本”和“制造费用”两个主要账户外，还应设置“销售费用”“管理费用”“财务费用”等账户；单独核算废品损失和停工损失的企业，还应增设“废品损失”和“停工损失”账户。

(二)产品生产成本明细账

“生产成本”总分类账户提供了产品生产费用的总括核算资料，为了按用途反映产品生产费用发生的详细情况，并计算各种产品、各批产品或各步骤产品的成本，还必须按产品的品种、批别和生产步骤设置生产成本明细账。

根据“生产成本”账户明细分类核算的要求，生产成本明细账按照产品成本核算对象设置，分别按各成本项目登记和归集生产费用，以计算产品总成本和单位成本。生产成本明细账通常又称为产品成本计算单。按各成本计算对象开设的生产成本明细账应根据有关原始凭证和各种费用分配表，如材料、工资、燃料、动力等和待摊费用、预提费用、制造费用等费用分配表进行登记，将应由本期各该产品生产负担的全部生产费用记入各自的产品成本计算单中；各该产品负担的这部分本月生产费用，加上期初在产品费用，减去期末在产品费用，即可确定各该产品本期完工产品的成本。产品成本计算单即生产成本明细账的基本格式，见表2-2。

表2-2 **产品成本计算单**

产品名称：A产品 （生产成本明细账）

年		摘要	成本项目				合计
月	日		直接材料	直接人工	燃料和动力	制造费用	
		月初在产品费用					
		本月生产费用					
		生产费用合计					
		转出完工产品成本					
		月末在产品费用					

在产品种类较多的企业，当产品成本的计算比较复杂时，为了按成本项目汇总反映各种类产品、各批别产品、各步骤产品的成本，可在生产成本总账和按品种、批别、步骤等设置的生产成本明细账之间增设生产成本二级账，既能按成本项目汇总反映全部产品的总成本，又可作为总账与明细账之间核对的中介。当生产步骤按车间划分时，可按车间和成本项目设置生产成本二级账，还可配合车间经济核算，为考核和分析各车间的产品总成本提供资料。

二、产品成本核算的一般程序

成本核算的程序是指对企业在生产经营过程中发生的各项要素费用，按照成本核算的原则和要求，逐步进行归集与分配，直至最后计算出各种产品成本的整个过程。一般来说，成本核算包括以下程序：

（一）确定成本核算对象

成本核算对象是生产费用的归集对象和生产耗费的承担者，是设置产品成本计算单和计算产品成本的前提。由于企业的生产特点、管理要求、规模大小、管理水平不同，企业成本核算对象也不相同。对于制造企业而言，产品成本核算的对象包括产品品种、产品批别和产品的生产步骤三种。企业应根据自身的生产特点和管理要求，选择合适的产品成本核算对象。

（二）确定成本项目

如前所述，成本项目是指生产费用要素按照经济用途划分成的若干项目。成本项目可以反映成本的经济构成以及产品生产过程中不同的资金耗费情况。为了满足成本管理的需要，企业可在直接材料、直接人工、燃料和动力、制造费用四个成本项目的基础上进行必要的调整，如将燃料和动力并入直接材料成本项目，或增设废品损失、停工损失等成本项目。

（三）确定成本计算期

成本计算期是指成本计算的间隔期，即多长时间计算一次成本。产品成本计算期的确定主要取决于企业生产组织的特点。在大量、大批生产的情况下，产品成本的计算期间与会计期间相一致；在单件、小批生产的情况下，产品成本的计算期间与产品的生产周期相一致。

（四）设置生产成本明细账

生产成本明细账也称产品成本明细账或产品成本计算单，是根据成本计算对象设置的。由于计算产品成本其实就是将生产费用在各不同的成本计算对象之间进行分摊，所以，企业在一定时期内有几个成本计算对象，就要设几个生产成本明细账。在生产成本明细账中，要按成本项目设立专栏（或专行），以反映产品成本的构成。

（五）审核和控制生产费用

审核和控制生产费用是指对企业在生产经营活动中发生的各项费用的合规性和合理性进行审核和控制，分清各项费用与生产经营活动的关系，以确定各项费用是否应该开支，应开支的费用是否应计入产品成本或其金额有无超出预算规定。

（六）归集和分配生产费用

1.归集本期发生的各项费用

企业在审核各项费用的原始凭证后，根据费用的用途，分别按生产费用与期间费用开支范围的规定，确定各项费用应记入"基本生产成本"、"辅助生产成本"和"制造费用"等成本类账户，还是应记入"销售费用"、"管理费用"和"财务费用"等期间费用类账户；然后，根据各原始凭证反映的具体经济业务，编制费用分配表分配或者直接记入上述各有关账户。

2.分配辅助生产费用

期末，企业应将"辅助生产成本"账户所归集的辅助生产费用，按其服务的对象和提供产品、自制工具或劳务的数量，编制辅助生产费用分配表；分配后，将其转入"基本生产成本""制造费用"等成本类账户和"管理费用""销售费用"等期间费用类账户。

3.分配制造费用

企业应选用适当的分配标准，编制制造费用分配表，将"制造费用"账户所归集的间接生产费用在各受益产品之间进行分配，并根据分配的结果，将制造费用转入"基本生产成本"账户及其所属的明细分类账户。

4.计算并结转完工产品成本

企业应将"基本生产成本"账户所属的各明细分类账户所归集的生产费用，采用合适的方法，在完工产品与期末在产品之间进行分配，计算完工产品总成本与单位成本，并将完工产品总成本转入"库存商品"账户。

产品成本核算主要账务处理基本程序如图2-1所示。

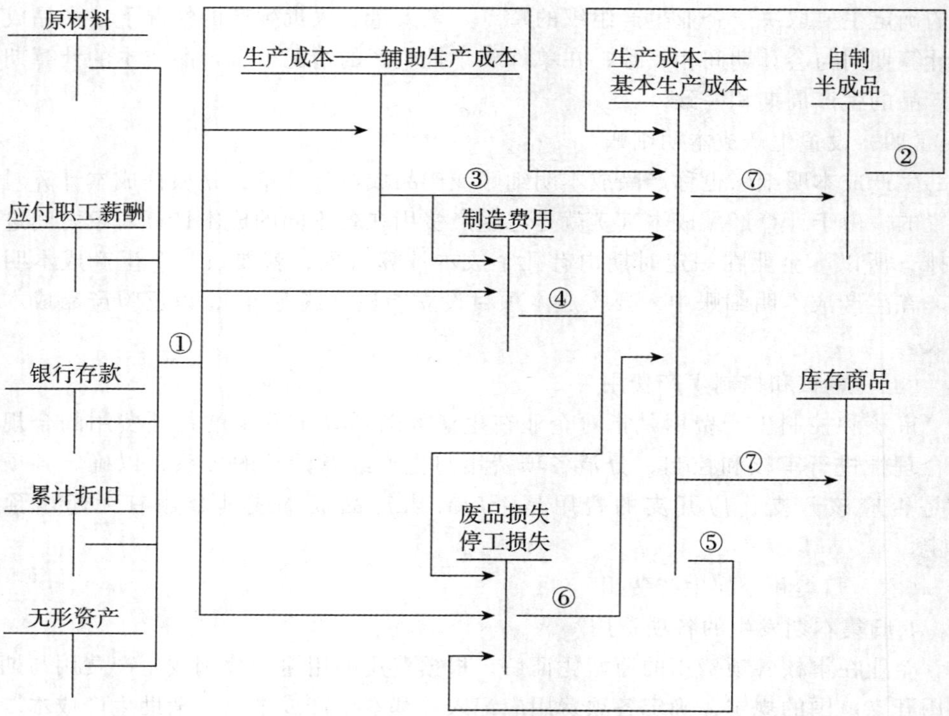

图2-1 产品成本核算主要账务处理基本程序[①]

■ 本章重点与难点

1.本章重点：成本核算应遵循的基本原则；成本核算应划分的费用界限；成本核算的基础工作；成本核算的一般程序。

2.本章难点：费用要素和成本项目的含义和内容；费用要素和成本项目的关系。

■ 基本训练

第二章判断题　　第二章选择题

实务题

宏远公司20××年12月发生下列业务：

(1) 购买一套生产设备，增值税专用发票列示价款400 000元，增值税税额

---

① 说明：①分配各项要素费用；②生产领用自制半成品；③分配辅助生产成本；④分配制造费用；⑤结转不可修复废品；⑥分配废品损失和停工损失；⑦结转产成品成本和自制半成品成本。

52 000元，以银行存款支付；

（2）生产产品领用材料50 000元；

（3）支付生产工人工资240 000元，管理人员工资60 000元；

（4）向灾区捐款50 000元；

（5）本月生产车间厂房及设备计提折旧30 000元；

（6）以现金支付维修厂房费用18 000元；

（7）支付本季度短期借款利息28 900元；

（8）支付生产车间水电费16 000元，支付管理部门水电费9 000元；

（9）发生金额为本月工资薪金总额14%的职工福利费；

（10）支付下年度设备的租金24 000元；

（11）本月发生废品损失1 500元；

（12）支付职工生活困难补助2 000元；

（13）支付广告费4 500元。

要求：根据资料确定各费用要素和各成本项目的金额。

第三章　制造企业生产费用的归集与分配

学习目标

通过对本章内容的学习，在知识方面，熟悉成本核算的一般程序，掌握生产费用在各成本核算对象之间的分配（横向分配）以及生产费用在完工产品和期末在产品之间的分配（纵向分配），直到计算某种完工产品的总成本和单位成本；在实务方面，重点掌握辅助生产费用的分配方法以及生产费用在完工产品和期末在产品之间的分配方法。

导入案例

湘达工厂设有一个基本生产车间，生产A、B两种产品；还设有一个辅助生产车间——供电车间，为基本生产和管理部门提供电力。本月A产品耗用材料350 000元，B产品耗用材料100 000元，两种产品共同耗用材料15 000元；本月产品生产工人的薪酬为80 000元；车间制造费用为30 000元；供电车间发生费用26 000元，提供电力5 000千瓦时，其中为产品生产供电3 500千瓦时、为车间一般消耗提供电力900千瓦时、为企业管理部门提供电力600千瓦时。

思考：如果你是该厂的成本核算员，你认为上述哪些费用应该分配、哪些费用不应该分配？需要分配的费用采用什么分配方法较为合理？供电车间发生的费用应全部计入产品成本吗？

第一节　材料费用的归集与分配

一、材料费用的计算

材料，是指为生产经营而耗用的原料及主要材料、辅助材料、外购半成品、包装材料、燃料和动力。它是制造企业生产过程中的劳动对象，是企业生产经营过程中不可缺少的物质要素。在企业的生产过程中，有的材料构成产品实体，有的材料虽不构成产品实体，但有助于产品的形成或生产的正常进行，并且经过一个生产周期就要被消耗掉，改变其原有的实物形态，其价值也随着实物的消耗一次、全部转移到所生产的产品中去，构成产品成本的主要内容。因此，材料费用计算正确与否对产品成本计算的正确性会产生重大影响。

材料费用的计算取决于材料的消耗量和材料的单位价格两个因素。企业应正确计算并确定材料的消耗量和单价，以便正确计算材料费用。

（一）材料消耗量的计算

确定材料消耗量的依据是材料消耗的原始记录，记录生产中材料消耗的原始凭证有领料单、限额领料单和领料登记表等。

采用各种领料凭证领到车间或部门的材料，月末如果未用完，应办理退料手续。下个月不再使用的材料，应填制“退料单”，将材料退回仓库；下个月还要继续使用的材料，可办理假退料手续，即填制本月份的“退料单”与下个月的“领料单”，并在仓库办理退料和领料手续，但材料仍在原车间、部门，并不退回仓库。

消耗材料数量的计算方法有两种：一是连续记录法；二是盘存计算法。

1.连续记录法

连续记录法，也称永续盘存制，是指每次收入、发出材料时都根据有关收发材料的原始凭证按其数量逐笔记入材料明细账，以实际发出数量作为消耗量的一种方法。采用永续盘存制，可以随时根据账面记录计算出每一种材料的收入、发出和结存数量。采用这种方法，企业应当建立健全原始记录和计量验收制度，严格审查材料收入和发出的凭证和手续，并随时登记材料明细账，提供库存材料变动情况。其优点是核算手续严密，能保证企业财产的安全、完整，同时有利于材料实物的管理；其缺点是工作量较大，有时会产生账面数与实际数不一致的情况。

2.盘存计算法

盘存计算法，也称实地盘存制，是指平时在材料明细账上只登记材料的收入，而不登记材料的发出，期末根据实地盘存数倒挤出本期发出材料数量的一种方法。其材料消耗量的计算公式为：

本期消耗材料数量=期初结存材料数量+本期收入材料数量-期末结存材料数量

采用实地盘存制的优点是手续简便；缺点是这种方法将本期毁损、丢失等原因造成的材料浪费和损失也作为本期发出材料数量，不利于加强材料实物管理。企业一般不能采用实地盘存制计算材料的消耗量，此方法只适用于在领用时不便随时办理领料手续的材料，如黄沙、石子、煤、石灰等。

（二）消耗材料价格的确定

在实际工作中，有的企业按实际成本计价组织材料核算，有的企业按计划成本计价组织材料核算。无论采用哪种材料核算形式，生产过程中消耗的材料价格最终都应当是材料的实际价格（实际成本）。

1.按实际成本计价组织材料核算

按实际成本计价组织材料核算时，同一品种、规格的材料由于购入的时间和地点不同，各批材料购进的实际价格很可能不一致，因此产生了消耗材料按什么价格来计算的问题。在实际工作中，消耗材料实际价格（实际成本）的计算有先进先出法、加权平均法、移动加权平均法和个别计价法等方法。每种发出材料的计价方法各有利弊，企业可以根据具体情况，对不同的材料选用不同的计价方法。计价方法一经确定，一般不允许随意更改。

2.按计划成本计价组织材料核算

按计划成本计价组织材料核算时，发出材料的成本是计划成本，需要按期结转发出材料应负担的成本差异，将计划成本调整为实际成本。

为了将发出材料的计划成本调整为实际成本，应该先计算材料成本差异率，以调整发出材料应负担的成本差异。其计算公式为：

$$材料成本差异率=\frac{月初结存材料成本差异+本月收入材料成本差异}{月初结存材料计划成本+本月收入材料计划成本}$$

发出材料成本差异=发出材料的计划成本×材料成本差异率

发出材料实际成本=发出材料的计划成本+发出材料成本差异

在材料成本差异率的计算公式中，月初结存材料成本差异和本月收入材料成本差异之和是一个代数和，其差异按性质分为超支差和节约差。超支差用正号表示，节约差用负号表示。计算出来的材料成本差异率也是正号表示超支差，负号表示节约差。因此，发出材料的成本差异的计算结果可能是正数，也可能是负数。

【例3-1】 某企业月初结存材料计划成本为220 000元，月初结存材料成本差异为4 100元，本月收入材料的计划成本为70 000元，本月收入材料的成本差异为-620元，本月发出材料的计划成本为140 000元，则：

$$本月材料成本差异率=\frac{4\,100-620}{220\,000+70\,000}\times 100\%=1.2\%$$

发出材料应负担的成本差异=140 000×1.2%=1 680（元）

发出材料的实际成本=140 000+1 680=141 680（元）

二、材料费用和外购动力费用的分配

（一）材料费用的分配

1.材料费用分配的一般原则

（1）客观性原则。产品生产直接耗用的材料费用应尽可能地直接计入有关产品成本，以反映产品成本的真实水平。也就是说，凡是能直接计入某种产品成本的材料费用，应直接记入该产品成本明细账；凡是几种产品共同耗用的材料费用，应选择合理的标准，分配记入有关产品成本明细账。在分配记入时，分配标准的选择总是带有一定的假定性及某些主观判断因素，往往会影响产品成本的真实反映。

（2）重要性原则。在产品成本中所占比重较大的材料费用应在产品成本明细账中以“直接材料”成本项目或“燃料和动力”成本项目单独列示，以有利于反映产品的成本结构，也有利于成本的分析和考核。例如，直接用于产品生产、构成产品实体的原料及主要材料或有助于产品形成的大额辅助材料，即使领用时无法分清是哪一种产品领用的或几种产品共同领用的，也应在有关产品之间分配后记入各产品成本明细账的“直接材料”成本项目。再如，若直接用于产品生产的燃料费用比重较大，可与动力费用一起合并记入“燃料和动力”成本项目。占比较小的材料费用，尤其是为几种产品共同耗用的材料费用，可先按发生地点记入“制造费用”账户，然后通过制造费用分配后记入有关产品成本明细账的“制造费用”成本项目，即与其他费用合并反映在一个成本项目内。

2.材料费用分配的基本方法

（1）材料费用的分配对象。确定材料费用的分配对象也就是确定材料费用的承担者，即确定材料费用应分配记入的账户及有关的成本（费用）项目。一般来说，应按材料费用发生的地点和用途分别记入有关账户及成本项目。

①用于产品生产构成产品实体的原料、主要材料以及有助于产品形成的大额辅助材料，应直接或分配记入产品成本明细账的“直接材料”成本项目中。

②用于产品生产的燃料费用，也应直接或分配记入产品成本明细账的“燃料和动力”成本项目中。

③用于产品生产、有助于产品形成的小额辅助材料以及基本生产车间一般消耗用的材料、燃料费用应记入制造费用明细账的有关项目中。

④辅助生产车间消耗的各种材料、燃料费用记入“生产成本——辅助生产成本”账户借方的有关项目。

⑤行政管理部门为组织和管理生产经营活动而发生的各种材料、燃料费用记入管理费用明细账借方的有关项目。

⑥产品销售机构领用的材料和燃料费用记入销售费用明细账借方的有关项目。

⑦工程项目耗用的材料应记入“在建工程”账户。

（2）共同耗用材料费用的分配方法。几种产品共同耗用的各种材料费用应选择既合理又简便的方法分配计入各种产品成本。

【同步链接3-1】

所谓“合理”，是指所采用的费用分配标准与所分配的费用密切相关；所谓“简便”，是指费用分配标准的统计资料比较容易取得，数据可靠，并保持相对稳定。例如，各种铸件所用的生铁，其耗用量的多少与铸件重量密切相关，可以按照铸件重量进行分配；各种木器所用的木材，其耗用量多少与木器的净用材料体积大小密切相关，可以按木器的净用材料体积进行分配。如果难以确定适当的分配方法，或者作为分配标准的资料不易取得，而原料或主要材料的消耗定额比较准确，那么原料和主要材料也可以按照定额消耗量或定额费用比例分配。

下面介绍几种常用的分配方法。

①重量（体积、产量）比例分配法。这是一种以产品的重量、产量、体积为标准分配直接材料费用的方法。其计算公式为：

$$材料费用分配率=\frac{应分配的直接材料费用}{各种产品的加工重量(或产量、体积)}$$

某种产品应分配的材料费用=该种产品的重量（或产量、体积）×材料费用分配率

【例3-2】某型铸车间生产甲、乙两种产品。20××年11月生产的甲产品的重量为15吨、乙产品的重量为5吨。两种产品共同耗用钢材15 800元。

$$材料费用分配率=\frac{15\,800}{15+5}=790（元/吨）$$

甲产品应分配的材料费用=15×790=11 850（元）

乙产品应分配的材料费用=5×790=3 950（元）

根据以上计算结果，编制材料费用分配表，见表3-1。

表3-1 **共同耗用材料费用分配表**

车间：型铸 20××年11月 金额单位：元

产品名称	分配标准（重量：吨）	分配率	分配金额
甲产品	15		11 850
乙产品	5		3 950
合计	20	790	15 800

②定额消耗量比例法。这是在材料消耗定额比较健全的企业，以各种产品的材料定额消耗量的比例或材料定额费用的比例分配材料费用的一种方法。其计算公式为：

某种产品材料定额消耗量=该种产品实际产量×单位产品材料消耗定额

$$材料消耗量分配率=\frac{材料实际总消耗量}{各种产品材料定额消耗量之和}$$

某种产品应分配的材料数量=该种产品的材料定额消耗量×材料消耗量分配率

某种产品应分配的材料费用=该种产品应分配的材料数量×材料单价

【例3-3】某企业生产甲、乙两种产品，共同耗用A材料。20××年11月两种产品共耗用A材料5 500千克，材料费用为34 100元。甲产品的实际产量为1 400件，单位产品材料消耗定额为2.5千克；乙产品实际产量为1 000件，单位产品材料消耗定额为1.5千克。材料费用的计算分配如下：

甲产品材料定额消耗量=1 400×2.5=3 500（千克）

乙产品材料定额消耗量=1 000×1.5=1 500（千克）

$$材料消耗量分配率=\frac{5\,500}{3\,500+1\,500}=1.1$$

甲产品应分配的材料数量=3 500×1.1=3 850（千克）

乙产品应分配的材料数量=1 500×1.1=1 650（千克）

材料单价=34 100÷5 500=6.2（元/千克）

甲产品应分配的材料费用=3 850×6.2=23 870（元）

乙产品应分配的材料费用=1 650×6.2=10 230（元）

根据以上分配结果，编制直接材料费用分配表，见表3-2。

表 3-2

共同耗用材料费用分配表

20××年 11 月 金额单位：元

产品名称	产量（件）	单耗（千克）	定额消耗量	消耗量分配率	实际耗用量	材料单价	分配材料费用
甲产品	1 400	2.5	3 500	1.1	3 850		23 870
乙产品	1 000	1.5	1 500	1.1	1 650		10 230
合计	2 400		5 000		5 500	6.2	34 100

先分配材料实际消耗量，再乘以材料单价，这种计算方法可以考核材料消耗定额的执行情况，有利于进行成本控制，但计算分配的工作量较大。为简化计算程序，可以按定额消耗量的比例直接分配材料费用。仍以【例 3-3】为例，计算结果见表 3-3。

表 3-3

共同耗用材料费用分配表

20××年 11 月 金额单位：元

产品名称	产量（件）	单耗（千克）	定额消耗量	材料费用分配率	分配材料费用
甲产品	1 400	2.5	3 500		23 870
乙产品	1 000	1.5	1 500		10 230
合计	2 400		5 000	6.82	34 100

材料费用分配率=34 100÷（3 500+1 500）=6.82

采用上述两种分配程序的计算结果相同，但后一种分配程序不能反映各种产品应负担的材料消耗数量，不利于加强材料消耗的实物管理。

在几种产品共同耗用原材料的种类比较多的情况下，为简化计算分配工作，也可以按照各种材料的定额费用比例分配材料实际费用。其计算公式为：

某种产品某种材料定额费用=该种产品实际产量×单位产品该种材料费用定额

$$=\text{该种产品实际产量}\times\text{单位产品该种材料消耗定额}\times\text{该种材料计划单价}$$

$$\text{材料费用分配率}=\frac{\text{应分配的各种材料实际费用总额}}{\text{各种产品各种材料定额费用之和}}$$

某种产品应分配的材料费用=该种产品各种材料定额费用之和×材料费用分配率

【例 3-4】 假定【例 3-3】中甲、乙两种产品除共同耗用 A 材料外，还共同耗用了辅助材料 B 材料 6 748 元。甲、乙两种产品产量不变，A 材料的单耗不变。甲、乙两产品所耗 B 材料的单位消耗定额分别为 3.5 千克和 2 千克，A、B 材料的计划单价分别为 6 元和 0.8 元。

甲产品材料定额费用=1 400×2.5×6+1 400×3.5×0.8=24 920（元）

乙产品材料定额费用=1 000×1.5×6+1 000×2×0.8=10 600（元）

$$\text{材料费用分配率}=\frac{34\,100+6\,748}{24\,920+10\,600}=1.15$$

甲产品应分配的材料费用=24 920×1.15=28 658（元）

乙产品应分配的材料费用=10 600×1.15=12 190（元）

③标准产量比例分配法。这是将各种产品的产量按系数折算为标准产量，再按标准产量的比例分配材料费用的方法。这里系数是指各种产品与标准产品在量上的一种比例关系，如消耗定额、实际重量、面积、体积的比例。标准产品可以选择系列产品的中间产品，也可以选择正常、大量生产的产品。其计算公式为：

$$各种产品的标准产量 = \sum(某种产品产量 \times 该种产品系数)$$

$$材料费用分配率 = \frac{应分配的直接材料费用}{各种产品的标准产量}$$

某种产品应分配的材料费用=该种产品的标准产量×材料费用分配率

【例3-5】某织布厂生产不同型号的A、B、C、D共四种产品，20××年11月生产量分别为1 000万米、500万米、250万米和100万米，其中A产品为企业正常、大量生产的产品。各种产品每万米棉纱的消耗定额分别为84千克、92.4千克、42千克和21千克。四种产品本月共同耗用的材料费用为255 000元。共同耗用材料费用分配表见表3-4。

表3-4　**共同耗用材料费用分配表**

20××年11月　　金额单位：元

产品名称	本月产量（万米）	单耗（千克/万米）	系数	标准产量	分配率	分配金额
A	1 000	84	1	1 000		150 000
B	500	92.4	1.1	550		82 500
C	250	42	0.5	125		18 750
D	100	21	0.25	25		3 750
合计	1 850			1 700	150	255 000

（3）材料费用分配表的编制及会计处理。在实际工作中，材料费用的分配是通过编制材料费用分配表进行的。材料费用分配表是企业进行材料费用分配的重要原始凭证，包括材料费用分配明细表和材料费用分配汇总表。具体方法是：先按各生产车间、分厂和部门编制材料费用分配明细表，然后全厂合并编制一张材料费用分配汇总表。现举例说明原材料费用分配汇总表的编制，其格式见表3-5。

根据原材料费用分配汇总表，编制会计分录，并据以登记有关产品成本明细账和费用明细账。

借：生产成本——基本生产成本（甲产品）　117 500

　　　　　　——基本生产成本（乙产品）　63 800

　　　　　　——辅助生产成本（机修车间）　1 580

　　　　　　——辅助生产成本（运输车间）　1 230

　　制造费用　5 380

借：管理费用　　3 280

　　销售费用　　600

　贷：原材料　　193 370

表3-5

原材料费用分配汇总表

20××年11月　　单位：元

应借账户		成本项目	直接计入	分配计入	材料费用合计
生产成本——基本生产成本	甲产品	直接材料	95 000	22 500	117 500
	乙产品	直接材料	47 000	16 800	63 800
	小计		142 000	39 300	181 300
制造费用	基本生产车间	机物料消耗	5 380		5 380
生产成本——辅助生产成本	机修车间	机物料消耗	1 580		1 580
	运输车间	机物料消耗	1 230		1 230
	小计		2 810		2 810
管理费用		其他材料	3 280		3 280
销售费用		包装材料	600		600
合　计			154 070	39 300	193 370

材料费用分配表可以按实际成本或计划成本编制，视企业材料日常核算采用实际成本还是计划成本计价而定。表3-5是按实际成本编制的。在采用计划成本计价的情况下，材料费用分配明细表要分设“计划成本”和“成本差异”两栏。“计划成本”栏根据领料凭证上的计划成本加总填入，再根据本月各类材料成本差异率计算本月发出材料应负担的差异数填入“成本差异”栏；然后，要将车间、部门的材料费用分配明细表汇总，编制材料费用分配汇总表。

（二）外购动力费用的分配

制造企业耗用的动力包括水、电、汽、气、风等。这些动力有的是从外部购入的，有的是企业自己生产的。企业的辅助生产车间自行制造动力，其成本应在“生产成本——辅助生产成本”账户核算，并且按照受益部门受益的大小，将动力费用分配给受益部门。这些内容将在本章第四节专门介绍。

外购动力费用有的直接用于产品生产，有的用于照明，有的用于取暖。外购动力费用应根据各车间、部门安装的计量仪表记录的实际耗用量和动力的单位成本计算分配。生产工艺过程中直接耗用的外购动力费，记入“生产成本——基本生产成本”账户借方的“直接材料”成本项目；辅助生产车间耗用的外购动力费，记入“生产成本——辅助生产成本”账户借方的有关项目；基本生产车间一般耗用的外购动力费，记入“制造费用”账户的有关项目；产品销售机构耗用的外购动力费，记入“销售费用”账户借方的有关项目；企业行政管理部门耗用的外购动力费，记入“管理费用”账户借方的有关项目等。

为了加强对能源的核算和控制，生产工艺用动力也可与生产工艺用燃料合设一个成本项目，即“燃料和动力”成本项目。对于记入“生产成本——基本生产成本”账户的外购动力费，如果车间只生产一种产品，或者企业能分产品安装仪表，其费用属于直接计入费用，可直接计入该种产品成本明细账的“直接材料”或“燃料和动力”成本项目；如果车间生产多种产品或者企业没有分产品安装仪表，其费用属于间接计入费用，应按一定的方法在有关产品之间进行分配。常用的分配方法有生产工时比例法、机器工时比例法和定额耗用量比例法。下面仅介绍定额耗用量比例法。

定额耗用量比例法是以产品电力耗用定额为标准分配动力费用的方法。其计算公式为：

$$动力费用分配率=\frac{车间应分配的动力费用}{该车间各种产品定额耗电量之和}$$

某种产品应分配的动力费用=该种产品的定额耗电量×动力费用分配率

【例 3-6】某企业生产 A、B 两种产品，20××年 11 月实耗电力 81 500 千瓦时，每千瓦时电费为 0.55 元，共支付电费 44 825 元。该企业在厂部管理部门、车间管理部门、辅助生产车间和基本生产车间分别装有电表。据当月电表数据，企业管理部门耗电 4 600 千瓦时，车间管理部门耗电 8 900 千瓦时，辅助生产车间耗电 3 200 千瓦时，基本生产车间生产产品耗电 64 800 千瓦时。本月 A 产品定额耗电量为 45 000 千瓦时，B 产品定额耗电量为 30 000 千瓦时。动力费用计算分配如下：

管理部门耗用电费=4 600×0.55=2 530（元）

车间一般耗用电费=8 900×0.55=4 895（元）

辅助生产车间耗用电费=3 200×0.55=1 760（元）

产品生产耗用电费=64 800×0.55=35 640（元）

电力费用分配率=35 640÷（45 000+30 000）=0.4752（元/千瓦时）

A 产品应分配的电费=45 000×0.4752=21 384（元）

B 产品应分配的电费=30 000×0.4752=14 256（元）

根据以上计算结果，编制外购动力费用分配汇总表，见表 3-6。

根据外购动力费用分配汇总表，编制会计分录，并据以登记有关产品成本明细账和费用明细账。

借：生产成本——基本生产成本（A 产品）	21 384	
——基本生产成本（B 产品）	14 256	
——辅助生产成本	1 760	
制造费用	4 895	
管理费用	2 530	
贷：应付账款		44 825

表3-6　　外购动力费用分配汇总表

20××年11月　　金额单位：元

应借账户		成本或费用项目	耗电量		动力费分配		应分配动力费
			千瓦时	单价	定额耗电量	分配率	
生产成本——基本生产成本	A产品	直接材料			45 000	0.4752	21 384
	B产品	直接材料			30 000	0.4752	14 256
	小计		64 800	0.55			35 640
生产成本——辅助生产成本		电费	3 200	0.55			1 760
制造费用		电费	8 900	0.55			4 895
管理费用		电费	4 600	0.55			2 530
合计			81 500				44 825

第二节　职工薪酬的归集与分配

一、职工薪酬的归集

职工薪酬，是指企业为获得职工提供的服务或终止劳动合同关系而给予的各种形式的报酬或补偿。职工薪酬包括短期薪酬、离职后福利、辞退福利和其他长期职工福利等，内容较多，这里我们只介绍短期薪酬的归集和分配。

短期薪酬，是指企业在职工提供服务的年度报告期间结束后12个月内需要全部予以支付的职工薪酬。短期薪酬具体包括：职工工资、奖金、津贴和补贴，职工福利费，医疗保险费和工伤保险费等社会保险费，住房公积金，工会经费和职工教育经费等。

（一）职工薪酬核算的原始记录

进行职工薪酬的核算，必须以准确的原始记录为依据。职工薪酬——工资核算的原始记录主要有工资卡片、考勤记录和工作量记录等。

1.工资卡片

工资卡片，是反映企业职工就职、离职、调动、职务变动、工资级别、工资标准与各种津贴变动的原始记录。它是计算职工薪酬——工资费用的重要原始依据。

2.考勤记录

考勤记录，是登记每个职工出勤和缺勤情况的原始记录，是计时工资制下计算职工工资的重要原始记录。考勤记录应按车间、班组和部门配备专职考勤员并负责登记，月终加以汇总后交财会部门据以计算应付职工薪酬——工资。

3.工作量记录

工作量记录，是记录工人或小组在出勤时间内完成的产量和耗用工时的原始记录。它是统计产量和工时、计算计件工资的依据，也是考核工时定额执行情况和劳动生产率的依据，为在各种产品之间分配与工时有关的费用提供合理的依据。

由于生产的特点和管理的要求不同，产量和工时记录在不同的企业和不同的车间、部门，其内容和格式也不尽相同。例如，加工产品经常变动的生产车间采用“工作通知单”，而成批生产类型企业的车间采用“工序进程单”和“工作班产量记录”等。

职工薪酬的核算除了依据上述原始记录外，还需填制一些其他凭证，如各种奖金、津贴发放的通知单，代扣款项通知单，废品通知单等。这些原始凭证应在月终结算工资之前送交财会部门，以便在工资结算时作为核算依据。

（二）职工薪酬的计量

计量职工薪酬时，国家规定了计提基础和计提比例的，应当按照国家规定的标准计提；没有规定计提基础和计提比例的，应当根据历史经验数据和实际情况，合理预计当期应付职工薪酬。制造企业可以根据具体情况采用不同的工资制度，其中最基本的工资制度是计时工资制度和计件工资制度。

1.计时工资的计算

计时工资是根据考勤记录登记的每一职工的出勤情况和规定的工资标准计算的工资。工资标准是指每一职工在单位时间内（月、日、小时）应得的工资额。在实际工作中，应付职工计时工资的计算可采用月薪制和日薪制两种方法。

（1）月薪制，又称月工资制，即全勤月工资制。在月薪制下，不管当月的日历天数是多少（大月或小月），只要职工出满勤，每月都可以得到固定的月标准工资。如果发生缺勤，则相应扣除缺勤期间应扣的工资。其计算公式为：

应付工资=月标准工资+奖金+津贴和补贴+加班加点工资-缺勤应扣工资

缺勤应扣工资=缺勤天数×日工资率×扣款比例

公式中的月标准工资来自工资卡记录。奖金、津贴和补贴、加班加点工资根据奖金、津贴和补贴、加班加点工资通知单确定；缺勤天数根据考勤记录确定。日工资率是指职工每日应得的平均工资额。它的计算方法有三种，具体如下：

①按全年每月日历天数30天计算（365÷12）。采用这种方法双休日和节假日照计工资，但职工病事假期间跨月的双休日和节假日也算缺勤，照扣工资。

②按全年平均每月工作日数20.83天计算，即全年365天减去104个双休日和11个法定假日之后除以12个月，得出月平均工作日为20.83天。按照这种方法计算，双休日和节假日不计算工资，职工病事假期间跨月的双休日和节假日也不扣工资。

③按当月满勤日数计算，即当月日历天数减去当月双休日天数和当月节假日天数。采用这种方法时，由于每个月的双休日、节假日天数不相同，所以每个月满勤日数也不相同。在这种情况下，即使月标准工资不变，在各月满勤日数不相同的情况下计算出来的各月标准工资也不一样。由于当月满勤日数不包括双休日和节假日，即双休日和节假日不计算工资，所以缺勤期间跨月的双休日和节假日也不算缺

勤，不扣工资。

公式中的扣款比例由企业按照国家有关规定执行。

【例3-7】 某企业职工李进的月标准工资为2 580元，11月出勤18天，事假1天，病假5天（包括两个双休日），公休假共9天，综合奖200元，各种津贴和补贴150元，扣款比例为20%。

①工资率按30天计算，则：

日工资率=2 580÷30=86（元/日）

李进11月应得工资=2 580+200+150−86−86×5×20%=2 758（元）

②工资率按20.83天计算，则：

日工资率=2 580÷20.83=123.86（元/日）

李进11月应得工资=2 580+200+150−123.86−123.86×3×20%=2 731.82（元）

③日工资率按当月满勤日数22天计算，则：

日工资率=2 580÷22=117.3（元/日）

李进11月应得工资=2 580+200+150−117.3−117.3×3×20%=2 742.32（元）

（2）日薪制，是按照职工实际出勤天数和日工资率计算应付工资的方法。采用这种方法时，职工每月全勤工资不是固定的，随当月出勤天数的多少而有所增减。如果发生缺勤，相应加缺勤期间应得的工资。其计算公式为：

应付工资=出勤天数×日工资率+奖金+津贴补贴+加班工资+缺勤应得工资

仍以【例3-7】为例：

① 日工资率按30天计算：

李进11月应得工资=（18+7）×86+200+150+5×86×80%=2 844（元）

② 日工资率按20.83天计算：

李进11月应得工资=18×123.86+200+150+3×123.86×80%=2 876.74（元）

③ 日工资率按当月满勤日数22天计算：

李进11月应得工资=18×117.3+200+150+3×117.3×80%=2 742.92（元）

以上例子说明，应付工资的计算方法不同，其计算结果也不一样。企业采用哪一种方法由企业自行确定，确定以后一般不得随意变更。

2.计件工资的计算

计件工资按结算对象不同，可分为个人计件工资和集体计件工资。

（1）个人计件工资的计算。个人计件工资应以产量凭证上登记的每个工人完成的工作量，乘以规定的计件单价计算。其计算公式为：

$$应付计件工资=\sum(各种产品的产量\times 该种产品计件单价)$$

计件工资是根据验收合格的产品数量计算的，如果因生产工人本人的过失导致废品（简称“工废”），则不应计算支付工资，还应根据具体情况向责任人索取部分或全部赔偿；如果因为材料的质量不符合要求而导致废品（简称“料废”），应按规定的计件单价支付工资。

【例3-8】 某厂职工刘江20××年11月加工甲零件240个，计件单价6.5元，验收时发现料废品10个；加工乙零件150个，计件单价4元，验收时发现工废品8个；加工丙零件100个，计件单价10元，验收全部合格。

刘江11月应得计件工资=240×6.5+（150−8）×4+100×10=3 128（元）

（2）集体计件工资的计算。集体计件工资的计算可分为两个步骤：第一步，计算集体（班、组）应得计件工资总额，计算方法与个人计件工资的计算相同；第二步，将集体计件工资总额按贡献大小在小组成员之间进行分配，一般可根据各成员的工作时间与工资标准乘积的比例进行分配。

【例3-9】一车间某小组4个工人共同完成一项加工任务，按计件单价计算，全组共得计件工资15 275元。计件工资分配表见表3-7。

表3-7 **计件工资分配表**

车间：一车间 20××年11月 金额单位：元

小组成员姓名	技术等级	小时工资率	实际工作时间（小时）	计时工资	分配率	应得计件工资
甲	3	3	200	600		3 000
乙	4	4	180	720		3 600
丙	5	4.5	190	855		4 275
丁	4	4	220	880		4 400
合计			790	3 055	5	15 275

采用计件工资同计时工资一样，除了职工在出勤时间内的工资外，应付给职工的工资中还应包括公差、病假工资和各种津贴和补贴等。

3. 其他职工薪酬费用的计算

其他职工薪酬包括职工福利费、各种社会保险费、住房公积金、工会经费、职工教育经费、短期带薪缺勤、利润分享计划等。

工会经费和职工教育经费一般是以应付工资总额为基础，按一定比例准予扣除；各种社会保险和住房公积金应当按照国务院、所在地政府或企业年金计划规定的标准计量确定。

（三）职工薪酬费用的汇总

工资费用的汇总和工资的结算均以工资计算单为基础。工资费用的汇总可以用工资结算凭证代替，不必单独编制工资费用汇总表。

工资结算凭证分为工资结算单和工资结算汇总表。工资结算单是分车间、部门编制的，用以反映企业与每一职工的工资结算情况，是按车间、部门进行的工资费用汇总。工资结算单的一般格式见表3-8。工资结算汇总表是根据工资结算单编制的，用以反映全厂工资结算的总括情况，是企业全部工资的汇总。工资结算汇总表的一般格式见表3-9。

表 3-8

工资结算单

生产车间：第一车间　　20××年 11 月　　金额单位：元

组别	姓名	级别	应付工资											代发款项	代扣款项					实发工资	签收盖章
			月标准工资	日标准工资	奖金	津贴和补贴		扣缺勤工资					应付工资合计	交通补贴	养老保险	医疗保险	失业保险	住房公积金	合计		
						工龄津贴	夜班补贴	病假			事假										
								天数	所占比例	金额	天数	金额									
1	张平	2	720	24	150	60	45	4	10%	9.6			965.40	45	20	18	14	30	82	928.4	
1	刘力	3	810	27	200	60							1 070	45	25	20	15	35	95	1 020	
1	郭建	4	900	30	160	60					2	60	1 060	45	28	22	16	40	106	999	
⋮	⋮	⋮	⋮	⋮	⋮	⋮	⋮	⋮	⋮	⋮	⋮	⋮	⋮	⋮	⋮	⋮	⋮	⋮	⋮	⋮	
生产工人小计			49 250		6 180	3 000	1 275			90		225	59 390	6 300	2 500	980	515	4 900	8 895	56 795	
⋮	⋮	⋮	⋮	⋮	⋮	⋮	⋮	⋮	⋮	⋮	⋮	⋮	⋮	⋮	⋮	⋮	⋮	⋮	⋮	⋮	
管理人员小计			4 870		840	360	75			6		45	6 094	180	220	60	30	280	590	5 684	
合计			54 120		7 020	3 360	1 350			96		270	65 484	6 480	2 720	1 040	545	5 180	9 485	62 479	

表 3-9

工资结算汇总表

宏达工厂 20××年11月 单位：元

车间或部门	职工类别	应付工资							代发款项	代扣款项					实发工资
		月标准工资	奖金	津贴和补贴		扣缺勤工资		应付工资合计	交通补贴	养老保险	医疗保险	失业保险	住房公积金	合计	
				津贴	补贴	病假	事假								
第一车间	生产工人	49 250	6 180	3 000	1 275	90	225	59 390	6 300	2 500	980	515	4 900	8 895	56 795
第一车间	管理人员	4 870	840	360	75	6	45	6 094	180	220	60	30	280	590	5 684
	小计	54 120	7 020	3 360	1 350	96	270	65 484	6 480	2 720	1 040	545	5 180	9 485	62 479
辅助生产机修车间	生产工人	6 425	820	425	220	26	140	7 724	350	260	154	100	420	934	7 140
辅助生产供水车间	生产工人	5 860	750	350	200		25	7 135	320	240	145	95	380	860	6 595
	小计	12 285	1 570	775	420	26	165	14 859	670	500	299	195	800	1 794	13 735
行政部门	管理人员	4 600	950	680			50	6 180	530	350	260	180	410	1 200	5 510
销售机构	管理人员	2 500	980	720			30	4 170	280	150	140	70	210	570	3 880
福利部门		1 700	560	470		15	20	2 695	170	140	110	60	155	465	2 400
合计		75 205	11 080	6 005	1 770	137	535	93 388	8 130	3 860	1 849	1 050	6 755	13 514	88 004

二、职工薪酬的分配

在职工为企业提供服务的会计期间，企业应根据职工提供服务的受益对象将应确认的职工薪酬（包括货币性薪酬和非货币性薪酬）计入相关资产成本或当期损益。

（一）工资费用的分配

工资费用的分配即确定工资费用应分配记入的账户及其有关的成本（费用）项目，一般按工资费用发生的地点和用途分别记入。直接从事产品生产的生产工人的工资费用，应直接记入或分配记入产品成本明细账的"直接人工"成本项目；车间管理人员的工资费用，记入"制造费用"明细账的有关项目；企业行政管理人员的工资费用，记入"管理费用"明细账的有关项目；专设销售机构人员的工资费用，记入"销售费用"明细账的有关项目；医务福利人员的工资费用，记入"应付职工薪酬——职工福利费"账户；在建工程人员的工资费用，记入"在建工程"账户。

由于工资结算制度不同，直接工资费用的分配方法也各不相同。在计件工资制下，可根据各种产量记录所记合格品数乘以计件单价计算出工资，直接记入各有关产品成本明细账的"直接人工"成本项目。在计时工资制下，如果基本生产车间只生产一种产品，则可以将该项工资直接记入该产品成本明细账的"直接人工"成本项目；如果生产几种产品而共同发生生产工人工资，应采用一定的分配方法在有关产品之间进行分配。常见的方法是按产品的生产工时比例进行分配，计算公式为：

$$工资费用分配率=\frac{应分配的生产工人工资数额}{各种产品生产工时(实际、定额)之和}$$

某种产品应分配的工资费用=该种产品的生产工时（实际、定额）×工资费用分配率

【例3-10】 根据表3-9，假定第一车间生产A、B两种产品，其生产工人工资为59 390元，其中计件工资为A产品5 800元、B产品4 120元，计时工资为49 470元。根据该车间产量工时记录，A产品生产工时为3 500小时，B产品生产工时为1 500小时。计时工资分配情况见表3-10。

表3-10　**直接工资费用分配表**

生产车间：第一车间　　20××年11月　　金额单位：元

产品名称	直接计入	分配计入			合计
		生产工时	分配率	分配金额	
A产品	5 800	3 500		34 629	40 429
B产品	4 120	1 500		14 841	18 961
合　计	9 920	5 000	9.894	49 470	59 390

月末，会计部门应根据工资结算汇总表和直接工资费用分配表编制工资费用分配汇总表，见表3-11。

表3-11 **工资费用分配汇总表**

宏达工厂 20××年11月 单位：元

应借账户		成本或费用项目	直接计入	分配计入	工资费用合计
生产成本——基本生产成本	A产品	直接人工	5 800	34 629	40 429
	B产品	直接人工	4 120	14 841	18 961
	小计		9 920	49 470	59 390
制造费用	第一车间	工资	6 094		6 094
生产成本——辅助生产成本	机修车间	工资	7 724		7 724
	供水车间	工资	7 135		7 135
	小计		14 859		14 859
管理费用		工资	6 180		6 180
销售费用		工资	4 170		4 170
应付职工薪酬——职工福利费		工资	2 695		2 695
合 计			43 918	49 470	93 388

根据表3-11编制会计分录如下：

借：生产成本——基本生产成本（A产品）	40 429	
——基本生产成本（B产品）	18 961	
——辅助生产成本（机修车间）	7 724	
——辅助生产成本（供水车间）	7 135	
制造费用	6 094	
管理费用	6 180	
销售费用	4 170	
应付职工薪酬——职工福利费	2 695	
贷：应付职工薪酬——工资		93 388

（二）其他职工薪酬费用的分配

其他职工薪酬费用在核算上与工资同步，一般是工资费用分配记入哪一个总账及其所属明细账，其他职工薪酬费用亦相应记入该总账及其所属明细账。需要注意的是，生活福利部门人员的职工福利费直接记入“管理费用”账户。

【例3-11】根据表3-11，宏达工厂按照工资总额和规定的计提方法，计算了本月其他职工薪酬费用，编制其他职工薪酬费用分配表，见表3-12。

表 3-12　　其他职工薪酬费用分配表

宏达工厂　　20××年 11 月　　单位：元

应借账户		成本或费用项目	其他职工薪酬费用
生产成本——基本生产成本	A 产品	直接人工	16 778
	B 产品	直接人工	7 868.8
	小计		24 646.8
制造费用	第一车间	工资	2 529
生产成本——辅助生产成本	机修车间	工资	3 205.5
	供水车间	工资	2 961
	小计		6 166.5
管理费用		工资	2 834.2
销售费用		工资	1 730.6
应付职工薪酬——职工福利费		工资	848.9
合　计			38 756

根据其他职工薪酬费用分配表，编制会计分录：

借：生产成本——基本生产成本（A 产品）　16 778

——基本生产成本（B 产品）　7 868.8

——辅助生产成本（机修车间）　3 205.5

——辅助生产成本（供水车间）　2 961

制造费用　2 529

管理费用　2 834.2

销售费用　1 730.6

应付职工薪酬——职工福利费　848.9

贷：应付职工薪酬——其他职工薪酬费用　38 756

第三节　辅助生产费用的归集与分配

一、辅助生产费用核算的特点

辅助生产，是指为基本生产车间、行政管理部门等单位服务而进行的产品生产和劳务供应。这些为基本生产车间、行政管理部门提供产品和劳务的部门称为辅助生产车间。有的辅助生产车间只生产一种产品或提供一种劳务，如供电、供水、供汽、运输等，这类辅助生产车间被称为单一性辅助生产车间。有的辅助生产车间生产多种产品或提供多种劳务，如从事工具、模具、夹具生产的辅助生产车间，也被称为多样性辅助生产车间。辅助生产车间提供的产品和劳务有时也对外销售，但这不是辅助生产车间的主要任务。辅助生产车间在提供产品或劳务过程中发生的各项耗费称为辅助生产费用。

辅助生产部门主要为基本生产车间和管理部门服务，因此辅助生产费用大部分最终应计入产品制造成本，还有一部分应计入当期损益。辅助生产费用的高低对产品制造成本水平有直接影响，这就决定了辅助生产车间所发生的费用必须单独进行归集，然后在各个受益车间、部门之间进行合理分配。

二、辅助生产费用的归集

辅助生产车间为生产产品或提供劳务而发生的各种费用构成了这些产品或劳务的成本。为了核算辅助生产车间发生的费用，计算所产产品或劳务的成本，辅助生产车间应设置“生产成本——辅助生产成本”账户，据此进行辅助生产费用的归集和分配。辅助生产车间发生的各项费用，应根据材料、职工薪酬等费用分配表和有关凭证，记入该账户的借方。该账户的贷方登记辅助生产费用的分配数以及完工入库的工具、模具、夹具等产品生产成本的转出数。一般情况下，该账户期末无余额，期末如有余额则为辅助生产车间的在产品成本。在“生产成本——辅助生产成本”账户下，应按车间和产品品种、劳务设置明细账，账内按成本项目或费用项目设置专栏进行明细核算。对于生产多种产品或提供多种劳务的辅助生产车间，如工具、模具等车间，除了按车间分别设置辅助生产成本明细账外，还应按所生产的各种产品或劳务分别开设产品成本计算单。辅助生产成本明细账的格式见表3-13。

表3-13　**辅助生产成本明细账**

车间：供水车间　　20××年11月　　单位：元

日期		摘　要	费用明细项目									合　计
月	日		原材料	燃料和动力	薪酬费用	折旧费	修理费	办公费	保险费	运输费	其他	
11	30	根据原材料费用分配表	3 370									3 370
	30	根据燃料费用分配表		1 050								1 050
	30	根据外购动力费用分配表		3 850								3 850
	30	根据薪酬费用分配表			9 700							9 700
	30	根据折旧费用分配表				6 840						6 840
	30	支付修理费					1 650					1 650
	30	支付办公费						500				500
	30	支付运输费								490		490
	30	支付保险费							280			280
	30	支付其他费用									270	270
	30	本月合计	3 370	4 900	9 700	6 840	1 650	500	280	490	270	28 000
	30	月末转出	3 370	4 900	9 700	6 840	1 650	500	280	490	270	28 000

辅助生产车间发生的制造费用一般应通过按辅助生产车间设置的制造费用明细账的借方归集，月末从其贷方直接转入或采用适当的分配标准分配转入辅助生产成本明细账。如果辅助生产车间规模小，产品或劳务单一，发生的制造费用较少，在不对外提供产品或劳务的情况下，为了简化核算工作，发生的制造费用也可直接记入辅助生产成本明细账，而不必通过按辅助生产车间设置的制造费用明细账核算。

三、辅助生产费用的分配

由于辅助生产车间是为企业基本生产车间、行政管理部门等单位提供产品或劳务的，所以，辅助生产车间发生的费用应由受益的基本生产车间或行政管理部门负担。

（一）辅助生产费用分配的特点

辅助生产车间发生的各种费用计入成本费用的方法是由辅助生产车间生产产品或提供劳务的情形以及它在生产中的作用决定的。

如果辅助生产车间是生产产品的，如自制材料、工具、模具等，在这些产品完工后，应将其成本从“生产成本——辅助生产成本”账户转入“原材料”或“周转材料——低值易耗品”等账户中；各车间、部门领用时，再按照存货的核算方法，根据其具体的用途和数量，一次或分次转入有关成本费用账户。

如果辅助生产车间是提供电、水、蒸汽、修理、运输等产品或劳务的，辅助生产车间发生的费用在归集后，应根据各受益单位的耗用量，在各受益单位之间进行分配。在这种情况下，除主要向基本生产车间和行政管理部门等单位提供产品或劳务外，辅助生产车间之间也相互提供产品或劳务，如供水车间向机修车间提供水、机修车间向供水车间提供修理劳务等。要计算水的成本，首先应计算修理劳务的成本；要计算修理劳务的成本，又必须先计算水的成本。两者形成一种相互制约的关系。在分配辅助生产费用时，在将辅助生产费用对外分配之前，首先应在辅助生产车间之间进行费用的交互分配。这就是辅助生产费用分配的特点。

（二）辅助生产费用的分配方法

根据辅助生产费用分配的特点，提供水、电、蒸汽、修理、运输等产品或劳务的辅助生产车间将辅助生产费用分配给各受益单位时，常用的分配方法有直接分配法、顺序分配法、一次交互分配法、计划成本分配法、代数分配法等。

1.直接分配法

直接分配法，是将各辅助生产车间发生的费用直接分配给辅助生产车间以外的各受益单位，辅助生产车间之间相互提供的产品或劳务不进行交互分配的一种辅助生产费用分配方法。其计算公式为：

$$\text{某辅助生产车间的费用分配率}=\frac{\text{该辅助生产车间待分配费用总额}}{\text{该辅助生产车间向辅助生产车间以外的各受益单位提供的产品或劳务总量}}$$

$$\text{某受益单位应分配的辅助生产费用}=\text{该受益单位耗用产品或劳务数量}\times\text{辅助生产车间费用分配率}$$

【例 3-12】宏达工厂有供水、机修两个辅助生产车间。20××年 11 月两个辅助生产车间发生的辅助生产费用及向受益单位提供劳务的资料见表 3-14。

表 3-14　**各部门发生的辅助生产费用及向受益单位提供的劳务量**

受益单位	机修车间（工时）	供水车间（吨）
供水车间	400	
机修车间		6 000
基本生产车间产品生产耗用		46 000
基本生产车间一般耗用	3 500	14 000
企业管理部门	1 300	4 000
劳务供应量合计	5 200	70 000
本月发生费用合计（元）	46 800	28 000

根据上述资料，采用直接分配法计算各辅助生产车间费用分配率如下：

机修车间费用分配率=46 800÷（5 200-400）=9.75（元/工时）

供水车间费用分配率=28 000÷（70 000-6 000）=0.4375（元/吨）

根据各车间的辅助生产费用分配率，计算各受益部门应负担的辅助生产成本，并编制辅助生产费用分配表，见表 3-15。

表 3-15　**辅助生产费用分配表（直接分配法）**

宏达工厂　　20××年 11 月　　金额单位：元

项目		机修车间		供水车间		金额合计
		耗用数量（工时）	分配金额	耗用数量（吨）	分配金额	
待分配的辅助生产费用			46 800		28 000	74 800
分配数量		4 800		64 000		
分配率（单位成本）			9.75		0.4375	
受益单位	基本车间产品生产耗用			46 000	20 125	20 125
	基本车间一般耗用	3 500	34 125	14 000	6 125	40 250
	企业管理部门耗用	1 300	12 675	4 000	1 750	14 425
合计		4 800	46 800	64 000	28 000	74 800

根据辅助生产费用分配表，编制会计分录如下：

借：生产成本——基本生产成本　　20 125

　　制造费用　　40 250

　　管理费用　　14 425

　贷：生产成本——辅助生产成本（机修车间）　　46 800

　　　　　　——辅助生产成本（供水车间）　　28 000

直接分配法不考虑各辅助生产车间之间相互提供劳务的情况，辅助生产车间发生的费用仅对外分配一次，计算手续简便。在直接分配法下，各辅助生产车间之间相互提供的产品或劳务不相互分配费用，这影响了辅助生产成本计算的准确性。因此，这种方法只在辅助生产车间之间相互提供产品或劳务较少的情况下采用。

2.顺序分配法

顺序分配法，又称阶梯分配法，就是各辅助生产车间按受益多少排序，受益少的排列在前，先将费用分配出去；受益多的排列在后，后将费用分配出去。其特点是排在前面的辅助生产车间不负担排在后面的辅助生产车间的费用。具体计算程序如下：

（1）确定分配顺序。各辅助生产车间按照受益量的大小排序，受益量最小的排在第一位，受益量最大的排在最后一位。

（2）分配排列在前的辅助生产车间发生的费用。先计算分配率，再计算分配额。其计算公式为：

$$某辅助生产车间的费用分配率=\frac{该辅助生产车间发生的费用总额}{该辅助生产车间提供的劳务（产品）总量}$$

$$\begin{array}{c}某受益单位应分配的\\辅助生产费用\end{array}=\begin{array}{c}该受益单位耗用产品\\或劳务的数量\end{array}\times\begin{array}{c}辅助生产车间\\费用分配率\end{array}$$

（3）分配排列在后的辅助生产车间发生的费用。先计算分配率，再计算分配额。其计算公式为：

$$某辅助生产车间的费用分配率=\frac{该辅助生产车间发生的费用总额+前面分配转入的费用}{\begin{array}{c}该辅助生产车间提供的\\劳务（产品）总量\end{array}-\begin{array}{c}排列在前的辅助生产车间\\耗用的劳务（产品）数量\end{array}}$$

$$\begin{array}{c}某受益单位应分配的\\辅助生产费用\end{array}=\begin{array}{c}该受益单位耗用的\\产品或劳务数量\end{array}\times\begin{array}{c}辅助生产车间\\费用分配率\end{array}$$

【例 3-13】仍沿用【例 3-12】的资料，采用顺序分配法计算分配的辅助生产费用，见表 3-16。假定机修车间受益少，排在前面先分配；供水车间受益多，排在后面后分配。这是一种较为简单的顺序排列方法。若要取得更精确的分配结果，还要考虑辅助生产车间提供产品或劳务量的多少，即受益少、提供产品或劳务量多的辅助生产车间排在前面，受益多、提供产品或劳务量少的辅助生产车间排在后面，按这样的顺序分配费用。

根据上述资料，采用顺序分配法计算各辅助生产车间费用分配率如下：

机修车间费用分配率=46 800÷5 200=9（元/工时）

供水车间费用分配率=（28 000+3 600）÷（70 000−6 000）=0.49375（元/吨）

根据表 3-16，编制会计分录如下：

借：生产成本——辅助生产成本（供水车间）	3 600	
——基本生产成本	22 712.5	
制造费用	38 412.5	
管理费用	13 675	
贷：生产成本——辅助生产成本（机修车间）		46 800
——辅助生产成本（供水车间）		31 600

表3-16 **辅助生产费用分配表（顺序分配法）**

宏达工厂 20××年11月 金额单位：元

项目			机修车间		供水车间	
			数量（工时）	金额	数量（吨）	金额
待分配的辅助生产费用				46 800		31 600
提供的劳务总量			5 200		64 000	
辅助生产费用分配率				9		0.49375
受益单位	辅助生产车间内部顺序分配	机修车间				
		供水车间	400	3 600		
	对外分配	产品生产耗用			46 000	22 712.5
		车间一般耗用	3 500	31 500	14 000	6 912.5
		管理部门耗用	1 300	11 700	4 000	1 975
分配金额合计				46 800		31 600

采用顺序分配法能有重点地反映辅助生产车间交互提供劳务的关系，分配结果比直接分配法合理。但是，由于排在前面的辅助生产车间不负担排在后面的辅助生产车间的费用，费用归集不完整，导致辅助生产车间之间交互服务的关系反映不全面，影响了分配结果的正确性。另外，在辅助生产车间较多的情况下，很难准确排定辅助生产车间的顺序。因此，顺序分配法只适用于各辅助生产车间之间相互受益程度有明显顺序的企业，并且分配顺序一经排定，一般不会经常变动。

3.一次交互分配法

一次交互分配法，是先根据各辅助生产车间之间相互提供产品或劳务的数量和交互分配前的费用分配率，在各辅助生产车间之间进行一次交互分配费用，再将各辅助生产车间交互分配后的实际费用（交互分配前的待分配费用加上交互分配转入的费用，减去交互分配转出的费用）分配给辅助生产车间以外的各受益单位的一种辅助生产费用分配方法。其计算步骤如下：

（1）根据各辅助生产车间提供的产品或劳务总量以及所发生的辅助生产费用总额，计算交互分配前的单位成本（交互分配率）。其计算公式为：

$$\text{某辅助生产车间交互分配费用分配率}=\frac{\text{该辅助生产车间交互分配前的待分配费用总额}}{\text{该辅助生产车间提供的产品或劳务总量}}$$

（2）以该交互分配率在辅助生产车间内部进行一次交互分配。其计算公式为：

$$\begin{array}{c}\text{某辅助生产车间应分配其他}\\\text{辅助生产车间的费用}\end{array}=\begin{array}{c}\text{该辅助生产车间耗用其他辅助}\\\text{生产车间的产品或劳务数量}\end{array}\times\begin{array}{c}\text{其他辅助生产}\\\text{车间费用分配率}\end{array}$$

（3）计算交互分配后的实际费用。其计算公式为：

$$\text{交互分配后的实际费用}=\text{交互分配前的费用}+\text{交互分配转入的费用}-\text{交互分配转出的费用}$$

（4）根据交互分配后的实际费用和辅助生产车间以外的各受益单位的受益量，计算交互分配后的单位成本（对外分配率）。其计算公式为：

$$某辅助生产车间对外分配费用分配率=\frac{该辅助生产车间交互分配后的实际费用总额}{该辅助生产车间对外部各受益单位提供劳务总量}$$

（5）根据辅助生产车间以外的各单位受益量，以对外分配率计算分配外部各受益单位应负担的辅助生产费用。其计算公式为：

$$\begin{matrix}某辅助生产车间以外的各受益\\单位应分配的辅助生产费用\end{matrix}=\begin{matrix}该受益单位\\耗用的劳务量\end{matrix}\times\begin{matrix}交互分配后该种产品\\或劳务的分配率\end{matrix}$$

（6）根据计算分配的结果，编制辅助生产费用分配表，并据以编制会计分录，登记总账和明细账。

【例 3-14】沿用【例 3-12】的资料，采用一次交互分配法编制辅助生产费用分配表，见表 3-17。

表 3-17　**辅助生产费用分配表（一次交互分配法）**

宏达工厂　20××年 11 月　金额单位：元

项目			交互分配		对外分配		合计
辅助生产车间			机修车间	供水车间	机修车间	供水车间	
待分配的辅助生产费用			46 800	28 000	45 600	29 200	
劳务供应总量			5 200（工时）	70 000（吨）	4 800（工时）	64 000（吨）	
费用分配率			9	0.4	9.5	0.45625	
辅助生产车间	机修车间	数量		6 000（吨）			
		金额		2 400			
	供水车间	数量	400（工时）				
		金额	3 600				
基本生产车间	产品生产耗用	数量				46 000（吨）	
		金额				20 987.5	20 987.5
	车间一般耗用	数量			3 500（工时）	14 000（吨）	
		金额			33 250	6 387.5	39 637.5
企业管理部门		数量			1 300（工时）	4 000（吨）	
		金额			12 350	1 825	14 175

根据上述资料，采用一次交互分配法计算各辅助生产车间费用分配率如下：

先计算交互分配率：

机修车间交互分配率=46 800÷5 200=9（元/工时）

供水车间交互分配率=28 000÷70 000=0.4（元/吨）

需要注意的是，交互分配率只用于辅助生产车间之间交互分配费用。

再计算对外分配率：

机修车间对外分配率=（46 800+2 400−3 600）÷（5 200−400）=9.5（元/工时）

供水车间对外分配率=（28 000+3 600−2 400）÷（70 000−6 000）=0.45625（元/吨）

根据表3-17，编制会计分录如下：

（1）交互分配：

借：生产成本——辅助生产成本（供水车间） 3 600

——辅助生产成本（机修车间） 2 400

贷：生产成本——辅助生产成本（机修车间） 3 600

——辅助生产成本（供水车间） 2 400

（2）对外分配：

借：生产成本——基本生产成本 20 987.5

制造费用 39 637.5

管理费用 14 175

贷：生产成本——辅助生产成本（机修车间） 45 600

——辅助生产成本（供水车间） 29 200

采用一次交互分配法分配辅助生产费用，克服了直接分配法不能反映辅助生产车间之间相互提供产品或劳务而不相互分配费用的不足，提高了辅助生产费用分配的正确性；同时，也能促使各辅助生产车间降低相互之间的消耗，加强经济核算。但是，各辅助生产费用的分配都要计算两个费用分配率，增加了计算的工作量。因此，交互分配法适用于辅助生产车间不多或相互提供产品或劳务量较多且不均衡的企业。

4.计划成本分配法

采用计划成本分配法，是先按事先确定的辅助生产车间提供的产品或劳务的计划单位成本和各受益单位的耗用数量，计算各受益单位应分配的辅助生产费用，再计算和分配辅助生产车间实际发生费用与按计划成本计算的分配金额之间的差额，即辅助生产成本差异。其计算步骤如下：

（1）计算计划成本。其计算公式为：

$$\text{各受益单位应分配的辅助生产费用的计划成本}=\text{该受益单位实际受益量}\times\text{该辅助生产费用的计划单位成本}$$

（2）计算辅助生产车间的实际成本。其计算公式为：

某辅助生产车间的实际成本=该辅助生产车间直接发生的费用+计划分配转入的费用

（3）计算各辅助生产成本差异。其计算公式为：

某辅助生产成本差异=该辅助生产实际成本-按计划分配金额合计

对于辅助生产成本差异有两种处理方法：一是采用直接分配法直接分配给辅助生产车间以外的车间、部门；二是直接计入管理费用。为了简化核算工作，辅助生产成本差异通常全部调整计入管理费用，不再分配给辅助生产车间以外的其他受益车间、部门。

【例 3-15】 仍沿用【例 3-12】的资料，假定机修的计划单位成本为9.2元，水的计划单位成本为0.48元，按计划单位成本分配辅助生产费用，编制辅助生产费用分配表，见表3-18。

表3-18　**辅助生产费用分配表（计划成本分配法）**

宏达工厂　20××年11月　金额单位：元

项目			机修车间	供水车间	合计
待分配的辅助生产费用			46 800	28 000	74 800
劳务供应总量			5 200（工时）	70 000（吨）	
计划单位成本			9.2	0.48	
辅助生产车间	机修车间	数量		6 000（吨）	
		金额		2 880	2 880
	供水车间	数量	400（工时）		
		金额	3 680		3 680
基本生产车间	产品生产耗用	数量		46 000（吨）	
		金额		22 080	22 080
	车间一般耗用	数量	3 500（工时）	14 000（吨）	
		金额	32 200	6 720	38 920
企业管理部门耗用		数量	1 300（工时）	4 000（吨）	
		金额	11 960	1 920	13 880
按计划成本分配金额合计			47 840	33 600	81 440
辅助生产实际成本			49 680	31 680	81 360
辅助生产成本差异额			+1 840	-1 920	-80

根据表3-18，编制会计分录如下：

（1）按计划成本分配：

借：生产成本——基本生产成本　22 080

　　　　——辅助生产成本（机修车间）　2 880

　　　　——辅助生产成本（供水车间）　3 680

　　制造费用　38 920

　　管理费用　13 880

贷：生产成本——辅助生产成本（供水车间） 33 600

——辅助生产成本（机修车间） 47 840

（2）分配结转辅助生产成本差异：

借：管理费用 80

贷：生产成本——辅助生产成本（机修车间） 1 840

——辅助生产成本（供水车间） 1 920

采用计划成本分配法分配辅助生产费用，由于是按事先确定的辅助生产车间提供产品或劳务的计划单位成本分配费用，计算手续简化，各种辅助生产费用只计算分配一次，而且不是在辅助生产车间实际费用计算后再分配的，加快了会计核算的速度，还能考核各辅助生产车间成本计划的执行情况，有利于厂内经济核算。但是，如果辅助生产车间生产的产品或劳务的计划单位成本制定得不准确，就会影响成本计算的正确性。因此，计划成本分配法适合在辅助生产车间产品或劳务的计划单位成本制定得比较准确的情况下采用。

5.代数分配法

代数分配法，是运用代数中建立多元一次方程组的方法计算出各辅助生产车间提供产品或劳务的单位成本，然后再按各受益单位（包括辅助生产车间内部）耗用辅助生产车间产品或劳务的数量计算应分配的辅助生产费用的一种方法。在建立多元一次方程组时，每一组方程都是按下列公式建立的：

某辅助生产车间提供产品或劳务的数量 × 该产品或劳务的单位成本 = 该辅助生产车间待分配费用总额 + 该辅助生产车间耗用其他辅助生产车间产品或劳务的数量 × 其他辅助生产车间产品或劳务的单位成本

只要将上式中产品或劳务的单位成本分别用未知数代替，建立一个方程组，并解出未知数，即可计算出每一种产品或劳务的单位成本。然后，可按下式将辅助生产费用分配出去：

某受益单位应分配的辅助生产费用 = 该受益单位耗用产品或劳务的数量 × 该产品或劳务的单位成本

【例3-16】仍沿用【例3-12】的资料，假设机修车间每一修理工时的单位成本为X，供水车间每吨水的单位成本为Y。根据它们的关系，建立二元一次方程组：

$$\begin{cases} 5\,200X = 46\,800 + 6\,000Y & (1) \\ 70\,000Y = 28\,000 + 400X & (2) \end{cases}$$

解方程组得：

$$\begin{cases} X = 9.5243 \\ Y = 0.4544 \end{cases}$$

根据上述计算结果，编制辅助生产费用分配表，见表3-19。

根据表3-19，编制会计分录如下：

借：生产成本——基本生产成本 20 902.4

——辅助生产成本（机修车间） 2 726.4

——辅助生产成本（供水车间） 3 809.72

借：制造费用　39 696.65
　　管理费用　14 200.95
　贷：生产成本——辅助生产成本（供水车间）　49 526.4
　　　　　　——辅助生产成本（机修车间）　31 809.72

表 3-19　**辅助生产费用分配表（代数分配法）**

宏达工厂　20××年 11 月　金额单位：元

项目			机修车间	供水车间	合计
待分配的辅助生产费用（元）			46 800	28 000	
劳务供应总量			5 200（工时）	70 000（吨）	
实际分配率（单位成本）			9.5243	0.4544	
辅助生产车间	机修车间	数量		6 000（吨）	
		金额		2 726.4	2 726.4
	供水车间	数量	400（工时）		
		金额	3 809.72		3 809.72
基本生产车间	产品生产耗用	数量		46 000（吨）	
		金额		20 902.4	20 902.4
	车间一般耗用	数量	3 500（工时）	14 000（吨）	
		金额	33 335.05	6 361.6	39 696.65
企业管理部门耗用		数量	1 300（工时）	4 000（吨）	
		金额	12 381.63	1 819.32	14 200.95

采用代数分配法分配辅助生产费用，分配结果最准确，但在辅助生产车间较多的情况下，需设的未知数较多，计算工作就比较复杂。因此，代数分配法适用于辅助生产车间较少或会计工作实现了电算化的企业。

【同步思考 3-1】
在以上辅助生产费用的分配方法中，哪些方法体现了交互分配的内容？

第四节　制造费用的归集与分配

一、制造费用的归集

制造费用是企业生产单位（分厂、车间）为组织和管理生产而发生的各项间接费用，包括生产单位管理人员的职工薪酬，生产单位房屋、建筑物、机器设备等的折旧费和修理费，办公费，水电费，差旅费，设计制图费，试验检验费，机物料消耗，劳动保护费，季节性停工损失和固定资产大修理期间的停工损失等。制造费用是产品成本的重要组成部分。正确、合理地组织制造费用的核算，对于准确计算产品成本，控制各分厂、车间费用的开支，考核费用预算的执行情况，不断降低产品成本，具有重要的作用。

为了总括反映企业一定时期内发生的制造费用及其分配情况，应设置“制造费用”账户。该账户的借方归集企业在一定时期内发生的全部制造费用，贷方反映分配计入有关成本计算对象的制造费用数额，除季节性生产企业或采用累计分配率法分配制造费用的企业外，“制造费用”账户期末应无余额。制造费用应按各分厂、车间设置明细账，账内按费用明细项目设专栏或专户进行明细核算。制造费用明细账的格式见表3-20。

表3-20 **制造费用明细账**

车间：第一基本生产车间 20××年11月 单位：元

20××年		摘要	明细项目								合计
月	日		材料费	职工薪酬	折旧费	办公费	修理费	劳保费	保险费	其他	
11	30	分配材料费用	8 000								8 000
	30	分配职工薪酬		10 000							10 000
	30	分配折旧费用			2 500						2 500
	30	支付办公费				545					545
	30	支付修理费					875				875
	30	支付劳动保护费						3 500			3 500
	30	摊销保险费							1 400		1 400
	30	支付其他费用								680	680
	30	本月合计	8 000	10 000	2 500	545	875	3 500	1 400	680	27 500
	30	月末转出	8 000	10 000	2 500	545	875	3 500	1 400	680	27 500

企业发生各项制造费用时，应按其用途和地点进行归集，根据各种费用分配表以及有关费用凭证，借记“制造费用”账户，贷记“原材料”“应付职工薪酬——工资”“应付职工薪酬——职工福利费”“应付职工薪酬——社会保险费”“累计折旧”“银行存款”“库存现金”等账户，月末应全部转入“生产成本——基本生产成本”账户，计入产品制造成本。

二、制造费用的分配

（一）制造费用分配的程序

对辅助生产的制造费用通过“制造费用”账户核算的企业，应首先分配辅助生产车间的制造费用，将其计入辅助生产制造成本；然后分配辅助生产费用，将其中应由基本生产车间负担的费用计入基本生产车间的产品成本；最后再分配基本生产车间的制造费用。

由于各车间的制造费用水平不同，制造费用的分配应该按照车间分别进行，而不应将各车间的制造费用汇总起来，再在整个企业范围内统一分配。各车间制造费用的分配对象是本车间当期生产的各种产品或提供的劳务。在生产单一产品的车间或分厂，归集的制造费用可直接计入该种产品的制造成本；在生产多种产品的车间或分厂，因制造费用有多个受益对象，应采用一定的方法，按各成本计算对象受益的比例进行分配。

（二）制造费用分配的原则

合理分配制造费用的关键在于正确选择分配标准。一般来说，选择制造费用分配标准应遵循以下原则：分配标准与被分配的费用要有因果关系、计算简便、分配标准要相对稳定。

（三）制造费用的分配方法

1.生产工时比例法

生产工时比例法，是按照各种产品所用生产工时的比例分配制造费用的方法。其生产工时可以是实际工时，也可以是定额工时。在工时记录齐全的情况下，采用实际工时较为准确。其计算公式为：

$$制造费用分配率=\frac{制造费用总额}{各种产品实际(或定额)工时之和}$$

某种产品应分配的制造费用=该产品实际（或定额）工时×制造费用分配率

【例 3-17】 某企业第一基本生产车间生产甲、乙两种产品，20××年11月归集的制造费用为27 500元，本月实际生产工时为8 000小时，其中甲产品5 000小时、乙产品3 000小时。采用生产工时比例法，编制制造费用分配表，见表3-21。

表3-21　**制造费用分配表（生产工时比例法）**

车间：第一基本生产车间　　20××年11月　　金额单位：元

产品名称	生产工时（小时）	分配率	分配金额
甲产品	5 000		17 187.5
乙产品	3 000		10 312.5
合　计	8 000	3.4375	27 500

按生产工时分配制造费用，可以使各种产品负担的制造费用与劳动生产率结合起来，分配结果比较合理。同时，这种分配标准的资料容易取得，计算分配工作较为简便，因而被企业广泛采用。但是，如果固定资产的折旧费、修理费在制造费用中占的比例较大，且各种产品的机械化程度不同，那么按此标准分配制造费用就会使机械化程度较高的产品少负担固定资产折旧费、修理费等，导致分配结果与费用的实际发生情况不相符，因此这种方法适用于各种产品生产工艺过程机械化程度大致相同的情况。

2. 机器工时比例法

机器工时比例法，是以各种产品所用机器设备运转工作时数为标准分配制造费用的一种方法。其计算公式为：

$$制造费用分配率=\frac{制造费用总额}{各种产品机器工时总数}$$

某种产品应分配的制造费用=该产品机器工时数×制造费用分配率

如果企业中各生产单位有不同类型的机器设备，而且其使用和维修费用差别较大，如一件产品在高级精密或大型机器设备上加工一小时所应负担的费用与在小型机器设备上加工一小时所应负担的费用是有区别的，为使其合理，还应将机器设备进行分类，按其类别确定机器工时系数，用工时系数折算出标准机器工时，再按标准机器工时分配制造费用。

【例3-18】某企业生产车间用A、B两种设备生产甲、乙、丙三种产品，20××年11月制造费用总额为87 000元，机器工时总数为58 000小时。A设备为一般设备，工时总数为17 500小时，其中甲产品5 000小时、乙产品10 000小时、丙产品2 500小时，工时系数为1；B设备为高级精密设备，工时总数为27 000小时，其中甲产品9 000小时、乙产品6 000小时、丙产品12 000小时，工时系数为1.5。采用机器工时比例法，编制制造费用分配表，见表3-22。

表3-22 **制造费用分配表（机器工时比例法）**

车间：生产车间 20××年11月 金额单位：元

产品名称	标准机器工时（小时）				分配率	分配金额
	A设备标准机器工时	B设备标准机器工时（系数1.5）		小计		
		实际机器工时	标准机器工时			
甲产品	5 000	9 000	13 500	18 500		27 750
乙产品	10 000	6 000	9 000	19 000		28 500
丙产品	2 500	12 000	18 000	20 500		30 750
合 计	17 500	27 000	40 500	58 000	1.5	87 000

采用机器工时比例法分配制造费用，当机器设备差别较大、制造费用的发生与机器设备运转的时间有密切关系时，能够提高分配结果的合理性。这种方法适合各种产品所耗机器工时的原始记录资料比较完备的生产单位使用。

3. 直接工资比例法

直接工资比例法，是按照直接计入各种产品成本的生产工人实际工资的比例分配制造费用的方法。其计算公式为：

$$制造费用分配率=\frac{制造费用总额}{各种产品生产工人工资总额}$$

某种产品应分配的制造费用=该种产品生产工人的工资数×制造费用分配率

【例3-19】 某企业生产车间生产甲、乙两种产品，20××年11月发生制造费用43 710元、生产工人工资18 600元。生产工人工资中，用于生产甲产品的为11 400元，用于生产乙产品的为7 200元。采用直接工资比例法，分配制造费用，见表3-23。

表3-23 **制造费用分配表（直接工资比例法）**

车间：生产车间 20××年11月 金额单位：元

产品名称	生产工人工资	分配率	分配金额
甲产品	11 400		26 790
乙产品	7 200		16 920
合　计	18 600	2.35	43 710

采用直接工资比例法分配制造费用，分配标准容易取得，计算工作比较简便。但是，采用这种方法时，各种产品生产的机械化程度或产品的加工技术等级不能相差悬殊。否则，机械化程度高、产品加工技术等级低的产品，由于其工资费用少，将负担较少的制造费用；而机械化程度低、产品加工技术等级高的产品，由于其工资费用多，将负担较多的制造费用。这将影响费用分配的合理性，从而影响成本计算的正确性。因此，直接工资比例法适用于各种产品生产工艺过程机械化程度大致相同和产品加工技术等级大致相同的情况。

4.直接费用比例法

直接费用比例法，是以计入各种产品的各项直接费用（直接材料费用和直接人工费用之和）为标准来分配制造费用的方法。其计算公式为：

$$制造费用分配率=\frac{制造费用总额}{各种产品的直接费用总额}$$

某种产品应负担的制造费用=该种产品的直接费用总额×制造费用分配率

【例3-20】 某企业基本生产车间生产甲、乙、丙三种产品，20××年11月制造费用总额为79 240元，甲、乙、丙三种产品的直接费用及制造费用的计算分配见表3-24。

表3-24 **制造费用分配表（直接费用比例法）**

车间：基本生产车间 20××年11月 金额单位：元

产品名称	直接材料	直接人工	直接费用总数	分配率	分配金额
甲产品	66 500	8 400	74 900		41 944
乙产品	32 000	12 600	44 600		24 976
丙产品	18 500	3 500	22 000		12 320
合　计	117 000	24 500	141 500	0.56	79 240

采用这种方法分配制造费用，应以产品的直接费用与制造费用的发生有关系为前提，并且各项直接费用对制造费用的影响程度必须大体一致；否则，分配结果就

不合理。

5.计划分配率分配法

计划分配率分配法，是根据企业正常生产经营条件下的年度制造费用预算和预计产量的定额标准（一般为定额工时）计算分配率，再根据计划分配率分配制造费用的方法。其计算公式为：

$$计划分配率=\frac{全年制造费用计划总额}{全年各种产品计划产量的定额工时之和}$$

某月某种产品应分配的制造费用=本月该种产品实际产量的定额工时数×计划分配率

采用这种分配方法，不管各月实际发生的制造费用是多少，每月各种产品所负担的制造费用都按年度计划分配率分配，但是，如果在年度内发现全年的制造费用实际数和产量实际数与计划数发生较大的差额，应及时调整计划分配率。

【例 3-21】 某企业生产车间全年制造费用计划总额为75 640元，全年计划生产A产品3 600件、B产品2 000件；A产品工时定额为4小时，B产品工时定额为5小时。11月份A产品实际产量为310件，B产品实际产量为170件，实际制造费用发生额为6 400元。采用计划分配率分配法，制造费用计算分配如下：

$$计划分配率=\frac{75\,640}{3\,600\times 4+2\,000\times 5}=3.1$$

本月A产品应负担的制造费用=310×4×3.1=3 844（元）

本月B产品应负担的制造费用=170×5×3.1=2 635（元）

该车间本月应分配转出的制造费用=3 844+2 635=6 479（元）

采用这种方法分配，“制造费用”账户月末一般会有余额，余额既可能出现在借方，也可能出现在贷方。本例“制造费用”账户贷方分配数额为6 479元，而借方归集数只有6 400元，本月出现贷方余额79元。“制造费用”账户贷方余额表示按照计划已预先计入产品成本但尚未支付的费用，借方余额表示超过计划预付的费用。年末，一般将“制造费用”账户的余额调整计入12月份的产品成本，借记“生产成本——基本生产成本”账户，贷记“制造费用”账户。如果实际发生额大于计划分配额，用蓝字补加；反之，用红字冲减。年末，制造费用差额分配结转后，“制造费用”账户应无余额。

采用计划分配率分配法分配制造费用，不必每月计算制造费用分配率，简化和加快了制造费用的分配工作，并能均衡各期产品负担的制造费用，还能及时反映各月制造费用预算数与实际数的差异，有利于考核和检查制造费用预算的执行情况。在季节性生产企业或车间，由于生产淡季和旺季的产品产量相差悬殊，但每月发生的制造费用大体相同，如果按实际分配率分配，各月份产品生产成本中的制造费用会相差很大，淡季成本水平偏高，旺季成本水平则偏低，影响产品成本的准确性，不利于成本分析。因而，季节性生产企业或车间特别适合采用计划分配率分配法分配制造费用。但是，采用这种分配方法要求企业有较高的计划和定额管理水平；否则，计划分配额与实际发生额差异过大，会影响分配结果的准确性。

6. 累计分配率法

累计分配率法，是将当月完工批次的产品应负担的制造费用在其完工时一次进行分配，而将当月未完工批次产品应负担的制造费用保留在“制造费用”账户中，暂不分配，待其完工后连同新发生的制造费用一并分配的一种方法。其计算公式为：

$$\text{某生产单位制造费用累计分配率}=\frac{\text{制造费用期初余额}+\text{本期制造费用发生额}}{\text{期初未完工产品分配标准的累计数}+\text{本期发生的分配标准数}}$$

$$\text{已完工产品应分配的制造费用}=\text{该批完工产品分配标准的累计数}\times\text{该生产单位制造费用累计分配率}$$

产品的分配标准一般为产品的生产工时。

如果企业生产周期较长，产品生产批次较多，每月完工产品批次占全部产品批次的比例很低，采用累计分配率法分配制造费用可以简化分配工作。但是，在产品完工前，“生产成本”账户只有直接费用和累计分配标准，不能完整地反映未完工产品成本。累计分配率法的具体运用将在第五章中进一步介绍，在此不再详述。

（四）制造费用分配的账务处理

月末，企业应根据制造费用计算分配的结果进行账务处理，基本生产车间所归集的制造费用分配转入“生产成本——基本生产成本”账户，辅助生产车间的制造费用分配转入“生产成本——辅助生产成本”账户，属于可修复废品应负担的制造费用记入“废品损失”账户。现根据表3-24编制会计分录如下：

借：生产成本——基本生产成本（甲产品） 41 944
——基本生产成本（乙产品） 24 976
——基本生产成本（丙产品） 12 320
贷：制造费用 79 240

【同步思考3-2】

“制造费用”账户年末一定无余额吗？

第五节 生产损失的归集与分配

前面对生产过程各项费用的核算都是以这些费用是合格产品的生产耗费为假定的，实际上，生产过程中由于受生产工艺、生产外部条件、原材料质量、工人技术水平、生产管理水平等诸多因素的影响，常常发生各种损失。在现有条件下，一定的损失是不可避免的，可以将其理解为生产一定合格产品而连带发生的费用。这些费用大多构成生产性支出，并且由产品成本负担。这类损失越多，产品成本越高，企业经济效益也越低。因此，企业应加强对生产损失的核算与控制，及时分析损失原因并加以防范。

生产损失主要包括废品损失和停工损失。

一、废品损失的归集与分配

（一）废品损失的概念

废品，是指不符合规定的技术标准，不能按原定用途使用，或者需要经过加工修复后才能使用的在产品、半成品和产成品。无论它们是生产过程中发现的，还是在入库后发现的，只要是生产原因造成的，都是生产中的废品。但是，产品入库时为合格品，后因保管不善等原因而发生的变质、损坏，不能按原定用途使用，则属管理上的问题，不属于废品之列。销售后发现的废品也不属于废品。

废品按是否可修复，分为可修复废品和不可修复废品两种。可修复废品是经过加工修复后仍可以使用，而且修复费用在经济上合算的废品；不可修复废品是技术上无法修复，或者所花费的修复费用在经济上不合算的废品。废品按其形成原因不同，又可分为工废和料废两种。工废是由工人操作上的原因造成的废品，属于操作人员的责任；料废是由被加工的原材料或半成品的质量不符合要求所造成的废品，不属于操作人员的责任。

废品损失，是指由于产生废品而造成的损失（包括可修复废品的修复费用），以及在生产过程中出现的和完工后发现的不可修复废品的生产成本扣除回收的残料和应收赔偿款后的净损失。

【同步链接3-2】

下列不属于废品损失：

经过质量检验部门鉴定不需要返修、可以降价出售的不合格品的成本与合格品的成本相同，其降价损失不应作为废品损失处理。

产成品入库后，由于保管不善等原因而损坏变质的损失，属于管理上的问题，应作为管理费用处理。

实行“三包”的企业，在产品出售以后发现的废品所发生的一切损失，应计入销售费用，不包括在废品损失内。

发现废品后，质检部门应填制“废品通知单”，并列明废品的种类、数量、产生废品的原因和过失人等，成本会计人员应根据审核后的“废品通知单”进行核算。

（二）废品损失的归集与分配

单独核算废品损失的企业，为了归集和分配企业发生的废品损失，应设置“废品损失”账户，并在产品生产成本明细账中增设“废品损失”成本项目专栏。“废品损失”账户应按车间和废品的种类设置明细账，账内按成本项目登记废品损失的详细资料。该账户的借方归集不可修复废品的生产成本和可修复废品的修复费用，贷方登记废品回收残值和应收的赔款。该账户借贷双方上述内容相抵后的差额即为本月发生的废品净损失，应由本期同种产品的成本负担。月终，将废品净损失从“废品损失”账户的贷方转入“生产成本”账户的借方（记入本月同种产品生产成本明细账的“废品损失”项目）。在实行车间经济核算制的企业中，属于料废的损失还应转入责任车间，由责任车间的产品成本负担。结转后，“废品损失”账户月末无余额。

可修复废品与不可修复废品的组成内容不同，其废品损失的归集和分配的计算方法也不同。

1.不可修复废品损失的归集和分配

归集不可修复废品的损失，要先计算不可修复废品已耗的生产成本，从“生产成本——基本生产成本”账户中转出，转入“废品损失”账户。由于不可修复废品的成本与合格品成本往往同时形成，废品的成本包含在合格品成本中，因此还需要根据废品的已加工程度，采用一定的方法，将产品的各成本项目费用在合格品与废品之间进行分配，计算出不可修复废品的已耗成本，然后再减去不可修复废品的残值和责任人的赔偿款后，计算出不可修复废品的损失。不可修复废品已耗成本的计算，可按实际成本计算，也可按计划成本（或定额成本）计算。

（1）按实际成本计算。根据合格产品和不可修复废品实际耗用的总成本，按合格产品和不可修复废品的数量或实际生产工时的比例计算。

如果废品是在完工后发现的，则废品应负担的费用与合格品相同，可按废品数量和合格品数量分配各项生产费用。如果废品是在加工过程中发现的，由于不可修复废品应负担的费用受其加工程度的影响，与合格品有所区别，所以需要分别计算。一般情况下，废品应负担的直接人工费用和制造费用与完工程度直接相关，可按生产工时分配标准进行分配；直接材料费用在生产开始时一次投料的情况下，可直接按废品数量和合格品数量分配。计算公式为：

$$\text{废品应负担的直接材料费用}=\frac{\text{某种产品直接材料成本总额}}{\text{合格品数量}+\text{废品数量}}\times\text{废品数量}$$

$$\text{废品应负担的直接人工费用}=\frac{\text{某种产品直接人工费用总额}}{\text{合格品生产工时}+\text{废品生产工时}}\times\text{废品生产工时}$$

$$\text{废品应负担的制造费用}=\frac{\text{某种产品制造费用总额}}{\text{合格品生产工时}+\text{废品生产工时}}\times\text{废品生产工时}$$

【例3-22】某企业加工车间生产乙产品，20××年11月生产合格产品4 000件，生产过程中发现废品200件，合格品和废品的全部生产工时为20 000小时，其中废品生产工时为500小时。乙产品的生产成本明细账所列合格品和废品的全部生产费用为：直接材料81 900元，直接人工46 000元，制造费用35 000元。废品残料回收价值为1 350元。原材料是在生产开始时一次投入的，原材料费用应按合格品产量和废品数量的比例分配；其他费用按生产工时比例分配。根据以上资料编制废品损失计算表，见表3-25。

根据表3-25，编制会计分录如下：

①计算不可修复废品成本，结转废品成本到“废品损失”账户：

借：废品损失——乙产品　　5 925

　贷：生产成本——基本生产成本（乙产品）　　5 925

表3-25 **废品损失计算表** 金额单位：元

车间：加工车间 20××年11月 产品名称：乙产品

项目	数量（件）	生产工时	直接材料	直接人工	制造费用	成本合计
费用总额	4 200	20 000	81 900	46 000	35 000	162 900
费用分配率			19.5	2.3	1.75	
废品成本	200	500	3 900	1 150	875	5 925
减：废品残值			1 350			1 350
废品净损失			2 550	1 150	875	4 575

②回收废品残料价值：

借：原材料 1 350

　贷：废品损失——乙产品 1 350

③将废品净损失转入合格产品成本：

借：生产成本——基本生产成本（乙产品） 4 575

　贷：废品损失——乙产品 4 575

根据以上资料登记废品损失明细账和生产成本明细账，见表3-26、表3-27。

表3-26 **废品损失明细账** 单位：元

车间：加工车间 20××年11月 产品名称：乙产品

20××年		凭证字号	摘要	明细项目			合计
月	日			直接材料	直接人工	制造费用	
11	30		转入废品成本	3 900	1 150	875	5 925
	30		回收残料价值	-1 350			-1 350
	30		废品净损失	2 550	1 150	875	4 575
	30		结转废品净损失	[2 550]	[1 150]	[875]	[4 575]

表3-27 **生产成本明细账** 单位：元

车间：加工车间 201××年11月 产品名称：乙产品

20××年		凭证字号	摘要	直接材料	直接人工	制造费用	废品损失	成本合计
月	日							
11	30		合计	81 900	46 000	35 000		162 900
	30		转出废品成本	[3 900]	[1 150]	[875]		[5 925]
	30		转入废品净损失				4 575	
	30		合计	78 000	44 850	34 125	4 575	161 550

按废品的实际成本计算和分配废品损失，符合实际情况，但必须等到“生产成

本——基本生产成本”账户的实际生产费用全部汇总后，才能计算和结转废品的实际成本，影响成本核算的及时性。

（2）按定额成本计算。根据单位产品的计划或定额成本和废品的数量，以及发现废品时已投料和已加工的程度计算废品成本，不考虑废品实际发生的生产费用是多少，即废品只负担定额费用，定额费用与实际费用的差额全部由合格品负担。

【例 3-23】某企业第一基本生产车间20××年11月在B产品的生产过程中，发现不可修复废品20件，材料已全部投入，加工程度为60%。B产品单位费用定额为325元，其中直接材料195元、直接人工80元、制造费用50元。废品残料回收价值450元，应收×责任人的赔偿款1 000元。根据上述资料，编制废品损失计算表，见表3-28。

表3-28　**废品损失计算表**　金额单位：元

车间：第一基本生产车间　20××年11月　产品名称：B产品

项　目	直接材料	直接人工	制造费用	合　计
单位费用定额	195	80	50	325
不可修复废品数量（件）	20	12	12	
不可修复废品损失	3 900	960	600	5 460
减：废品残值	450			450
减：应收赔偿款				1 000
废品净损失	3 450	960	600	5 010

根据表3-28，编制会计分录如下：

①计算废品成本，结转废品成本到“废品损失”账户：

借：废品损失——B产品　5 460

　贷：生产成本——基本生产成本　5 460

②回收废品残料价值和应收的赔款：

借：原材料　450

　　其他应收款——×责任人　1 000

　贷：废品损失——B产品　1 450

③将废品净损失转入合格产品成本：

借：生产成本——基本生产成本（B产品）　5 010

　贷：废品损失——B产品　5 010

采用这种方法，废品的成本按废品的数量和各项费用定额计算，而不考虑废品实际发生的费用是多少，不仅核算工作简便，还可以使计入产品成本的废品损失数额不受废品实际水平高低的影响，从而有利于废品损失和产品成本的考核与分析。在具备比较准确的定额成本资料的情况下，大多数企业采用这种方法。

2.可修复废品损失的归集与分配

可修复废品的损失，是指废品在修复过程中发生的修复费用，包括修复过程中发生的材料费用、工资费用和制造费用。可修复废品返修以前发生的费用不是废品损失，应保留在“生产成本”账户及有关产品成本明细账中，不必转出。返修时发生的修复费用，可根据原材料、工资、制造费用等分配表及有关凭证，借记“废品损失”账户，贷记“原材料”“应付职工薪酬——工资”“制造费用”等账户。如有回收残料，应从修复费用中扣除，然后将废品净损失从“废品损失”账户的贷方转入“生产成本——基本生产成本”账户的借方。

【例3-24】某企业第二基本生产车间20××年11月在丙产品入库时，发现可修复废品10件，当即进行修理。发生修理用材料475元，应分配的工资为630元，应负担的制造费用为355元，修复过程中回收残料50元。根据所给资料，编制会计分录如下：

①返修时发生的修复费用：

借：废品损失——丙产品	1 460	
贷：原材料		475
应付职工薪酬——工资		630
制造费用		355

②回收废品的残料价值：

借：原材料	50	
贷：废品损失——丙产品		50

③计算并结转废品净损失：

废品净损失=1 460-50=1 410（元）

借：生产成本——基本生产成本（丙产品）	1 410	
贷：废品损失——丙产品		1 410

【同步链接3-3】

不单独核算废品损失的企业可不设立“废品损失”账户和成本项目，只在回收废品残料时，借记“原材料”账户，贷记“生产成本——基本生产成本”账户，并从所属有关明细账的“直接材料”成本项目中扣除残料价值。“生产成本——基本生产成本”账户和所属有关产品成本明细账归集的完工产品总成本，除以扣除废品数量的合格品数量，就是合格产品的单位成本。这样核算很简便，但由于合格产品的各成本项目中都包括不可修复废品的生产成本和可修复废品的修复费用，没有对废品损失进行单独的反映，因而会对废品损失的分析和控制产生不利的影响。

二、停工损失的归集与分配

停工损失，是指企业生产车间或车间内某个班组在停工期内发生的各项费用，包括停工期内支付的生产工人工资和提取的职工福利费、所耗用的燃料和动力费，以及应负担的制造费用等。应由过失单位或个人负担的赔款，应从停工损失中扣除。计算停工损失的时间界限由企业主管部门规定，或由企业主管部门授权企业自行规定。为了简化核算工作，停工不满一个工作日的可以不计算停工损失。

发生停工的原因很多，如电力中断、原材料供应不足、机器设备发生故障或进行大修理、发生非常灾害以及计划减产等，企业应区别不同情况进行处理。由于自然灾害引起的停工损失，应按规定转作营业外支出；由于计划减产造成的主要车间连续停工一个月以上，或全厂连续停产10天以上的停工损失，按制度规定也应转作营业外支出；其他停工损失都应计入产品成本。

停工时，车间应填列停工报告单，并在考勤记录中进行登记。会计部门和车间核算人员应对停工报告单所列停工范围、时数及原因和过失单位等事项进行审核，只有经过审核的停工报告单才能作为停工损失核算的依据。

为了单独核算停工损失，应设置“停工损失”账户。该账户的借方归集停工期间发生的、应该列作停工损失的各项费用，贷方登记应由过失单位或个人的赔款以及结转的停工净损失，该账户月末一般无余额。停工净损失应根据停工原因分别转入不同的账户。非常灾害和计划减产使主要生产车间连续停工一个月以上或整个企业连续停工10天以上造成的停工损失，应从“停工损失”账户的贷方转入“营业外支出”账户的借方；对于其他计划外的停工损失，应全部计入当月生产的产品成本中（单独核算停工损失时，产品成本项目应增设“停工损失”项目）。如果生产几种产品，还应采用适当的分配方法（一般采用与制造费用相同的分配方法），分配记入各该车间各种产品成本的“停工损失”项目，借记“生产成本——基本生产成本（×产品）”账户，贷记“停工损失”账户。

季节性生产企业的季节性停工和大修理期间的停工是生产经营过程中的正常现象，其停工期内发生的费用不属于停工损失，不应作为停工损失核算。其中，季节性生产企业的制造费用可按计划分配率分配法分配计入各月产品成本，其他费用可以采用待摊或预提的方法计入各期产品成本。

为了简化核算工作，辅助生产车间通常不单独核算停工损失。

不单独核算停工损失的企业不设置“停工损失”账户，停工期间发生的属于停工损失的各种费用直接记入“制造费用”和“营业外支出”等账户。这种核算方法简便，但对于停工损失的分析和控制会产生一定的不利影响。

第六节　生产费用在完工产品和期末在产品之间的分配

企业在生产经营过程中发生的各项费用，经过上述一系列归集和分配后，已经将应计入产品成本的生产费用都归集进入了“生产成本——基本生产成本”账户和相应的产品成本明细账中，并按成本项目予以反映。月末，如果企业没有在产品或不计算在产品成本，那么归集在产品成本明细账中的生产费用（包括上月末余额）就是某种完工产品的生产成本；如果没有完工产品，那么归集在产品成本明细账中的生产费用就是该种在产品成本，仍然保留在“生产成本——基本生产成本”账户中，不作任何分配；如果既有完工产品，又有在产品，且需计算在产品成本，产品成本明细账中归集的生产费用之和还应在完工产品与月末在产品之间，采用适当的方法进行分配，以便核算完工产品成本。月初在产品成本、本月生产费用与本月完工产品成本、月末在产品成本的关系可用下列公式表示：

月初在产品成本+本月生产费用=本月完工产品成本+月末在产品成本

生产费用在完工产品和月末在产品之间的分配方法一般分为两类：一类是先设法确定月末在产品成本，再推算出月末完工产品成本；另一类是将月初在产品成本和本月生产费用（均为已知数）之和在完工产品和月末在产品之间采用适当的方法进行分配，同时计算完工产品和月末在产品成本。无论采用哪类方法，都要进行产品数量的核算。

一、在产品及其数量的核算

在产品，是指没有完成全部生产过程，不能作为商品销售的产品。在产品有狭义和广义之分。狭义在产品是指在某一生产车间或某一生产步骤内进行加工的在制品，以及正在返修的废品和已完成本车间生产但尚未验收入库的半成品。广义在产品是从整个企业范围来定义的，是指从材料投入生产开始，到最后制成产品交验入库等待出售前的一切未完工产品，不仅包括狭义在产品，还包括已经完成部分加工阶段，已由中间仓库验收但还需继续加工的半成品、未验收入库的产成品，以及等待返修的废品。不准备在本企业继续加工、等待对外销售的自制半成品，应作为商品产品，不应列入在产品范围之内；不可修复废品也不应列入在产品之内。本节所指的在产品为狭义在产品。

在产品数量的核算主要有两项工作：一是在产品收发结存的日常核算工作；二是在产品的清查工作。做好这两项工作，不仅可以从账面上随时掌握在产品的动态情况，还可以查清在产品的实际数量，对于正确计算产品成本、加强生产资金管理和保护企业财产的安全具有十分重要的意义。

（一）在产品日常收发结存的核算工作

在产品日常收发结存通常是在车间内按产品品种和在产品名称（如零件、部件的名称）设置在产品收发结存账（也叫在产品台账）进行核算，以便用来反映在产品的收入、发出和结存的数量。根据生产工艺的特点和管理的要求，还可以进一步按加工工序、工艺流程组织在产品的数量核算。各车间应认真做好在产品的计量、验收和交接工作，并在此基础上，根据领料凭证、在产品内部转移凭证、产品检验凭证和产成品、自制半成品的交库凭证，及时登记在产品收发结存账。该账可由车间核算人员登记，也可由各班组工人核算员登记，由车间核算人员审核汇总。其格式见表3-29。

（二）在产品定期盘点清查工作

为了核实在产品的数量，保护在产品的安全完整，企业必须做好在产品的清查工作。在产品可以定期进行清查，也可不定期进行轮流清查。在产品清查后，应根

表3-29 **在产品收发结存账**

车间：第一车间 20××年11月 零件名称：B

20××年		摘 要	收 入		转 出			结 存	
月	日		凭证号	数量	凭证号	合格品	废品	完工	未完工
11	3		85	90	148	70		15	5
	8		112	60	152	42	1	10	7
	⋮		⋮	⋮	⋮	⋮	⋮	⋮	⋮
		合 计		430		350	5	75	30

据盘点结果和账面资料编制在产品盘存表，列明在产品的账面数、实存数、盘盈盘亏数以及盘亏的原因和处理意见等资料；对于报废和毁损的在产品，还要登记残值。成本核算人员应对产品盘存表所列各项资料进行认真的审核，并且根据清查结果进行账务处理。

如果在产品的盈亏是由于没有办理领料或交接手续，或者由于某种产品的零部件为另一种产品挪用，则应补办手续，及时转账更正。

辅助生产车间的在产品数量核算与基本生产基本相同，不过辅助生产车间在产品清查的结果应在“生产成本——辅助生产成本”账户核算。

二、生产费用在完工产品和月末在产品之间的分配方法

生产费用在完工产品和月末在产品之间的分配，是产品成本计算工作中一个重要而复杂的问题，在产品结构复杂、加工零部件种类和加工工序较多的企业尤其如此。企业应根据在产品费用的投入程度、月末在产品数量的多少、各月月末在产品数量变化的大小、产品成本中各成本项目费用比重的大小以及企业定额管理基础工作的好坏等具体情况，选择既合理又简便的分配方法。一般来说，可供选择的分配方法主要有以下几种：

（一）不计算在产品成本法

有的企业月末虽然有在产品，但在产品数量很少，价值很低，算不算在产品成本对完工产品成本的影响很小，且各月末在产品数量比较稳定。在这种情况下，为了简化成本计算工作，可以不计算月末在产品成本，即某种产品每月发生的生产费用全部由该种产品的完工产品负担，其每月生产费用之和也就是每月完工产品成本。自来水生产企业、发电企业、采掘企业等都可以采用这种方法确定完工产品成本。其计算公式为：

本月完工产品成本=本月发生的生产费用

（二）在产品按固定数额计算

这种方法是指年内各月在产品成本按年初在产品成本数计算，固定不变。这样，年内各月初、月末在产品成本相等，本月该种产品发生的全部生产费用就是当月该种完工产品的实际总成本。其计算公式为：

本月完工产品成本=本月发生的生产费用

采用这种方法大大简化了期末成本核算的工作量，但它只适用于月末在产品数量较小，或者在产品数量虽大但比较稳定，各月末在产品数量变化不大，算不算在产品成本的差额对完工产品成本的影响不大的企业。冶炼企业和化工企业由于高炉和化学反应装置的容器固定，在产品数量较稳定，可采用这种方法。但是，年末，应根据实际盘存在产品数量，计算年末在产品成本，并作为下一年度各月固定的在产品成本。

（三）在产品按所耗直接材料计价法

这种方法是指月末在产品只计算所耗用的直接材料成本，不分配直接人工费用和制造费用。某产品发生的直接人工和制造费用全部由完工产品负担。这种方法适用于各月在产品数量较多，且直接材料费用在产品成本中所占比重较大的产品，如纺织、造纸、酿酒等企业生产的产品，原材料成本占产品成本的比重在70%左右。在这种情况下，在产品只计算原直接材料成本，对产品成本计算的正确性影响不大。采用这种方法，本月完工产品成本等于月初在产品直接材料成本加上当月发生的生产费用，减去月末在产品直接材料成本。

【例 3-25】 某企业生产丙产品，月末在产品只计算原材料费用。月初在产品原材料费用为 9 325 元，本月发生生产费用为 23 100 元，其中原材料费用 18 500 元、直接人工 2 600 元、制造费用 2 000 元。本月丙产品完工产品为 760 件，月末在产品为 290 件。原材料于生产开工时一次投入。生产费用的计算分配如下：

$$\text{直接材料费用分配率} = \frac{9\,325 + 18\,500}{760 + 290} = 26.5$$

月末在产品直接材料成本=290×26.5=7 685（元）

完工产品成本=9 325+23 100−7 685=24 740（元）

（四）在产品按完工产品成本计算法

这种方法是将在产品视同完工产品计算分配生产费用。这种方法适用于月末在产品已接近完工，或产品已经加工完毕但尚未包装或尚未验收入库的产品。在这种情况下，在产品成本已经接近完工产品成本，为了简化产品成本计算工作，可以将在产品视同完工产品，按两者的数量比例分配材料费用和各项加工费用。

（五）约当产量比例法

约当产量，是指月末在产品数量按其加工（投料）程度折算为相当于完工产品的数量。约当产量比例法，就是将期初在产品成本和本期生产费用合计数按完工产品数量和期末在产品约当产量的比例进行分配，以计算本期完工产品成本和期末在产品成本的一种方法。其计算公式为：

月末在产品约当产量=月末在产品数量×在产品完工（投料）百分比

$$\text{某项费用分配率} = \frac{\text{该项费用总额}}{\text{完工产品产量} + \text{月末在产品约当产量}}$$

完工产品应分配某项费用=完工产品产量×该项费用分配率

月末在产品应分配某项费用=月末在产品约当产量×该项费用分配率

=该项费用总额−完工产品应分配的该项费用

采用约当产量比例法，在产品约当产量的确定正确与否对于费用分配的正确性具有决定性的影响，而在产品约当产量计算确定的关键又在于合理确定在产品的投料程度和加工程度。由于月末在产品的投料程度和加工程度可能不一致，直接材料、直接人工和制造费用的投入程度也可能不同。一般来说，产品生产过程中耗用材料费用的多少与投料程度关系密切，耗用工资费用和制造费用的多少与产品的加工程度有直接关系。因此，应分别按产品成本项目计算月末在产品的约当产量，并分配相关成本项目的费用。其中，用以分配直接材料费用的在产品约当产量按投料程度计算，用以分配直接人工和制造费用的在产品约当产量按完工程度计算。这样，投料程度和完工程度的计算确定就成了约当产量比例法中的核心问题。

1.在产品加工程度的确定

在产品加工程度，又称完工程度或完工率，是指在产品实耗（或定额）工时占完工产品应耗（或定额）工时的百分比。一般来说，计算在产品完工程度的方法有两种：

（1）按50%计算。如果企业生产进度比较均衡，各工序在产品数量和单位产品在各工序的加工量都相差不多，后面各工序在产品多加工的程度可以抵补前面各工序少加工的程度，则全部在产品完工程度均可按50%平均计算。

（2）按工序分别确定。如果各道工序的在产品数量和加工量差别较大，则应分工序分别计算确定在产品的完工程度，即按照各工序在产品的累计工时定额占完工产品工时定额的比率计算。其计算公式为：

$$\frac{\text{某道工序}}{\text{在产品完工率}}=\frac{\text{前面各工序工时定额之和}+\text{本工序工时定额}\times\text{本工序的完工率}}{\text{单位产品工时定额}}\times 100\%$$

其中，本工序的完工率应事先确定。由于本工序每件在产品的完工程度不同，为了简化完工率的测算工作，对本道工序的完工率一般不逐一测定，而平均按50%计算。

【例3-26】某企业生产A产品，需要经过三道工序陆续加工完成。20××年11月，单位完工产品工时定额为200小时，月末结存在产品370件。其中，第一道工序有在产品120件，单位产品工时定额为60小时；第二道工序有在产品80件，单位产品工时定额为100小时；第三道工序有在产品170件，单位产品工时定额为40小时。在产品在各道工序的完工程度均为50%。各道工序在产品完工率和加工约当产量的计算见表3-30。

表3-30　**在产品加工程度及约当产量计算表**

产品名称：A产品　20××年11月

工序	单位产品工时定额（工时）	在产品的完工程度（%）	各工序月末在产品数量（件）	在产品约当产量（件）
1	60	15	120	18
2	100	55	80	44
3	40	90	170	153
合计	200		370	215

各工序在产品的完工程度：

$$第一道工序在产品完工率 = \frac{60 \times 50\%}{200} \times 100\% = 15\%$$

$$第二道工序在产品完工率 = \frac{60 + 100 \times 50\%}{200} \times 100\% = 55\%$$

$$第三道工序在产品完工率 = \frac{60 + 100 + 40 \times 50\%}{200} \times 100\% = 90\%$$

2.在产品投料程度的确定

在产品投料程度，又称投料进度或投料率，是指在产品已投材料占完工产品应投材料的百分比。材料的投入一般分四种情况：

（1）原材料于生产开始时一次投入，则每件在产品与完工产品消耗的原材料相同，即在产品投料程度为100%。

（2）原材料随生产加工进度陆续投入，且原材料的投料程度与加工程度完全一致或基本一致，则在产品的投料程度按其加工程度计算。

（3）原材料随生产加工进度陆续投入，但投料进度与加工进度不一致。在产品的投料率按以下公式计算：

$$\begin{array}{c}某道工序\\在产品投料率\end{array} = \frac{前面各工序投料定额之和 + 本工序投料定额 \times 本工序投料率}{单位产品材料消耗定额} \times 100\%$$

其中，本工序的投料率应事先确定，为简化计算，也可按平均50%计算。

（4）原材料于各工序开始时一次投入。由于各道工序在产品在该道工序的投料率为100%，因而计算在产品投料率的公式变为：

$$某道工序在产品投料率 = \frac{到本道工序为止的累计材料消耗定额之和}{单位产品材料消耗定额} \times 100\%$$

【例3-27】某企业生产A产品，需经三道工序加工完成。20××年11月，单位产品材料消耗定额为125千克，其中第一道工序投料定额为50千克、第二道工序投料定额为35千克、第三道工序投料定额为40千克；月末结存在产品370件，其中第一道工序120件、第二道工序80件、第三道工序170件。在产品投料率及投料约当量分情况计算如下：

（1）材料于各工序陆续投入，各道工序在产品的投料率均为本工序投料定额的50%：

$$第一道工序在产品投料率 = \frac{50 \times 50\%}{125} \times 100\% = 20\%$$

第一道工序在产品投料约当量=120×20%=24（件）

$$第二道工序在产品投料率 = \frac{50 + 35 \times 50\%}{125} \times 100\% = 54\%$$

第二道工序在产品投料约当量=80×54%=43.2（件）

$$第三道工序在产品投料率 = \frac{50 + 35 + 40 \times 50\%}{125} \times 100\% = 84\%$$

第三道工序在产品投料约当量=170×84%=142.8（件）

该产品全部在产品投料约当产量=24+43.2+142.8=210（件）

（2）材料于各工序开始时一次投入：

第一道工序在产品投料率 = $\frac{50}{125}\times 100\% = 40\%$

第一道工序在产品投料约当量=120×40%=48（件）

第二道工序在产品投料率 = $\frac{50+35}{125}\times 100\% = 68\%$

第二道工序在产品投料约当量=80×68%=54.4（件）

第三道工序在产品投料率 = $\frac{50+35+40}{125}\times 100\% = 100\%$

第三道工序在产品投料约当量=170×100%=170（件）

A产品在产品全部投料约当产量=48+54.4+170=272.4（件）

以上计算用在产品投料率及投料约当量计算表列示，见表3-31。

表3-31　**在产品投料率及投料约当量计算表**

产品名称：A产品　　20××年11月

工序	在产品数量（件）	单位产品投料定额（千克）	各工序陆续投料		各工序开始时一次投料	
			投料率（%）	投料约当量（件）	投料率（%）	投料约当量（件）
1	120	50	20	24	40	48
2	80	35	54	43.2	68	54.4
3	170	40	84	142.8	100	170
合计	370	125		210		272.4

（3）若材料125千克全部于生产开始时一次投入，则全部在产品的投料率都为100%，全部在产品的投料约当量就是月末各工序在产品的结存数量370件。

【例3-28】某企业基本生产车间生产的甲产品经三道工序加工完成。20××年11月，完工甲产品为1 800件，月末在产品为200件。月末在产品中，第一道工序有100件，单位产品工时定额为30小时；第二道工序有40件，单位产品工时定额为20小时；第三道工序有60件，单位产品工时定额50小时。甲产品月初在产品成本和本月发生费用合计为111 326元，其中材料费用86 000元、动力费用4 690元、薪酬费用12 194元、制造费用8 442元。材料于生产开始时一次投入，在产品在各工序的完工率均为50%，按约当产量比例法计算分配甲产品完工产品和月末在产品成本。

（1）计算月末在产品加工约当量和投料约当量，见表3-32。

（2）计算各成本项目的费用分配率：

材料费用分配率=86 000÷（1 800+200）=43

动力费用分配率=4 690÷（1 800+76）=2.5

薪酬费用分配率=12 194÷（1 800+76）=6.5

制造费用分配率=8 442÷（1 800+76）=4.5

表3-32 **在产品约当产量计算表**

产品名称：甲产品 20××年11月

工序	在产品数量（件）	工时定额	完工率（%）	加工约当量（件）	投料率（%）	投料约当量（件）
1	100	30	15	15	100	100
2	40	20	40	16	100	40
3	60	50	75	45	100	60
合计	200	100		76		200

（3）计算月末在产品成本：

直接材料成本=200×43+76×2.5=8 790（元）

直接人工成本=76×6.5=494（元）

制造费用成本=76×4.5=342（元）

（4）计算本期完工产品成本：

直接材料成本=86 000−8 600+4 690−190=81 900（元）

直接人工成本=12 194−494=11 700（元）

制造费用成本=8 442−342=8 100（元）

根据以上计算结果登记甲产品成本明细账，见表3-33。

表3-33 **产品成本明细账** 完工产量：1 800件

产品名称：甲产品 20××年11月 月末在产品数量：200件

单位：元

成本项目	月初在产品成本	本月生产费用	合计	期末在产品成本	完工产品成本	
					总成本	单位成本
直接材料	10 200	80 490	90 690	8 790	81 900	45.5
直接人工	1 300	10 894	12 194	494	11 700	6.5
制造费用	1 050	7 392	8 442	342	8 100	4.5
合计	12 550	98 776	111 326	9 626	101 700	56.5

采用这种方法，只要企业能正确统计月末在产品结存数量和正确估计月末在产品完工程度，就可以比较客观、简便地划分完工产品和月末在产品的成本，因此，约当产量比例法适用范围较广，特别适用于月末在产品数量较大，各月末在产品数量变化也较大，产品成本中直接材料费用和直接人工、制造费用所占比重相差不多的产品。

（六）在产品按定额成本计价法

这种方法是指月末在产品的各项费用按各该费用定额计算，即根据实际结存的在产品数量、投料和加工程度、单位产品各项费用定额求得月末在产品的定额成本。完工产品成本为生产费用累计数减去月末在产品定额成本。其计算公式为：

期末在产品直接材料定额成本=期末在产品数量×单位产品材料费用定额

材料于生产开始时一次投入，即在产品投料率为100%。

期末在产品动力、工资、制造费用定额成本 = 期末在产品累计工时数 × 单位小时动力、人工、制造费用定额

本期完工产品成本=期初在产品定额成本+本期生产费用-期末在产品定额成本

【例3-29】 宏达工厂生产A产品，20××年11月初在产品定额成本和本月发生的生产费用见表3-34。

表3-34　**产品成本资料**

产品名称：A产品　20××年11月　单位：元

摘　要	直接材料	燃料和动力	直接人工	制造费用	合计
月初在产品定额成本	4 850	2 050	3 910	3 620	14 430
本月生产费用	115 600	17 350	25 990	23 180	182 120

A产品需经两道工序加工完成，本月完工350件；月末在产品为156件，其中，第一道工序96件、第二道工序60件；单位产品工时定额为42小时，其中第一道工序30小时、第二道工序12小时。原材料于生产开始时一次投入，单位产品材料费用定额为200元，单位小时燃料和动力费用定额为1.5元，直接人工费用定额为2.5元，制造费用定额为2.2元，在产品在各工序的完工程度均为50%。按定额成本计价法计算月末在产品成本并确定完工产品成本。有关计算过程如下：

（1）计算月末在产品定额工时：

第一道工序在产品累计定额工时=30×50%×96=1 440（小时）

第二道工序在产品累计定额工时=（30+12×50%）×60=2 160（小时）

在产品累计消耗定额工时总数=1 440+2 160=3 600（小时）

（2）计算在产品定额成本：

直接材料=156×200=31 200（元）

燃料和动力=3 600×1.5=5 400（元）

直接人工=3 600×2.5=9 000（元）

制造费用=3 600×2.2=7 920（元）

（3）计算完工产品实际成本：

直接材料=4 850+115 600-31 200=89 250（元）

燃料和动力=2 050+17 350-5 400=14 000（元）

直接人工=3 910+25 990-9 000=20 900（元）

制造费用=3 620+23 180-7 920=18 880（元）

根据以上计算结果，登记产品成本明细账，见表3-35。

表3-35　　产品成本明细账　　完工产量：350件

20××年11月　　月末在产品数量：156件

产品名称：A产品　　单位：元

摘　要	直接材料	燃料和动力	直接人工	制造费用	合 计
月初在产品成本	4 850	2 050	3 910	3 620	14 430
本月生产费用	115 600	17 350	25 990	23 180	182 120
生产费用累计	120 450	19 400	29 900	26 800	196 550
月末在产品定额成本	31 200	5 400	9 000	7 920	53 520
完工产品成本	89 250	14 000	20 900	18 880	143 030
完工产品单位成本	255	40	59.7	53.9	408.6

采用在产品按定额成本计价法，月末在产品定额成本与实际成本之间的差异全部由完工产品成本负担。若定额比较接近实际，该方法不失为较为简便的方法。如果定额资料中的某些因素发生变化，要及时加以修订；否则，会影响产品成本计算的正确性。因此，这种方法适用于定额管理基础较好、各项消耗定额比较准确且各月末在产品数量比较稳定的产品。

另外，采用这种方法时，如果产品成本中的直接材料费用所占比重较大，为了进一步简化成本计算工作，月末在产品成本可以只按定额原材料费用计算，即月末在产品的直接材料费用脱离定额的差异以及其他各项实际费用都可以计入完工产品成本。这是将在产品按所耗直接材料计价法与按定额成本计价法两者相结合应用的一种分配方法。

（七）定额比例法

这种方法是指产品的生产费用在完工产品与月末在产品之间按照两者的定额消耗量或定额费用比例进行分配的方法。采用这种方法分配费用，必须分成本项目进行。对于直接材料成本项目，如果产品只耗用一种材料，可按直接材料的定额耗用量比例进行分配；如果产品耗用的材料为两种或两种以上，由于各种材料的单位成本不可能完全一样，则应按定额费用的比例进行分配。直接人工和制造费用成本项目可按定额工时比例分配，也可按定额费用比例分配。其计算公式为：

$$\text{费用分配率}=\frac{\text{月初在产品成本}+\text{本月实际生产费用}}{\text{完工产品定额费用或定额工时}+\text{月末在产品定额费用或定额工时}}$$

$$\begin{matrix}\text{完工产品应分配某项}\\\text{费用的实际成本}\end{matrix}=\begin{matrix}\text{完工产品该项定额}\\\text{费用或定额工时}\end{matrix}\times\begin{matrix}\text{该项费用}\\\text{分配率}\end{matrix}$$

$$\begin{matrix}\text{月末在产品应分配}\\\text{某项费用的实际成本}\end{matrix}=\begin{matrix}\text{月末在产品该项定额}\\\text{费用或定额工时}\end{matrix}\times\begin{matrix}\text{该项费用}\\\text{分配率}\end{matrix}$$

$$=\text{该项费用总额}-\text{完工产品应分配的该项费用}$$

【例3-30】宏达工厂生产B产品，单位产品直接材料定额成本为150元，单位产品工时定额为50小时。20××年11月宏达工厂生产完工B产品350件，月末在产品120件，原材料于生产开始时一次投入，在产品完工程度60%。B产品月初在产品成本和本月生产费用见表3-36。

表3-36　**B产品生产费用资料**　单位：元

摘　要	直接材料	直接人工	制造费用	合　计
月初在产品成本	20 430	6 080	6 150	32 660
本月生产费用	57 120	25 570	31 830	114 520

根据以上资料，按定额比例法进行生产费用的分配，见表3-37。

表3-37　**产品成本明细账**　完工产量：350件

20××年11月　月末在产品数量：120件

产品名称：B产品　金额单位：元

项　目		直接材料	直接人工	制造费用	合　计
月初在产品成本		20 430	6 080	6 150	32 660
本月生产费用		57 120	25 570	31 830	114 520
生产费用合计		77 550	31 650	37 980	147 180
费用分配率		1.1	1.5	1.8	
完工产品成本	定额（分配标准）	52 500	17 500	17 500	
	实际	57 750	26 250	31 500	115 500
月末在产品成本	定额（分配标准）	18 000	3 600	3 600	
	实际	19 800	5 400	6 480	31 680
完工产品单位成本		165	75	90	330

在表3-37中：

直接材料费用分配率=77 550÷（350×150+120×150）=1.1

直接人工费用分配率=31 650÷（350×50+120×50×60%）=1.5

制造费用分配率=37 980÷（350×50+120×50×60%）=1.8

采用定额比例法，可以避免按定额成本计价法下在产品成本的定额差异全部由完工产品负担的缺陷，分配结果比较合理，而且便于将实际费用与定额费用比较、分析和考核定额的执行情况。但是，这种方法必须逐项计算费用的定额比例，再根据定额比例分配完工产品和月末在产品成本，计算工作量较大。这种方法适用于定额管理基础较好，各项消耗定额或费用定额比较准确、稳定，各月末在产品数量变动较大的产品。

【同步思考3-3】

在产品按定额成本计价法和定额比例法有什么区别？

三、完工产品成本的结转

通过上述各种方法的计算，月末，产品成本明细账中归集的生产费用就划分为完工产品成本和月末在产品成本两部分。完工产品的成本应从生产成本总账和所属的产品成本明细账的贷方转出，转入“库存商品”（入库产成品）、“原材料”（完工自制材料）、“周转材料——低值易耗品”（自制工具、模具）等账户的借方。“生产成本”账户的月末余额就是期末在产品成本，即占用在生产过程中的生产资金，应与其所属各种产品成本明细账中月末在产品成本之和核对相符。

为了便于产品销售成本等的核算，企业还应根据产品成本明细账编制产成品成本汇总表。该表分产品和成本项目编制，并据以编制会计分录。

以【例3-30】为例，编制结转完工B产品生产成本如下：

借：库存商品——B产品　　115 500

　贷：生产成本——基本生产成本——B产品　　115 500

■ 本章重点与难点

1.本章重点：辅助生产费用分配的一次交互分配法、计划成本分配法、代数分配法；制造费用分配的计划分配率分配法；不可修复废品已耗成本的计算；完工产品与月末在产品成本计算的约当产量比例法和定额比例法。

2.本章难点：辅助生产费用的分配方法；生产费用在完工产品和在产品之间的分配方法。

■ 基本训练

第三章判断题　　第三章选择题

实务题

（1）湘沙工厂20××年9月份生产甲、乙两种产品，共同耗用钢材80吨，每吨3 450元。甲产品本月投产20件，每件钢材的消耗定额为2吨；乙产品本月投产40件，每件钢材的消耗定额为1.5吨。

要求：按产品消耗定额分配直接材料费用，并编制会计分录。

（2）某厂本月应付职工薪酬135 000元，其中产品生产工人的薪酬为126 000元、车间管理人员的薪酬为9 000元；本月生产甲、乙、丙三种产品，实际生产工时分别为5 000小时、9 500小时和15 500小时。

要求：采用生产工时比例法分配生产工人的薪酬费用，并编制会计分录。

（3）某厂第二车间生产甲、乙、丙三种产品。20××年11月A类设备三种产品加工工时分别为8 000小时、7 000小时和10 000小时，B类设备三种产品加工工时分别为3 000小时、10 000小时和2 000小时。根据设备折旧费用和修理费用的发生情况，确定A类设备机器工时系数为1，B类设备机器工时系数为1.2。本月第二车间制造费用总额为34 400元。

要求：考虑设备工时系数，采用机器工时比例法分配制造费用，并编制会计分录。

（4）某厂设有供电、机修两个辅助生产车间，20××年11月待分配费用分别为12 600元和28 000元。供电车间本月提供的劳务总量为30 000千瓦时，其中为机修车间供电4 000千瓦时、为产品生产供电21 000千瓦时、为车间管理部门供电3 000千瓦时、为企业行政管理部门供电2 000千瓦时；机修车间本月提供修理2 800工时，其中为供电车间提供修理300工时、为车间提供修理1 800工时、为企业行政管理部门提供修理700工时。

要求：根据资料分别采用直接分配法、一次交互分配法、计划成本分配法（假定每千瓦时电的计划成本为0.5元，每修理工时的计划成本为9.8元，成本差异计入管理费用）和代数分配法分配辅助生产费用，并编制会计分录。

（5）某厂生产的甲产品原材料在生产开始时一次投入，直接人工和制造费用的发生比较均衡，月末在产品完工程度可按50%计算。20××年11月完工入库甲产品400件，月末盘存甲产品在产品为100件。根据产品成本计算单提供的资料，甲产品月初在产品成本为80 000元，其中直接材料48 000元、直接人工20 000元、制造费用12 000元；本月发生生产费用为398 600元，其中直接材料210 100元、直接人工121 750元、制造费用66 750元。

要求：根据资料，采用约当产量比例法计算甲产品本月完工产品成本和月末在产品成本。

第四章 产品成本核算的品种法

学习目标

通过对本章内容的学习，在知识方面，了解品种法的特点及适用范围；在实务方面，熟练掌握品种法的成本计算程序及账务处理。

导入案例

湘远火力发电厂利用煤炭、石油、天然气等固体、液体、气体燃料燃烧时产生的热能来加热水，使水因高温产生高压水蒸气，然后再由水蒸气推动汽轮机迅速运转，汽轮机带动发电机产生电力。该厂有一个基本生产车间，还有机修车间和企业管理部门。该厂生产过程不可间断，没有在产品和半成品。

思考：该厂应采用哪种成本计算方法计算产品成本？为什么？

第一节 品种法概述

一、品种法及其适用范围

品种法是以产品品种为成本核算对象，归集生产费用、计算产品成本的一种方法。品种法是产品成本核算最基本的方法，是其他各种成本核算方法的基础。

品种法主要适用于大量、大批单步骤生产产品的成本计算。这类产品的生产工艺过程不可能或不需要划分为几个生产步骤，因而也就不可能或不需要按照生产步骤计算产品成本，如发电、采掘、铸造、供水等企业产品的生产。在大量、大批多步骤生产中，生产规模较小，管理上不要求分步骤提供产品成本信息，或者产品生产的全过程都在一个生产车间内进行（生产是封闭式的），也可采用品种法计算产品成本，如水泥厂、糖果厂等企业产品的生产。另外，企业内部的供水、供电、供气等辅助生产车间为基本生产车间或其他部门的产品生产提供产品和劳务，成本也可以采用品种法计算。

二、品种法的特点

品种法的特点主要体现在成本核算对象、成本计算期和生产费用在完工产品与在产品之间的分配三个方面。

（一）成本核算对象

采用品种法计算产品成本，产品品种即为成本核算对象。如果企业或车间只生产一种产品，在计算产品成本时，只需要以这种产品为成本核算对象，开设产品成本明细账（或产品成本计算单），并按成本项目开设专栏。为生产该产品所发生的所有生产费用都能直接记入产品成本明细账中相应的成本项目中，不存在生产费用在各成本核算对象之间分配的问题。如果企业或车间生产的产品不止一种，产品成本明细账就要按照产品品种分别设置，并按成本项目设专栏。在发生的生产费用中，直接费用直接计入各种产品的成本，共同发生的费用需采用适当的方法分配计入各种产品的成本。

（二）成本计算期

品种法的成本计算一般按月进行，因为在大量、大批单步骤生产中，产品的生产是连续不断重复进行的，并且产品的生产周期较短，不可能在产品全部制造完工后立刻计算产品成本，因此品种法通常以会计报告期为成本计算期。这与产品生产周期不一致。

（三）生产费用在完工产品与在产品之间的分配

单步骤生产企业的产品生产周期较短，在会计期末一般没有在产品，或者在产品数量较小而且稳定，不需要将生产费用在完工产品与在产品之间进行分配，按成本项目归集在产品成本计算单中的生产费用构成当月该成本核算对象的生产总成本，再除以产量，就得出该产品的平均单位成本。单步骤生产企业月末在产品数量较多，或多步骤生产但不需分步骤计算成本的企业月末一般都有在产品，那么必须将产品成本计算单中归集的生产费用采用适当的方法（如约当产量比例法、定额成本计价法、定额比例法等）在完工产品和月末在产品之间进行分配，以便计算完工产品成本和月末在产品成本。

三、品种法的成本核算程序

（1）按产品品种设置产品成本明细账（或产品成本计算单），并按成本项目设置专栏，以便按成本项目汇集该种产品的各项生产费用。

（2）设置辅助生产成本明细账和制造费用明细账，并按费用的明细项目设置专栏，以便汇总各项辅助生产费用和制造费用。

（3）根据原始凭证或原始凭证汇总表，编制各种要素费用分配表以及待摊费用和预提费用分配表。生产某种产品发生的直接费用，如直接材料费用、直接人工费用等，应直接记入某种产品成本明细账中相应的成本项目栏内；应由几种产品共同负担的间接费用，则应按照一定的标准，分配记入各该产品成本明细账中相应的成本项目栏内。

（4）归集辅助生产费用，计算辅助生产成本，月末按其劳务供应情况，采用一定的专门方法，向各受益部门分配辅助生产成本。

（5）归集制造费用，月末将基本生产车间归集的制造费用分配计入产品成本（辅助生产车间的制造费用如果单独反映，则全部分配计入该辅助生产成本）。若企业或车间只生产一种产品，其制造费用应全部记入该产品成本明细账的“制造费用”成本项目；若企业或车间生产几种产品，其制造费用则应采用一定的标准分配后，分别记入各产品成本明细账中的“制造费用”成本项目之中。

(6) 月末，将各种产品成本明细账（成本计算单）中所归集的全部生产费用，在完工产品和月末在产品之间进行分配。如果月末没有在产品或在产品很少，可不计算月末在产品成本，产品成本明细账中汇集的生产费用即为本月完工产品总成本；除以产量，就是完工产品单位成本（这种品种法又称为简单法）。如果某种产品月末全部未完工，则该产品成本明细账中汇集的生产费用即为月末在产品成本。假若某种产品月末在产品较多，则产品成本明细账中汇集的生产费用需采用一定的分配方法在完工产品和月末在产品之间进行分配，以确定某种产品的完工产品成本和月末在产品成本。

品种法的成本核算程序如图4-1所示。

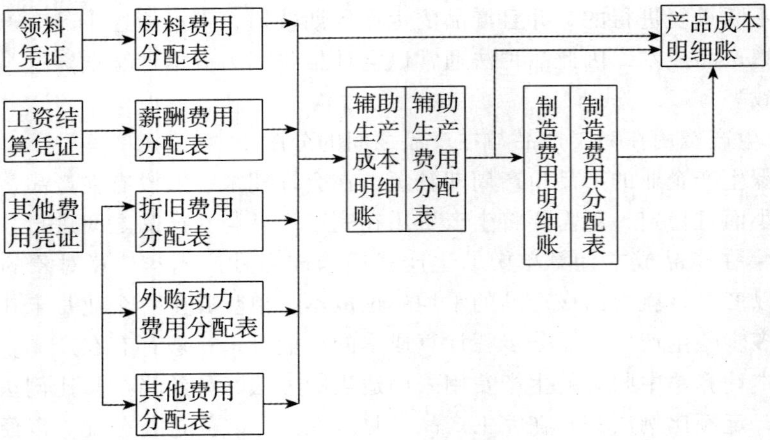

图4-1 品种法的成本核算程序

品种法是最基本的产品成本核算方法，其他成本核算方法都是在品种法的基础上发展和完善起来的。因此，品种法的成本核算程序体现了产品成本核算的一般程序。产品成本核算的一般程序是用会计科目对应关系表示的，而品种法的成本核算程序是用产品成本核算账表表示的，产品成本核算实际上就是会计核算中成本费用的明细核算。

【同步思考4-1】

品种法就是简单法吗？如果不是，它们之间有什么联系和区别？

第二节 品种法举例

下面举一个完整的品种法的例子，把各种费用分配表和明细账有机地联系起来，有利于系统、全面、具体地掌握品种法的特点，有利于深入理解产品成本计算的基本原理。

一、企业基本情况

某厂为大量、大批单步骤生产的企业，根据该厂的生产特点和管理要求，采用品种法计算产品成本。该厂设有一个基本生产车间，生产甲、乙两种产品；设有一个辅助生产车间——供电车间，为全厂提供电力。辅助生产车间不单独核算制造费用。该厂不单独核算废品损失，产品成本包括“直接材料”、“直接人工”和“制造费用”三个成本项目。

二、该厂20××年11月初有关产品成本核算资料

甲、乙产品的产量资料见表4-1。

表4-1 甲、乙产品的产量资料

20××年11月 单位：件

产品名称	月初在产品	本月投产	本月完工产品	月末在产品	完工率
甲	50	800	700	150	60%
乙	60	500	560	0	

甲、乙产品的月初在产品成本见表4-2。

表4-2 甲、乙产品的月初在产品成本

20××年11月 单位：元

产品名称	直接材料	直接人工	制造费用	合 计
甲	2 810	2 014	1 633	6 457
乙	2 930	1 606	1 805	6 341

三、该厂本月发生的生产费用及其分配

（一）材料费用

1.基本资料

生产甲产品直接耗用材料48 800元，生产乙产品直接耗用材料78 560元，生产甲、乙产品共同耗用材料22 500元；供电车间耗用材料5 000元，基本生产车间耗用消耗性材料6 000元；厂部管理部门领用材料4 540元。甲、乙两种产品共同消耗的材料按材料定额耗用量进行分配。其中，甲产品材料定额耗用量为29 200千克，乙产品材料定额耗用量为20 800千克。

2.原材料费用分配表

根据原材料用途编制原材料费用分配表，见表4-3。

表4-3 原材料费用分配表

20××年11月 金额单位：元

<table>
<tr><th colspan="2" rowspan="2">应借账户</th><th rowspan="2">成本项目或费用项目</th><th rowspan="2">直接计入</th><th colspan="3">分配计入</th><th rowspan="2">合 计</th></tr>
<tr><th>分配标准（千克）</th><th>分配率</th><th>金额</th></tr>
<tr><td rowspan="3">生产成本——基本生产成本</td><td>甲产品</td><td>直接材料</td><td>48 800</td><td>29 200</td><td></td><td>13 140</td><td>61 940</td></tr>
<tr><td>乙产品</td><td>直接材料</td><td>78 560</td><td>20 800</td><td></td><td>9 360</td><td>87 920</td></tr>
<tr><td>小计</td><td></td><td>127 360</td><td>50 000</td><td>0.45</td><td>22 500</td><td>149 860</td></tr>
<tr><td colspan="2">生产成本——辅助生产成本</td><td>机物料消耗</td><td>5 000</td><td></td><td></td><td></td><td>5 000</td></tr>
<tr><td colspan="2">制造费用</td><td>机物料消耗</td><td>6 000</td><td></td><td></td><td></td><td>6 000</td></tr>
<tr><td colspan="2">管理费用</td><td>机物料消耗</td><td>4 540</td><td></td><td></td><td></td><td>4 540</td></tr>
<tr><td colspan="2">合 计</td><td></td><td>142 900</td><td></td><td></td><td>22 500</td><td>165 400</td></tr>
</table>

3.编制会计分录

借：生产成本——基本生产成本（甲产品）　61 940
　　　　　——基本生产成本（乙产品）　87 920
　　　　　——辅助生产成本　5 000
　　制造费用　6 000
　　管理费用　4 540
　贷：原材料　165 400

（二）工资费用

1.基本资料

该厂本月基本生产车间生产工人工资为96 000元，供电车间工人工资为6 800元，基本生产车间管理人员工资为8 700元，厂部管理人员工资6 500元。生产工人工资按产品生产工时分配。本月甲产品实际耗用的生产工时为3 300小时，乙产品实际耗用的生产工时为4 700小时。

2.工资费用分配表

编制工资费用分配表，见表4-4。

表4-4　工资费用分配表

20××年11月　金额单位：元

应借账户		成本项目或费用项目	直接计入	分配计入			合　计
				分配标准（小时）	分配率	金额	
生产成本——基本生产成本	甲产品	直接人工		3 300		39 600	39 600
	乙产品	直接人工		4 700		56 400	56 400
	小计			8 000	12	96 000	96 000
生产成本——辅助生产成本		工资	6 800				6 800
制造费用		工资	8 700				8 700
管理费用		工资	6 500				6 500
合　计			22 000			96 000	118 000

3.编制会计分录

借：生产成本——基本生产成本（甲产品）　39 600
　　　　　——基本生产成本（乙产品）　56 400
　　　　　——辅助生产成本　6 800
　　制造费用　8 700
　　管理费用　6 500
　贷：应付职工薪酬——工资　118 000

（三）其他职工薪酬费用

1.基本资料

该厂基本生产车间生产工人的其他薪酬费用为56 160元，供电车间工人的其他薪酬费用为3 978元，基本生产车间管理人员的其他薪酬费用为5 089.5元，厂部管理人员的其他薪酬费用为3 802.5元。基本生产车间生产工人的其他薪酬费用按产品生产工时分配。

2.编制其他薪酬费用分配表（表4-5）

表4-5　**其他薪酬费用分配表**

20××年11月　金额单位：元

应借账户		成本项目或费用项目	直接计入	分配计入			合计
				分配标准	分配率	金额	
生产成本——基本生产成本	甲产品	直接人工		3 300		23 166	23 166
	乙产品	直接人工		4 700		32 994	32 994
	小计			8 000	7.02	56 160	56 160
生产成本——辅助生产成本		其他薪酬	3 978				3 978
制造费用		其他薪酬	5 089.5				5 089.5
管理费用		其他薪酬	3 802.5				3 802.5
合 计			12 870			56 160	69 030

3.编制会计分录

借：生产成本——基本生产成本——甲产品　23 166
　　　　　　——基本生产成本——乙产品　32 994
　　　　　　——辅助生产成本　3 978
　　制造费用　5 089.5
　　管理费用　3 802.5
　贷：应付职工薪酬——其他职工薪酬　69 030

（四）折旧费

1.基本资料

根据本月应计折旧固定资产原价和月折旧率，计算本月应计提固定资产折旧，编制固定资产折旧费用分配表，见表4-6。

表4-6　**固定资产折旧费用分配表**

20××年11月　单位：元

项目	生产车间			企业管理部门	合 计
	基本生产车间	供电车间	小计		
折旧费用	8 570	2 922	11 492	3 645	15 137

2.编制会计分录

借：制造费用　8 570
　　生产成本——辅助生产成本　2 922
　　管理费用　3 645
　贷：累计折旧　15 137

（五）其他费用

1.基本资料

本月以银行存款支付的其他费用汇总见表4-7。

表4-7 其他费用汇总表

20××年11月 单位：元

其他费用项目	基本生产车间	供电车间	企业管理部门	合计
办公费	5 000	1 200	8 000	14 200
劳动保护费	3 960.5	400	300	4 660.5
水费	2 000	400	1 700	4 100
合计	10 960.5	2 000	10 000	22 960.5

2.编制会计分录

借：制造费用 10 960.5

生产成本——辅助生产成本 2 000

管理费用 10 000

贷：银行存款 22 960.5

（六）辅助生产费用的归集和分配

1.辅助生产成本明细账的登记和费用分配

根据以上账务处理登记“生产成本——辅助生产成本”明细账（见表4-8），根据该明细账归集的费用，采用直接分配法分配辅助生产费用，见表4-9。本月供电车间提供电力2 000千瓦时，其中为甲产品提供电力800千瓦时、为乙产品提供电力500千瓦时、为基本生产车间一般消耗提供电力400千瓦时、为行政管理部门提供电力100千瓦时、为供电车间提供电力200千瓦时。

表4-8 生产成本——辅助生产成本明细账

车间：供电车间 20××年11月 单位：元

20××年		凭证号	摘要	机物料消耗	工资	其他薪酬费用	折旧费	办公费	劳动保护费	水费	合计
月	日										
11	略	略	根据表4-3	5 000							5 000
			根据表4-4		6 800						6 800
			根据表4-5			3 978					3 978
			根据表4-6				2 922				2 922
			根据表4-7					1 200			1 200
			根据表4-7						400		400
			根据表4-7							400	400
			待分配费用合计	5 000	6 800	3 978	2 922	1 200	400	400	20 700
			分配转出	5 000	6 800	3 978	2 922	1 200	400	400	20 700

表4-9　**辅助生产费用分配表**

20××年11月　金额单位：元

项目		机修车间
待分配辅助生产费用		20 700
供应辅助生产以外的劳务数量（千瓦时）		1 800
分配率		11.5
甲产品	耗用数量	800
	分配金额	9 200
乙产品	耗用数量	500
	分配金额	5 750
基本生产车间	耗用数量	400
	分配金额	4 600
企业管理部门	耗用数量	100
	分配金额	1 150
合计		20 700

2.编制会计分录

借：生产成本——基本生产成本——甲产品　9 200

　　　　　　——基本生产成本——乙产品　5 750

　　制造费用　4 600

　　管理费用　1 150

　贷：生产成本——辅助生产成本　20 700

（七）制造费用的归集和分配

1.制造费用明细账的登记和费用分配

根据以上账务处理登记制造费用明细账，见表4-10。根据制造费用明细账归集的费用，采用生产工时分配法进行分配，编制制造费用分配表，见表4-11。本月甲产品实际耗用的生产工时为3 300小时，乙产品实际耗用的生产工时为4 700小时。

表4-10　**制造费用明细账**

车间：基本生产车间　20××年11月　单位：元

20××年		凭证号	摘要	机物料消耗	工资	其他薪酬费用	折旧费	办公费	劳动保护费	水电费	合计
月	日										
11	略	略	根据表4-3	6 000							6 000
			根据表4-4		8 700						8 700
			根据表4-5			5 089.5					5 089.5
			根据表4-6				8 570				8 570

续表

20××年 月	日	凭证号	摘要	机物料消耗	工资	其他薪酬费用	折旧费	办公费	劳动保护费	水电费	合计
			根据表4-7					5 000			5 000
			根据表4-7						3 960.5		3 960.5
			根据表4-7							2 000	2 000
			根据表4-9							4 600	4 600
			待分配费用合计	6 000	8 700	5 089.5	8 570	5 000	3 960.5	6 600	43 920
			分配转出	6 000	8 700	5 089.5	8 570	5 000	3 960.5	6 600	43 920

表4-11 **制造费用分配表** 金额单位：元

分配对象	分配标准（工时）	制造费用	
		分配率	分配金额
甲产品	3 300		18 117
乙产品	4 700		25 803
合计	8 000	5.49	43 920

2.编制会计分录

借：生产成本——基本生产成本——甲产品 18 117

——基本生产成本——乙产品 25 803

贷：制造费用 43 920

（八）计算完工产品成本和月末在产品成本

1.产品成本明细账

根据上述各种费用分配表和其他有关资料，登记产品成本明细账（产品成本计算单），分别归集甲、乙两种产品的成本，并采用约当产量比例法，计算分配甲、乙产品的完工产品成本和月末在产品成本。甲产品耗用的原材料在生产开始时一次投入，乙产品耗用的原材料在生产过程中均衡投入，其他各项费用随着生产的进行均衡发生。产品成本明细账见表4-12和表4-13。

表4-12　**产品成本明细账**

产品名称：甲产品　20××年11月　单位：元

月	日	摘要	数量	直接材料	直接人工	制造费用	合计
11	1	月初在产品成本		2 810	2 014	1 633	6 457
	31	根据表4-3		61 940			61 940
		根据表4-4			39 600		39 600
		根据表4-5			23 166		23 166
		根据表4-9		9 200			9 200
		根据表4-11				18 117	18 117
		生产费用合计		73 950	64 780	19 750	158 480
		完工产品产量	700				
		月末在产品产量	150				
		约当总产量		850	790	790	
		单位成本		87	82	25	194
		完工产品总成本		60 900	57 400	17 500	135 800
		在产品成本		13 050	7 380	2 250	22 680

表4-13　**产品成本明细账**

产品名称：乙产品　20××年11月　单位：元

月	日	摘要	数量	直接材料	直接人工	制造费用	合计
11	1	月初在产品成本		2 930	1 606	1 805	6 341
	31	根据表4-3		87 920			87 920
		根据表4-4			56 400		56 400
		根据表4-5			32 994		32 994
		根据表4-9		5 750			5 750
		根据表4-11				25 803	25 803
		生产费用合计		96 600	91 000	27 608	215 208
		完工产品产量	560				
		月末在产品产量					
		约当总产量		560	560	560	
		单位成本		172.5	162.5	49.3	384.3
		完工产品总成本		96 600	91 000	27 608	215 208
		在产品成本					

2.完工产品成本汇总表

根据产品成本明细账编制完工产品成本汇总表，见表4-14。

表4-14　　　　　　　　　　**完工产品成本汇总表**

20××年11月　　　　　　　　　　金额单位：元

产品名称	计量单位	完工数量	成本项目				单位成本
			直接材料	直接人工	制造费用	合计	
甲产品	件	700	60 900	57 400	17 500	135 800	194
乙产品	件	560	96 600	91 000	27 608	215 208	384.3
合计			157 500	148 400	45 108	351 008	

3.编制会计分录

根据完工产品成本汇总表，编制会计分录如下：

借：库存商品——甲产品　　135 800

　　　　　　——乙产品　　215 208

　贷：生产成本——基本生产成本——甲产品　　135 800

　　　　　　　——基本生产成本——乙产品　　215 208

■ 本章重点与难点

1.本章重点：品种法的适用范围及特点，品种法的成本核算程序。

2.本章难点：在生产单一产品和多种产品的企业，应用品种法计算产品成本的不同之处。

■ 基本训练

第四章判断题

第四章选择题

实务题

某厂设有一个基本生产车间，大量生产甲、乙两种产品；设有一个辅助生产车间——机修车间，为基本生产车间和行政管理部门提供修理劳务。20××年11月有关成本计算资料如下：

（1）本月材料耗用情况如下：甲产品领用原材料42 000元，乙产品领用原材料33 000元，车间一般消耗领用材料1 500元，机修车间领用材料1 500元，企业行政管理部门领用材料1 000元。

（2）本月发放工资资料如下：基本生产车间生产工人工资60 000元，车间管理人员工资3 500元，机修车间工人工资3 000元，企业行政管理部门人员工资18 800元。

（3）本月以银行存款支付的有关支出如下：

基本生产车间：办公费1 500元，电脑维护费1 200元，差旅费2 400元，劳动保护费800元；

机修车间：外购动力费11 000元，办公费1 000元，劳动保护费500元；

企业行政管理部门：办公费9 000元，差旅费4 500元，其他费用3 500元。

（4）本月固定资产折旧费用如下：基本生产车间10 000元，机修车间2 500元，企业行政管理部门4 500元。

（5）其他有关资料如下：

本月机修车间提供经常性修理劳务1 000小时，其中基本生产车间耗用800小时、企业行政管理部门耗用200小时。

本月产品实际生产工时和产量如下：甲产品8 000小时，本月完工300件，月末在产品100件，完工程度为50%；乙产品2 000小时，本月完工100件，无月末在产品。

（6）月初在产品成本如下：甲产品月初在产品成本为15 000元，其中直接材料10 000元、直接人工3 000元、制造费用2 000元。乙产品无月初在产品。

（7）有关费用的分配方法如下：生产工人工资按产品实际工时比例分配；职工福利费按工资总额的14%扣除，五险一金按工资总额的30%计提，工会经费按工资总额的2%扣除；辅助生产费用采用直接分配法分配；制造费用采用实际工时比例法分配；完工产品和在产品的费用分配采用约当产量比例分配。

要求：开设甲、乙产品成本计算单，机修车间辅助生产成本明细账和制造费用明细账；根据上述资料编制各种生产费用分配表，编制相关会计分录，登记各生产费用明细账；计算甲、乙两种产品的生产成本。

第五章　产品成本核算的分批法

学习目标

通过对本章内容的学习，在知识方面，理解分批法的特点及适用范围，掌握简化分批法的特点及适用范围；在实务方面，掌握分批法及简化分批法的成本计算程序及应用。

导入案例

宏发机械厂生产运输工具和大型设备，产品的生产工艺过程是装配式多步骤生产。该厂根据购货单位的订单来组织生产，所产的产品规格不一，有的是单件生产，有的是小批生产，从生产组织来看，属于小批单件生产的企业。

思考：该厂应采用什么方法计算产品生产成本？

第一节　分批法概述

一、分批法及其适用范围

分批法，是指按照产品批别来归集生产费用、计算产品成本的一种方法。这种方法适用于单件小批生产企业，如重型机器制造、船舶制造、精密工具仪器制造，以及服装、印刷等企业。在单件小批生产企业里，生产的组织是按照购买者的订货情况来进行的，每批产品的品种、规格、数量、交货日期、所用原材料和制造方法等往往各不相同，所以需要以生产批别为对象计算产品成本。分批法主要适用于以下情况：

（一）根据购买者订单组织生产的企业

有些企业专门根据购买者的要求，生产一定数量和特殊规格、型号的产品，如根据订货者要求生产的有专门用途的仪器、设备、大型锅炉等。

（二）产品种类经常变动的小规模制造企业

这类企业的生产组织有较大的灵活性，能够做到根据市场需要不断地改变产品的种类、规格等，如小型五金厂、服装厂、印刷厂等。这种产品一般不重复生产，即便是重复生产也是不定期的，适合采用分批法计算产品成本。

（三）承揽修理业务的工厂

修理业务多种多样，要根据承接的各种修理工作分别计算成本，向客户收取货款。这种企业往往要根据合同规定，在生产成本上加上约定利润，这种约定利润可以是在成本的基础上，加一定百分比的利润或一定数额的利润，因此，需要计算每次修理业务的成本，如汽车修理厂、船舶修理厂等。

（四）新产品试制车间

专门试制、开发新产品的车间要按新产品的种类分别计算成本。新产品的试制往往数量较少，重复性较差，适合采用分批法计算产品成本。

上述这些单位的共同特点是：一批产品通常不重复生产，或即使重复生产也是不定期的；企业生产计划的编制及日常检查、核算工作都以购货者订货为依据，或以企业事先规定的批量为依据。

在单件小批生产企业中，产品的品种和每批产品的批量往往根据客户的订货单来确定，按照产品批别计算产品成本往往也就是按照客户的订单计算产品成本，所以产品成本核算的分批法又称为订单法。然而产品成本核算的分批与客户的订单并不完全一致，因为企业产品成本核算的分批是以生产计划部门开出的生产通知单（也称内部订单、工作命令单、开工通知单）为依据的。客户的订单与企业的生产通知单所规定的内容可以相同，也可以不同。如果在一张订单中只规定生产一种产品，但这种产品的数量较大，不便于集中一次投产，或者客户要求分批交货，企业可以分成几批组织生产，并计算成本；如果在一张订单中只规定生产一种产品，但这种产品属于大型复杂产品，如大型船舶，由于其价值大，生产周期长，企业可以按产品的组成部分分批组织生产，并计算成本；如果在同一时期内，在几张订单中规定生产相同的产品，为了经济合理地组织生产，企业可以将相同产品合为一批组织生产，并计算成本；如果在一张订单中规定生产的产品不止一种，为了分析和考核各种产品成本计划的执行情况，并便于生产管理，企业可以按照产品的品种划分批别组织生产，并计算成本。总之，根据具体情况，企业可以将一张订单分为几张生产通知单，也可以将几张订单合并为一张生产通知单。生产通知单应对各批生产任务进行编号，这个编号称为产品批别（批号）。

【同步思考 5-1】

分批法又称为订单法，产品成本核算的分批与客户的订单是否完全一致？

二、分批法的特点

（一）成本核算对象

采用分批法计算产品成本的企业，是以产品批次或按订单、生产通知单来组织生产的，其日常成本核算应以批次或订单、生产通知单作为核算对象，财会部门就应按批次设置产品成本明细账，并据以归集费用。凡是能直接计入各成本核算对象的直接材料、燃料和动力、直接人工、专项费用、废品损失、停工损失，应根据其原始凭证，直接记入该批产品成本明细账；凡不能直接计入各批产品成本的共同生产费用，如人工费用、制造费用等，应按照一定的标准进行分配后，记入各有关批次的产品成本明细账。由于分批法下存在多个成本核算对象，且间接费用多，为了提高成本核算的正确性，要合理选择分配标准。

（二）成本计算期

为了保证各批产品成本计算的正确性，各批产品成本明细账的设立和结算，应与生产通知单的签发和结束密切配合、协调一致。各批或各订单产品的成本总额在完工以后（完工月的月末）计算确定，因而产品成本计算是不定期的，成本计算期与产品生产周期基本一致，而与会计报告期不一致。

（三）生产费用的分配

在单件生产情况下，在产品完工前，所归集的生产费用就是在产品成本；在产品完工后，所归集的生产费用就是完工产品成本。在小批生产情况下，月末计算产品成本时，产品往往已经全部完工，或者全部没有完工，这种情况同单件生产一样，也不需要对所归集的生产费用进行分配。

当某批产品的批量较大且客户要求分批交货时，就会出现该批别产品跨月陆续完工的情况。在这种情况下，月末需要将产品成本明细账中归集的生产费用在完工产品与在产品之间进行分配，计算出完工产品成本与月末在产品成本。如果当月完工产品的数量不多，占投产批量比重较小，为了简化成本计算工作，可以计划单位成本、定额单位成本或最近一期相同产品的实际单位成本计算完工产品成本。这样，产品成本明细账中归集的累计生产费用减去完工产品成本后，剩余的生产费用即为月末在产品成本。在该批产品全部完工时，应另行计算该批产品的实际成本与单位成本，但对上月已入账的完工产品成本，不再进行调整。如果当月完工产品的数量较多，占投产批量比重较大，为了保证成本计算的准确性，则应采用适当的方法，将所归集的生产费用在完工产品与月末在产品之间进行分配。

为了减少分批交货分配生产费用的工作量，在合理组织生产的前提下，可以适当缩小产品批量，尽量使同一批产品在同一个月内完成，避免出现跨月陆续完工的情况。缩小产品批量应有一定限度，如果批量过小，不仅会使生产组织不经济、不合理，而且会使设立的产品成本明细账过多，从而加大核算工作量。

三、分批法成本核算程序

（一）开设产品成本明细账

在开始生产时，会计部门应根据每一张订单或每一批产品的生产通知单，开设一张产品成本明细账。产品成本明细账可按车间、成本项目分设专栏，把有关这一张订单的直接成本或间接成本全部记入。除会计部门设置的产品成本明细账外，各车间也可按每一张订单或每一批产品的生产通知单开设一张产品成本明细账，记录每一张订单在本车间发生的费用。分批法十分强调按订单或批别归集成本，因此，各张订单、各批产品所直接耗用的各种材料、费用都要在有关的原始凭证上填明订单号及生产通知单号，以便将费用整理、归集记入各产品成本明细账内，间接费用要填明其用途和费用发生地点。

（二）归集有关生产费用

财会部门月末根据费用的原始凭证编制材料、职工薪酬等费用分配表。对于能分清批次的直接费用，根据原始凭证写明订单号、生产通知单号、批别号，据以登记有关产品成本明细账；对于不能分清批次，由几批产品共同耗用的费用，应采用一定的方法分配记入各批产品成本明细账。辅助生产成本、各车间制造费用、管理部门有关的费用要按原始凭证填明的发生地点、费用明细项目，通过材料、职工薪酬等费用分配表汇总登记辅助生产成本、制造费用、管理费用明细账。

（三）分配辅助生产费用

月末，编制辅助生产费用分配表，采用一定的分配方法，按各批受益产品和各受益部门耗用的辅助生产产品或劳务数量，将辅助生产费用记入有关批别产品的成本及制造费用等账户。若辅助生产车间单独设置“制造费用”账户核算制造费用，则应先将所归集的制造费用分配结转计入辅助生产费用。

（四）分配制造费用

车间所发生的不能直接分清是哪一批产品应负担的制造费用，应按照生产工时、生产工人工资等标准进行合理分配，并分别记入有关批别产品成本明细账。

（五）核算废品损失

单件、小批生产一般单独计算废品损失，可根据废品凭证，计算不可修复废品成本，从各有关产品成本明细账的直接材料、直接人工、燃料和动力、制造费用等成本项目中减除，转入废品损失。在分批法下，废品损失一般能直接归属于各订单，这样就可以从废品损失明细账直接转入各有关订单的产品成本明细账。

（六）生产费用在完工产品与在产品之间的分配

采用分批法计算产品成本，由于其成本计算期通常与生产周期一致，所以一般不存在生产费用在完工产品与在产品之间分配的问题。当某批别产品完工后，财会部门可依据产品验收入库凭证、剩余材料退库凭证等会计凭证，直接计算该批别产品的总成本和单位成本。未完工的各批产品，产品成本明细账上所归集的累计生产费用，就是月末在产品成本，仍保留在产品成本明细账上。当产品陆续完工、分期交货时，应在交出货物的月份，按计划成本、定额成本或以往同类产品实际成本等计算交出货物的成本并予以结转。待该批别产品全部完工时，再结转剩余产品成本，并计算该批别产品的实际生产成本。分批法与品种法成本核算程序基本相同，只是在分批法下，产品成本明细账按产品批别设置，以此为成本核算对象进行费用的归集和分配。

【同步思考 5-2】

在分批法下，不存在将生产费用在完工产品和月末在产品之间分配的问题吗？

四、一般分批法应用举例

分批法按照费用归集与分配的程序和方法不同，分为一般分批法和简化分批法。这里我们只介绍一般分批法的应用举例。

【例 5-1】 宏远公司根据客户订单组织生产甲、乙、丙三种产品，该公司 20××

年11月有关资料如下：

（一）本月的产量资料

1101号产品——甲产品15台，9月份投产，本月全部完工。

1111号产品——乙产品10台，10月份投产，本月完工6台，未完工4台。

1121号产品——丙产品20台，本月投产，计划12月份完工，本月提前完工5台。

（二）本月的成本资料

1.各批产品月初在产品成本

各批产品月初在产品成本，见表5-1。

表5-1 **各批产品月初在产品成本** 单位：元

批别	直接材料	燃料和动力	直接人工	制造费用	合计
1101	63 150	70 500	38 400	25 900	197 950
1111	37 950	28 670	17 610	11 670	95 900

2.各批产品本月生产费用

根据各种生产费用分配表，汇总各批产品本月发生的生产费用，见表5-2。

表5-2 **各批产品本月生产费用** 单位：元

批别	直接材料	燃料和动力	直接人工	制造费用	合计
1101		31 500	32 625	9 710	73 835
1111		13 702	18 360	9 054	41 116
1121	65 180	47 150	34 780	19 250	166 360

3.各批完工产品与在产品之间分配费用的方法

1111号乙产品，本月末完工产品占该批产品比重较大，采用约当产量比例法将本月累计生产费用在完工产品与月末在产品之间进行分配。原材料在生产开始时一次投入，月末在产品完工程度为70%。

1121号丙产品，本月末完工产品占该批产品比重较小，为简化核算，完工产品成本按定额成本结转。每台完工产品定额成本为：原材料2 800元，燃料和动力2 100元，直接人工1 850元，制造费用950元，合计7 700元。

根据上述资料登记各批产品成本明细账，见表5-3、表5-4和表5-5。

表5-3 **产品成本明细账**

产品批别：1101　　投产批量：15台　　投产日期：9月

产品名称：甲产品　　本月完工批量：15台　　完工日期：11月　　单位：元

项　目	直接材料	燃料和动力	直接人工	制造费用	合计
月初在产品成本	63 150	70 500	38 400	25 900	197 950
本月生产费用		31 500	32 625	9 710	73 835
合计	63 150	102 000	71 025	35 610	271 785
转出完工产品成本	63 150	102 000	71 025	35 610	271 785
单位成本	4 210	6 800	4 735	2 374	18 119

表5-4 **产品成本明细账**

产品批别：1111　　投产批量：10台　　投产日期：10月

产品名称：乙产品　　本月完工批量：6台　　完工日期：　　单位：元

项目	直接材料	燃料和动力	直接人工	制造费用	合计
月初在产品成本	37 950	28 670	17 610	11 670	95 900
本月生产费用		13 702	18 360	9 054	41 116
合计	37 950	42 372	35 970	20 724	137 016
转出完工产品成本	22 770	28 890	24 525	14 130	90 315
完工产品单位成本	3 795	4 815	4 087.5	2 355	15 052.5
月末在产品成本	15 180	13 482	11 445	6 594	46 701

表5-4中完工产品单位成本（费用分配率）的计算如下：

原材料费用分配率=$\frac{37\,950}{6+4}$=3 795

燃料和动力费用分配率=$\frac{42\,372}{6+4\times70\%}$=4 815

直接人工费用分配率=$\frac{35\,970}{6+4\times70\%}$=4 087.5

制造费用分配率=$\frac{20\,724}{6+4\times70\%}$=2 355

表5-5 **产品成本明细账**

产品批别：1121　　投产批量：20台　　投产日期：11月

产品名称：丙产品　　本月完工批量：5台　　完工日期：　　单位：元

项目	直接材料	燃料和动力	直接人工	制造费用	合计
生产费用合计	65 180	47 150	34 780	19 250	166 360
单台定额成本	2 800	2 100	1 850	950	7 700
转出完工产品成本	14 000	10 500	9 250	4 750	38 500
月末在产品成本	51 180	36 650	25 530	14 500	127 860

根据本月各批产品成本明细账中的本月完工产品成本，编制本月完工产品成本汇总表，见表5-6。

表5-6 **完工产品成本汇总表**

20××年11月　　单位：元

成本项目	甲产品（产量15台）		乙产品（产量6台）		丙产品（产量5台）	
	总成本	单位成本	总成本	单位成本	总成本	单位成本
直接材料	63 150	4 210	22 770	3 795	14 000	2 800
燃料和动力	102 000	6 800	28 890	4 815	10 500	2 100
直接人工	71 025	4 735	24 525	4 087.5	9 250	1 850
制造费用	35 610	2 374	14 130	2 355	4 750	950
合计	271 785	18 119	90 315	15 052.5	38 500	7 700

根据本月完工产品成本汇总表结转完工产品成本，会计分录如下：

借：库存商品——甲产品　　271 785
　　　　　——乙产品　　90 315
　　　　　——丙产品　　38 500
　贷：生产成本——基本生产成本（1101批别）　　271 785
　　　　　　——基本生产成本（1111批别）　　90 315
　　　　　　——基本生产成本（1121批别）　　38 500

第二节　简化分批法

一、简化分批法的特点

简化分批法，也称不分批计算在产品成本的分批法或累计间接计入费用分批法，是指每月发生的各项间接计入费用（一般指直接人工和制造等加工费用）不是按月在各批产品之间进行分配，而是先分别累计起来，待有产品完工的月份，才分配各批完工产品应负担的各项间接计入费用，并计算出完工产品的总成本和单位成本的一种成本计算方法。在单件小批生产企业或车间中，同一月份内投产的产品批数有时特别多，有的多达几十批。在这种情况下，如果将各种间接计入费用在各批产品之间按月进行分配，工作量极大，在投产批数繁多及月末未完工批数也较多的情况下，可采用简化分批法。

与一般分批法相比，简化分批法具有以下特点：

（一）企业必须设立基本生产成本二级账

从计算产品实际成本的角度来说，采用其他成本计算方法，可以不设立基本生产成本二级账，但采用简化分批法，必须设立基本生产成本二级账。其作用是：按月提供企业或车间所发生的包括直接计入费用和间接计入费用在内的全部产品累计生产费用和生产工时资料；在有产品完工的月份，计算和登记全部产品累计间接计入费用分配率；根据完工产品累计生产工时和累计间接计入费用分配率，计算和登记完工产品应负担的累计间接计入费用，计算完工产品总成本；以全部产品累计生产费用减去本月完工产品总成本，计算和登记月末全部在产品总成本。

（二）间接计入费用在有完工产品的月份才进行分配

采用简化分批法时，每月发生的间接计入费用不是按月在各批产品之间进行分配，而是先在基本生产成本二级账中累计起来，在有完工产品的月份才将累计间接计入费用在各批完工产品之间进行分配，计算完工产品成本。未完工的在产品则不分配间接计入费用，只以总数反映在基本生产成本二级账中，即不分批计算在产品成本。因此，采用简化分批法，可以减少生产费用分配和记账的工作量。月末未完工产品的批次越多，核算工作就越简化。

（三）利用累计间接计入费用分配率将间接计入费用的两次分配合并到一次进行

间接计入费用的分配是利用基本生产成本二级账中累计的分配率进行的，采用这种方法，各批产品之间分配间接计入费用（费用的横向分配）以及某批产品的完工产品与月末在产品之间分配间接计入费用（费用的纵向分配）的工作，都是利用累计间接计入费用分配率，到产品完工时合并在一起进行的。

简化分批法与一般分批法在生产费用分配上的根本区别在于将间接计入费用的两次分配（费用的横向分配和纵向分配）通过累计间接计入费用分配率一次进行。其计算公式为：

$$某项累计间接计入费用分配率=\frac{全部产品该项累计间接计入费用}{全部产品累计工时}$$

$$\begin{matrix}某批完工产品应负担\\的该项间接计入费用\end{matrix}=该批完工产品累计工时\times该项累计间接计入费用分配率$$

二、简化分批法应设置的账簿及登记方法

（一）按产品批别设置产品成本明细账

产品成本明细账除按成本项目设专栏外，还应设置生产工时专栏。与一般分批法不同的是，简化分批法在产品完工之前，只登记各月所发生的直接材料费用和生产工时，不登记加工费用，待产品完工时，再将基本生产成本二级账上所累计的各项加工费用，按照生产工时比例，在完工的各批产品和未完工产品之间进行分配，并将完工产品应负担的各项加工费用登记在各产品成本明细账上，以计算确定完工产品的总成本和单位成本。

（二）设置并登记基本生产成本二级账

基本生产成本二级账是分成本项目登记各批产品所发生的生产费用及生产工时的账簿。在日常成本核算中，各批产品的直接材料、直接人工和制造费用等生产费用以及累计工时分别在基本生产成本二级账中以总额登记。其中，直接材料、生产工时与按产品批别设置的产品成本明细账平行登记。月终，将基本生产成本二级账内的直接材料、累计工时与产品成本明细账进行核对。在有完工产品的月份，计算全部产品累计间接计入费用分配率，对完工产品分配间接计入费用，计算完工产品成本；未完工的在产品不分配间接计入费用，不分批计算在产品成本；全部产品的在产品成本只以总数反映在基本生产成本二级账中。

【同步思考5-3】 采用简化分批法，可以不设基本生产成本二级账吗？为什么？

三、简化分批法核算举例

【例5-2】假定某企业小批量生产多种产品，产品批数较多，采用简化分批法计算产品成本。20××年9月，该企业有批号为701、803、805、901的四批产品。有关资料如下：

（1）各批产品产量及完成情况见表5-7。

表5-7　**各批产品产量及完成情况**

批号	产品名称	投产日期	投产数量（件）	本月完工数量（件）
701	甲产品	7月15日	10	10
803	乙产品	8月10日	18	未完工
805	丙产品	8月20日	15	6
901	丁产品	9月2日	20	未完工

（2）以上各批产品所耗材料费用均系生产开始时一次投入，其他费用随加工进度陆续发生。805批号丙产品完工产品单台工时定额为800小时。9月份各批产品的生产工时和发生的直接材料费用见表5-8。

表5-8　**9月份各批产品生产工时和发生的直接材料费用**

批号	产品名称	直接材料（元）	生产工时（小时）
701	甲产品		800
803	乙产品		2 800
805	丙产品		4 000
901	丁产品	78 000	2 400
合计		78 000	10 000

（3）本月各批产品发生的全部加工费用如下：直接人工56 000元，制造费用29 000元。

要求：根据上述资料计算9月份已完工产品成本。

根据上述资料，登记基本生产成本二级账和各批次产品成本明细账，见表5-9、表5-10、表5-11、表5-12和表5-13。

表5-9　**基本生产成本二级账**　金额单位：元

20××年		摘要	直接材料	生产工时（小时）	直接人工	制造费用	成本合计
月	日						
7	31	本月发生	52 000	8 500	20 440	13 200	85 640
8	31	本月发生	112 000	13 500	36 200	17 000	165 200
9	30	本月发生	78 000	10 000	56 000	29 000	163 000
9	30	本月累计	242 000	32 000	112 640	59 200	413 840
9	30	费用分配率			3.52	1.85	
9	30	本月完工转出	71 200	17 600	61 952	32 560	165 712
9	30	月末在产品成本	170 800	14 400	50 688	26 640	248 128

表5-9中的费用分配率计算如下：

$$直接人工费用分配率=\frac{112\ 640}{32\ 000}=3.52$$

$$制造费用分配率=\frac{59\ 200}{32\ 000}=1.85$$

表5-10、表5-11、表5-12和表5-13是各批产品成本明细账。在这些明细账中，对于没有完工产品的月份，只登记直接材料费用（一般情况下，根据领料凭证

直接记入）和生产该批产品所耗工时。基本生产成本二级账与其所属的各个产品成本明细账中的直接材料项目和生产工时项目，应采用平行登记的方法进行登记，既要登记各个产品成本明细账，又要汇总登记基本生产成本二级账。

表 5-10　　产品成本明细账

生产批号：701　　投产日期：7 月 15 日

产品名称：甲产品　批量：10 件　完工日期：9 月 20 日　金额单位：元

20××年		摘要	直接材料	生产工时（小时）	直接人工	制造费用	成本合计
月	日						
7	31	本月发生	52 000	8 500			
8	31	本月发生		3 500			
9	30	本月发生		800			
9	30	本月累计及分配率	52 000	12 800	3.52	1.85	
9	30	转出完工产品成本	52 000	12 800	45 056	23 680	120 736
9	30	完工产品单位成本	5 200		4 505.6	2 368	12 073.6

表 5-11　　产品成本明细账

生产批号：803　　投产日期：8 月 10 日

产品名称：乙产品　批量：18 件　完工日期：　金额单位：元

20××年		摘要	直接材料	生产工时（小时）	直接人工	制造费用	成本合计
月	日						
8	31	本月发生	64 000	4 000			
9	30	本月发生		2 800			

表 5-12　　产品成本明细账

生产批号：805　　投产日期：8 月 20 日　金额单位：元

产品名称：丙产品　批量：15 件　完工日期：9 月 30 日　完工 6 件

20××年		摘要	直接材料	生产工时（小时）	直接人工	制造费用	成本合计
月	日						
8	31	本月发生	48 000	6 000			
9	30	本月发生		4 000			
9	30	本月累计及分配率	48 000	10 000	3.52	1.85	
9	30	转出完工产品成本	19 200	4 800	16 896	8 880	44 976
9	30	月末在产品成本	28 800	5 200			

表 5-13　　产品成本明细账

生产批号：901　　投产日期：9 月 2 日

产品名称：丁产品　批量：20 件　完工日期：　金额单位：元

20××年		摘要	直接材料	生产工时（小时）	直接人工	制造费用	成本合计
月	日						
9	30	本月发生	78 000	2 400			

四、简化分批法的优缺点

（一）简化分批法的优点

1.简化了间接计入费用的分配工作

在简化分批法下，分批计算完工产品成本，而不分批计算在产品成本，只是在有完工产品的月份，才计算分配各批完工产品的间接计入费用。如果本月完工产品的批数很少，间接计入费用只需在很少的批数中分配；如果本月各批都没有完工产品，就不需要计算分配累计间接计入费用。

2.简化了完工产品与在产品之间费用的分配工作

在简化分批法下，累计间接计入费用分配率既是不同批别产品之间分配费用的依据，也是同批产品中完工产品与月末在产品之间分配费用的依据。这样做将成本计算中费用的横向分配（在不同批别的产品之间的分配）和费用的纵向分配（在完工产品与在产品之间的分配）有机地结合在一起，大大简化了费用的分配工作。

（二）简化分批法的缺点

如果各月间接计入费用悬殊或月末在产品的批数不多，会影响各月份成本计算的正确性。因为各月份间接计入费用如果波动很大，各月的累计间接计入费用分配率也会随之忽高忽低，对于那些当月投产、当月完工的产品成本，就会出现不应有的偏高或偏低现象。例如，前几个月的间接计入费用水平低，本月间接计入费用水平高，而某批产品当月投产、当月完工，由于按累计间接计入费用分配率分配间接计入费用，其间接计入费用就会发生不应有的偏低。

如果大部分批别的产品是当月投产、当月完工，月末在产品的批数不多，间接计入费用要按累计的间接计入费用分配率在大多数批别之间进行分配。在这种情况下，间接计入费用的分配工作不但没有简化，成本计算的正确性也会受到一定的影响。

综上所述，简化分批法适合各月间接计入费用水平波动不大，而且各月投产的批数和产出批数比较接近的企业。

【同步思考5-4】

在各月投产批数多、完工批数少的企业，如果不采用简化分批法，而是采用一般分批法，会出现什么情况？简化分批法和一般分批法的主要区别是什么？

■ 本章重点与难点

1.本章重点：分批法的特点和适应范围；分批法的成本计算程序；简化分批法的特点、程序以及优缺点。

2.本章难点：简化分批法的程序；累计间接计入费用的分配方法。

■ 基本训练

第五章判断题　　第五章选择题

实务题

（1）某企业根据客户订单小批量生产甲、乙两种产品，其生产周期较短，采用一般分批法核算成本。20××年9月生产情况和生产费用发生情况如下：

①生产批次：901批号甲产品5台，7月份投产，本月全部完工；902批号乙产品20台，8月份投产，本月完工14台，月末在产品6台；903批号丙产品10台，本月投产，本月完工2台。

②月初在产品成本：901批号甲产品月初在产品成本为14 000元，其中直接材料8 000元、直接人工3 500元、制造费用2 500元；902批号乙产品月初在产品成本25 000元，其中直接材料12 000元、直接人工8 000元、制造费用5 000元。

③本月生产费用：901批号甲产品本月发生直接人工3 200元，制造费用1 800元；902批号乙产品本月发生直接人工7 000元，制造费用3 000元；903批号丙产品本月发生直接材料15 000元，直接人工6 500元，制造费用4 500元。

④生产费用在完工产品和月末在产品之间的分配方法：902批号乙产品本月末完工数量较多，原材料在生产开始时一次投入，在产品完工程度为50%，采用约当产量比例法将生产成本在完工产品与月末在产品之间分配；903批号丙产品本月末完工数量较少，为了简化核算工作，完工产品按计划成本转出，每台丙产品计划成本为直接材料1 500元、直接人工700元、制造费用600元，合计2 800元。

要求：采用一般分批法计算各批完工产品及月末在产品成本，并登记各批产品成本明细账，编制结转完工产品成本的会计分录。

（2）某工业企业的生产组织属于小规模生产，生产批数多，且生产周期长，每个月末有较多批次产品未完工，因而采用简化分批法计算各批产品成本。20××年9月没有月初在产品，生产情况和生产费用发生情况如下：

①生产批次：901批号A产品10件，9月1日投产，9月26日完工；902批号B产品12件，9月4日投产，月末完工5件；903批号C产品8件，9月15日投产，月末尚未完工；904批号D产品5件，9月18日投产，月末尚未完工。

②直接材料费用（材料在生产开始时一次投入）和生产工时：9月全部产品的直接材料费用为15 200元，生产工时为9 400元。其中，901批号A产品：直接材料7 800元，生产工时3 200小时；902批号B产品：直接材料4 500元，工时800小时（完工产品5件工时为350小时，在产品7件工时为450小时）；903批号C产品：直接材料1 500元，生产工时2 800小时；904批号D产品：直接材料1 400元，生

产工时2 600小时。

③加工费用：9月全部产品的直接人工为7 990元，制造费用为7 050元。

要求：登记基本生产成本二级账和各批产品成本明细账，计算和登记累计间接计入费用分配率，计算各批完工产品成本。

第六章　产品成本核算的分步法

学习目标

通过对本章内容的学习，在知识方面，掌握分步法的含义和适用范围，熟悉逐步结转分步法和平行结转分步法的特点，理解广义在产品和狭义在产品的区别；在实务方面，重点掌握逐步结转分步法和平行结转分步法成本计算程序，熟悉逐步结转分步法中按实际成本综合结转的方法、成本还原的方法以及平行结转分步法中在产品约当产量的计算方法。

导入案例

清浦纺织厂设有纺纱、织布、印染三个生产车间，生产和销售印染花布。纺纱车间月初在产品成本125 000元，本月投入原材料（棉花）费用500 000元、发生加工费用100 000元；月末在产品成本125 000元，本月完工产品（棉纱）总成本600 000元，棉纱已经交织布车间。织布车间月初在产品成本140 000元，本月本车间发生费用150 000元，纺纱车间转来棉纱总成本600 000元；月末在产品成本140 000元，本月完工产品（坯布）总成本750 000元，坯布已经交印染车间。印染车间月初在产品成本160 000元，本月本车间发生费用100 000元，织布车间转来坯布总成本750 000元；月末在产品成本160 000元。经计算，该厂本月完工产品（花布）总成本850 000元（160 000+100 000+750 000−160 000），本月完工入库花布100 000米，单位成本为每米8.5元。

思考：该厂纺纱车间棉纱成本的计算采用的是品种法吗？该厂完工产品（花布）的成本是怎样计算出来的？该厂的成本核算对象是什么？

第一节　分步法概述

一、分步法及其适用范围

（一）分步法的含义

分步法，是指以产品的品种及其所经生产步骤作为成本核算对象，来归集生产费用，计算产品成本的方法。

（二）分步法的适用范围

分步法主要适用于产品生产可以划分为若干生产步骤的大量大批多步骤生产，

如冶金、纺织、造纸和机械制造等企业的产品生产。在这些企业中，为了加强各生产步骤的成本管理，不仅要按照产品的品种计算各种产成品的实际总成本和单位成本，而且要按照生产步骤归集生产费用，计算各生产步骤的成本，以便考核产成品及其所经生产步骤的成本计划执行情况。

二、分步法的特点

（一）成本核算对象和产品成本计算单的设置

采用分步法计算产品成本时，应当按照产品的生产步骤设置产品成本计算单。如果企业只生产一种产品，成本核算对象就是该种产成品及其所经生产步骤，产品成本计算单应当按照生产步骤设置；如果生产多种产品，成本核算对象则是各种产成品及其所经生产步骤，产品成本计算单应当按照生产步骤分产品品种设置。

企业发生的直接材料、燃料和动力、直接人工等直接费用，凡能直接计入各成本核算对象的，应当直接记入按成本核算对象设立的产品成本计算单；不能直接计入的，应当先按生产步骤归集，月末再按一定标准分配记入各成本核算对象的产品成本计算单。企业发生的制造费用应当先按生产单位（车间、分厂）归集，月末再直接记入或者分配记入各成本核算对象的产品成本计算单。

采用分步法计算产品成本，应当根据企业的生产特点和成本管理要求，按照既要加强成本管理，又要简化成本核算的原则，合理确定作为成本核算对象的生产步骤。分步法中作为成本核算对象的生产步骤是按照企业成本管理的要求来划分的，与产品实际生产步骤可能一致，也可能不完全一致。在大量大批多步骤生产的企业，生产单位一般是按照生产步骤设立的，为了加强生产单位的成本管理，也要求按照生产单位来归集生产费用，计算产品成本。因此，分步计算成本一般也就是分生产单位计算成本，但是，当一个生产单位的规模比较大，生产单位内部包含几个生产步骤，而企业成本管理又要求在生产单位内部再分生产步骤计算成本时，成本核算对象中的生产步骤就不应当是生产单位，而是生产单位内的生产步骤。此外，为了简化成本核算工作，按照企业成本管理的要求，也可以将几个生产步骤（生产单位）合并为一个成本核算对象（成本核算的一个步骤）来归集生产费用，计算生产步骤的成本。

（二）成本计算期

分步法以产品品种及其所经生产步骤作为成本核算对象，企业生产类型是大量大批多步骤生产。采用分步法计算产品成本时，成本计算应当定期按月进行，成本计算期与生产周期不一致，与会计报告期一致。

（三）生产费用在完工产品与月末在产品之间的分配

在大量大批多步骤生产的企业，月末通常有在产品。采用分步法计算产品成本时，需要正确计算各生产步骤的在产品成本，将已经记入产品成本计算单中的生产费用合计数，在完工产品与月末在产品之间进行分配。

三、分步法成本计算程序

采用分步法计算产品成本，应当先计算各生产步骤的成本，再计算最终完工产成品的成本。由于不同企业对于生产步骤的成本管理有不同的要求，出于简化成本核算工作的考虑，按照生产步骤来归集费用、计算产品成本时，有逐步结转分步法和平行结转分步法两种不同的方法。逐步结转分步法和平行结转分步法各生产步骤的成本计算和结转方式不同，成本计算程序也不相同。

（一）逐步结转分步法成本计算程序

逐步结转分步法的成本核算对象是产成品及其所经生产步骤的半成品，逐步结转分步法也称为计算半成品成本的分步法。

逐步结转分步法成本计算程序是：首先，计算第一生产步骤所产半成品成本，并将其转入第二生产步骤；然后，将第二生产步骤本生产步骤发生的各种费用，加上第一生产步骤转入的半成品成本，计算出本生产步骤所产半成品成本，并将其转入第三生产步骤；这样按照生产步骤逐步计算并且结转半成品成本以后，在最后的生产步骤计算出完工产成品成本。在设有半成品仓库的企业，还应当在半成品仓库和有关生产步骤（生产半成品和领用半成品的生产步骤）之间，随着半成品实物的收入和发出进行半成品成本的结转。导入案例中清浦纺织厂采用的就是逐步结转分步法。逐步结转分步法成本计算程序如图6-1所示。

图6-1　逐步结转分步法成本计算程序

在图6-1中，三个生产步骤各自的成本核算方法与品种法相同，因此，也有人认为逐步结转分步法就是品种法的多次连续应用。在采用品种法计算出第一生产步骤的半成品成本以后，按照下一生产步骤耗用半成品的数量转入下一生产步骤产品成本计算单；下一生产步骤再次按照品种法的原理归集本生产步骤发生的费用和所耗上一生产步骤半成品成本，计算出本步骤半成品成本，再按照下一生产步骤耗用半成品的数量转入下一生产步骤产品成本计算单；如此逐步计算并结转半成品成本，直至最后生产步骤计算出产成品成本。

【同步链接 6-1】

品种法成本计算程序（见第四章）。

（二）平行结转分步法成本计算程序

平行结转分步法的成本核算对象是产成品及其所经生产步骤。与逐步结转分步法不同，平行结转分步法不计算和结转各生产步骤的半成品成本，因此平行结转分步法也称为不计算半成品成本的分步法。

平行结转分步法成本计算程序是：首先，由各生产步骤计算出某产品（成本核算对象）在本生产步骤所发生的各种费用；然后，将各生产步骤该产品（成本核算对象）所发生的费用在最终产成品与月末在产品（广义在产品）之间进行分配，确定各生产步骤应计入最终产成品成本的“份额”；最后，将各生产步骤应计入相同产成品成本的份额直接相加（汇总），计算出最终产成品的实际总成本。平行结转分步法的成本计算程序如图 6-2 所示。

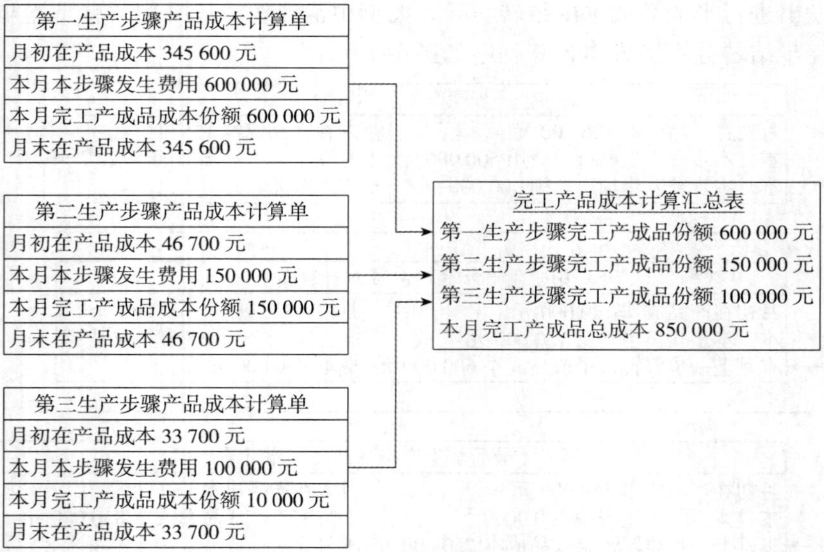

图 6-2　平行结转分步法成本计算程序

【同步思考 6-1】

在平行结转分步法中，每一个生产步骤的成本计算也是品种法吗？

第二节　逐步结转分步法

一、逐步结转分步法概述

（一）适用范围

逐步结转分步法，是指按照生产步骤逐步计算并结转半成品成本，直到最后的步骤计算出产成品成本的方法。采用逐步结转分步法，各个生产步骤需要计算出半成品成本，并且随着半成品实物的转移进行半成品成本的结转，直到最后的生产步骤，计算出最终产成品成本。计算并结转各生产步骤所产半成品成本，是逐步结转分步法的显著特征。

逐步结转分步法主要适用于可以将半成品加工为不同产品或者将半成品直接对外销售和需要考核半成品成本的企业，特别是大量大批连续式多步骤生产企业。在这些企业中，从原材料投入生产到产成品制成，中间要顺序经过若干个生产步骤加工，前面各个生产步骤所生产的都是半成品，只有最后生产步骤完工的才是产成品。各生产步骤所产的半成品，既可以交给本企业下一生产步骤继续加工，耗用在不同产品上；又可以作为商品产品，直接对外出售。例如，纺织企业生产的棉纱既可以为企业自用，继续加工成各种成品布，又可以作为商品产品对外出售。在这种情况下，为了计算产品销售成本，除了需要计算各种产品成本外，还必须计算各生产步骤所产自制半成品成本。有的企业自制半成品不一定对外销售，但为了进行半成品成本的考核和检查，也需要计算半成品成本。

【同步思考 6-2】

企业在哪些情况下必须计算自制半成品成本？

（二）在产品和完工产品的含义

在逐步结转分步法下，各生产步骤都需要计算所产半成品成本，半成品成本随着半成品实物的转移而逐步结转，直到最后生产步骤计算出完工产成品成本。因此，月末各生产步骤将生产费用在完工产品与月末在产品之间进行分配时，需要分配的生产费用是本生产步骤发生的生产费用加上上一生产步骤转入的半成品成本。月末在产品是指本生产步骤正在加工尚未完工的在制品，即狭义的在产品；完工产品是指本生产步骤已经完工的半成品（最后生产步骤为产成品）。完工产成品成本是在最后生产步骤计算出来的。

（三）自制半成品成本的结转方式

采用逐步结转分步法，各生产步骤之间自制半成品成本的结转，按照自制半成品成本在下一生产步骤产品成本计算单中反映方式的不同，分为综合结转和分项结转。

综合结转是将上一生产步骤转入下一生产步骤的半成品成本，不分成本项目，全部记入下一生产步骤产品成本计算单中的“直接材料”成本项目或者专设的“自制半成品”成本项目中，综合反映各生产步骤所耗上一生产步骤所产半成品的成本。综合结转可以按照上一生产步骤所产半成品的实际成本结转，也可以按照企业确定的半成品计划成本或定额成本结转。为了从整个企业的角度来分析和考核产成品成本的构成，寻求降低产品成本的途径，采用综合结转方式时，必须对产成品成本中“自制半成品”项目的成本进行成本还原，以反映产成品成本原始构成的实际情况。

分项结转是将上一生产步骤转入下一生产步骤的半成品成本，按其原始成本项目，分别记入下一生产步骤产品成本计算单中对应的成本项目之中。各生产步骤所耗上一生产步骤所产半成品成本是分成本项目反映的。

二、自制半成品按实际成本综合结转

（一）自制半成品按实际成本综合结转举例

【例 6-1】 清源工厂生产的童车顺序经过第一加工车间、第二加工车间和装配车间连续加工。第一加工车间生产的产品为车叉车架毛坯，完工后全部直接交给第二加工车间加工；第二加工车间将车叉车架毛坯进一步加工（如车叉镀铬、车架油漆等）为车叉车架成品以后，全部交给半成品仓库；装配车间从半成品仓库领出车叉车架成品，加上外购半成品等，装配成童车产成品，完工后交给产成品仓库。该厂自制半成品车叉车架也对外出售，采用逐步结转分步法计算产品成本，成本结转方式为半成品按实际成本综合结转。

根据逐步结转分步法的原理，该厂以童车整车及其所经生产步骤的自制半成品（车叉车架毛坯、车叉车架成品）为成本核算对象，按成本核算对象设置的产品成本计算单有童车（装配车间）、车叉车架毛坯（第一加工车间）和车叉车架（第二加工车间）三个。第一加工车间产品成本计算单按“直接材料”、“直接人工”和“制造费用”等成本项目设置专栏组织核算，第二加工车间和装配车间按“直接材料”、“自制半成品”、“直接人工”和“制造费用”等成本项目设置专栏组织核算。

该厂经过自制半成品仓库收发的车叉车架，设置自制半成品——车叉车架明细账组织收入、发出和结存的核算。各生产车间转入下一生产车间或者送交半成品仓库的自制半成品，按实际成本综合结转；半成品仓库发出的自制半成品（车叉车架）采用加权平均法计算其实际成本。各生产车间20××年4月完工产品和月末在产品之间的费用分配，采用约当产量比例法。第一加工车间原材料在生产开始时一次投入；第二加工车间和装配车间各自投入的原材料以及转入或者领用的自制半成品（车叉车架毛坯、车叉车架）也都在各生产车间生产开始时一次投入；各生产车间自身的直接人工和制造费用发生比较均衡，月末在产品完工程度可以按50%计算。

该厂本月各生产车间发生的费用已经在各成本核算对象之间进行了分配，各生产车间本月生产数量见表6-1，半成品库车叉车架收入、发出和结存资料见表6-2，月初在产品成本和本月本车间发生的生产费用见表6-3。

表 6-1　　　　**清源工厂生产数量资料**

产品：童车　　　　　　　20××年 4 月

项　目	第一加工车间	第二加工车间	装配车间
产品（自制半成品）名称	车叉车架毛坯	车叉车架	童车
实物计量单位	套	套	辆
月初在产品数量	240	480	480
本月投入或上步转入	2 640	2 400	2 400
本月完工转入下步或交库	2 400	2 400	2 640
月末在产品数量	480	480	240
月末在产品投料率（%）	100	100	100
月末在产品完工率（%）	50	50	50

表 6-2　**清源工厂自制半成品收入、发出和结存数量资料**

产品：车叉车架　20××年 4 月　单位：套

项　目	数　量
月初结存	480
本月第二加工车间生产完工交库	2 400
本月装配车间生产童车领用	2 400
月末结存	480

表 6-3　**清源工厂生产费用资料**

产品：童车　20××年 4 月　单位：元

项　目	第一加工车间	第二加工车间	装配车间
月初在产品成本	8 700	26 880	37 680
其中：直接材料	6 000	2 160	5 760
自制半成品		22 800	28 800
直接人工	1 500	1 200	1 920
制造费用	1 200	720	1 200
本月本车间发生生产费用	122 700	30 000	61 560
其中：直接材料	66 000	10 800	28 800
直接人工	31 500	12 000	20 160
制造费用	25 200	7 200	12 600

1.计算第一加工车间本月所产车叉车架毛坯的实际成本

第一加工车间生产车叉车架毛坯，为生产童车的第一生产步骤，没有上步转入费用，可以按照品种法的原理计算车叉车架毛坯的实际总成本和单位成本，即将车叉车架毛坯月初在产品成本和本月发生生产费用记入第一加工车间产品成本计算单，采用约当产量比例法在本月完工车叉车架毛坯和月末在产品之间分配生产费用，计算出本月完工车叉车架毛坯的实际总成本和单位成本。第一加工车间产品成本计算结果见表 6-4。

表 6-4　**清源工厂第一加工车间产品成本计算单**

产品：车叉车架毛坯　产量：2 400 套 20××年 4 月　金额单位：元

摘　要	直接材料	直接人工	制造费用	合　计
月初在产品成本	6 000	1 500	1 200	8 700
本月本车间发生生产费用	66 000	31 500	25 200	122 700
生产费用合计	72 000	33 000	26 400	131 400
本月完工产品数量	2 400	2 400	2 400	
月末在产品约当量	480	240	240	
约当总产量	2 880	2 640	2 640	
费用分配率（车叉车架毛坯单位成本）	25	12.5	10	47.5
本月完工产品（车叉车架毛坯）总成本	60 000	30 000	24 000	114 000
月末在产品成本	12 000	3 000	2 400	17 400

2.计算第二加工车间本月所产车叉车架的实际成本

第二加工车间生产的车叉车架成本，包括本车间发生的生产费用和第一加工车间转入的车叉车架毛坯成本。第二加工车间产品成本计算单，在登记了月初在产品成本、本月本车间发生生产费用和第一加工车间转入的自制半成品成本（采用综合结转方式，登记在“自制半成品”成本项目栏）以后，可以按照品种法的原理计算出车叉车架成本。第二加工车间产品成本计算结果见表6-5。

表6-5 清源工厂第二加工车间产品成本计算单

产品：车叉车架 产量：2 400套 20××年4月 金额单位：元

摘要	直接材料	自制半成品	直接人工	制造费用	合计
月初在产品成本	2 160	22 800	1 200	720	26 880
本月本车间发生生产费用	10 800		12 000	7 200	30 000
本月第一加工车间转入自制半成品成本		114 000			114 000
生产费用合计	12 960	136 800	13 200	7 920	170 880
本月完工产品数量	2 400	2 400	2 400	2 400	
月末在产品约当量	480	480	240	240	
约当总产量	2 880	2 880	2 640	2 640	
费用分配率（车叉车架单位成本）	4.5	47.5	5	3	60
本月完工产品（车叉车架）总成本	10 800	114 000	12 000	7 200	144 000
月末在产品成本	2 160	22 800	1 200	720	26 880

第二加工车间所产半成品全部交给半成品仓库，本月完工入库车叉车架2 400套，实际总成本为144 000元，单位成本为60元。根据成本计算结果，编制结转完工入库自制半成品（车叉车架）成本的会计分录如下：

借：自制半成品——车叉车架 144 000

贷：生产成本——基本生产成本——第二加工车间（车叉车架） 144 000

3.计算装配车间领用自制半成品成本

企业半成品仓库发出自制半成品的实际成本，应当根据有关领料凭证和自制半成品明细账提供的资料计算。发出自制半成品的实际成本，可以采用先进先出法、加权平均法等方法计算。

自制半成品明细账中月初结存半成品数量和金额根据上月有关资料登记，本月收入和发出数量根据有关半成品交库单和领料单登记，本月收入半成品的实际总成本根据生产车间本月完工自制半成品成本计算结果及编制的会计分录登记。

本例中，清源工厂采用加权平均法计算发出自制半成品成本，根据自制半成品明细账的有关资料，车叉车架的加权平均单位成本为60元（（28 800+144 000）÷（480+2 400））。本月装配车间生产童车领用车叉车架2 400套，实际总成本为144 000元（60×2 400）。根据成本计算结果，编制结转生产领用自制半成品成本的会计分录如下：

借：生产成本——基本生产成本——装配车间（童车） 144 000

贷：自制半成品——车叉车架　　144 000

清源工厂自制半成品成本采用综合结转方式，上述会计分录应记入自制半成品明细账（见表6-6）和装配车间产品成本计算单（见表6-7）“自制半成品”成本项目中。

表6-6　　清源工厂自制半成品明细账

产品：车叉车架　　实物计量单位：套　　金额单位：元

20××年		凭证字号	摘　要	收　入		发　出			结　存	
月	日			数量	金额	数量	单价	金额	数量	金额
4	1		上月结转						480	28 800
	2	1	装配车间领用			480			0	
	7	2	第二加工车间交库	960					960	
	8	3	装配车间领用			960			0	
	16	4	第二加工车间交库	960					960	
	17	5	装配车间领用			960			0	
	30	6	第二加工车间交库	480					480	
	30		本月合计	2 400	144 000	2 400	60	144 000	480	28 800

4.计算装配车间本月所产童车的实际成本

装配车间生产的童车成本包括本车间发生的生产费用和从半成品仓库领用的车叉车架成本。装配车间产品成本计算单在登记了月初在产品成本、本月本车间发生生产费用和从半成品仓库领用的车叉车架成本（采用综合结转方式，登记在“自制半成品”成本项目栏）以后，可以按照品种法的原理计算出童车实际总成本和单位成本，装配车间产品成本计算结果见表6-7。

表6-7　　清源工厂装配车间产品成本计算单

产品：童车　产量：2 640辆　　20××年4月　　金额单位：元

摘　要	直接材料	自制半成品	直接人工	制造费用	合计
月初在产品成本	5 760	28 800	1 920	1 200	37 680
本月本车间发生生产费用	28 800		20 160	12 600	61 560
本月领用自制半成品成本		144 000			144 000
生产费用合计	34 560	172 800	22 080	13 800	243 240
本月完工产品数量	2 640	2 640	2 640	2 640	
月末在产品约当量	240	240	120	120	
约当总产量	2 880	2 880	2 760	2 760	
费用分配率（童车单位成本）	12	60	8	5	85
本月完工产品（童车）总成本	31 680	158 400	21 120	13 200	224 400
月末在产品成本	2 880	14 400	960	600	18 840

根据完工产品交库单和成本计算结果，编制结转本月完工入库产成品实际总成本的会计分录如下：

借：库存商品——童车　　224 400

贷：生产成本——基本生产成本——装配车间（童车）　　224 400

（二）成本还原

成本还原，是将产品成本构成中“自制半成品”项目的成本，还原为按“直接材料”、“燃料和动力”、“直接人工”和“制造费用”等原始成本项目反映的成本，从而反映产品成本的原始构成。

逐步结转分步法采用半成品成本综合结转方式时，上一生产步骤转入的自制半成品成本，综合登记在下一生产步骤产品成本计算单中的“自制半成品”成本项目。半成品成本综合结转，虽然可以简化成本核算工作，但是在最后生产步骤计算出的产品成本中，除了本步骤发生的加工费用是按原始成本项目反映外，前面各步骤发生的各种费用，都集中在“自制半成品”一个成本项目中。

例如，在表6-7中，清源工厂本月生产童车的实际总成本为224 400元，其中，直接材料为31 680元，自制半成品为158 400元，直接人工为21 120元，制造费用为13 200元。“自制半成品”项目包括第一加工车间和第二加工车间所产自制半成品中的直接材料、直接人工和制造费用，没有反映童车成本构成的实际情况。也就是说，自制半成品成本的综合结转，不能提供完工产品按原始成本项目反映的成本资料，不能从整个企业的角度来考核和分析产品成本的构成，因此，必须对产成品成本中“自制半成品”项目的成本进行成本还原，以反映产成品成本原始构成的实际情况。

成本还原是按照反工艺顺序进行的，即从最后一个生产步骤开始，将其所耗用的上一生产步骤自制半成品的综合成本，按照上一生产步骤所产自制半成品的成本构成，分解还原为原来成本项目的成本，直到第一生产步骤；再将各生产步骤相同成本项目的成本数额汇总，求得按原始成本项目反映的产成品实际总成本。这一实际总成本与成本还原前产成品的实际总成本一定是相等的。成本还原可以恢复产成品成本的原始构成情况，但不会增加或者减少产成品的实际总成本。成本还原的方法有两种：一是直接按照上一生产步骤所产半成品的成本结构进行成本还原；二是通过计算成本还原分配率进行成本还原。

1.按照上一生产步骤所产半成品的成本结构进行成本还原

【例6-2】根据表6-7，清源工厂20××年4月完工入库童车2 640辆，实际总成本为224 400元，其中直接材料31 680元、自制半成品158 400元、直接人工21 120元、制造费用13 200元。自制半成品成本项目包括月初在产品成本和本月领用自制半成品成本，为了简化成本还原工作，可以按照上一生产步骤本月所产自制半成品的成本结构进行成本还原。童车生产经过三个步骤，要分别按照第二加工车间和第一加工车间本月所产自制半成品成本结构进行成本还原。

（1）按照第二加工车间本月所产自制半成品成本结构进行成本还原。根据表6-5，第二加工车间本月完工入库自制半成品（车叉车架）2 400套，实际总成本为144 000元，其中自制半成品（车叉车架毛坯）114 000元、直接材料10 800元、直接人工12 000元、制造费用7 200元。第二加工车间自制半成品（车叉车架）成本结构的计算见表6-8。

表 6-8　**清源工厂自制半成品成本结构计算表**

自制半成品名称：车叉车架　　20××年 4 月　　金额单位：元

成本项目	本月实际总成本	成本构成（各成本项目比重，%）
自制半成品（车叉车架毛坯）	114 000	114 000÷144 000×100%=79.1667
直接材料	10 800	10 800÷144 000×100%=7.5
直接人工	12 000	12 000÷144 000×100%=8.3333
制造费用	7 200	7 200÷144 000×100%=5
合　计	144 000	100

根据第二加工车间本月所产自制半成品（车叉车架）的成本结构，对装配车间本月完工产品成本中的自制半成品（车叉车架）成本 158 400 元进行成本还原，计算结果见表 6-9。

表 6-9　**清源工厂成本还原计算表**

自制半成品名称：车叉车架　　20××年 4 月　　金额单位：元

成本项目	还原前自制半成品成本	自制半成品成本构成（%）	自制半成品成本还原
自制半成品（车叉车架）	158 400		−158 400
自制半成品（车叉车架毛坯）		79.1667	158 400×79.1667%=125 400
直接材料		7.5	158 400×7.5%=11 880
直接人工		8.3333	158 400×8.3333%=13 200
制造费用		5	158 400×5%=7 920
合　计	158 400	100	0

（2）按照第一加工车间本月所产自制半成品成本结构进行成本还原。对自制半成品（车叉车架）项目的成本还原后，仍有自制半成品（车叉车架毛坯）成本 125 400 元（见表 6-9），应当再按照第一加工车间本月所产自制半成品（车叉车架毛坯）的成本结构进行成本还原。

根据表 6-4，第一加工车间本月完工车叉车架毛坯 2 400 套，实际总成本为 114 000 元，其中直接材料 60 000 元、直接人工 30 000 元、制造费用 24 000 元。自制半成品（车叉车架毛坯）的成本结构和成本还原的计算见表 6-10。

表 6-10　**清源工厂成本还原计算表**

自制半成品名称：车叉车架毛坯　　20××年 4 月　　金额单位：元

成本项目	还原前自制半成品成本	自制半成品成本构成（%）	自制半成品成本还原
自制半成品（车叉车架毛坯）	125 400		−125 400
直接材料		60 000÷114 000×100%=52.6316	125 400×52.6316%=66 000
直接人工		30 000÷114 000×100%=26.3158	125 400×26.3158%=33 000
制造费用		24 000÷114 000×100%=21.0526	125 400×21.0526%=26 400
合　计	125 400	100	0

（3）计算还原以后完工产品的总成本。将还原以后相同成本项目的成本数额相加，计算童车还原以后的实际总成本，见表6-11。

表6-11 清源工厂还原以后产品总成本计算表

产品：童车 产量：2 640辆 20××年4月 单位：元

成本项目	还原前总成本	还原后总成本	还原后单位成本
自制半成品（车叉车架）	158 400	158 400-158 400=0	0
自制半成品（车叉车架毛坯）	0	125 400-125 400=0	0
直接材料	31 680	31 680+11 880+66 000=109 560	41.5
直接人工	21 120	21 120+13 200+33 000=67 320	25.5
制造费用	13 200	13 200+7 920+26 400=47 520	18
合 计	224 400	224 400	85

按照上一步骤本月所产半成品的成本结构进行成本还原，一般可以通过编制产品成本还原计算表一次完成。表6-12列示了产品成本还原计算表的一般格式和计算过程。

表6-12 清源工厂产品成本还原计算表

产品：童车 产量：2 640辆 20××年4月 金额单位：元

摘 要	成本项目					
	自制半成品（车叉车架）	自制半成品（车叉车架毛坯）	直接材料	直接人工	制造费用	合计
①还原前完工产品总成本	158 400	0	31 680	21 120	13 200	224 400
②自制半成品（车叉车架）成本结构（%）		79.1667	7.5	8.3333	5	100
③自制半成品（车叉车架）成本还原	−158 400	125 400	11 880	13 200	7 920	0
④自制半成品（车叉车架毛坯）成本结构（%）			52.6316	26.3158	21.0526	100
⑤自制半成品（车叉车架毛坯）成本还原		−125 400	66 000	33 000	26 400	0
⑥还原后完工产品总成本⑥=①+③+⑤	0	0	109 560	67 320	47 520	224 400
⑦还原后完工产品单位成本			41.5	25.5	18	85

2.通过计算成本还原分配率进行成本还原

按照反工艺顺序逐步将产成品成本中的自制半成品成本还原，也可以通过计算成本还原分配率来进行。

成本还原分配率，是指本月产成品所耗上一生产步骤自制半成品成本与该步骤本月所产自制半成品成本的比率。计算公式为：

$$半成品成本还原分配率=\frac{本月产成品所耗上一步骤半成品成本}{该步骤本月所产半成品总成本}$$

用计算出的自制半成品成本还原分配率，分别乘以上一生产步骤本月所产自制半成品各成本项目的成本，可以求得产成品成本中自制半成品项目还原以后的成本。

【例 6-3】 清源工厂装配车间20××年4月所产童车总成本中，耗用上一步骤（第二加工车间）所产自制半成品（车叉车架）的成本为158 400元，第二加工车间本月所产自制半成品（车叉车架）的总成本为144 000元，第一加工车间本月所产自制半成品（车叉车架毛坯）的总成本为114 000元。通过计算成本还原分配率进行自制半成品成本还原。

（1）计算自制半成品（车叉车架）项目成本还原分配率。

$$自制半成品（车叉车架）项目成本还原分配率=\frac{158\,400}{144\,000}=1.1$$

（2）计算自制半成品（车叉车架）项目还原以后的成本。用自制半成品（车叉车架）项目成本还原分配率1.1，分别乘以第二加工车间本月所产车叉车架各成本项目的成本，可以求得产成品成本中该项目还原以后的成本。

自制半成品（车叉车架毛坯）=114 000×1.1=125 400（元）

直接材料项目=10 800×1.1=11 880（元）

直接人工项目=12 000×1.1=13 200（元）

制造费用项目=7 200×1.1=7 920（元）

（3）计算自制半成品（车叉车架毛坯）项目成本还原分配率。

$$自制半成品（车叉车架毛坯）项目成本还原分配率=\frac{125\,400}{114\,000}=1.1$$

（4）计算自制半成品（车叉车架毛坯）项目还原以后的成本。用自制半成品（车叉车架毛坯）项目成本还原分配率1.1，分别乘以第一加工车间本月所产车叉车架毛坯各成本项目的成本，可以求得产成品成本中该项目还原以后的成本。

直接材料项目=60 000×1.1=66 000（元）

直接人工项目=30 000×1.1=33 000（元）

制造费用项目=24 000×1.1=26 400（元）

（5）计算还原以后的总成本。将产成品成本还原以前和还原以后相同成本项目的成本汇总，可以求得成本还原以后的实际总成本和单位成本。清源工厂采用计算成本还原分配率方法编制产品成本还原计算表，见表6-13。

表 6-13 **清源工厂产品成本还原计算表**

产品：童车 产量：2 640 辆 20××年 4 月 金额单位：元

摘 要	成本项目					
	自制半成品（车叉车架）	自制半成品（车叉车架毛坯）	直接材料	直接人工	制造费用	合计
①还原前完工产品总成本	158 400		31 680	21 120	13 200	224 400
②本月所产自制半成品（车叉车架）成本		114 000	10 800	12 000	7 200	144 000
③成本还原分配率	$\frac{158\,400}{144\,000}=1.1$					
④自制半成品（车叉车架）成本还原	−158 400	125 400	11 880	13 200	7 920	0
⑤本月所产自制半成品（车叉车架毛坯）成本			60 000	30 000	24 000	114 000
⑥成本还原分配率		$\frac{125\,400}{114\,000}=1.1$				
⑦自制半成品（车叉车架毛坯）成本还原		−125 400	66 000	33 000	26 400	0
⑧还原后完工产品总成本⑧=①+④+⑦	0	0	109 560	67 320	47 520	224 400
⑨还原后完工产品单位成本			41.5	25.5	18	85

【同步思考 6-3】

通过计算成本还原分配率方法进行成本还原，与按照上一生产步骤所产半成品成本结构进行成本还原，是同一原理吗？

三、自制半成品按实际成本分项结转

自制半成品按实际成本综合结转与分项结转，在成本计算程序上完全相同。不同的是，综合结转是将上一生产步骤转入下一生产步骤的自制半成品成本，全部记入下一生产步骤产品成本计算单“自制半成品”成本项目之中；分项结转是将上一生产步骤转入下一生产步骤的自制半成品成本，按其原始成本项目，分别记入下一生产步骤产品成本计算单对应的成本项目之中。

【例 6-4】清源工厂生产童车，采用逐步结转分步法计算成本，自制半成品按实际成本分项结转。该厂 20××年 4 月生产数量资料见表 6-14，半成品库车叉车架收入、发出和结存资料见表6-15，月初在产品成本和本月发生生产费用资料见表6-16。

表6-14　　清源工厂生产数量资料

20××年4月

项　目	第一加工车间	第二加工车间	装配车间
产品（自制半成品）名称	车叉车架毛坯	车叉车架	童车
实物计量单位	套	套	辆
月初在产品数量	240	480	480
本月投入或上步转入	2 640	2 400	2 400
本月完工转入下步或交库	2 400	2 400	2 640
月末在产品数量	480	480	240
月末在产品投料率（%）	100	100	100
月末在产品完工率（%）	50	50	50

表6-15　　清源工厂自制半成品收入、发出和结存数量资料

产品：车叉车架　　20××年4月　　单位：套

项　目	数　量
月初结存	480
本月第二加工车间生产完工交库	2 400
本月装配车间生产领用	2 400
月末结存	480

表6-16　　清源工厂生产费用记录资料

产品：童车　　20××年4月　　单位：元

项　目	第一加工车间	第二加工车间	装配车间
月初在产品成本	8 700	26 880	37 680
其中：1.直接材料	6 000	14 160	19 920
（1）本车间发生	6 000	2 160	5 760
（2）上车间转入		12 000	14 160
2.直接人工	1 500	7 200	10 320
（1）本车间发生	1 500	1 200	1 920
（2）上车间转入		6 000	8 400
3.制造费用	1 200	5 520	7 440
（1）本车间发生	1 200	720	1 200
（2）上车间转入		4 800	6 240
本月本车间发生生产费用	122 700	30 000	61 560
其中：直接材料	66 000	10 800	28 800
直接人工	31 500	12 000	20 160
制造费用	25 200	7 200	12 600

1.计算第一加工车间本月所产车叉车架毛坯的实际成本

第一加工车间没有上一生产步骤转入的费用，半成品按实际成本分项结转与综合结转在成本核算方法上完全相同。清源工厂第一加工车间产品成本计算单见表6-17。

表6-17　　清源工厂第一加工车间产品成本计算单

产品：车叉车架毛坯　产量：2 400套 20××年4月　　金额单位：元

摘　要	直接材料	直接人工	制造费用	合　计
月初在产品成本	6 000	1 500	1 200	8 700
本月本车间发生生产费用	66 000	31 500	25 200	122 700
生产费用合计	72 000	33 000	26 400	131 400
本月完工产品数量	2 400	2 400	2 400	
月末在产品约当产量	480	240	240	
约当总产量	2 880	2 640	2 640	
费用分配率（车叉车架毛坯单位成本）	25	12.5	10	47.5
本月完工车叉车架毛坯总成本	60 000	30 000	24 000	114 000
月末在产品成本	12 000	3 000	2 400	17 400

2.计算第二加工车间本月所产车叉车架的实际成本

自制半成品按实际成本分项结转，本月第一加工车间完工转入2 400套车叉车架毛坯的总成本114 000元，应当按其原始成本项目，分别在第二加工车间产品成本计算单中对应的直接材料、直接人工、制造费用等成本项目栏内登记。第二加工车间上一生产步骤转入费用和本车间发生费用的登记以及完工产品成本的计算见表6-18。

表6-18　　清源工厂第二加工车间产品成本计算单

产品：车叉车架　产量：2 400套　　20××年4月　　金额单位：元

摘　要	直接材料		直接人工		制造费用		合计
	上步转入	本步发生	上步转入	本步发生	上步转入	本步发生	
月初在产品成本	12 000	2 160	6 000	1 200	4 800	720	26 880
本月本车间发生生产费用		10 800		12 000		7 200	30 000
本月第一加工车间转入自制半成品成本	60 000		30 000		24 000		114 000
生产费用合计	72 000	12 960	36 000	13 200	28 800	7 920	170 880
完工产品数量	2 400	2 400	2 400	2 400	2 400	2 400	
月末在产品约当产量	480	480	480	240	480	240	
约当总产量	2 880	2 880	2 880	2 640	2 880	2 640	
费用分配率（车叉车架单位成本）	25	4.5	12.5	5	10	3	60
本月完工产品（车叉车架）总成本	60 000	10 800	30 000	12 000	24 000	7 200	144 000
月末在产品成本	12 000	2 160	6 000	1 200	4 800	720	26 880

对于月末在产品成本来说，上一生产步骤转入的自制半成品成本已经全部投入，应当与本月完工产品（自制半成品或产成品）同等分配生产费用；本生产步骤发生的费用尚未全部投入，应当在计算在产品约当产量后，再与本月完工产品一道分配生产费用。这样，在采用分项结转方式时，产品成本计算单中的每一个成本项目都区分为“上步转入费用”和“本步发生费用”，有利于正确计算月末在产品成本。

根据第二加工车间成本计算结果，编制结转本月完工入库车叉车架成本的会计分录如下：

借：自制半成品——车叉车架　144 000

　贷：生产成本——基本生产成本——第二加工车间（车叉车架）　144 000

3.计算装配车间领用自制半成品成本

逐步结转分步法在采用分项结转方式时，自制半成品明细账中的车叉车架成本应当分成本项目登记；采用加权平均法计算生产领用自制半成品的成本时，也应当分成本项目计算。清源工厂车叉车架加权平均单位成本计算和自制半成品明细账登记见表6-19。

表6-19　**清源工厂自制半成品明细账（汇总账页）**

产品：车叉车架　20××年4月　金额单位：元

摘　要	数量（套）	金额合计	成本项目		
			直接材料	直接人工	制造费用
月初结存	480	28 800	14 160	8 400	6 240
本月第二加工车间交库	2 400	144 000	70 800	42 000	31 200
合　计	2 880	172 800	84 960	50 400	37 440
加权平均单位成本		60	29.5	17.5	13
本月装配车间生产领用	2 400	144 000	70 800	42 000	31 200
月末结存	480	28 800	14 160	8 400	6 240

根据自制半成品明细账的成本计算结果，编制结转装配车间本月领用自制半成品（车叉车架）成本的会计分录如下：

借：生产成本——基本生产成本——装配车间（童车）　144 000

　贷：自制半成品——车叉车架　144 000

4.计算装配车间本月所产童车的实际成本

装配车间生产的童车成本包括本车间发生的费用和从半成品仓库领用的自制半成品（车叉车架）成本。采用分项结转方式，应当将装配车间领用自制半成品（车叉车架）的总成本分成本项目分别记入产品成本计算单（见表6-20）对应的成本项目栏内。根据成本计算结果编制完工产品成本汇总表，见表6-21。

表 6-20 **清源工厂装配车间产品成本计算单**

产品：童车 产量：2 640 辆 20××年 4 月 金额单位：元

摘要	直接材料		直接人工		制造费用		合计
	上步转入	本步发生	上步转入	本步发生	上步转入	本步发生	
月初在产品成本	14 160	5 760	8 400	1 920	6 240	1 200	37 680
本月本车间发生费用		28 800		20 160		12 600	61 560
本月领用自制半成品成本	70 800		42 000		31 200		144 000
生产费用合计	84 960	34 560	50 400	22 080	37 440	13 800	243 240
完工产品数量	2 640	2 640	2 640	2 640	2 640	2 640	
月末在产品约当产量	240	240	240	120	240	120	
约当总产量	2 880	2 880	2 880	2 760	2 880	2 760	
费用分配率（童车单位成本）	29.5	12	17.5	8	13	5	85
本月完工产品（童车）总成本	77 880	31 680	46 200	21 120	34 320	13 200	224 400
月末在产品成本	7 080	2 880	4 200	960	3 120	600	18 840

表 6-21 **清源工厂装配车间完工产品成本汇总表**

产品：童车 产量：2 640 辆 20××年 4 月 单位：元

项　目	总成本	单位成本
直接材料	77 880+31 680=109 560	41.5
直接人工	46 200+21 120=67 320	25.5
制造费用	34 320+13 200=47 520	18
合　计	224 400	85

根据完工产品成本汇总表，编制结转本月完工入库童车总成本的会计分录如下：

借：库存商品——童车 224 400

　贷：生产成本——基本生产成本——装配车间（童车） 224 400

在本例中，清源工厂完工童车实际总成本为224 400元，其中直接材料109 560元、直接人工67 320元、制造费用47 520元，与表6-12、表6-13进行成本还原以后的完工产品（童车）实际总成本及各成本项目的成本完全相同。可见，采用分项结转方式结转自制半成品成本，可以直接、真实地反映产品成本的原始构成，不需要进行成本还原。

【同步思考6-4】

采用分项结转方式简便吗？

第三节　平行结转分步法

一、平行结转分步法概述

（一）适用范围

平行结转分步法，是指将各生产步骤应计入相同产成品成本的份额平行汇总，以求得产成品成本的方法。平行结转分步法按照生产步骤归集费用，但只计算完工产成品在各生产步骤的成本“份额”，不计算和结转各生产步骤的半成品成本。

平行结转分步法主要适用于在成本管理上要求分生产步骤归集费用，但不要求计算半成品成本的企业，特别是没有半成品对外销售的大量大批装配式多步骤生产企业。在这些企业中，从原材料投入生产到产成品制成，先由各生产步骤对各种原材料平行地进行加工，使之成为各种零件和部件（半成品），然后由总装车间（最后生产步骤）装配成各种产成品。如果这些企业各生产步骤半成品的种类比较多，半成品对外销售的情况也很少，为了简化成本核算工作，可以采用平行结转分步法。在某些连续式多步骤生产企业，如果各生产步骤所产半成品仅供本企业下一生产步骤继续加工，不对外出售，也可以采用平行结转分步法。

【同步思考 6-5】

企业选择平行结转分步法或者逐步结转分步法要考虑的关键因素是什么？

（二）在产品和完工产品的含义

平行结转分步法的成本核算对象是产成品及其所经过的生产步骤，各生产步骤只归集本步骤发生的费用，不计算半成品成本，半成品实物已经转移，但成本没有结转。因此，月末各生产步骤将生产费用在完工产品与月末在产品之间进行分配时，生产费用仅指本生产步骤发生的费用，没有上一生产步骤转入的费用；完工产品是指企业最终完工的产成品；在产品是指广义在产品，既包括本生产步骤正在加工的在制品（狭义在产品），又包括本生产步骤已经加工完成转入以后各生产步骤但尚未最终制成产成品的半成品。

平行结转分步法的完工产成品成本，是通过对各生产步骤应计入相同产成品成本的“份额”平行汇总求得的。

二、平行结转分步法与逐步结转分步法的区别

（一）成本管理的要求不同

逐步结转分步法是计算半成品成本的分步法，平行结转分步法是不计算半成品成本的分步法。是否计算自制半成品成本，取决于企业成本管理的要求。这两种方法体现了不同的成本管理要求。

当企业自制半成品种类比较多，且不对外销售时，在成本管理上可以不要求计

算半成品成本。采用平行结转分步法，各生产步骤可以同时计算应计入相同产成品成本的份额，不需要逐步计算和结转半成品成本，可以简化和加速成本核算工作。

当企业自制半成品可以加工为多种产成品，或者有些自制半成品对外销售，或者需要进行半成品成本控制和同行业半成品成本比较时，在成本管理上必然要求计算自制半成品成本。采用逐步结转分步法，可以为分析和考核各生产步骤半成品成本计划的执行情况，以及正确计算自制半成品的销售成本提供资料。

（二）产成品成本的计算方式不同

逐步结转分步法是按照产品成本核算所划分的生产步骤，逐步计算和结转自制半成品成本，直到最后步骤计算出产成品成本。各生产步骤的成本核算要等待上一步骤的成本核算结果（转入自制半成品的成本数额）。自制半成品按实际成本综合结转时，为了从整个企业的角度反映产品成本的原始构成，必须进行成本还原，从而增加了成本核算的工作量。采用分项结转方式时，虽然可以直接、正确地提供按原始成本项目反映的产品成本构成，不需要进行成本还原，但产品成本计算单中各个成本项目都要区分为“上步转入费用”和“本步发生费用”，自制半成品明细账登记的生产成本也要分成本项目反映，成本计算、结转和登记的工作量比较大。在各生产步骤完工产品成本中也不能直接反映所耗上一步骤的自制半成品费用，不便于成本分析。自制半成品按计划成本结转时，各生产步骤的成本核算工作可以同时进行，但存在半成品成本差异的计算和分摊问题，也比较复杂。

平行结转分步法是将各生产步骤应计入相同产成品成本的份额汇总，来求得产成品成本。各个生产步骤只归集本步骤发生的生产费用，只计算和结转最终产成品在本生产步骤的成本份额，半成品实物转移，成本没有结转，各生产步骤应计入相同产成品成本的份额可以同时计算，不需要等待，简化了成本核算工作。

（三）在产品的含义不同

逐步结转分步法计算并结转半成品成本，自制半成品成本随着其实物的转移而结转，设有半成品仓库时，设置“自制半成品”账户，同时进行数量和金额的核算。各生产步骤的完工产品是指本步骤已经完工的半成品（最后步骤为产成品）；月末在产品是指本生产步骤正在加工的在制品，即狭义在产品。这样，各生产步骤产品成本计算单中的月末在产品成本，与该步骤月末在产品的实物一致，有利于在产品和自制半成品的管理。

平行结转分步法不计算和结转自制半成品成本，各生产步骤完工产品仅指最终产成品所耗用的本步骤的半成品；月末在产品则既包括本步骤正在加工的在制品，又包括已经完工交给以后各生产步骤，但尚未最终完工的半成品，即广义在产品。自制半成品的实物已经转移，但成本仍留在本生产步骤；即使有半成品仓库办理自制半成品的收入、发出和存放，也只进行数量的核算。各生产步骤产品成本计算单中的月末在产品成本与该步骤月末在产品的实物不相符，不利于在产品和自制半成品的管理。

【同步思考6-6】

为什么采用平行结转分步法不利于在产品和自制半成品的管理?

三、平行结转分步法举例

【例6-5】海峰工厂第一加工车间、第二加工车间和装配车间大量生产甲产品。第一加工车间生产的甲产品自制零部件，全部交给第二加工车间继续加工；第二加工车间加工完工后全部直接交给装配车间；装配车间将自制零部件和外购零部件装配成为甲产品，完工后全部交给产成品仓库。该厂需要分生产车间（生产步骤）控制费用，但由于自制零部件全部用于甲产品的生产，不对外出售，为了简化成本计算工作，不计算半成品成本，成本核算采用平行结转分步法。

根据平行结转分步法的原理，该厂以生产的甲产品产成品及其所经生产步骤为成本核算对象，按照第一加工车间、第二加工车间和装配车间分别开设产品成本计算单，并按直接材料（外购半成品）、直接人工和制造费用三个成本项目开设专栏组织核算。

该厂20××年4月生产费用在完工产品和月末在产品之间的分配采用约当产量比例法。采用平行结转分步法，本月完工产品是指装配车间生产完工交库的最终产成品甲产品；月末在产品是指广义在产品，包括本生产步骤的月末在产品和已经交给以后步骤尚未最终完工的半成品。甲产品自制零部件原材料在第一加工车间生产开始时一次投入，外购零部件在装配车间生产开始时一次投入；第一加工车间、第二加工车间直接人工和制造费用发生比较均衡，月末在产品完工程度均为50%；装配车间36件月末在产品中，有24件尚未开始加工，其余12件加工程度为50%。

该厂各生产车间本月生产数量资料见表6-22；各生产车间本月发生的生产费用已在各成本核算对象之间进行了分配，甲产品月初在产品成本和本月各生产车间发生的生产费用资料见表6-23。

表6-22　**海峰工厂生产数量资料**

产品：甲产品　20××年4月　单位：件

项　目	第一加工车间	第二加工车间	装配车间
月初在产品数量	12	24	48
本月投入或上步转入数量	132	120	120
本月完工转入下步或交库数量	120	120	132
月末在产品数量	24	24	36
月末在产品投料率（%）	100	100	100
月末在产品完工率（%）	50	50	24件：0 12件：50

表6-23 海峰工厂生产费用资料

产品：甲产品 20××年4月 单位：元

项 目	第一加工车间	第二加工车间	装配车间
月初在产品成本	77 100	42 000	66 000
其中：直接材料	42 000		
外购半成品			57 600
直接人工	19 500	24 000	4 800
制造费用	15 600	18 000	3 600
本月本车间发生生产费用	122 700	84 000	232 200
其中：直接材料	66 000		
外购半成品			144 000
直接人工	31 500	48 000	50 400
制造费用	25 200	36 000	37 800

1.计算在产品约当产量和生产总量

采用平行结转分步法，各生产步骤只归集本步骤发生的费用，月末，应将各步骤生产费用合计数（月初在产品成本加上本月本步骤发生的生产费用）在本月完工产品和月末在产品之间进行分配。这里的完工产品是指最终产成品，月末在产品是指广义在产品。采用约当产量比例法，在本月完工产品和月末在产品之间分配生产费用时，各步骤月末在产品约当量应按照下列公式计算：

$$\text{某步骤月末广义在产品约当产量}=\text{该步骤月末在产品数量}\times\text{在产品完工程度}+\text{该步骤已加工完成转入以后各步骤但尚未最后完工的半成品数量}$$

某生产步骤月末广义在产品的约当产量，加上最终完工产品耗用该步骤半成品的数量，等于该生产步骤的生产总量（约当总产量）。它是该生产步骤在本月完工产品和月末在产品之间进行费用分配的分配标准总量。其计算公式为：

$$\text{某步骤生产总量}=\text{该步骤广义在产品约当产量}+\text{最终完工产品数量}\times\text{单位产成品耗用该步骤半成品数量}$$

海峰工厂生产的甲产品一件产成品只耗用一件自制半成品。根据表6-22的生产数量资料，三个生产车间月末在产品约当产量和生产总量的计算见表6-24。

表6-24 海峰工厂月末在产品约当产量和生产总量（分配标准总量）计算表

产品：甲产品 完工产量：132件 20××年4月 单位：件

生产车间	直接材料（外购半成品）项目		直接人工和制造费用项目	
	月末在产品约当产量	生产总量	月末在产品约当产量	生产总量
第一加工车间	24+24+36=84	132+84=216	24×50%+24+36=72	132+72=204
第二加工车间			24×50%+36=48	132+48=180
装配车间	36	132+36=168	24×0+12×50%=6	132+6=138

2.计算费用分配率

计算确定分配标准总量以后，将某成本项目应当分配的费用总额（月初在产品成本加上本月本步骤发生生产费用，即生产费用合计数）除以该成本项目的分配标准总量，可以求得费用分配率。其计算公式为：

$$某成本项目费用分配率=\frac{某生产步骤该成本项目的生产费用合计数}{\frac{该步骤广义}{在产品约当产量}+\frac{最终完工}{产品数量}\times\frac{单位产成品耗用}{该步骤半成品数量}}$$

从上述计算公式可以看到，当一件产成品耗用某生产步骤的自制半成品数量也为一件时，该公式计算出的费用分配率就是单位产成品成本在该生产步骤、该成本项目应负担的份额。如果一件产成品耗用某生产步骤半成品数量为多件，则单位产成品成本在某生产步骤、某成本项目应负担的份额应按照下列公式计算：

$$\frac{单位产成品成本在}{某步骤应负担的份额}=单位产成品耗用该步骤半成品数量\times某成本项目费用分配率$$

海峰工厂甲产品各生产车间费用分配率的计算见表6-25。甲产品单位产成品耗用的自制半成品为一个单位，费用分配率就是单位产成品成本应负担的份额。

表6-25　**海峰工厂费用分配率计算表**

产品：甲产品　　20××年4月　　单位：元

生产车间	直接材料（外购半成品）项目	直接人工项目	制造费用项目
第一加工车间	（42 000+66 000）÷216=500	（19 500+31 500）÷204=250	（15 600+25 200）÷204=200
第二加工车间		（24 000+48 000）÷180=400	（18 000+36 000）÷180=300
装配车间	（57 600+144 000）÷168=1 200	（4 800+50 400）÷138=400	（3 600+37 800）÷138=300

3.计算各生产车间应计入最终产成品成本的份额

单位产成品成本应负担的份额，乘上最终完工的产成品数量，就是产成品成本在该生产步骤应负担的份额。其计算公式为：

$$\frac{产成品成本在某步骤}{应负担的份额}=单位产成品成本在该步骤应负担的份额\times最终完工产成品数量$$

海峰工厂甲产品（最终产成品132件）本月在各生产步骤应负担的成本份额的计算见表6-26。

表6-26　**海峰工厂最终产成品成本应负担的份额计算表**

产品：甲产品　　20××年4月　　单位：元

生产车间	直接材料（外购半成品）项目	直接人工项目	制造费用项目	合　计
第一加工车间	500×132=66 000	250×132=33 000	200×132=26 400	125 400
第二加工车间		400×132=52 800	300×132=39 600	92 400
装配车间	1 200×132=158 400	400×132=52 800	300×132=39 600	250 800

4.计算甲产品（最终产品）总成本和单位成本

采用平行结转分步法，将各生产步骤（生产车间）应计入相同产成品成本的份额进行汇总，就可以求得产成品总成本；产成品总成本除以产成品的数量，可以求得产成品单位成本。

根据表6–26的计算结果，编制海峰工厂产成品成本汇总表，见表6–27。

表6–27 海峰工厂产成品成本汇总表

产品：甲产品 产量：132件 20××年4月 单位：元

项 目	直接材料（外购半成品）	直接人工	制造费用	合计
第一加工车间本月应计入完工甲产品成本的份额	66 000	33 000	26 400	125 400
第二加工车间本月应计入完工甲产品成本的份额		52 800	39 600	92 400
装配车间本月应计入完工甲产品成本的份额	158 400	52 800	39 600	250 800
本月完工甲产品总成本	224 400	138 600	105 600	468 600
本月完工甲产品单位成本	1 700	1 050	800	3 550

根据产成品成本汇总表，编制结转本月完工入库甲产品成本的会计分录如下：

借：库存商品——甲产品 468 600

贷：生产成本——基本生产成本——第一加工车间（甲产品） 125 400

——基本生产成本——第二加工车间（甲产品） 92 400

——基本生产成本——装配车间（甲产品） 250 800

5.计算月末在产品成本

将上述成本计算结果分别记入各生产车间产品成本计算单（见表6–28、表6–29和表6–30）以后，可以计算出各生产车间月末广义在产品的总成本。

表6–28 海峰工厂第一加工车间产品成本计算单

产品：甲产品 产量：132件 20××年4月 金额单位：元

摘 要		直接材料	直接人工	制造费用	合 计
月初在产品成本		42 000	19 500	15 600	77 100
本月发生生产费用		66 000	31 500	25 200	122 700
生产费用合计		108 000	51 000	40 800	199 800
本月最终产成品数量（件）		132	132	132	132
在产品约当产量（件）	本步在产品约当产量	24	12	12	
	已交下步未完工半成品	60	60	60	
	在产品约当产量小计	84	72	72	
生产总量（分配标准）		216	204	204	
单位产成品成本份额		500	250	200	950
本月所产132件产成品成本份额		66 000	33 000	26 400	125 400
月末在产品成本		42 000	18 000	14 400	74 400

表 6-29　　海峰工厂第二加工车间产品成本计算单

产品：甲产品　　产量：132 件　　20××年 4 月　　金额单位：元

摘　要		直接材料	直接人工	制造费用	合计
月初在产品成本			24 000	18 000	42 000
本月发生生产费用			48 000	36 000	84 000
生产费用合计			72 000	54 000	126 000
本月最终产成品数量（件）			132	132	132
在产品约当产量（件）	本步在产品约当产量		12	12	
	已交下步未完工半成品		36	36	
	在产品约当产量小计		48	48	
生产总量（分配标准）			180	180	
单位产成品成本份额			400	300	700
本月所产 132 件产成品成本份额			52 800	39 600	92 400
月末在产品成本			19 200	14 400	33 600

表 6-30　　海峰工厂装配车间产品成本计算单

产品：甲产品　产量：132 件　　20××年 4 月　　金额单位：元

摘　要		外购半成品	直接人工	制造费用	合计
月初在产品成本		57 600	4 800	3 600	66 000
本月发生生产费用		144 000	50 400	37 800	232 200
生产费用合计		201 600	55 200	41 400	298 200
本月最终产成品数量（件）		132	132	132	132
在产品约当产量（件）	本步在产品约当产量	36	6	6	
	已交下步未完工半成品				
	在产品约当产量小计	36	6	6	
生产总量（分配标准）		168	138	138	
单位产成品成本份额		1 200	400	300	1 900
本月所产 132 件产成品成本份额		158 400	52 800	39 600	250 800
月末在产品成本		43 200	2 400	1 800	47 400

■ 本章重点与难点

1. 本章重点：分步法的含义和特点；逐步结转分步法和平行结转分步法的区别；逐步结转分步法产成品成本的计算；平行结转分步法产成品成本的计算。

2. 本章难点：逐步结转分步法（综合结转方式）成本还原的方法；平行结转分步法广义在产品约当产量的计算方法。

■ 基本训练

第六章判断题　　第六章选择题

实务题

（1）海青工厂生产的甲产品顺序经过三个生产车间加工完成。第一车间完工产品为A半成品，第二车间完工产品为B半成品，第三车间完工产品为最终产成品甲产品。甲产品原材料在第一车间生产开始时一次投入，各生产车间人工和制造费用发生比较均衡，月末在产品完工程度均为50%。

要求：根据下列资料采用逐步结转分步法计算甲产品成本：

①本月本车间发生生产费用。第一车间1 636 000元，其中直接材料880 000元、直接人工420 000元、制造费用336 000元；第二车间1 120 000元，其中直接人工640 000元、制造费用480 000元；第三车间1 176 000元，其中直接人工672 000元、制造费用504 000元。

②月初在产品成本。第一车间116 000元，其中直接材料80 000元、直接人工20 000元、制造费用16 000元；第二车间416 000元，其中直接材料304 000元、直接人工64 000元、制造费用48 000元；第三车间1 280 000元，其中直接材料1 056 000元、直接人工128 000元、制造费用96 000元。

③生产数量。月初在产品：第一车间160件、第二车间320件、第三车间640件。本月投入或上步转入产品：第一车间1 760件、第二车间1 600件、第三车间1 600件。本月完工转入下步产品：第一车间1 600件、第二车间1 600件、第三车间1 760件。月末在产品：第一车间320件、第二车间320件、第三车间480件。

（2）根据上述海青工厂的资料，对该厂甲产品成本中的自制半成品成本进行成本还原。

（3）海丰工厂第一和第二两个加工车间分别生产A半成品和B半成品，再由装配车间将二者装配成为乙产品，一件A半成品和一件B半成品装配为一件乙产品；第一加工车间和第二加工车间的原材料都在生产开始时一次投入，各生产车间人工和制造费用发生比较均衡，月末各生产车间在产品完工程度均为50%。

要求：根据下列资料采用平行结转分步法计算乙产品成本：

①本月本车间发生生产费用。第一加工车间1 636 000元，其中直接材料880 000元、直接人工420 000元、制造费用336 000元；第二加工车间1 920 000元，其中直接材料800 000元、直接人工640 000元、制造费用480 000元；装配车间1 176 000元，其中直接人工672 000元、制造费用504 000元。

②月初在产品成本。第一加工车间1 028 000元，其中直接材料560 000元、直

接人工260 000元、制造费用208 000元；第二加工车间1 040 000元，其中直接材料480 000元、直接人工为320 000元、制造费用240 000元；装配车间224 000元，其中直接人工128 000元、制造费用96 000元。

③生产数量。月初在产品：第一加工车间160件、第二加工车间320件、装配车间640件。本月投入或上步转入产品：第一加工车间1 760件、第二加工车间1 600件、装配车间1 600件。本月完工转入下步或交仓库产品：第一加工车间1 600件、第二加工车间1 600件、装配车间1 760件。月末在产品：第一加工车间320件、第二加工车间320件、装配车间480件。

第七章　产品成本核算的分类法和定额法

学习目标

通过对本章内容的学习，在知识方面，掌握分类法和定额法的含义与适用范围，熟悉分类法和定额法的特点；在实务方面，重点掌握分类法和定额法的成本计算程序，熟悉分类法中类内产品分配的系数法及定额法中定额成本、脱离定额差异、材料成本差异、定额变动差异的计算方法。

导入案例

海达制鞋厂生产的男式和女式牛皮鞋包括10个号型的产品，2020年11月男、女式牛皮鞋全部产品实际总成本为727 800元，如果按10种产品分别计算成本，工作量较大。该厂先按类别计算出本月男式牛皮鞋总成本为397 800元、女式牛皮鞋总成本为330 000元，再将各自的总成本采用系数分配法分别在男式牛皮鞋、女式牛皮鞋内部进行分配。例如，男式牛皮鞋包括38~42码五种号型，定额成本分别为108元、114元、120元、126元、132元，根据定额成本资料计算的系数分别为0.9、0.95、1.0、1.05、1.1；五种号型男式牛皮鞋本月实际产量分别为200双、200双、1 500双、1 000双、300双，按系数折算的标准产量分别为180双、190双、1 500双、1 050双、330双，标准总产量为3 250双。用实际总成本397 800元除以标准总产量3 250双，可以计算出标准产量的单位成本为122.4元；用单位成本乘以标准产量，可以计算出五种号型男式牛皮鞋的总成本分别为22 032元、23 256元、183 600元、128 520元、40 392元；再用各号型的总成本除以对应的实际产量，求得五种号型男式牛皮鞋单位成本分别为110.16元、116.28元、122.40元、128.52元、134.64元。

思考：该厂对男式牛皮鞋、女式牛皮鞋两类产品总成本的计算是采用品种法吗？该厂五种号型男式牛皮鞋的成本是如何计算的？该厂的成本核算对象是什么？

第一节　产品成本核算的分类法

一、分类法及其适用范围

（一）分类法的含义

产品成本核算的分类法，是以产品的类别作为成本核算对象，用以归集生产费用，计算出各类产品实际成本，再在类内产品之间进行成本分配，计算出类内各种产品生产成本的方法。

在生产同类产品的工业企业中，如果按照产品的品种、规格归集费用，计算成本，成本计算工作将极为繁重。采用按一定标准将产品进行分类，按照产品类别来归集生产费用，再采用适当方法计算各种规格、型号产品的生产成本，可以简化成本计算工作。

产品分类是将产品结构、性质、用途以及使用的原材料、生产工艺过程等大体相同，而规格和型号不相同的产品归为一类。例如，电子元件厂生产的同一类别不同规格的电子元件、制鞋厂生产的同一类别不同尺码的鞋子等，都可以归为同一类产品。

（二）分类法的适用范围

采用分类法，要先根据企业的生产经营特点和成本管理的要求，运用品种法或者分批法、分步法等成本计算基本方法，计算出各类产品的实际成本。因此，分类法的选用与企业生产类型没有直接联系。如果企业或企业生产单位的产品品种、规格繁多，并且可以按照其性质、用途、生产工艺过程和原材料消耗等方面的特点划分为一定类别，都可以采用分类法。企业也可以运用分类法的原理计算联产品、副产品的成本。

联产品，是指企业利用相同的原材料，在同一生产过程中，同时生产出的几种使用价值不同但具有同等地位的主要产品。例如，化工企业在同一生产过程中生产出来的各种主要化工产品，炼焦企业在同一生产过程中生产出来的焦炭和煤气，炼油企业在生产过程中将原油加工提炼而生产出来的汽油、煤油和柴油等都属于联产品。联产品在联合加工过程中发生的各种生产费用构成联产品的共同成本，也称作联合成本。共同成本的归集和分配可以采用分类法。

副产品，是指企业在生产主要产品的过程中，附带生产出来的一些非主要产品。例如，洗煤生产中产生的煤泥、制皂生产中产生的甘油等称为副产品。主副产品之间的成本分配可以采用分类法。

【同步思考 7-1】

联产品与副产品有何区别?

二、分类法的特点

（一）以产品的类别作为成本核算对象

分类法的成本核算对象是产品的类别，成本核算最终要计算出各种（各品种、各规格）产品的成本，以产品类别作为成本核算对象是为了简化成本计算工作。分类法不是成本计算的基本方法，而是辅助方法。在计算各类产品成本时，要运用品种法或者分批法、分步法等成本计算的基本方法。分类法成本计算期的确定、生产费用在本月完工产品和月末在产品之间的分配等，都取决于它所依托的成本计算的基本方法。

（二）采用适当方法在类内产品之间进行成本分配

采用分类法，以产品类别作为成本核算对象，计算出各类产品成本以后，还应选择适当的方法，将成本在各种规格、型号产品之间进行分配，计算出各种（品种、规格、型号）产品的实际总成本和单位成本。

采用分类法计算产品成本时，首先，应当注意产品分类的合理性。分类过少，类内产品过多，会影响计算结果的准确性；分类过多，类内产品过少，则会加大成本计算的工作量，失去分类的意义。其次，应当注意类内产品成本分配方法的合理性。选定的分配标准应当与各种产品成本的发生有比较密切的联系，体现产品成本费用分配中的受益原则。

【同步思考7-2】

采用分类法，如何计算各类产品的成本？

三、分类法的成本计算程序

首先，按产品类别设置产品成本计算单，计算出各类产品的实际总成本。采用分类法计算成本时，要根据产品结构、所耗用的原材料、工艺技术过程等的不同，将产品划分为若干类别，按照产品的类别分别设置产品成本计算单，用以归集和分配生产费用。企业应当根据自身生产经营特点和成本管理要求，选择品种法或者分批法、分步法等成本计算的基本方法，在各类产品之间分配生产费用，计算出各类产品的实际总成本。

其次，选择合理的标准分配成本，计算出类内各种产品的实际总成本和单位成本。类内各种不同规格、型号的产品之间进行成本分配时，可以将额消耗量、定额费用、售价，以及产品的体积、长度和重量等作为分配标准。类内产品成本的分配应当考虑成本项目的性质，分别采用不同的分配标准。例如，直接材料可以按材料定额消耗量比例分配，直接人工和制造费用可以按定额工时比例分配。分配标准的选择要合理、准确。在实际工作中，常常将分配标准折合成系数，系数一经确定，可以在较长时间内使用。按系数分配生产费用的方法称为系数分配法。

四、分类法举例

（一）各类产品实际总成本的计算

【例7-1】 海明工厂大量生产10种不同规格、型号的电子元件，根据产品结构特点和所耗用的原材料、工艺技术过程的不同，将10种产品分为A、B两大类，A类产品包括201、202、203、204、205五种不同规格的产品，B类产品包括301、302、303、304、305五种不同规格的产品。该厂采用分类法计算产品成本，按照品种法计算的A、B两类产品20××年5月完工产品总成本和月末在产品成本见表7-1和表7-2。

表 7-1　**海明工厂产品成本计算单**

产品：A类产品　20××年5月　金额单位：元

项目		直接材料	直接人工	制造费用	合计
月初在产品成本		16 705	56 000	17 800	90 505
本月发生费用		66 730	501 805	159 065	727 600
生产费用合计		83 435	557 805	176 865	818 105
总定额	本月完工产品总定额	70 244	63 750	63 750	
	月末在产品总定额	11 156	4 275	4 275	
	总定额合计	81 400	68 025	68 025	
费用分配率		1.025	8.2	2.6	
本月完工产品总成本		72 000	522 750	165 750	760 500
月末在产品成本		11 435	35 055	11 115	57 605

表 7-2　**海明工厂产品成本计算单**

产品：B类产品　20××年5月　金额单位：元

项目		直接材料	直接人工	制造费用	合计
月初在产品成本		10 650	69 500	51 800	131 950
本月发生费用		65 140	450 500	292 700	808 340
生产费用合计		75 790	520 000	344 500	940 290
总定额	本月完工产品总定额	61 050	60 000	60 000	
	月末在产品总定额	7 850	5 000	5 000	
	总定额合计	68 900	65 000	65 000	
费用分配率		1.1	8	5.3	
本月完工产品总成本		67 155	480 000	318 000	865 155
月末在产品成本		8 635	40 000	26 500	75 135

（二）类内各种产品实际总成本和单位成本的计算

1.选定标准产品，确定各种产品系数

采用系数分配法，要在类内产品中选择一种产量大、生产稳定、规格适中的产品作为标准产品，把标准产品的系数定为1；再将类内其他产品与标准产品比较，分别求出其他产品与标准产品的比例，即系数。某产品系数的计算公式为：

$$某产品系数=\frac{该产品售价（定额消耗量、体积等）}{标准产品售价（定额消耗量、体积等）}$$

【例7-2】海明工厂A、B两类产品均以生产比较稳定、产量较大、规格适中的产品为标准产品。A类产品以203产品为标准产品，B类产品以303产品为标准产品，标准产品的系数为1。在A、B两类产品中，直接材料费用按材料消耗定额比例计算系数，直接人工和制造费用按工时消耗定额确定系数。A类产品单位产品材料消耗定额分别为6.0元、5.5元、5.0元、4.0元、3.5元，工时消耗定额分别为1.68小时、1.44小时、1.20小时、1.08小时、0.96小时；B类产品单位产品材料消耗定额分别为11.5元、11.0元、10.0元、9.8元、9.5元，工时消耗定额分别为0.864小时、0.792小时、0.720小时、0.648小时、0.576小时。A、B两类产品类内产品系数的计算见表7-3和表7-4。

表7-3 海明工厂产品系数计算表

产品：A类产品 20××年度使用 编号：01

产品名称	材料消耗定额（元）	材料系数	工时消耗定额（小时）	工时系数
201	6.0	6.0÷5.0=1.2	1.68	1.68÷1.20=1.4
202	5.5	5.5÷5.0=1.1	1.44	1.44÷1.20=1.2
203	5.0	1	1.20	1
204	4.0	4.0÷5.0=0.8	1.08	1.08÷1.20=0.9
205	3.5	3.5÷5.0=0.7	0.96	0.96÷1.20=0.8

表7-4 海明工厂产品系数计算表

产品：B类产品 20××年度使用 编号：02

产品名称	材料消耗定额（元）	材料系数	工时消耗定额（小时）	工时系数
301	11.5	11.5÷10.0=1.15	0.864	0.864÷0.72=1.2
302	11.0	11.0÷10.0=1.10	0.792	0.792÷0.72=1.1
303	10.0	1	0.720	1
304	9.8	9.8÷10.0=0.98	0.648	0.648÷0.72=0.9
305	9.5	9.5÷10.0=0.95	0.576	0.576÷0.72=0.8

2.计算各种产品总系数

采用系数分配法，生产成本在类内各种产品之间进行分配，分配标准是总系数（标准总产量）。其计算公式为：

某产品总系数（标准产量）=该产品实际产量×该产品系数

【例7-3】海明工厂A类产品20××年5月实际产量分别为7 500件、6 000件、32 100件、7 500件、9 000件，B类产品本月实际产量分别为4 000件、8 000件、55 500件、5 000件、8 000件。根据产品产量资料和表7-3、表7-4所列各种产品的系数，计算各种产品的总系数，见表7-5、表7-6。

表7-5 海明工厂产品总系数计算表

产品：A类产品 20××年5月

产品名称	产品产量（件）	材料		工时	
		系数	总系数	系数	总系数
201	7 500	1.2	9 000	1.4	10 500
202	6 000	1.1	6 600	1.2	7 200
203	32 100	1.0	32 100	1.0	32 100
204	7 500	0.8	6 000	0.9	6 750
205	9 000	0.7	6 300	0.8	7 200
合 计			60 000		63 750

表 7-6　　海明工厂产品总系数计算表

产品：B 类产品　　20××年 5 月

产品名称	产品产量（件）	材料		工时	
		系数	总系数	系数	总系数
301	4 000	1.15	4 600	1.2	4 800
302	8 000	1.10	8 800	1.1	8 800
303	55 500	1.00	55 500	1.0	55 500
304	5 000	0.98	4 900	0.9	4 500
305	8 000	0.95	7 600	0.8	6 400
合　计			81 400		80 000

3.计算各种产品总成本和单位成本

计算各种产品的总成本（应分配费用），要先计算各成本项目费用分配率。其计算公式为：

$$费用分配率=\frac{应分配成本总额}{各种产品总系数之和}$$

某产品应分配费用=该产品总系数×费用分配率

【例 7-4】根据海明工厂 A、B 两类产品总成本和总系数资料，计算各成本项目费用分配率，见表 7-7；根据各种产品总系数和费用分配率，计算产品实际总成本和单位成本，见表 7-8、表 7-9。根据产品成本计算资料，编制结转 20××年 5 月完工入库产品成本的会计分录如下：

表 7-7　　海明工厂费用分配率计算表

20××年 5 月

成本项目	费用分配率	
	A 类产品	B 类产品
直接材料	72 000÷60 000=1.2	67 155÷81 400=0.825
直接人工	522 750÷63 750=8.2	480 000÷80 000=6
制造费用	165 750÷63 750=2.6	318 000÷80 000=3.975

借：库存商品——201　　124 200
　　　　　　——202　　85 680
　　　　　　——203　　385 200
　　　　　　——204　　80 100
　　　　　　——205　　85 320
　贷：生产成本——基本生产成本——A 类产品　　760 500

借：库存商品——301　　51 675
　　　　　　——302　　95 040
　　　　　　——303　　599 400
　　　　　　——304　　48 930
　　　　　　——305　　70 110
　贷：生产成本——基本生产成本——B 类产品　　865 155

表 7-8　　　　海明工厂产品成本计算表

产品：A类产品　　　　20××年5月　　　　金额单位：元

产品名称	产品产量（件）	总系数		应分配金额			产成品成本	
		材　料	工　时	直接材料（分配率1.2）	直接人工（分配率8.2）	制造费用（分配率2.6）	总成本	单位成本
201	7 500	9 000	10 500	10 800	86 100	27 300	124 200	16.56
202	6 000	6 600	7 200	7 920	59 040	18 720	85 680	14.28
203	32 100	32 100	32 100	38 520	263 220	83 460	385 200	12.00
204	7 500	6 000	6 750	7 200	55 350	17 550	80 100	10.68
205	9 000	6 300	7 200	7 560	59 040	18 720	85 320	9.48
合计		60 000	63 750	72 000	522 750	165 750	760 500	

表 7-9　　　　海明工厂产品成本计算表

产品：B类产品　　　　20××年5月　　　　金额单位：元

产品名称	产品产量（件）	总系数		应分配金额			产成品成本	
		材　料	工　时	直接材料（分配率0.825）	直接人工（分配率6）	制造费用（分配率3.975）	总成本	单位成本
301	4 000	4 600	4 800	3 795	28 800	19 080	51 675	12.92
302	8 000	8 800	8 800	7 260	52 800	34 980	95 040	11.88
303	55 500	55 500	55 500	45 787.5	333 000	220 612.5	599 400	10.80
304	5 000	4 900	4 500	4 042.5	27 000	17 887.5	48 930	9.79
305	8 000	7 600	6 400	6 270	38 400	25 440	70 110	8.76
合计		81 400	80 000	67 155	480 000	318 000	865 155	

五、副产品成本计算

副产品是生产主产品过程中附带生产出来的一些非主要产品，一般价值较低。为了简化成本计算工作，可以运用分类法的原理，将主产品和副产品合并为一类，作为一个成本核算对象，设置产品成本计算单，用来归集主产品和副产品的共同成本；再采用一定方法计算副产品成本，从主副产品共同成本中扣除（为了简化计算工作，通常可以从主副产品共同成本中的直接材料项目中扣除）；以主副产品共同成本扣除副产品成本以后的余额，作为主产品的实际总成本。

副产品成本计算也称为副产品的计价，主要有两种方法：一是按照副产品售价减去销售税金和销售利润（按正常销售利润率计算）以后的余额计价；二是按照企业制定的副产品计划成本或者定额成本计价。

（一）按照副产品售价减去销售税金和销售利润后的余额计价

副产品与主产品分离后，有的可以直接对外出售，有的需要经过适当加工才可以对外销售。副产品与主产品分离后可以直接对外出售的，产品成本中只包括应负担的共同成本；副产品与主产品分离以后需要进一步加工以后才能出售的，按照售价减去销售税金和销售利润计算出的产品成本，既包括应负担的共同成本，又包括进一步加工的可归属成本。

1.分离后可以直接出售的副产品

【例 7-5】 海林工厂在生产甲产品（主要产品）的同时，附带生产出副产品丙产品，丙产品与甲产品分离后可以直接出售。该厂20××年5月生产甲产品8 000千克，已全部完工，没有月末在产品。甲产品成本计算单中归集的本月生产费用合计数为3 460 000元，其中直接材料1 620 000元、直接人工1 200 000元、制造费用640 000元。本月附带生产的丙产品200千克已全部入库，丙产品每千克售价为120元，销售环节应交税费为每千克5.6元，同类产品正常销售利润率为12%。为了简化计算工作，丙产品成本从主副产品共同成本的直接材料项目中扣除。

（1）计算丙产品成本。

丙产品单位成本=120−5.6−120×12%=100（元）

丙产品总成本=200×100=20 000（元）

（2）计算甲产品成本。甲产品成本计算结果见表7-10，完工产品成本汇总表见表7-11。

表7-10　**海林工厂产品成本计算单**

产品：甲产品　产量：8 000千克　　20××年5月　　单位：元

摘　要	直接材料	直接人工	制造费用	合计
生产费用合计	1 620 000	1 200 000	640 000	3 460 000
结转本月完工入库丙产品成本	−20 000			−20 000
本月完工入库甲产品总成本	1 600 000	1 200 000	640 000	3 440 000

表7-11　**海林工厂完工产品成本汇总表**

20××年5月　　单位：元

成本项目	甲产品（产量：8 000千克）		丙产品（产量：200千克）	
	总成本	单位成本	总成本	单位成本
直接材料	1 600 000	200	20 000	100
直接人工	1 200 000	150		
制造费用	640 000	80		
合　计	3 440 000	430	20 000	100

（3）结转完工入库产品成本。根据成本计算结果（见表7-11），编制结转完工入库产品成本的会计分录如下：

借：库存商品——甲产品　　3 440 000

　　　　　——丙产品　　20 000

　贷：生产成本——基本生产成本——甲产品　　3 460 000

2.分离后需要进一步加工以后才能出售的副产品

【例7-6】假设海林工厂丙副产品与甲产品分离后，不能直接出售，只能作为乙产品的原料，需要进一步加工为乙产品后才能出售。甲产品成本计算单中归集的20××年5月生产费用合计数为3 460 000元，其中直接材料1 620 000元、直接人工1 200 000元、制造费用640 000元。利用丙副产品加工为乙产品的过程中发生可归属成本15 000元，其中直接材料1 000元、直接人工8 000元、制造费用6 000元。乙产品本月实际产量为180千克，每千克售价为240元，销售环节应交税费为每千克11.2元，同类产品正常销售利润率为12%。

（1）计算乙产品成本。

乙产品单位成本=240-11.2-240×12%=200（元）

乙产品总成本=180×200=36 000（元）

其中：

丙产品总成本=36 000-（1 000+8 000+6 000）=21 000（元）

（2）计算甲产品成本。甲产品、乙产品成本计算结果见表7-12和表7-13，完工产品成本汇总表见表7-14。

表7-12　海林工厂产品成本计算单

产品：甲产品　产量：8 000千克　20××年5月　单位：元

摘　要	直接材料	直接人工	制造费用	合计
生产费用合计	1 620 000	1 200 000	640 000	3 460 000
结转本月乙产品耗用的丙产品成本	-21 000			-21 000
本月完工入库甲产品总成本	1 599 000	1 200 000	640 000	3 439 000
本月完工入库甲产品单位成本	199.88	150	80	429.88

表7-13　海林工厂产品成本计算单

产品：乙产品　产量：180千克　20××年7月　单位：元

摘　要	直接材料	直接人工	制造费用	合计
加工为乙产品发生的可归属成本	1 000	8 000	6 000	15 000
分离前应当负担的共同成本	21 000			21 000
生产费用合计	22 000	8 000	6 000	36 000
本月完工入库乙产品总成本	22 000	8 000	6 000	36 000
本月完工入库乙产品单位成本	122.22	44.44	33.33	200

表 7-14

海林工厂完工产品成本汇总表

20××年 5 月

单位：元

成本项目	甲产品（产量：8 000 千克）		乙产品（产量：180 千克）	
	总成本	单位成本	总成本	单位成本
直接材料	1 599 000	199.88	22 000	122.22
直接人工	1 200 000	150	8 000	44.44
制造费用	640 000	80	6 000	33.33
合　计	3 439 000	429.88	36 000	200

（3）结转完工入库产品成本。根据成本计算结果（见表 7-14），编制结转完工入库产品成本的会计分录如下：

借：库存商品——甲产品　　3 439 000

　　　　　　——乙产品　　36 000

　贷：生产成本——基本生产成本——甲产品　　3 439 000

　　　　　　　——基本生产成本——乙产品　　36 000

（二）按照企业制定的副产品计划单位成本计价

【例 7-7】 假设海林工厂在生产甲产品时产生的副产品丙产品，由本车间进一步加工为乙产品后再出售。由于乙产品加工处理的时间不长，加工费用不多，不单独设置产品成本计算单，全部费用在甲产品成本计算单中归集。20××年 5 月甲产品成本计算单中归集的生产费用合计数为 3 475 000 元，其中直接材料 1 621 000 元、直接人工 1 208 000 元、制造费用 646 000 元。为了简化计算工作，乙产品按计划单位成本计价，从甲产品成本中扣除。本月生产乙产品 180 千克，计划单位成本为 200 元，其中直接材料 122 元、直接人工 45 元、制造费用 33 元。

1. 计算乙产品成本

乙产品总成本=200×180=36 000（元）

其中：

直接材料=122×180=21 960（元）

直接人工=45×180=8 100（元）

制造费用=33×180=5 940（元）

2. 计算甲产品成本

甲产品成本计算结果见表 7-15，完工产品成本汇总表见表 7-16。

表 7-15

海林工厂产品成本计算单

产品：甲产品　产量：8 000 千克　　20××年 5 月　　单位：元

摘　要	直接材料	直接人工	制造费用	合计
生产费用合计	1 621 000	1 208 000	646 000	3 475 000
结转本月完工入库乙产品成本	−21 960	−8 100	−5 940	−36 000
本月完工入库甲产品总成本	1 599 040	1 199 900	640 060	3 439 000

表7-16　　**海林工厂完工产品成本汇总表**

20××年5月　　单位：元

成本项目	甲产品（产量：8 000千克）		乙产品（产量：180千克）	
	总成本	单位成本	总成本	单位成本
直接材料	1 599 040	199.88	21 960	122
直接人工	1 199 900	149.99	8 100	45
制造费用	640 060	80.01	5 940	33
合　计	3 439 000	429.88	36 000	200

3.结转完工入库产品成本

根据成本计算结果（见表7-16），编制结转本月完工入库产品成本的会计分录如下：

借：库存商品——甲产品　　3 439 000

　　　　　　——乙产品　　36 000

　贷：生产成本——基本生产成本——甲产品　　3 475 000

第二节　产品成本核算的定额法

一、定额法及其适用范围

（一）定额法的含义

产品成本计算的定额法，是指以产品定额成本为基础，加上（或减去）脱离定额的差异、材料成本差异和定额变动差异，来计算产品实际生产成本的方法。定额法完工产品实际成本的计算公式为：

完工产品实际成本=完工产品定额成本±脱离定额差异±材料成本差异±定额变动差异

【同步链接7-1】

在品种法、分批法、分步法等成本计算方法下，完工产品实际成本的计算公式为：

完工产品实际成本=月初在产品成本+本月发生生产费用-月末在产品成本

（二）定额法的适用范围

定额法不是成本计算的基本方法，它是为了加强成本管理、进行成本控制而采用的一种成本计算与成本管理相结合的方法，与企业生产类型没有直接联系。定额法最早应用于大量大批生产的机械制造企业，后来逐渐扩大到具备上述条件的其他企业。只要企业定额管理制度比较健全，定额管理基础工作较好，产品生产已经定型，各项消耗定额比较准确、稳定，都可以采用定额法。

【同步链接7-2】

产品成本计算的基本方法有品种法、分批法、分步法。

二、定额法的特点

（一）事前制定产品定额成本

定额法以产品定额成本为基础计算产品实际成本。采用定额法，企业必须事前制定产品的各项消耗定额和费用定额，并以现行消耗定额和费用定额为依据，制定产品的定额成本，作为降低产品成本、控制费用支出的目标。

（二）分别核算符合定额的费用和脱离定额的差异

采用定额法计算产品成本，在生产费用发生时，就应当将符合定额的费用和脱离定额的差异分别核算，及时揭示实际生产费用脱离定额的差异，以加强生产费用和产品成本的日常核算、分析和控制。

（三）以定额成本为基础加减各种定额差异求得实际成本

定额法是一种成本计算和成本管理相结合的方法。作为成本计算方法，它应当计算出产品的实际成本。在定额法下，本月完工产品的实际成本是以本月完工产品定额成本为基础，加上或减去本月完工产品应负担的脱离定额差异、材料成本差异、定额变动差异等定额差异以后计算得出的。

三、定额法的成本计算程序

（一）制定产品定额成本

定额成本，是指根据企业现行材料消耗定额、工时定额、费用定额以及其他有关资料计算出来的一种成本控制目标。产品定额成本的制定过程是产品成本的事前控制过程。定额成本是计算产品实际成本的基础，也是企业对生产费用进行事中控制和事后分析的依据。

采用定额法计算产品成本，应当根据企业现行消耗定额和费用定额，按照企业确定的成本项目，分产品品种（企业确定的成本核算对象）分别制定产品定额成本，编制产品定额成本表。为了便于进行成本分析和考核，定额成本采用的成本项目和计算方法应当与计划成本、实际成本采用的成本项目和计算方法一致。企业制定定额成本依据的现行定额，是指企业从月初起施行的定额。在有定额变动的月份，应当根据变动以后的定额，调整月初在产品的定额成本，计算定额变动差异。

企业制定的定额成本和计划成本都是成本控制的目标，定额成本和计划成本的制定过程都是对产品成本进行事前控制的过程，但定额成本和计划成本有不同之处。定额成本是根据企业现行消耗定额制定的，随着生产技术的进步和劳动生产率的提高，消耗定额必须不断修订，定额成本在年度内有可能因企业消耗定额的修订而变动。计划成本是根据企业计划期（通常为年度）内的平均消耗定额制定的，在计划期（年度）内，计划成本通常是不变的。定额成本是计算产品实际成本的基础，是生产费用日常（事中）控制的依据。计划成本是企业计划年度内成本控制的目标，是考核和分析企业成本计划完成与否的依据。

产品的定额成本一般由企业的财会部门会同计划、技术、生产等部门共同制定。由于不同企业的产品生产工艺不同，产品定额成本的制定程序也不尽相同。例如，机械制造企业的产品一般由许多零件、部件组成，如果产品的零件、部件不多，一般可以先计算各种零件、部件的定额成本，最后汇总计算产成品的定额成本；如果产品的零件、部件比较多，为了简化成本计算工作，可以根据记录各种零件原材料消耗定额和工时定额的“零件定额卡”，以及原材料计划单价、计划人工费用率和计划制造费用率，计算各部件的定额成本，再汇总计算产成品的定额成本，或者根据“零件定额卡”“部件定额卡”，直接计算产品定额成本。

产品定额成本是根据现行定额计算确定的，现行定额（包括材料消耗定额、工时消耗定额和费用定额等）修订以后，定额成本也应随之修订。月初，产品定额成本修订以后，当月投产的产品应当按照新的定额成本计算；而月初在产品的定额成本是按照上月定额计算的，为了统一以新的定额成本为基础，必须将月初在产品成本按新的定额成本进行调整。

定额变动差异，是指由于修订定额而产生的新旧定额之间的差异，它是定额自身变动的结果，与生产费用支出的节约与超支无关。企业年度内修订定额一般在月初进行，在有定额变动的月份，本月投入产品的定额成本是按新定额成本计算的，只有月初在产品的定额成本是按旧定额计算的。因此，定额变动差异是月初在产品账面定额成本与其按新定额计算的定额成本之间的差异。月初在产品定额变动差异是定额本身变动的结果，与生产费用的节约和浪费无关。但是，定额成本是计算产品实际成本的基础，月初在产品定额成本调低时，应将定额变动差异加入产品实际成本；反之，应从产品实际成本中扣除。

【同步思考 7-3】

为什么只有月初在产品存在定额变动差异？

月初在产品定额变动差异，可以根据消耗定额发生变动的在产品盘存数量（或在产品台账的账面结存数量）和修订后的定额消耗量，计算出月初在产品新的定额消耗量和新的定额成本，再与修订前的月初在产品定额成本比较计算得出。这种计算要按照产品构成的零部件和工序进行，当构成产品的零部件种类较多时，计算工作量比较大。为了简化计算工作，企业一般可以根据各成本项目变动前后单位产品的定额成本，计算一个定额变动系数，再据以确定月初在产品定额变动差异。采用这种方法，定额变动系数和在产品定额变动差异的计算公式为：

$$\text{定额变动系数}=\text{本月执行的单位产品新定额费用}\div\text{上月单位产品定额费用（旧定额）}$$

$$\frac{\text{月初在产品}}{\text{定额变动差异}}=\frac{\text{按旧定额计算的}}{\text{月初在产品成本}}\times\left(1-\frac{\text{定额变动}}{\text{系数}}\right)$$

（二）核算脱离定额差异和材料成本差异

脱离定额差异，是指产品生产过程中实际发生的生产费用脱离现行定额的差异，反映了企业各项生产费用支出的合理程度和执行现行定额的工作质量。将符合定额的费用和脱离定额的差异分别核算，是定额法的重要特征。在生产费用发生时，企业应将实际生产费用区分为符合定额的费用和脱离定额的差异，分别编制定额凭证和差异凭证，在有关费用分配表和产品成本计算单中分别予以登记。产品定额成本应当按照企业规定的成本项目制定，脱离定额差异也应当按照成本项目分别核算。

1.直接材料脱离定额差异

直接材料脱离定额差异包括材料耗用量差异（量差）和材料价格差异（价差）。在实际工作中，采用定额法计算产品成本的企业，原材料日常核算是按计划成本计价来组织的，为了便于产品成本的分析和考核，应当单独计算产品成本应负担的材料成本差异（价差）。直接材料项目脱离定额差异仅指材料耗用量差异（量差），即生产过程中产品实际耗用材料数量与其定额耗用量之间的差异。其计算公式为：

$$直接材料脱离定额差异=\sum\left[\left(\begin{matrix}材料实际\\耗用量\end{matrix}-\begin{matrix}材料定额\\耗用量\end{matrix}\right)\times\begin{matrix}材料\\计划单价\end{matrix}\right]$$

为了计算产品的实际成本，企业应当分批或者定期汇总各种产品（各成本核算对象）直接材料脱离定额差异，编制直接材料定额成本和脱离定额差异汇总表，作为登记产品成本计算单的依据。在实际工作中，计算直接材料脱离定额差异一般有限额领料单法、切割法和盘存法等。

（1）限额领料单法。采用定额法计算产品成本时，为了加强材料费用的控制，应当实行“限额领料单”（定额领料）制度。符合定额的原材料应当根据“限额领料单”领用；增加产品产量而需要增加用料时，应当按照规定程序办理追加限额手续，属于定额内用料，可以根据“限额领料单”领用；减少产品产量时，应当扣减“限额领料单”上的领料限额。

除增加产品产量发生的增加用料以外，其他原因发生的超额用料，属于直接材料脱离定额差异，应当用专设的“超额材料领料单”（也可以用普通领料单以不同颜色或加盖专用戳记加以区别）等差异凭证，经过一定的审批手续领料。采用代用材料或利用废料时，应在“限额领料单”中注明，并在原定限额内扣除。生产任务完成后，应当根据车间余料填制“退料单”，办理退料手续或假退料手续。“超额材料领料单”上的材料数额属于直接材料脱离定额的超支差异，“退料单”中所列材料数额和“限额领料单”中的材料余额都是直接材料脱离定额的节约差异。

（2）切割法。为了更好地控制用料差异，对于需要切割才能使用的材料，如板材、棒材等，可以通过“材料切割核算单”来计算直接材料脱离定额差异。“材料切割核算单”应当按切割材料的批别开立，应填列切割材料的种类、数量、消耗定额以及应切割的毛坯数量；切割完成后，再填写实际切割成的毛坯数量和材料的实际消耗量等。根据切割的毛坯数量和消耗定额，计算出材料的定额耗用量后，可以与实际耗用量相比较，确定脱离定额差异。

【例7-8】 长海工厂通过“材料切割核算单”计算材料脱离定额差异，甲产品耗用2号钢板脱离定额差异的计算见表7-17。计算结果表明，2号钢板脱离定额的差异为超支96元，扣除废料回收以后，实际超支93.8元（96-2.2）。

表7-17 **长海工厂材料切割核算单**

切割日期：20××年6月8日　　完工日期：20××年6月16日　　　　　　　　金额单位：元

材料编号和名称	计量单位	零件编号和名称	产品名称	图纸号	机床号	切割责任人	
C002-2号钢板	千克	HCL002甲72	甲产品	2013060	6 150	金细	
材料收发数量		单位消耗定额		材料消耗总量		应切割毛坯数量	
发出	退回	材料定额	废料回收	定额	实际	定额	实际
380	10.4	4.8	0.1	360	369.6	77	75
材料脱离定额差异			废料回收总量		废料脱离定额差异		
数量	单价	金额	定额	实际	数量	单价	金额
9.6	10	96	7.5	8.6	1.1	2	-2.2
差异原因分析	切割责任人金细个人技术问题						

（3）盘存法。盘存法就是通过定期盘存的方法来核算直接材料脱离定额差异。根据企业生产特点，定期的“期”可以是工作班、工作日，或者周、旬等。

材料脱离定额差异是材料实际消耗量与定额消耗量的差异。材料实际消耗量是被本期投产产品消耗的，定额消耗量也应当按本期投产产品的数量来计算。因此，盘存法核算直接材料脱离定额差异的程序是：先根据“产品入库单”等凭证记录的完工产品数量和实地盘存（或账面结存）确定的期末、期初在产品数量，计算出本期投产产品数量；然后，用本期投产产品数量，乘以单位产品材料消耗定额，计算出材料定额消耗总量；再根据“限额领料单”“超额材料领料单”“退料单”等领、退料凭证和车间余料盘存数量，计算出本期材料实际消耗量；最后，将本期材料实际消耗量与定额消耗量的差异，乘以材料计划单价，计算出直接材料脱离定额差异。这种方法一般适用于原材料在生产开始时一次投入的产品。其计算公式为：

$$\text{本期投产产品数量}=\text{本期完工产品数量}+\begin{matrix}\text{期末盘存}\\\text{在产品数量}\end{matrix}-\begin{matrix}\text{期初盘存}\\\text{在产品数量}\end{matrix}$$

$$\text{直接材料脱离定额差异}=\left(\begin{matrix}\text{本期材料}\\\text{实际消耗量}\end{matrix}-\text{本期投产产品数量}\times\begin{matrix}\text{单位产品材料}\\\text{消耗定额}\end{matrix}\right)\times\text{材料计划单价}$$

【例7-9】 长海工厂生产的丙产品原材料（2号钢板）在生产开始时一次投入，单位产品2号钢板消耗定额为20千克，2号钢板计划单位成本为10元。丙产品实地盘点确定的期初在产品为20件，期末在产品为25件；“产品交库单”汇总的本期完工入库产品为515件。根据“限额领料单”记录，本期丙产品领用2号钢板为11 000千克；根据车间材料盘存资料，2号钢板期初余料为40千克，期末余料为50千克。采用盘存法计算本期丙产品耗用2号钢板脱离定额的差异。

本期丙产品投产量=515+25-20=520（件）

本期2号钢板定额消耗量=520×20=10 400（千克）

本期2号钢板实际消耗量=11 000+40-50=10 990（千克）

本期材料脱离定额差异=（10 990−10 400）×10=590×10=5 900（元）

计算结果表明，丙产品的材料脱离定额差异为超支590千克，超支5 900元。

2.材料成本差异

在采用定额法计算产品成本的企业，原材料的日常核算是按计划成本组织的，所以直接材料项目的脱离定额差异仅指消耗数量的差异（量差），其金额为原材料消耗数量差异与其计划单位成本的乘积，不包括材料成本差异（价差）。产品成本应负担的材料成本差异的金额是该产品按计划单位成本和材料实际消耗量计算的材料总成本与材料成本差异率的乘积。其计算公式为：

$$\text{某产品应分配的材料成本差异额}=\left(\text{该产品材料定额成本}\pm\text{材料脱离定额差异}\right)\times\text{材料成本差异率}$$

3.直接人工脱离定额差异

在计件工资制下，直接人工为直接计入费用，一般没有脱离定额的差异。由于工作条件变化而在计件单价之外支付的工资、津贴、补贴等，企业应当将符合定额的职工薪酬反映在产量记录中，对直接人工脱离定额差异设置“职工薪酬补付单”等凭证，单独反映并办理一定的审批手续。在计时工资制下，直接人工为间接计入费用，其脱离定额的差异不能在平时分产品（成本核算对象）计算，只有在月末确定本月实际直接人工费用总额和产品生产总工时以后才能计算。其计算公式为：

$$\text{计划小时人工费用率}=\frac{\text{计划产量的定额直接人工费用}}{\text{计划产量的定额生产工时}}$$

$$\text{实际小时人工费用率}=\frac{\text{实际直接人工费用总额}}{\text{实际生产总工时}}$$

$$\text{某产品定额直接人工费用}=\text{该产品实际完成的定额生产工时}\times\text{计划小时人工费用率}$$

$$\text{某产品实际直接人工费用}=\text{该产品实际生产工时}\times\text{实际小时人工费用率}$$

$$\text{某产品直接人工脱离定额差异}=\text{该产品实际直接人工费用}-\text{该产品定额直接人工费用}$$

4.制造费用脱离定额差异

制造费用是生产单位为生产产品和提供劳务所发生的间接费用，在生产多种产品的企业（生产单位）属于间接计入费用。制造费用脱离定额的差异不能在平时分产品（成本核算对象）计算，只有在月末确定实际制造费用总额和产品生产总工时以后才能确定。其计算公式为：

$$\text{计划小时制造费用率}=\frac{\text{计划产量的定额制造费用}}{\text{计划产量的定额生产工时}}$$

$$\text{实际小时制造费用率}=\frac{\text{实际制造费用总额}}{\text{实际生产总工时}}$$

$$\text{某产品定额制造费用}=\text{该产品实际完成的定额生产工时}\times\text{计划小时制造费用率}$$

$$\text{某产品实际制造费用}=\text{该产品实际生产工时}\times\text{实际小时制造费用率}$$

$$\text{某产品制造费用脱离定额差异}=\text{该产品实际制造费用}-\text{该产品定额制造费用}$$

（三）在本月完工产品和月末在产品之间分配脱离定额差异

月末，企业应将上月结转和本月发生的脱离定额差异、材料成本差异和定额变动差异分别汇总，按照企业确定的分配方法，在本月完工产品和月末在产品之间进行分配。在实际工作中，为了简化成本核算工作，材料成本差异和定额变动差异一般全部由本月完工产品负担，脱离定额差异可以按照本月完工产品和月末在产品定额总成本的比例进行分配。其计算公式为：

$$\text{直接材料脱离定额差异分配率}=\frac{\text{直接材料脱离定额差异总额}}{\text{本月完工产品定额总成本}+\text{月末在产品定额总成本}}$$

直接人工和制造费用脱离定额差异分配率的计算公式与直接材料的相同。

完工产品应分配的脱离定额差异=完工产品定额总成本×脱离定额差异分配率

【同步思考7-4】

如何计算月末在产品应分配的脱离定额差异？

（四）计算本月完工产品的实际总成本和单位成本

在计算本月完工产品应负担的脱离定额差异以后，以本月完工产品的定额成本为基础，加上或减去各项定额差异，可以计算出本月完工产品的实际总成本。本月完工产品的实际总成本除以完工产品的实际总产量，即为本月完工产品的单位成本。

四、定额法举例

【例7-10】海西工厂生产甲、乙、丙三种产品，采用定额法计算产品成本。甲产品定额成本根据零件定额卡、部件定额卡直接计算。20××年6月甲产品有关零件定额卡见表7-18，部件定额卡见表7-19，产品消耗定额计算表见表7-20；本月三种产品计划完成定额工时为358 000小时，产品生产工人计划薪酬总额为2 864 000元，计划制造费用总额为716 000元。根据有关消耗定额和计划小时费用分配率制定的单位产品定额成本计算表见表7-21。甲产品本月投产300件，本月投入产品定额成本的计算见表7-22；甲产品本月完工交库320件，本月完工产品定额成本的计算见表7-23。

表7-18　　海西工厂零件定额卡

零件编号：HCL00　　220××年6月　　使用零件名称：甲72

材料编号	材料名称	计量单位	材料消耗定额
C001	1号钢板	千克	3.6
C002	2号钢板	千克	4.8
工序	工时定额		累计工时定额
1	1		1
2	2		3
3	3		6

表 7-19

海西工厂部件定额卡

部件编号：HCB001 部件名称：甲5 20××年6月使用 金额单位：元

工序或耗用零件名称	零件定额								耗用零件数量（件）	部件定额	
	1号钢板			2号钢板			材料合计	工时定额（小时）		材料定额	工时定额（小时）
	数量（千克）	计划单价	金额	数量（千克）	计划单价	金额					
HCL甲72	3.6	5	18	4.8	10	48	66	6	4	264	24
HCL甲73	6	5	30	5	10	50	80	9	1	80	9
HCL甲74	8	5	40	5.8	10	58	98	4.5	2	196	9
组 装											18
合 计										540	60

表 7-20

海西工厂产品消耗定额计算表

产品名称：甲产品 20××年6月使用 金额单位：元

工序或耗用部件编号和名称	部件定额		耗用部件数量（件）	产品定额	
	材料定额	工时定额（小时）		材料定额	工时定额（小时）
HCB001甲5	540	60	2	1 080	120
HCB002甲6	300	40	4	1 200	160
HCB003甲7	210	55	2	420	110
装 配					150
合 计				2 700	540

表 7-21

海西工厂单位产品定额成本计算表

20××年6月使用 金额单位：元

产品名称	直接材料定额成本	工时消耗定额（小时）	直接人工定额成本		制造费用定额成本		定额成本合计
			计划小时人工费用率	定额成本	计划小时制造费用率	定额成本	
甲产品	2 700	540	2 864 000÷358 000=8	4 320	716 000÷358 000=2	1 080	8 100
乙产品	2 600	200	2 864 000÷358 000=8	1 600	716 000÷358 000=2	400	4 600
丙产品	2 000	300	2 864 000÷358 000=8	2 400	716 000÷358 000=2	600	5 000

表 7-22

海西工厂投产产品定额成本计算表

20××年6月

金额单位：元

产品	直接材料			实际完成定额工时（小时）	直接材料		制造费用	
	投产量（件）	单位定额	总定额		计划小时人工费用率	总定额	计划小时制造费用率	总定额
甲产品	300	2 700	810 000	167 400	8	1 339 200	2	334 800
乙产品	200	2 600	520 000	40 000	8	320 000	2	80 000
丙产品	520	2 000	1 040 000	156 000	8	1 248 000	2	312 000
合 计			2 370 000	363 400		2 907 200		726 800

表 7-23

海西工厂完工产品定额成本计算表

20××年6月

金额单位：元

产品	单位产品定额				完工产品产量（件）	完工产品总定额			
	直接材料	直接人工	制造费用	合计		直接材料	直接人工	制造费用	合计
甲产品	2 700	4 320	1 080	8 100	320	864 000	1 382 400	345 600	2 592 000
乙产品	2 600	1 600	400	4 600	200	520 000	320 000	80 000	920 000
丙产品	2 000	2 400	600	5 000	520	1 040 000	1 248 000	312 000	2 600 000
						2 424 000	2 950 400	737 600	6 112 000

【例 7-11】 海西工厂甲产品从20××年6月1日起实行的单位产品定额成本为8 100元（见表7-21），其中直接材料2 700元、直接人工4 320元、制造费用1 080元；上月单位产品直接材料定额成本为2 812.5元。甲产品月初在产品按旧定额计算的直接材料费用为140 625元（见表7-30）。根据资料，甲产品月初在产品定额变动差异计算如下：

定额变动系数=2 700÷2 812.5=0.96

月初在产品定额变动差异=140 625×（1−0.96）=5 625（元）

月初在产品定额成本调整的数额与计入产品实际成本的定额变动差异之和，应当等于零。甲产品月初在产品定额成本调整减少5 625元，甲产品实际成本中应当加上定额变动差异5 625元。

【例 7-12】 海西工厂根据20××年6月产品实际投产量、单位产品材料定额成本和实际领用材料汇总编制直接材料费用脱离定额差异计算表，见表7-24。

表 7-24　**海西工厂直接材料费用脱离定额差异计算表**

20××年 6 月　　金额单位：元

产品名称	实际投产量（件）	定额材料费用		实际材料费用	直接材料脱离定额差异
		单位定额	总定额		
甲产品	300	2 700	810 000	797 500	-12 500
乙产品	200	2 600	520 000	506 000	-14 000
丙产品	520	2 000	1 040 000	1 095 000	55 000
合　计			2 370 000	2 398 500	28 500

根据直接材料费用脱离定额差异计算表，编制会计分录如下：

借：生产成本——基本生产成本——甲产品（定额成本）　810 000
　　　　　　——基本生产成本——乙产品（定额成本）　520 000
　　　　　　——基本生产成本——丙产品（定额成本）　1 040 000
　　　　　　——基本生产成本——丙产品（脱离定额差异）　5 000
　贷：原材料　2 398 500
　　生产成本——基本生产成本——甲产品（脱离定额差异）　12 500
　　　　　　——基本生产成本——乙产品（脱离定额差异）　14 000

【例 7-13】 海西工厂 20××年 6 月材料成本差异率为节约 1.2%，根据【例 7-12】的材料费用资料，编制材料成本差异计算表，见表 7-25。

表 7-25　**海西工厂材料成本差异计算表**

20××年 6 月　　金额单位：元

产品名称	定额材料费用	脱离定额差异	实际材料费用	材料成本差异率（%）	材料成本差异
甲产品	810 000	-12 500	797 500		-9 570
乙产品	520 000	-14 000	506 000		-6 072
丙产品	1 040 000	55 000	1 095 000		-13 140
合　计	2 370 000	28 500	2 398 500	-1.2	-28 782

根据材料成本差异计算表，编制会计分录如下：

借：材料成本差异　28 782
　贷：生产成本——基本生产成本——甲产品（材料成本差异）　9 570
　　　　　　——基本生产成本——乙产品（材料成本差异）　6 072
　　　　　　——基本生产成本——丙产品（材料成本差异）　13 140

【例 7-14】 海西工厂 20××年 6 月产品实际生产总工时为 364 000 小时，其中甲产品 166 000 小时、乙产品 40 500 小时、丙产品 157 500 小时；本月实际完成定额工时 363 400 小时，其中甲产品 167 400 小时、乙产品 40 000 小时、丙产品 156 000 小时；本月产品生产工人实际薪酬总额为 2 948 400 元。本月直接人工费用计划分配率为每小时 8 元（见表 7-21），实际分配率为每小时 8.1 元（2 948 400÷364 000）。根据资料编制直接人工费用脱离定额差异计算表，见表 7-26。

表7-26　　海西工厂直接人工费用脱离定额差异计算表

20××年6月　　金额单位：元

产品名称	定额人工费用			实际人工费用			直接人工脱离定额差异
	定额工时（小时）	计划小时人工费用率	定额直接人工费用	实际工时（小时）	实际小时人工费用率	实际直接人工费用	
甲产品	167 400		1 339 200	166 000		1 344 600	5 400
乙产品	40 000		320 000	40 500		328 050	8 050
丙产品	156 000		1 248 000	157 500		1 275 750	27 750
合　计	363 400	8	2 907 200	364 000	8.1	2 948 400	41 200

根据直接人工费用脱离定额差异计算表，编制会计分录如下：

借：生产成本——基本生产成本——甲产品（定额成本）　1 339 200
　　　　　——基本生产成本——甲产品（脱离定额差异）　5 400
　　　　　——基本生产成本——乙产品（定额成本）　320 000
　　　　　——基本生产成本——乙产品（脱离定额差异）　8 050
　　　　　——基本生产成本——丙产品（定额成本）　1 248 000
　　　　　——基本生产成本——丙产品（脱离定额差异）　27 750
　贷：应付职工薪酬　　2 948 400

【例7-15】海西工厂20××年6月产品实际生产总工时为364 000小时，其中甲产品166 000小时、乙产品40 500小时、丙产品157 500小时；本月实际完成定额工时363 400小时，其中甲产品167 400小时、乙产品40 000小时、丙产品156 000小时；本月产品实际制造费用总额为713 440元。本月制造费用计划分配率为每小时2元（见表7-21），实际分配率为每小时1.96元（713 440÷364 000）。根据资料编制制造费用脱离定额差异计算表，见表7-27。

表7-27　　海西工厂制造费用脱离定额差异计算表

20××年6月　　金额单位：元

产品名称	定额制造费用			实际制造费用			制造费用脱离定额差异
	定额工时（小时）	计划小时制造费用率	定额制造费用	实际工时（小时）	实际小时制造费用率	实际制造费用	
甲产品	167 400		334 800	166 000		325 360	−9 440
乙产品	40 000		80 000	40 500		79 380	−620
丙产品	156 000		312 000	157 500		308 700	−3 300
合　计	363 400	2	726 800	364 000	1.96	713 440	−13 360

根据制造费用脱离定额差异计算表，编制会计分录如下：

借：生产成本——基本生产成本——甲产品（定额成本）　334 800
　　　　　——基本生产成本——乙产品（定额成本）　80 000
　　　　　——基本生产成本——丙产品（定额成本）　312 000
　贷：制造费用　713 440
　　　生产成本——基本生产成本——甲产品（脱离定额差异）　9 440
　　　　　　　——基本生产成本——乙产品（脱离定额差异）　620
　　　　　　　——基本生产成本——丙产品（脱离定额差异）　3 300

【例 7-16】海西工厂甲产品月初在产品为50件，20××年6月投产300件，完工320件，月末在产品原材料已经全部投入。甲产品本月发生的各项生产费用见表7-30的产品成本计算单。为了简化计算工作，甲产品材料成本差异和定额变动差异全部由完工产品负担，脱离定额差异按照本月完工产品和月末在产品定额成本的比例进行分配，脱离定额差异分配率的计算见表7-28，脱离定额差异的分配结果见表7-29。

表 7-28　**海西工厂脱离定额差异分配率计算表**

产品：甲产品　20××年6月

成本项目	脱离定额差异分配率
直接材料	[-730+（-12 500）]÷945 000=-0.014
直接人工	（1 836+5 400）÷1 447 200=0.005
制造费用	[395+（-9 440）]÷361 800=-0.025

表 7-29　**海西工厂脱离定额差异分配表**

产品：甲产品　20××年6月　单位：元

项　目	分配脱离定额差异						材料成本差异	定额变动差异
	直接材料（分配率-0.014）		直接人工（分配率0.005）		制造费用（分配率-0.025）			
	定额成本	分配金额	定额成本	分配金额	定额成本	分配金额		
完工产品	864 000	-12 096	1 382 400	6 912	345 600	-8 640	-9 570	5 625
在产品	81 000	-1 134	64 800	324	16 200	-405	0	0
合　计	945 000	-13 230	1 447 200	7 236	361 800	-9 045	-9 570	5 625

【例7-17】海西工厂甲产品成本计算结果见表7-30，20××年6月投产的乙产品和丙产品已经全部完工，不需要在完工产品和月末在产品之间分配脱离定额差异。根据本月成本计算结果（乙产品和丙产品成本计算单请自行设计）编制的完工产品成本汇总表见表7-31。

表7-30

海西工厂产品成本计算单

产品：甲产品 产量：320件 20××年6月 单位：元

项 目	行次	直接材料	直接人工	制造费用	合 计
一、月初在产品成本					
定额成本	1	140 625	108 000	27 000	275 625
脱离定额差异	2	-730	1 836	395	1 501
二、月初在产品定额调整					
定额成本调整	3	-5 625	0	0	-5 625
定额变动差异	4	5 625	0	0	5 625
三、本月发生生产费用					
定额成本	5	810 000	1 339 200	334 800	2 484 000
脱离定额差异	6	-12 500	5 400	-9 440	-16 540
材料成本差异	7	-9 570	0	0	-9 570
四、生产费用合计					
定额成本	8	945 000	1 447 200	361 800	2 754 000
脱离定额差异	9	-13 230	7 236	-9 045	-15 039
材料成本差异	10	-9 570	0	0	-9 570
定额变动差异	11	5 625	0	0	5 625
五、脱离定额差异分配率	12	-0.014	0.005	-0.025	
六、完工产品成本					
定额成本	13	864 000	1 382 400	345 600	2 592 000
脱离定额差异	14	-12 096	6 912	-8 640	-13 824
材料成本差异	15	-9 570	0	0	-9 570
定额变动差异	16	5 625	0	0	5 625
实际总成本	17	847 959	1 389 312	336 960	2 574 231
实际单位成本	18	2 649.87	4 341.60	1 053	8 044.47
七、月末在产品					
定额成本	19	81 000	64 800	16 200	162 000
脱离定额差异	20	-1 134	324	-405	-1 215

表 7-31　**海西工厂完工产品成本汇总表**

20××年 6 月　　金额单位：元

产品	产量（件）	定额成本	脱离定额差异				材料成本差异	定额变动差异	实际总成本	单位成本
			直接材料	直接人工	制造费用	小计				
甲产品	320	2 592 000	-12 096	6 912	-8 640	-13 824	-9 570	5 625	2 574 231	8 044.47
乙产品	200	920 000	-14 000	8 050	-620	-6 570	-6 072	0	907 358	4 536.79
丙产品	520	2 600 000	55 000	27 750	-3 300	79 450	-13 140	0	2 666 310	5 127.52
合计		6 112 000	28 904	42 712	-12 560	59 056	-28 782	5 625	6 147 899	

根据海西工厂产品成本计算结果，编制结转本月完工入库产品实际总成本的会计分录如下：

借：库存商品——甲产品　2 574 231
　　生产成本——基本生产成本——甲产品（脱离定额差异）　13 824
　　　　　　——基本生产成本——甲产品（材料成本差异）　9 570
　贷：生产成本——基本生产成本——甲产品（定额成本）　2 592 000
　　　　　　——基本生产成本——甲产品（定额变动差异）　5 625

借：库存商品——乙产品　907 358
　　生产成本——基本生产成本——乙产品（脱离定额差异）　6 570
　　　　　　——基本生产成本——乙产品（材料成本差异）　6 072
　贷：生产成本——基本生产成本——乙产品（定额成本）　920 000

借：库存商品——丙产品　2 666 310
　　生产成本——基本生产成本——丙产品（材料成本差异）　13 140
　贷：生产成本——基本生产成本——丙产品（定额成本）　2 600 000
　　　　　　——基本生产成本——丙产品（脱离定额差异）　79 450

■ 本章重点与难点

1.本章重点：分类法、定额法的含义和特点；分类法、定额法成本计算的程序和方法。

2.本章难点：生产成本在类内各种（规格、型号）产品之间分配的方法；制定定额成本、计算定额变动差异、确认和分配脱离定额差异的方法。

■ 基本训练

第七章判断题

第七章选择题

实务题

（1）海华工厂生产12种不同规格、型号的产品，根据产品结构特点和所耗用的原材料、工艺技术过程的不同，划分为甲、乙两大类，采用分类法计算产品成本。甲类产品包括101、102、103、104、105、106六种不同规格的产品，单位产品材料消耗定额分别为6.00元、5.50元、5.00元、4.00元、3.50元、3.00元，工时消耗定额分别为0.70小时、0.60小时、0.50小时、0.45小时、0.40小时、0.30小时，本月实际产量分别为5 000件、8 000件、10 000件、7 000件、9 000件、6 000件；甲类产品本月完工产品总成本为481 330元，其中直接材料44 330元、直接人工227 240元、制造费用209 760元。乙类产品包括201、202、203、204、205、206六种不同规格的产品，单位产品材料消耗定额分别为10.00元、9.00元、8.00元、7.50元、7.00元、6.50元，工时消耗定额分别为0.72小时、0.66小时、0.60小时、0.54小时、0.48小时、0.42小时，本月实际产量分别为8 000件、6 000件、10 000件、4 800件、7 200件、4 000件。乙类产品本月完工产品总成本为433 010元，其中直接材料42 210元、直接人工205 170元、制造费用185 630元。该厂甲类产品以103产品为标准产品，乙类产品以203产品为标准产品。

要求：根据以上资料，采用分类法计算并结转产品成本。

（2）南华工厂在生产甲产品的同时，附带生产出副产品乙产品。甲产品本月完工交库20 000千克，产品成本计算单归集的成本总额为800 000元，其中直接材料400 000元、直接人工220 000元、制造费用180 000元。乙产品本月完工交库200千克，每千克售价100元，销售环节应交税费为每千克5元，同类产品正常销售利润率为10%。乙产品成本从甲产品成本中的直接材料项目中扣除。

要求：根据以上资料，计算并结转甲产品和乙产品成本。

（3）南华工厂在生产乙产品的同时，产生的副产品601产品与乙产品分离后不能直接出售，只能作为丙产品的原料，进一步加工为丙产品后才能出售。乙产品本月完工交库100 000千克，产品成本计算单归集的成本总额为980 000元，其中直接材料600 000元、直接人工280 000元、制造费用100 000元。本月产生的副产品601产品1 000千克已加工为丙产品500千克。丙产品成本计算单归集的加工费用为31 000元，其中材料费用1 000元、直接人工19 500元、制造费用10 500元。丙产品每千克售价为120元，销售环节应交税费为每千克6元，同类产品正常销售利润率为10%。601产品成本从乙产品成本中的直接材料项目中扣除。

要求：根据以上资料，计算并结转乙产品和丙产品成本。

（4）南华工厂在生产乙产品的同时，产生的副产品601产品与乙产品分离后不能直接出售，只能作为丙产品的原料，进一步加工为丙产品后才能出售。为了简化计算工作，丙产品发生的费用合并在乙产品成本计算单中。乙产品本月完工交库100 000千克，产品成本计算单归集的成本总额为1 011 000元，其中直接材料601 000元、直接人工299 500元、制造费用110 500元。本月产生的601产品1 000千克已加工为丙产品500千克。丙产品计划单位成本为102元，其中直接材料42

元、直接人工39元、制造费用21元。

要求：根据以上资料，采用副产品按计划单位成本计算的方法，计算并结转乙产品和丙产品成本。

（5）海丰工厂大量生产甲、乙、丙三种产品，采用定额法计算产品成本，脱离定额差异按定额成本比例在本月完工产品和月末在产品之间分配，材料成本差异和定额变动差异全部由完工产品负担。

要求：根据下列资料采用定额法计算并结转甲产品成本：

①定额成本。甲产品本月单位产品定额成本为33 750元，其中直接材料11 250元、直接人工15 000元、制造费用7 500元；本月直接人工计划分配率为每小时16元；制造费用计划分配率为每小时8元；甲产品从本月1日起实行新的材料消耗定额，上月单位产品直接材料费用定额为11 718.75元，直接人工和制造费用定额没有变动。

②月初在产品成本。甲产品月初在产品定额成本为1 167 187.50元，其中直接材料585 937.50元、直接人工387 500元、制造费用193 750元；月初在产品脱离定额差异为节约2 687.50元，其中直接材料为节约10 625元、直接人工为超支5 125元、制造费用为超支2 812.50元。

③本月发生生产费用。本月生产甲、乙、丙三种产品发生实际直接人工费用10 260 000元、实际制造费用5 162 500元。甲产品本月投入直接材料定额成本为3 093 750元，按材料单价和实际消耗量计算的直接材料成本为3 031 250元，材料成本差异率为超支1.1%。

④生产工时及产量。本月生产甲、乙、丙三种产品的实际生产工时为625 000小时，其中甲产品265 625小时、乙产品156 250小时、丙产品203 125小时；实际完成定额工时为640 625小时，其中甲产品268 750小时、乙产品171 875小时、丙产品200 000小时。甲产品本月完工交库300件。

第八章　作业成本法

学习目标

通过对本章内容的学习，在知识方面，掌握作业成本法的含义和特点，理解作业与成本动因之间的关系，熟悉作业成本法的基本程序及与传统成本计算方法的区别；在实务方面，重点掌握制造费用按照成本动因进行分配的方法，熟悉成本动因的确定、成本动因费用分配率的计算。

导入案例

海西工厂本月实际制造费用总额为713 440元；实际生产工时为364 000小时，其中甲产品166 000小时、乙产品40 500小时、丙产品157 500小时。按照传统的生产工时分配法计算，制造费用分配率为每小时1.96元（713 440÷364 000），三种产品应分配的制造费用分别为325 360元、79 380元、308 700元。该厂本月生产甲产品320件，直接材料成本为847 959元，直接人工成本为1 389 312元，分配的制造费用为325 360元，甲产品实际总成本为2 562 631元，单位成本为8 008.22元。如果考虑制造费用中材料验收费用与材料成本有关、产品检验费用与产品检验时间有关、生产启动准备费用与生产批次有关、机器设备折旧费和水电费与机器台时有关、劳动保护费用与人工成本有关、厂房折旧费以及车间管理人员薪酬、办公费等与产品产量有关，分别制造费用的类别和发生原因，按照制造费用明细项目，使用多个费用分配率进行分配，该厂三种产品应分配的制造费用分别为258 389元、67 839元、387 212元。这时，甲产品实际总成本为2 495 660元（其中直接材料847 959元、直接人工1 389 312元、制造费用258 389元），单位成本为7 798.94元。

思考：按照传统的生产工时分配法分配制造费用有何弊端？考虑产品检验时间、生产批次等“作业”工作量分配制造费用，各种产品负担的制造费用是不是更合理？

第一节　作业成本法概述

一、作业成本法的含义

作业成本法也称作业成本计算法，是指以作业为基础，对企业各种主要制造费用采用不同的制造费用分配率进行分配的成本计算方法，它是对传统成本计算方法的创新。作业成本法以作业为基础进行产品成本计算，从而使产品成本中制造费用的分配更准确，产品成本也就更为准确。

20世纪70年代以来，在西方发达国家，高新技术广泛应用于生产领域，企业生产过程高度自动化，计算机辅助设计、计算机控制程序的使用不断增加；加之市场竞争激烈，买方市场形成，要求企业提供与众不同的、具有个性化的产品和服务。企业在制造产品和提供服务方面，一是直接材料、直接人工成本在总成本中所占比例日益下降，制造费用所占比重日益增加；二是许多企业不得不放弃大批量的生产方式，采用以顾客为导向、小批量、差异化的生产方式，生产过程的复杂程度大大增加。新制造环境的出现、产品成本结构的变化，使得企业以生产工时或机器台时为标准的制造费用分配方法已经不能提供准确的产品成本资料，无法为决策和控制提供相关的、可靠的成本信息。成本信息的扭曲还可能造成企业错误地选择产品经营方向，使企业不仅难以取得竞争优势，甚至可能破产倒闭。在科技快速发展、市场竞争加剧的经济环境中，由美国会计学者创建的、能弥补传统成本计算方法不足的作业成本法应运而生。

作业成本法的实质是在计算产品成本时，将制造费用按作业进行归集和分配，再将每一项作业成本分摊到产品成本中。了解作业成本法，必须首先了解作业的特点和分类。

（一）作业及其特点

作业，是指企业为提供一定数量的产品或劳务而消耗的人力、物力、技术、智慧等资源的一系列经济活动。企业生产经营过程的每个环节，或是每道工序都可以被视为一项作业。企业整个经营过程可以划分为许多不同的作业。作业是企业划分控制和管理的单元，包括产品设计、材料物资供应、产品生产工艺过程的各个环节，以及产品质量检验、包装、发运、销售等全过程。在这些经济活动事项中，有的会发生成本，有的不会发生成本。作为一种计算产品成本的方法，作业成本法中所指的作业，一般是指企业发生成本的经济活动事项。作业具有以下特点：

1.作业是资源投入和效果产出的过程

在作业活动过程中既要投入资源，又要实现活动的目的。例如，新产品设计投入的是智慧、技术和工具等，产出的是产品设计方案和图纸；产品质量检查投入的是技术、方法和时间等，产出的是经过检查的合格产品或不合格产品、废品等。

2.作业贯穿企业生产经营活动的全过程

企业产品从设计到最终销售出去是通过各种作业的实施来完成的，没有作业的实施，生产经营活动就无法开展。

3.作业是可以量化的

作业可以采用一定的计量标准进行计量。

【同步思考8-1】

工业企业影响制造费用的作业有哪些？

（二）作业的分类

1.按受益对象分类

按受益对象分类，作业可以分为单位作业、批别作业、产品别（品种别）作业和过程作业。

（1）单位作业，是指受益对象为单位产品的作业。与单位作业有关的费用主要有每件产品的质量检查、产品直接人工操作、机器设备耗用的动力等。单位作业的成本一般与产品产量或某种属性（如产品的重量、长度、体积或者直接工时、机器台时等）成比例变动。

（2）批别作业，是指受益对象为一批产品的作业。与批别作业有关的费用主要有对每批产品的检验费用、机器设备的调整准备费用、原材料处理费用等。批别作业的成本一般与产品的批数成比例变动。

（3）产品别（品种别）作业，是指受益对象为某种产品（某一品种）的作业。与产品别（品种别）作业有关的费用主要有产品的工艺设计费用、编制数控程序和材料清单的费用等。产品别（品种别）作业的成本与产品产量和产品的批数无关，但与产品的品种数成比例变动。

（4）过程作业，也称管理作业，是指为了支持和管理生产经营活动而进行的作业。与过程作业有关的费用主要有生产协调费用、意外事件的处理费用等。过程作业的成本与产品产量、产品生产批数、产品品种数无关，但与企业的规模和组织结构有关。

2.按是否增加产品或服务价值分类

按是否增加产品或服务价值分类，作业可以分为增值作业和非增值作业。

（1）增值作业，是指能够增加产品或服务价值的作业，如采购订单的获取、在产品的加工以及完工产品的包装等。

（2）非增值作业，是指不能增加产品或服务价值的作业，如原材料存储作业、产品质量检查作业、原材料和在产品为下道工序及时加工的等待作业等。

（三）作业链和价值链

1.作业链

一个企业实际上是由大大小小的、各种各样的作业有机结合而成。现代企业是一个为了满足顾客需要而设计的作业集合体，从市场调查、产品设计、生产准备、生产制造到销售及售后服务的整个生产经营过程，都由一系列前后有序的作业构成，这些作业由此及彼、由内到外相互连接，就形成一条作业链。所谓作业链，是指企业为了满足顾客需要而建立的、一系列前后有序的作业集合体。

2.价值链

价值链，是指由价值来表现的作业链。作业链存在如下关系：资源→作业→产品，即作业耗用资源，产品耗用作业。每完成一项作业就要消耗一定量的资源，同时又有一定价值的产出转移到下一项作业。照此逐步结转，直到最后形成产品交送顾客。作业的转移同时伴随着价值的转移，最终产品是一系列作业的结果，同时也表现为全部有关作业的价值的集合。因此，价值在作业链各作业上的转移就形成一条价值链。

对价值链的分析可以从产品售后服务环节一直追查到产品设计环节，其目的在于两个方面：一是筛选作业，即发现和消除对价值链没有贡献的作业，如消除存货积压等；二是改善作业，即提高作业环节的工作效率，如改善顾客服务质量、提高反馈速度等。

（四）成本动因

成本动因，也称成本驱动因素，是指引起成本发生的作业。例如，机器运转引起电力消耗，机器小时便是电力消耗作业的成本动因；采购订单数决定采购作业的工作负担和资源消耗，采购订单便是采购作业的成本动因。企业的成本动因通常可以划分为资源动因和作业动因。

1.资源动因

资源动因就是资源消耗量与作业之间的关系，它是分配作业所耗资源的依据。资源是支持作业的成本、费用的来源，它是企业一定期间内作业执行过程中所需花费的代价。资源也就是企业为了生产产品或提供劳务而发生的各类成本、费用项目，如原材料、辅助材料、动力费用、职工薪酬、折旧费用、办公费用、修理费用、运输费用等。资源动因是衡量资源消耗量与作业之间关系的计量标准，它反映了资源消耗的起因，是资源费用分配到作业中去的依据。与某项作业直接相关的资源应当直接计入该项作业成本；如果一项资源消耗支持多种作业，则应当以资源动因作为分配标准，将资源费用分配到相应的作业成本中。

例如，质量检验部门的资源消耗中有职工薪酬20 000元，该部门设有“外购材料检验”、“在产品检验”和“库存商品检验”三项作业，会计部门通过估计各作业消耗的人力把职工薪酬分配到各作业。这个估计的人力就是职工薪酬的资源动因，人力的估计是由分配到每一项作业的人数以及每一个人在该作业上所花费的时间来决定的，如果质量检验部门20%的人员把他们40%的时间花费在检验外购材料上，那么职工薪酬总额中的8%（20%×40%），也就是1 600元（20 000×8%）应当分配给“外购材料检验”这一作业。资源动因作为一种分配基础，反映了作业对资源的耗费情况，是将资源成本分配给作业的标准。

2.作业动因

作业动因就是作业消耗量与最终产出之间的关系，是将作业成本分配到产品或劳务上的标准。作业动因计量每类产品消耗作业的比率，反映产品对作业消耗的逻辑关系。例如，当“检验外购材料”被定义为一项作业时，则外购材料的“检验小时”或“检验次数”就成为一个作业动因。

成本动因理论是作业成本法的核心，即制造费用的发生是由产品生产所必需的各种作业所驱动的，费用的发生与作业消耗数量相关。因此，在作业成本法中，企业发生的成本应当按照作业的消耗量进行分配。资源动因、作业动因与产品的关系如图8-1所示。

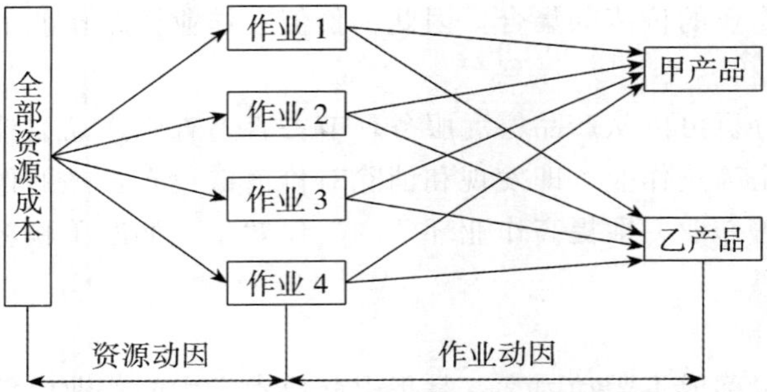

图 8-1 资源动因、作业动因与产品的关系

（五）作业成本库

作业成本库是将同一（或同质）成本动因导致的费用项目归集在一起的成本类别，即相同成本动因的作业成本集。作业成本库的建立把制造费用的分配与产生这些费用的动因（成本动因）联系起来，不同作业成本库选择不同的成本动因作为分配标准，提高了费用分配的准确性。

二、作业成本法的基本程序

作业成本计算是将企业消耗的资源按资源动因分配到作业，以及将作业成本按作业动因分配到成本对象（产品）的计算方法。现代企业是一个由一系列作业组成的作业链，企业每完成一项作业都要消耗一定的资源，作业消耗资源，产品消耗作业。生产导致作业的发生，作业导致制造费用或间接成本的发生，成本的发生是消耗各种资源的作业所引起的，产品成本是制造和运送产品所需全部作业所消耗的资源成本总和。由于直接材料、直接人工和其他直接费用可以直接计入产品成本，不需要按照作业进行归集和分配，作业成本法归集和分配的资源费用是指企业的间接费用，即制造费用。

运用作业成本法计算产品成本，一般可以分为以下三个步骤：

（一）确定作业中心，按作业中心归集资源费用

传统成本计算方法对于制造费用的处理是以生产部门作为成本中心的，即按照生产部门来归集和分配制造费用。作业成本法是基于作业的成本计算方法，成本的发生首先按其性质记载，再将有关成本按各作业进行归类，以作业为成本中心来归集和分配制造费用。确定作业中心，也称选择成本基础，是指将企业与费用发生有关的作业活动进行分类，定义产品的作业，以便按作业中心归集和分配资源费用。

企业的作业链是一个由员工、设备、设施、供应商以及销售商、客户等组成的系统。有的企业将作业活动分为材料搬运、生产调度、人工准备、机器准备、精加工、包装和运输等；有的企业将作业活动分为设计、规划、组织订货、采购、制造、仓储与发运、售后服务等。不同类型的企业、不同产品的生产，其作业活动的领域不同，选择的作业中心也就不同。

企业每项作业活动都会耗用一定的资源，产生作业成本。由于企业产品生产的

作业活动复杂繁多，如果将每项作业活动的成本直接计算出来并计入产品成本，成本计算将变得非常复杂。因此，应当根据企业作业活动的性质划分为若干作业中心，然后根据作业中心与产品的关系分配该作业中心的成本。作业中心一般可以分为以下四类：

1. 与产品产量有关的作业中心

这类作业中心的成本与产品的生产数量相关，或者说属于以产品产量为基础的变动费用，如与产品生产数量有关的机器设备的运转费用等。

2. 与产品批次有关的作业中心

这类作业中心的成本与产品的生产批次有关，但与特定批次产品的生产数量无关。以生产批次为基础，这类成本属于变动费用；以特定批次产品产量为基础，这类成本属于固定费用。机器设备的调整准备费用、批次产品的材料处理费用等属于这类成本。

3. 与产品品种有关的作业中心

这类作业中心的成本与产品品种的多少有关，但与特定产品的生产批次和生产数量无关。以产品的品种数量为基础，这类成本属于变动成本；以特定产品的生产批次和生产数量为基础，这类成本属于固定成本。各类产品的设计与测试费用、各类产品材料采购清单的制定费用等属于这类成本。

4. 与产品设施有关的作业中心

这类作业中心的成本与提供良好的生产环境有关，属于各类产品的共同成本，与特定产品的生产数量、生产批次和产品品种无关，如企业生产单位厂房的折旧费用、维护与修理费用、生产单位管理人员的薪酬等。

在确定作业中心的基础上，企业发生的各项资源费用应当根据费用的性质，按作业中心进行归集。按作业中心归集资源费用时，应当参考资源费用的预算项目，同时要特别注意那些价值较高、差异性较大、与传统分配方法不相关的资源费用。

按照作业中心归集资源费用，有助于考核企业各项作业的效果或业绩。企业作业活动的效果或业绩既可以用作业总成本来衡量，也可以用作业质量或产品属性来衡量，如产品本身质量的可靠性、产品售后服务体系的完善和服务质量的可靠性等。

【同步思考 8-2】

在作业成本法中，确定作业中心有何重要性？

（二）选择适当的成本动因分配资源费用

按照作业中心归集的资源费用，应当选择适当的成本动因进行分配。选择成本动因，就是根据消耗的资源费用，选择合理的分配标准。例如，材料或零部件搬运作业的成本动因（费用分配标准）是搬运的材料或零部件数量，生产调度作业的成本动因（费用分配标准）是生产订单的数量，自动化设备作业的成本动因（费用分配标准）是机器台时的数量等。

在分配作业中心成本时，如果成本动因（费用分配标准）与产品生产数量和生产批次直接相关，可以直接分配到该种产品或该批产品成本之中。也就是说，在四类作业中心中，与产品产量直接相关的作业中心的成本和与产品批次直接相关的作业中心的成本，都可以直接分配到产品成本中；其他两类作业中心的成本，由于与产品没有直接关系，应当先分配到与产品直接相关的作业中心的成本中，再由与产品直接相关的作业中心分配到产品成本之中。

选择适当的成本动因（费用分配标准）以后，应当计算以成本动因（费用分配标准）为单位的作业中心费用分配率，分配资源费用。在具体计算时，有关待分配费用总额、费用分配标准（成本动因）总量、费用分配率（以成本动因为单位）、各受益对象应分配费用等数据的计算公式，与传统方法相同。

各种产品所耗用的成本动因（费用分配标准）总量乘上以成本动因为单位的费用分配率，就可以计算出各种产品所应负担的作业成本。

（三）计算完工产品总成本和单位成本

采用作业成本法计算产品实际总成本时，直接费用是按照传统方法计算的，可以直接计入该种产品成本；制造费用则根据资源动因追踪到作业中心，再将作业中心的成本按作业动因分配给产品。直接计入费用加上分配的制造费用等于该种产品的实际总成本，再除以产品产量，即为产品实际单位成本。

第二节 作业成本法的应用

一、作业成本法举例

【例8-1】海韵公司大量生产甲、乙、丙三种产品，采用作业成本法计算产品成本。20××年6月各种产品产量、成本等资料见表8-1和表8-2。

表8-1 海韵公司产品成本资料

20××年6月 单位：元

项目	甲产品	乙产品	丙产品	合计
直接费用：				
直接材料	600 000	960 000	240 000	1 800 000
直接人工	480 000	720 000	480 000	1 680 000
小　计	1 080 000	1 680 000	720 000	3 480 000
间接费用：				
制造费用				3 013 600
小　计				3 013 600
产品成本合计				6 493 600

表 8-2 **海韵公司产品产量、工时资料**

20××年 6 月

项目	甲产品	乙产品	丙产品	合计
产品产量（件）	12 000	24 000	9 600	45 600
产品生产工时（小时）	96 000	144 000	120 000	360 000
产品机器台时（小时）	48 000	60 000	48 000	156 000
产品生产批次（次）	10	12	4	26
产品检验时间（小时）	200	300	120	620

（1）确定作业中心，按作业中心归集资源费用。表 8-1 中海韵公司本月发生的制造费用总额为 3 013 600 元。经过分析，该公司的制造费用项目中，确定的作业中心为材料验收费用、产品检验费用、生产启动准备费用、机器设备折旧费用、厂房折旧费用、车间水电费用、车间管理人员薪酬、劳动保护费用、办公费用以及其他制造费用。根据上述分析和有关资料，按作业中心归集制造费用，编制本月制造费用明细项目发生额汇总表，见表 8-3。

表 8-3 **海韵公司制造费用明细项目发生额汇总表**

20××年 6 月 单位：元

制造费用项目（作业中心费用）	金额
材料验收费用	25 200
产品检验费用	37 200
生产启动准备费用	52 000
机器设备折旧费用	624 000
厂房折旧费用	319 200
车间水电费用	936 000
车间管理人员薪酬	342 000
劳动保护费用	336 000
办公费用	68 400
其他制造费用	273 600
合　计	3 013 600

（2）选择适当的成本动因分配资源费用。经过分析，在海韵公司的制造费用项目中，各作业中心的成本动因为：材料验收费用的成本动因是直接材料成本，产品检验费用的成本动因是检验时间，生产启动准备费用的成本动因是生产批次，机器设备折旧费用和车间水电费用的成本动因是机器台时，劳动保护费用的成本动因是直接人工成本，厂房折旧费用、车间管理人员薪酬、办公费用和其他制造费用的成本动因是产品产量。根据上述分析和有关资料，编制本月成本动因和作业量汇总表，见表 8-4。

表 8-4　**海韵公司成本动因和作业量汇总表**

20××年 6 月

制造费用项目	成本动因	作业数量			
		甲产品	乙产品	丙产品	合 计
材料验收费用	直接材料成本（元）	600 000	960 000	240 000	1 800 000
产品检验费用	检验时间（小时）	240	360	144	744
生产启动准备费用	生产批次（次）	10	12	4	26
机械设备折旧费用	机器台时（小时）	48 000	60 000	48 000	156 000
厂房折旧费用	产品产量（件）	12 000	24 000	9 600	45 600
车间水电费用	机器台时（小时）	48 000	60 000	48 000	156 000
车间管理人员薪酬	产品产量（件）	12 000	24 000	9 600	45 600
劳动保护费用	直接人工成本（元）	480 000	720 000	480 000	1 680 000
办公费用	产品产量（件）	12 000	24 000	9 600	45 600
其他制造费用	产品产量（件）	12 000	24 000	9 600	45 600

【同步思考 8-3】

各作业中心费用的成本动因还可以有哪些？

根据表 8-3 的各作业中心制造费用发生额资料、表 8-4 的成本动因及作业量资料，编制以成本动因为单位的费用分配率计算表，见表 8-5；按照以成本动因为单位的费用分配率分配制造费用，编制本月制造费用分配表，见表 8-6。

表 8-5　**海韵公司以成本动因为单位的费用分配率计算表**

20××年 6 月　　金额单位：元

制造费用项目	费用总额	成本动因	作业总量	成本动因费用分配率
材料验收费用	25 200	直接材料成本（元）	1 800 000	0.014
产品检验费用	37 200	检验时间（小时）	744	50
生产启动准备费用	52 000	生产批次（次）	26	2 000
机械设备折旧费用	624 000	机器台时（小时）	156 000	4
厂房折旧费用	319 200	产品产量（件）	45 600	7
车间水电费用	936 000	机器台时（小时）	156 000	6
车间管理人员薪酬	342 000	产品产量（件）	45 600	7.5
劳动保护费用	336 000	直接人工成本（元）	1 680 000	0.2
办公费用	68 400	产品产量（件）	45 600	1.5
其他制造费用	273 600	产品产量（件）	45 600	6
合　计	3 013 600			

表 8-6　　海韵公司制造费用分配表（作业成本法）

20××年 6 月　　金额单位：元

项目 制造费用	费用分配率	甲产品		乙产品		丙产品		合计
		作业量	分配金额	作业量	分配金额	作业量	分配金额	
材料验收费用	0.014	600 000	8 400	960 000	13 440	240 000	3 360	25 200
产品检验费用	50	240	12 000	360	18 000	144	7 200	37 200
生产启动准备费用	2 000	10	20 000	12	24 000	4	8 000	52 000
机械设备折旧费用	4	48 000	192 000	60 000	240 000	48 000	192 000	624 000
厂房折旧费	7	12 000	84 000	24 000	168 000	9 600	67 200	319 200
车间水电费	6	48 000	288 000	60 000	360 000	48 000	288 000	936 000
车间管理人员薪酬	7.5	12 000	90 000	24 000	180 000	9 600	72 000	342 000
劳动保护费用	0.2	480 000	96 000	720 000	144 000	480 000	96 000	336 000
办公费用	1.5	12 000	18 000	24 000	36 000	9 600	14 400	68 400
其他制造费用	6	12 000	72 000	24 000	144 000	9 600	57 600	273 600
合　计			880 400		1 327 440		805 760	3 013 600

根据制造费用分配表（见表 8-6），编制会计分录如下：

借：生产成本——基本生产成本——甲产品　　880 400
　　　　　——基本生产成本——乙产品　　1 327 440
　　　　　——基本生产成本——丙产品　　805 760
　贷：制造费用——基本生产车间　　3 013 600

（3）计算完工产品总成本和单位成本。根据表 8-1 的产品直接材料和直接人工成本资料、表 8-6 的制造费用分配资料，编制本月完工产品成本汇总表，见表 8-7。

表 8-7　　海韵公司完工产品成本汇总表（作业成本法）

20××年 6 月　　金额单位：元

产品	产品产量（件）	直接材料	直接人工	制造费用	完工产品总成本	完工产品单位成本
甲产品	12 000	600 000	480 000	880 400	1 960 400	163.37
乙产品	24 000	960 000	720 000	1 327 440	3 007 440	125.31
丙产品	9 600	240 000	480 000	805 760	1 525 760	158.93
合　计		1 800 000	1 680 000	3 013 600	6 493 600	

根据完工产品成本汇总表，编制会计分录如下：

借：库存商品——甲产品　　1 960 400

——乙产品　　3 007 440

——丙产品　　1 525 760

贷：生产成本——基本生产成本（甲产品）　　1 960 400

——基本生产成本（乙产品）　　3 007 440

——基本生产成本（丙产品）　　1 525 760

二、作业成本法与传统成本计算方法的比较

【例8-2】根据表8-1的制造费用总额资料和表8-2的各种产品实际生产工时资料，采用传统成本计算方法，海韵公司三种产品共同发生的制造费用以各种产品的实际生产工时为标准进行分配，编制20××年6月制造费用分配表，见表8-8；编制完工产品成本汇总表，见表8-9；编制作业成本法与传统成本计算方法成本计算结果比较表，见表8-10。

表8-8　**海韵公司制造费用分配表（传统成本计算方法）**

20××年6月

金额单位：元

产品	生产工时（分配标准）	费用分配率	分配金额
甲产品	96 000		803 625.6
乙产品	144 000		1 205 438.4
丙产品	120 000		1 004 536
合　计	360 000	8.3711	3 013 600

表8-9　**海韵公司完工产品成本汇总表（传统成本计算方法）**

20××年6月

金额单位：元

产品	产品产量（件）	直接材料	直接人工	制造费用	完工产品总成本	完工产品单位成本
甲产品	12 000	600 000	480 000	803 625.6	1 883 625.6	156.97
乙产品	24 000	960 000	720 000	1 205 438.4	2 885 438.4	120.23
丙产品	9 600	240 000	480 000	1 004 536	1 724 536	179.64
合　计		1 800 000	1 680 000	3 013 600	6 493 600	

表8-10　**作业成本法与传统成本计算方法成本计算结果比较表**

20××年6月

金额单位：元

产品	产品产量（件）	作业成本法		传统成本计算方法	
		产品总成本	单位成本	产品总成本	单位成本
甲产品	12 000	1 960 400	163.37	1 883 625.6	156.97
乙产品	24 000	3 007 440	125.31	2 885 438.4	120.23
丙产品	9 600	1 525 760	158.93	1 724 536	179.64
合　计		6 493 600		6 493 600	

从本例中可以看出，作业成本法与传统成本计算方法的区别主要在制造费用的分配方法上。这里所说的传统成本计算方法实际上是指传统制造费用分配法。

在传统制造费用分配法下，虽然分配标准有产品产量、生产工时、机器台时、直接材料成本、直接人工成本等，但是全部制造费用通常只选择一种分配标准，计算一个统一的制造费用分配率。

按照传统制造费用分配法，各种产品分摊制造费用的多少主要决定于产品产量的多少。企业要降低产品成本中的制造费用，在制造费用总额无法控制的情况下，只有一个途径，就是增加产品产量；而在销售困难时增加产品产量，生产得越多，损失越大。同时，由于制造费用构成复杂，按照一个标准分配必然造成产品成本计算结果不准确；产品成本计算结果不准确，又将导致企业在产品定价、产品继续生产或者停产、半成品自制或者外购等成本决策上的失误。

传统制造费用分配法是先按照制造费用发生的地点，即生产单位（车间、分厂）归集费用，再按照生产单位（车间、分厂）计算的制造费用分配率，将制造费用分配给产品成本。作业成本法是先将制造费用根据资源动因归集于每一项作业或作业中心，再将作业中心的成本按照成本动因分配给产品成本。作业成本法以作业为成本中心，以成本动因为费用分配标准，克服了传统制造费用分配法的种种弊端，大大提高了制造费用分配的准确性。

作业成本法提供了各种产品制造费用消耗的具体原因，比较准确地反映了各种产品资源耗费的数量，既可以帮助企业加强成本控制，又可以帮助企业正确地进行成本决策。通过作业成本法揭示的成本动因，企业管理人员可以确认产品制造费用产生的真实原因，采取多种切实有效的措施，从降低制造费用的角度，对制造费用实施控制。通过作业成本法提供的成本资料，企业管理人员可以确认各种产品比较准确的单位成本信息，有利于企业进行产品成本决策。例如，【例 8-2】中的丙产品按照传统制造费用分配法计算的单位成本为 179.64 元，按照作业成本法计算的、比较准确的单位成本为 158.93 元。企业如果按照单位成本 179.64 元对丙产品进行定价、对产品是继续生产还是停产进行决策，肯定会出现决策失误。

应当指出的是，作业成本法在成本动因的选择上具有一定的主观性，按照作业中心进行费用的归集和分配，计算过程比较复杂，实施成本也比较高，因此，作业成本法也存在局限性。在我国，企业可以根据自身经营管理特点和条件，利用现代信息技术，采用作业成本法对不能直接归属于成本核算对象的制造费用进行归集和分配；信息传输、软件及信息技术服务等企业可以根据自身经营特点和条件，利用现代信息技术，采用作业成本法对产品成本进行归集和分配。

■ 本章重点与难点

1. 本章重点：作业成本法的含义、特点；作业成本法与传统成本计算方法的区别；制造费用按照成本动因进行分配。

2. 本章难点：成本动因的确定；单位成本动因费用分配率的计算。

■ 基本训练

第八章判断题　　第八章选择题

实务题

海城工厂生产A、B两种产品。A产品技术工艺过程较简单，生产批量较大；B产品技术工艺过程较复杂，生产批量较小。本月制造费用总额为220 000元，按材料采购、生产准备、质量检验、机器运转、设备维修等作业中心归集的制造费用分别为48 000元、24 000元、36 000元、88 000元、24 000元；对应采购次数、生产准备次数、设备检验次数、机器台时、设备维修工时等成本动因，A产品作业量分别为45次、80次、60次、20 000小时、700小时，B产品作业量分别为35次、40次、30次、2 000小时、500小时。两种产品产量分别为40 000件和5 000件，直接材料成本分别为400 000元和50 000元，直接人工成本分别为120 000元和14 000元。

要求：根据资料分别采用作业成本法和传统成本计算方法（机器台时比例分配法）计算A、B两种产品的成本，并对两种方法下A、B产品所负担的制造费用进行比较。

第九章　其他行业成本核算

学习目标

通过对本章内容的学习，在知识方面，掌握农业、物流、施工等企业成本核算对象和成本计算期的特点，熟悉这些企业的成本项目设置和费用划分的方法，理解消耗性生物资产和生产性生物资产的含义和区别；在实务方面，重点掌握种植业、畜牧养殖业、汽车运输业、建筑施工业的费用归集和分配方法，熟悉种植业、汽车运输业、建筑施工业的成本结转方法。

导入案例

星光农业股份有限公司是一个从事农、林、牧、副、渔业产品生产与经营活动的大型农业企业，其子公司包括从事粮食作物、经济作物、饲料作物和蔬菜栽培等生产经营活动的农场，从事果树、茶叶、橡胶、油茶等生产经营活动的林场，从事养猪、养牛、养羊、养兔、养马、养鹿、养禽、养蜂等生产经营活动的养殖场，从事水生动植物的育苗、养殖和天然捕捞等生产经营活动的水产养殖场。该公司提供的农产品多种多样，农产品与生物资产密不可分，生物资产包括消耗性生物资产、生产性生物资产和公益性生物资产。

顺达物流公司是从事运输、储存、装卸、包装、流通加工、配送、信息处理等生产经营活动的综合性物流企业。物流企业的生产经营活动没有供应、生产、销售等环节（运输业生产过程和销售过程是统一的）。

为民建筑工程公司从事房屋、建筑物、设备基础等建筑工程，管道、输电线路、通信导线等铺设工程，上下水道工程，道路工程，铁路工程，桥梁工程，隧道工程，水利工程，矿井开凿、钻井工程等施工，生产流动性大、施工周期长；劳动产品具有固定性、单体性、多样性、形体庞大、使用寿命长等特点。

思考：如何根据星光农业股份有限公司生产经营活动的特点，选择成本计算方法？顺达物流公司的经营活动有哪些特点？该公司能照搬工业企业的成本核算方法吗？如何根据为民建筑工程公司生产经营活动的特点，选择成本计算方法？

第一节 农业企业成本核算

一、农业企业成本核算的特点

农业企业是从事农、林、牧、副、渔业产品生产与经营活动的经济组织，农业企业的成本核算对象应当根据自身的生产经营特点和成本管理要求确定。广义的农业包括种植业、林业、畜牧养殖业和水产业等行业，狭义的农业仅指种植业中的粮食作物、经济作物、饲料作物和蔬菜栽培等生产。林业包括果树、茶叶、橡胶、油茶等经济林木和其他林木的生产；养殖业包括养猪、养牛、养羊、养兔、养马、养鹿、养禽、养蜂等畜牧业生产，以及水生动植物的育苗、养殖和天然捕捞等水产养殖生产。许多农业企业是种植业与养殖业相结合。种植业除为人们提供粮食和其他农林产品外，还为养殖业提供饲料；养殖业除为人们提供肉食、乳品、禽蛋、皮毛和水产品外，也为种植业提供优质肥料。

（一）成本核算对象

农业企业的成本核算对象是农产品，农产品是指来源于农业（主要是指种植业、林业、畜牧业、水产养殖业）的初级产品，即在农业活动中获得的植物、动物、微生物及其产品。种植业的产品包括小麦、水稻、大豆、棉花、糖料、食用菌、瓜、果、蔬菜、毛茶、烟叶、苎麻以及原竹、原木、生漆、天然树脂、花卉、苗木、自然生长和人工培植的药材等。畜牧业的产品包括生猪、菜牛、菜羊、牛蛙、家兔、光禽、鲜蛋、蚕茧、鹿茸、牛黄、蜂乳、麝香、蛇毒、鲜奶以及动物的生皮、毛和羽毛等。水产养殖包括人工养殖和天然捕捞两种，水产养殖的产品包括淡水产品、海水产品、滩涂养殖产品（利用滩涂养殖的各类动物和植物）等。农业企业产出的种苗、树苗、种畜、种禽、种蛋、水产品的苗或种（秧）、食用菌的菌种、花籽等都包括在农产品中。

种植业应以每一种主要作物作为成本核算对象，单独计算每种作物成本；次要作物可以适当合并，以每一类作物作为成本核算对象，先计算各类作物总成本，再按一定标准在类内作物之间分配，确定各种作物成本。

畜牧业通常实行混群核算和分群核算。例如，养猪业的混群核算以每种猪为成本核算对象，分群核算以各猪群作为成本核算对象。猪群按不同的年龄可分为基本猪群（母猪、种公猪和2个月内的仔猪）、幼猪群（2~4个月的猪）、育肥猪群（4个月以上的猪和淘汰的母猪、种公猪）等。

水产养殖业产品种类较多，水产养殖企业应以每一种主要水产品作为成本核算对象，单独计算成本；次要水产品以每一类产品作为成本核算对象，先计算各类产品总成本，再按一定标准在类内产品之间分配，确定各种产品成本。

（二）成本计算期和成本费用的划分

农业生产以有生命的动植物作为对象，动植物都有其自然生长的过程，并与当地的气候条件相适应。在农业生产过程中，有时需要在劳动的直接作用下进行，有时则依靠自然作用进行。农业生产具有明显的季节性，农业生产时间和劳动时间不一致，生产时间一般都大于劳动时间。农产品生长和成熟的季节性使资金的投入和收回也具有明显的季节性。

农业企业产品成本计算期必须适应农业生产的特点。种植业产品成本计算期一般应与产品的生产周期相一致，即在产品的收获月份计算产品成本；多年生作物在以前年度发生的费用，应按其收获情况进行处理；养猪业一般需要按月计算成本，成本计算期与生产周期不一致，与会计报告期一致，月末一般有在产品；水产养殖业成本计算期与生产周期一致，一般不计算在产品成本。

农产品有的当年生产、当年收获，有的多年生长、一次收获，有的多年生长、多次收获。多年生长、一次收获的，收获年度以前累计发生的费用，应当摊入提供产品年份的产品成本；多年生长、多次收获的，第一次收获时，收获年度以前累计发生的费用应当按照预计供产年限或者各年份的预计产量的比例平均分摊。

农产品不同，收获时点及收获时点后发生费用的处理也有所不同。

（1）粮豆、蔬菜等农产品成本算至产品入库可供销售为止，包括在收获前耗用的种子、肥料、农药等材料费，人工费和应分摊的间接费用等必要支出。出库销售或不入库直接销售发生的包装费、运杂费作为销售费用处理。

（2）棉花成本算至加工皮棉为止，打包费、运杂费等作为销售费用处理。

（3）不入库、不入窖的鲜活产品的成本算至销售为止，入库、入窖的鲜活产品的成本算至入库、入窖为止。入库、入窖直到销售发生的费用作为销售费用处理。

（4）纤维作物、香料作物、人参和茶叶等产品成本算至初级产品加工完成为止。

（5）玉米等需要脱粒的作物成本应当包括脱粒费用。

（6）育苗成本算至起苗假植为止，成树产品成本包括当年抚育费用和停采期间的费用。

农产品成本与收获时点相关，农业生产活动应当与对收获后的农产品进行的加工活动加以区分。农业生产活动针对的是有生命的生物资产；加工活动针对的是收获后的农产品，不包含在农业生产范畴之内。例如，将绵羊产出的羊毛加工成毛毯、将收获的甘蔗加工成蔗糖、将奶牛产出的牛奶加工成奶酪、将从果树采摘的水果加工成水果罐头等都属于加工活动，羊毛、甘蔗、牛奶、水果等农产品成本是加工活动的原材料成本，加上发生的加工费用构成毛毯、蔗糖、奶酪、水果罐头等加工后产品的成本。

【同步思考 9-1】

毛毯、蔗糖、奶酪、水果罐头等产品应当如何计算成本？

（三）成本项目

农业企业一般设置直接材料、直接人工、机械作业费、其他直接费用、间接费用等成本项目。企业应当根据生产经营特点和管理要求，确定适合本企业的成本项目。

1.直接材料

直接材料是指种植业生产中耗用的自产或外购的种子、种苗、饲料、肥料、农药、燃料和动力、修理用材料和零件、原材料以及其他材料等，养殖业生产中直接用于养殖生产的苗种、饲料、肥料、燃料、动力、畜禽医药费等。

2.直接人工

直接人工是指直接从事农业生产人员的职工薪酬，包括工资、奖金、津贴、补贴、社会保险费等。

3.机械作业费

机械作业费是指种植业生产过程中农用机械进行耕耙、播种、施肥、除草、喷药、收割、脱粒等机械作业所发生的费用。

4.其他直接费用

其他直接费用是指除直接材料、直接人工和机械作业费以外的畜力作业费等直接费用。

5.间接费用

间接费用是指应摊销、分配计入成本核算对象的运输费、灌溉费、固定资产折旧费、租赁费、保养费等费用。

（四）生物资产

1.生物资产的含义

生物资产是指有生命的动物和植物。有生命的动物和植物具有能够进行生物转化的能力。生物转化是指导致生物资产质量或数量发生变化的生长、蜕化、生产和繁殖的过程。其中，生长是指动物或植物体积、重量的增加或者质量的提高，如农作物从种植开始到收获前的过程；蜕化是指动物或植物产出量的减少或质量的退化，如奶牛产奶能力的不断下降；生产是指动物或植物本身产出农产品，如蛋鸡产蛋、奶牛产奶、果树产水果等；繁殖是繁殖产生新的动物或植物，如奶牛产牛犊、母猪生小猪等。这种生物转化能力是生物资产的基本特征，是其他资产（如存货、固定资产、无形资产等）所不具有的。

2.生物资产的分类

生物资产通常分为消耗性生物资产、生产性生物资产和公益性生物资产三大类，企业可以分别设置“消耗性生物资产”、“生产性生物资产”、“生产性生物资产累计折旧”和“公益性生物资产”等总分类账户组织核算。

（1）消耗性生物资产，是指为出售而持有的，或在将来收获为农产品的生物资产。消耗性生物资产是劳动对象，包括生长中的大田作物、蔬菜、用材林以及存栏待售的牲畜等。消耗性生物资产通常是一次性消耗并终止其服务能力或未来经济利益，因此在一定程度上具有存货的特征，应当作为存货在资产负债表中列报。

（2）生产性生物资产，是指为产出农产品、提供劳务或出租等目的而持有的生物资产。生产性生物资产具备自我生长性，能够在持续的基础上予以消耗并在未来的一段时间内保持其服务能力或未来经济利益，属于劳动手段，包括经济林、薪炭林、产畜和役畜等。

与消耗性生物资产相比，生产性生物资产的最大不同在于它具有能够在生产经营中长期、反复使用，从而不断产出农产品或者是长期役用的特征。消耗性生物资产收获农产品之后，该资产就不复存在；而生产性生物资产在产出农产品之后仍然保留，并可以在未来期间继续产出农产品。因此，人们通常认为生产性生物资产在一定程度上具有固定资产的特征（如果树每年产出水果、奶牛每年产出牛奶等），生产性生物资产可以比照固定资产计提折旧。

生产性生物资产通常需要生长到一定阶段才开始具备生产能力。根据其是否具备生产能力（即是否达到预定生产经营目的），可以对生产性生物资产进行进一步划分。所谓达到预定生产经营目的，是指生产性生物资产进入正常生产期，可以多年连续稳定产出农产品、提供劳务或出租。由此，生产性生物资产可以划分为未成熟和成熟两类，前者指尚未达到预定生产经营目的，还不能够多年连续稳定产出农产品、提供劳务或出租的生产性生物资产，如尚未开始挂果的果树、尚未开始产奶的奶牛等；后者则指已经达到预定生产经营目的的生产性生物资产。

（3）公益性生物资产，是指以防护、环境保护为主要目的的生物资产，包括防风固沙林、水土保持林和水源涵养林等。

公益性生物资产与消耗性生物资产和生产性生物资产有本质不同。后两者的目的是直接给企业带来经济利益，而公益性生物资产主要是出于防护、环境保护等目的。尽管其不能直接给企业带来经济利益，但具有服务潜能，有助于企业从相关资产获得经济利益，如防风固沙林和水土保持林能带来防风固沙、保持水土的效能，风景林具有美化环境、休息游览的效能等。公益性生物资产应当单独核算。

【同步链接9-1】

“消耗性生物资产”会计科目编号为1421，在企业资产负债表中作为流动资产（存货）列报；“生产性生物资产”会计科目编号为1621，“公益性生物资产”会计科目编号为1623，在企业资产负债表中都作为非流动资产列报。

3.农产品与生物资产

农产品与生物资产密不可分。企业从事农业生产就是增强生物转化能力，最终获得更多符合市场需要的农产品。例如，种植业从作物的生长和管理中获得稻谷、小麦等农产品，畜牧养殖业从饲养和管理中获得仔猪、肉猪、鸡蛋等畜产品，林业从用材林生产和管理中获得林产品、从经济林木的生产和管理中获得水果等，都是生物资产转化为农产品的过程。农产品附着在生物资产上时，作为生物资产进行会计处理；当农产品离开生物资产这一母体，从生物资产上收获时开始，应当采用规定的方法，从消耗性生物资产或生产性生物资产生产成本中转出，确认为收获时点的农产品的成本。因此，农业企业的成本核算对象也可以说是生物资产的品种、成长期、批别（群别、批次）以及与农业生产相关的劳务作业等。

> 【同步思考 9-2】
> 农产品价值中包括生产性生物资产的价值吗？如果包括，应当如何计算？

二、农业企业成本核算举例

农业企业比照制造企业对产品成本进行归集、分配和结转。消耗性生物资产发生的各种费用，可以通过“消耗性生物资产”账户进行归集，收获农产品入库时从“消耗性生物资产”账户转入“农产品”账户。未成熟生产性生物资产发生的成本，通过“生产性生物资产——未成熟生产性生物资产”（“未成熟生产性生物资产”）账户归集；生产性生物资产进入正常生产期，可以多年连续稳定产出农产品、提供劳务或出租时，由“生产性生物资产——未成熟生产性生物资产”（“未成熟生产性生物资产”）账户转入“生产性生物资产——成熟生产性生物资产”账户，视同固定资产管理。生产性生物资产进入正常生产期，能够连续产出农产品、提供劳务或出租时，发生的直接材料、直接人工、机械作业费、其他直接费用和间接费用等通过“生产成本——农业生产成本”（“农业生产成本”）账户归集，收获农产品入库时从“生产成本——农业生产成本”（“农业生产成本”）账户转入“农产品”账户；提供劳务或出租的成本，从“生产成本——农业生产成本”（“农业生产成本”）账户转入“主营业务成本”或者“其他业务成本”账户。

【例 9-1】红星农场 20××年种植玉米 3 000 亩、小麦 2 000 亩，发生的费用包括：领用种子 140 000 元，其中玉米 60 000 元、小麦 80 000 元；领用肥料 780 000 元，其中玉米 480 000 元、小麦 300 000 元；领用农药 250 000 元，其中玉米 150 000 元、小麦 100 000 元；应付职工薪酬 320 000 元，按照生产工时分配，其中玉米 200 000 元、小麦 120 000 元；“生产成本——农业生产成本”账户归集的拖拉机、播种机、脱粒机等农业机械作业发生的机械作业费 350 000 元，其中玉米 220 000 元、小麦 130 000 元。以银行存款支付其他直接费用 150 000 元，其中玉米 90 000 元、小麦 60 000 元；以银行存款支付运输费、灌溉费等间接费用 146 000 元，其中玉米 112 000 元、小麦 34 000 元。当年收获玉米 1 500 吨、小麦 930 吨，已经入库。根据资料编制红星农场产品成本汇总表，见表 9-1。

表 9-1 **红星农场产品成本汇总表**

20××年 12 月 金额单位：元

产品名称	种植面积（亩）	产品产量（吨）	产品总成本						单位成本	
			直接材料	直接人工	机械作业费	其他直接费用	间接费用	合计	每亩成本	每吨成本
玉米	3 000	1 500	690 000	200 000	220 000	90 000	112 000	1 312 000	437.33	874.67
小麦	2 000	930	480 000	120 000	130 000	60 000	34 000	824 000	412.00	886.02
合计	5 000		1 170 000	320 000	350 000	150 000	146 000	2 136 000		

会计分录如下：

借：消耗性生物资产——玉米（直接材料）　60 000
　　　　　　　　　——小麦（直接材料）　80 000
　贷：原材料——玉米种子　60 000
　　　　　　——小麦种子　80 000

借：消耗性生物资产——玉米（直接材料）　480 000
　　　　　　　　　——小麦（直接材料）　300 000
　贷：原材料——肥料　780 000

借：消耗性生物资产——玉米（直接材料）　150 000
　　　　　　　　　——小麦（直接材料）　100 000
　贷：原材料——农药　250 000

借：消耗性生物资产——玉米（直接人工）　200 000
　　　　　　　　　——小麦（直接人工）　120 000
　贷：应付职工薪酬　320 000

借：消耗性生物资产——玉米（机械作业费）　220 000
　　　　　　　　　——小麦（机械作业费）　130 000
　贷：生产成本——农业生产成本　350 000

借：消耗性生物资产——玉米（其他直接费用）　90 000
　　　　　　　　　——小麦（其他直接费用）　60 000
　贷：银行存款　150 000

借：消耗性生物资产——玉米（间接费用）　112 000
　　　　　　　　　——小麦（间接费用）　34 000
　贷：银行存款　146 000

借：农产品——玉米　1 312 000
　　　　　——小麦　824 000
　贷：消耗性生物资产——玉米　1 312 000
　　　　　　　　　　——小麦　824 000

【例9-2】青苗农场生产的丝瓜、西红柿两种蔬菜都经过温床育苗和温室栽培，温床和温室费用为其他直接费用。该农场20××年利用温床培育丝瓜、西红柿两种秧苗，发生温床费用3 960元，按温床格日比例进行分配。其中，丝瓜占用温床50格，生长期为30天；西红柿占用温床12格，生长期为40天。秧苗育成移至温室栽培后，发生温室费用18 520元，按温室平方米日比例进行分配。其中，丝瓜占用温室1 250平方米，生长期为70天；西红柿占用温室1 800平方米，生长期为80天。丝瓜、西红柿两种蔬菜共发生间接费用5 502元，按直接材料和直接人工费用比例进行分配。其中，丝瓜发生直接材料费用800元，直接人工费用900元；西红柿发生直接材料费用800元，直接人工费用1 168元。丝瓜和西红柿两种蔬菜的产量分别为47 500千克和34 800千克。根据资料编制的丝瓜和西红柿共同费用分配表见表

9-2、表9-3和表9-4，产品成本汇总表见表9-5。

表9-2

青苗农场温床费用分配表

20××年10月

金额单位：元

产品名称	分配标准（实际使用温床格日）	分配率	分配金额
丝　瓜	50×30=1 500		3 000
西红柿	12×40=480		960
合　计	1 980	2	3 960

表9-3

青苗农场温室费用分配表

20××年10月

金额单位：元

产品名称	分配标准（实际使用温室平方米日）	分配率	分配金额
丝　瓜	1 250×70=87 500		7 000
西红柿	1 800×80=144 000		11 520
合　计	231 500	0.08	18 520

表9-4

青苗农场间接费用分配表

20××年10月

金额单位：元

产品名称	分配标准（直接材料和直接人工费用之和）	分配率	分配金额
丝　瓜	800+900=1 700		2 550
西红柿	800+1 168=1 968		2 952
合　计	3 668	1.5	5 502

表9-5

青苗农场产品成本汇总表

20××年10月

金额单位：元

产品名称	产量（千克）	直接材料	直接人工	其他直接费用	间接费用	产品总成本	单位成本
丝　瓜	47 500	800	900	10 000	2 550	14 250	0.30
西红柿	34 800	800	1 168	12 480	2 952	17 400	0.50
合　计		1 400	2 068	22 480	5 502	31 650	

【例9-3】 青山养殖场购入种猪10头，价款16 000元；猪苗1 000头，价款200 000元。运回时，支付运输费5 000元、装卸费588元；另外支付保险费1 000元，款项已以银行存款支付。运杂费、保险费按买价分摊，其中种猪负担488元、猪苗负担6 100元。该养殖场实行分群核算，成本计算对象为种猪和012批次肉猪。根据资料编制会计分录如下：

借：生产性生物资产——种猪　　16 488
　　消耗性生物资产——012批次肉猪　　206 100
　贷：银行存款　　222 588

【例9-4】青山养殖场11月012批次肉猪养殖发生饲养员薪酬8 000元、饲料费用40 000元，以银行存款支付水电费、卫生防疫费等其他费用9 000元。根据资料编制会计分录如下：

借：消耗性生物资产——012批次肉猪　　57 000
　贷：原材料　　40 000
　　应付职工薪酬　　8 000
　　银行存款　　9 000

【例9-5】青山养殖场012批次肉猪1 000头全部出售，货款1 400 000元已经通过银行收到；消耗性生物资产——012批次肉猪明细账登记的该批次肉猪总成本为1 250 000元。根据资料编制会计分录如下：

借：农产品——肉猪　　1 250 000
　贷：消耗性生物资产——012批次肉猪　　1 250 000
借：银行存款　　1 400 000
　贷：主营业务收入　　1 400 000
借：主营业务成本　　1 250 000
　贷：农产品——肉猪　　1 250 000

【例9-6】南山公司自行营造橡胶树2 000亩，营造当年发生种苗费252 000元，平整土地和定植分配机械作业折旧费74 000元，定植当年抚育发生肥料及农药费334 000元、人员薪酬600 000元。该橡胶树达到正常生产期需要6年，从定植后至达到预定生产经营目的（稳定产出橡胶）共发生管护费用3 220 000元，其中人员薪酬1 800 000元，以银行存款支付的费用为1 420 000元。根据资料编制会计分录如下：

借：生产性生物资产——未成熟生产性生物资产（橡胶树）　1 260 000
　贷：原材料——种苗　　252 000
　　　　　——肥料及农药　　334 000
　　累计折旧　　74 000
　　应付职工薪酬　　600 000
借：生产性生物资产——未成熟生产性生物资产（橡胶树）3 220 000
　贷：应付职工薪酬　　1 800 000
　　银行存款　　1 420 000

【例9-7】接【例9-6】，南山公司自行营造的2 000亩橡胶树已经达到预定生产经营目的，能够稳定产出橡胶，经过计算，总成本为4 480 000元（1 260 000+3 220 000）。根据资料编制会计分录如下：

借：生产性生物资产——成熟生产性生物资产（橡胶树）　4 480 000

贷：生产性生物资产——未成熟生产性生物资产（橡胶树） 4 480 000

【例 9–8】红星奶牛养殖场购入已进入产奶期奶牛10头，以银行存款支付价款及运费20 000元。会计分录如下：

借：生产性生物资产——成熟生产性生物资产（奶牛） 20 000

贷：银行存款 20 000

【例 9–9】红星奶牛养殖场11月已进入产奶期的奶牛饲养领用饲料1 600元，应付职工薪酬3 600元，以银行存款支付防疫费等费用1 000元，奶牛应计提折旧费用400元，应分配间接费用600元。本月生产牛奶4 500千克，已经入库。根据资料编制本月牛奶成本汇总表，见表9–6。

表 9–6 **红星奶牛养殖场产品成本汇总表**

20××年11月 金额单位：元

产品名称	产量（千克）	直接材料	直接人工	其他直接费用	间接费用	产品总成本	单位成本
牛奶	4 500	1 600	3 600	1 400	600	7 200	1.6
合 计	4 500	1 600	3 600	1 400	600	7 200	1.6

会计分录如下：

借：生产成本——农业生产成本（牛奶） 7 200

贷：原材料 1 600

应付职工薪酬 3 600

银行存款 1 000

生产性生物资产累计折旧 400

生产成本——间接费用 600

借：农产品——牛奶 7 200

贷：生产成本——农业生产成本（牛奶） 7 200

第二节 物流企业成本核算

一、物流企业成本核算的特点

物流企业是按照客户物流需求从事运输、储存、装卸、包装、流通加工、配送、信息处理等经营活动的经济组织，可以分为运输型、仓储型和综合服务型等类型。

运输型物流企业，是指具备一定规模，从事运送旅客和货物（包括货物快递服务或运输代理服务）等经营活动的物流企业。运输型物流企业自有一定数量的运输设备，具备网络化的信息服务功能，可以应用信息系统对运输货物进行状态查询、监控，为客户提供门到门、门到站、站到站运输服务和其他物流服务。运输型物流企业包括公路、铁路、航空、内河、远洋、沿海运输以及城市公共汽（电）车、出租汽车、轮渡、地铁等运输企业。

【同步链接9-2】

从2013年6月15日起，中国铁路总公司（经国务院批准同意，2019年6月18日，中国铁路总公司改制成立中国国家铁路集团有限公司）正式实施货运组织改革，全面参与现代物流业竞争。改革包括构建“门到门”接取送达网络，实行“门到门”全程“一口价”收费等。

仓储型物流企业，是指具备一定规模，以从事仓储业为主，为客户提供货物储存、保管、中转等仓储服务的物流企业。仓储型物流企业自有一定规模的仓储设施、设备，自有或租用必要的货运车辆，具备网络化信息服务功能，可以应用信息系统对货物进行状态查询、监控，为客户提供配送以及商品经销、流通加工等其他服务。

综合服务型物流企业，是指具备一定规模，为客户提供运输、货运代理、仓储、配送等多种物流服务的物流企业。综合服务型物流企业自有或租用必要的运输设备、仓储设施及设备，具有一定运营范围的货物集散、分拨网络，具备网络化信息服务功能，应用信息系统可对物流服务全过程进行状态查询和监控，根据客户的要求，为客户制定整合物流资源的运作方案，提供契约性的综合物流服务。

（一）成本核算对象和成本计算单位

1.运输型和仓储型物流企业

运输型物流企业的运输业务可分为旅客运输和货物运输两大类，一般按照航线、航次、单船（机）、基层站段等确定成本核算对象。仓储型物流企业从事货物等装卸业务的，可以按照货物、成本责任部门、作业场所等确定成本核算对象；从事仓储、堆存、港务管理业务的，一般按照码头、仓库、堆场、油罐、筒仓、货棚、主要货物的种类、成本责任部门等确定成本核算对象。

物流企业完成的工作量是旅客或货物位置转移的数量（旅客周转量、货物周转量），旅客或货物位置转移的量不但与数量有关，还与距离有关。运输工作量通常用数量与距离相结合的复合单位，如旅客运输周转量用千人·千米、货物运输周转量用千吨·千米、集装箱车辆运输周转量用千标准箱·千米等作为成本计算单位。

经营仓储业务的物流企业完成的堆存工作量通常用堆存重量（面积）与堆存天数的乘积来表示，成本计算单位可以用堆存千吨·天或者千平方米·天表示。

物流企业装卸业务通常以货物装卸重量（装卸吨）作为成本计算单位。集装箱装卸业务也可以采用标准箱作为成本计算单位，1标准箱等于10装卸吨。

【同步思考9-3】

运输业成本计算单位有何特点？

公路运输一般按一定生产单位（车队、车场等）所属的客车、货车类别组织成本核算工作。在车型类别比较复杂的汽车运输企业，可以根据需要以耗用不同的燃料、不同厂牌型号的客车运输和货车运输为成本核算对象。对于特种大型车、集装箱专用车、零担专用车、冷藏车、罐车等运输业务，为单独考核其营运成果，应作为独立成本核算对象。

铁路运输由中国国家铁路集团有限公司按责任制原则，实行分级管理模式，营运过程中发生的成本费用，由中国国家铁路集团有限公司及其所属企业（如中国铁路哈尔滨局集团有限公司、中国铁路北京局集团有限公司等）分别核算。

航空运输企业的业务包括民用航空运输和专业飞行。民用航空运输包括旅客运输和货物运输，专业飞行包括护林防火、人工降雨、航空测量、航空摄影、森林普查、防治虫害、抢险救灾、海上救险等。民用航空运输企业应当以各种机型为成本核算对象，计算各种型号飞机的机型成本。专业飞行应当以飞行任务（航线、航次）为成本核算对象，计算每项飞行任务的成本。

内河运输，是指内河运输企业的船舶航行于江河航线上，往来于江河港口之间，运送旅客和货物的运输业务。内河运输有船舶吨位较小、航线短、航次时间不长，有的航道受季节性枯水、冬季封冻影响而断航等特点。内河运输企业应当按运输种类计算运输成本，包括客运（客轮客运、客货轮客运、拖驳客运）、货运（货轮货运、客货轮货运、拖驳货运）、油运（油轮油运、拖驳油运）和排运（拖轮排运）等几类。

远洋运输，是指远洋运输企业利用船舶在海洋上进行国家间旅客和货物运输的运输业务。远洋运输往来于国内外港口之间，船舶吨位大、运输航线不固定、运输距离远、航次时间长，通常分别按航次计算成本。船舶航次是船舶载运旅客、货物所完成的一个完整的运输过程。远洋运输企业可以按单程航次或往复航次计算成本，单程航次是指船舶在两港或多港之间进行单程运输，往复航次是指船舶在两港或多港之间进行往返运输。空放航次不单独计算成本，与载货航次合并计算成本。

沿海运输是海运企业船舶在我国近海航线上航行，往来于国内各沿海口岸之间，运送旅客和货物的运输业务。沿海运输船舶吨位一般较大、运输航线比较固定、运输距离与航次时间介于内河运输与远洋运输之间。沿海运输应当分别以旅客运输、货物运输、航线、航次、船舶类型和单船作为成本核算对象。

经营仓储业务的物流企业主要业务是堆存，成本核算对象是承担堆存任务的各种类型的仓库。按照建筑结构，仓库可以分为露天仓库、简易仓库、平房仓库、楼房仓库、立体仓库和罐式仓库等；按照保管货物的特性，仓库可以分为普通仓库、冷藏仓库、恒温仓库、特种危险品仓库等。

经营港口业务的仓储型物流企业，可以将粮食、石油、煤炭、矿石、木材等主要货物分别作为成本核算对象。

仓储业务和装卸业务是密不可分的，物流企业的装卸业务可以将机械作业和人工作业分别作为成本核算对象。以机械作业为主、人工作业为辅的企业，可以不单独计算人工装卸作业成本；以人工作业为主、机械作业为辅的企业，可以不单独计算机械装卸作业成本。

2.综合服务型物流企业

综合服务型物流企业的成本核算对象可以按照运输、货运代理、装卸、包装、仓储、配送等物流业务确定。

综合服务型物流企业按照运输、货运代理、装卸、包装、仓储、配送等物流业务分别确定成本计算单位。例如，运送环节的成本计算单位是货物周转量，用千吨·千米表示；货物保管环节的成本计算单位是堆存量，用堆存千吨·天（千平方米·天）表示；分拣配货环节的成本计算单位是分拣配货量，用千吨（千件）表示。

（二）成本计算期

物流企业应当按月（季、半年、年）计算成本，即以会计报告期为成本计算期，计算从年初至各期末的累计成本。物流企业的生产过程不创造新的实物形态的物资产品，生产过程和销售过程是统一的，物流服务成本即营运成本，没有生产成本和销售成本之分。物流企业生产周期较短（除远洋运输外），期末未完成的运输工作量较少，一般不需要将生产费用在本期完工产品和期末在产品之间进行分配。

（三）成本项目

物流企业一般设置营运费用、运输工具固定费用与非营运期间费用等成本项目。

1.营运费用

营运费用，是指企业在货物或旅客运输、装卸、堆存过程中发生的营运费用，包括货物费、港口费、起降及停机费、中转费、过桥过路费、燃料和动力费、航次租船费、安全救生费、护航费、装卸整理费、堆存费等。铁路运输企业的营运费用还包括线路等相关设施的维护费等。

2.运输工具固定费用

运输工具固定费用，是指运输工具的固定费用和共同费用等，包括检验检疫费、车船税、劳动保护费、固定资产折旧费、租赁费、备件配件费、保险费、驾驶及相关操作人员薪酬及其伙食费等。

3.非营运期间费用

非营运期间费用，是指受不可抗力因素制约或行业惯例等原因暂停营运期间发生的有关费用。物流企业的非营运期间费用比照制造业季节性生产企业处理。

二、物流企业成本核算举例

【例9-10】 通达汽车运输公司有甲、乙两个车队，根据11月发生的业务编制会计分录，并编制营运间接费用分配表和营运成本汇总表。

（1）该公司车队油料消耗采用满油箱制（指在月初、月末油箱都加满的前提下，当月实际加油金额就是当月实际消耗油料金额），11月甲、乙两个车队加油金额分别为70 000元和80 000元。

借：主营业务成本——甲车队（营运费用）　　70 000
　　　　　　　　——乙车队（营运费用）　　80 000
　贷：原材料——汽油　　150 000

（2）甲、乙两个车队11月以银行存款支付的洗车费、过桥过路费等费用分别为20 000元和22 000元。

借：主营业务成本——甲车队（营运费用）　　20 000
　　　　　　　　——乙车队（营运费用）　　22 000
　贷：银行存款　　42 000

（3）甲、乙两个车队轮胎消耗都采用一次摊销法，领用金额分别为3 000元和2 000元。

借：主营业务成本——甲车队（运输工具固定费用）　　3 000
　　　　　　　　——乙车队（运输工具固定费用）　　2 000
　贷：原材料——轮胎　　5 000

（4）甲、乙两个车队驾驶员的薪酬分别为60 000元和68 000元。

借：主营业务成本——甲车队（运输工具固定费用）　　60 000
　　　　　　　　——乙车队（运输工具固定费用）　　68 000
　贷：应付职工薪酬　　128 000

（5）甲、乙两个车队计提的车辆折旧费用分别为40 000元和45 000元。

借：主营业务成本——甲车队（运输工具固定费用）　　40 000
　　　　　　　　——乙车队（运输工具固定费用）　　45 000
　贷：累计折旧　　85 000

（6）甲、乙两个车队以银行存款支付的运输工具共同费用为32 640元，按车队营运时间分配。11月营运总时间为1 920小时，其中甲车队900小时、乙车队1 020小时。根据资料编制运输工具共同费用分配表，见表9-7。

表9-7　**通达公司运输工具共同费用分配表**

20××年11月　　金额单位：元

单位名称	分配标准（营运时间）	分配率	分配金额
甲车队	900		15 300
乙车队	1 020		17 340
合　计	1 920	17	32 640

借：主营业务成本——甲车队（运输工具固定费用）　　15 300
　　　　　　　　——乙车队（运输工具固定费用）　　17 340
　贷：银行存款　　32 640

（7）11月货物周转量为1 600千吨·千米，其中甲车队750千吨·千米、乙车队850千吨·千米。编制营运成本汇总表，见表9-8。

表 9-8　　通达公司营运成本汇总表

20××年 11 月　　金额单位：元

单位名称	营运费用	运输工具固定费用	非营运期间费用	成本总额	货物周转量（千吨·千米）	单位成本
甲车队	90 000	118 300		208 300	750	277.73
乙车队	102 000	132 340		234 340	850	275.69
合 计	192 000	250 640		442 640	1 600	276.65

第三节　建筑企业成本核算

一、建筑企业成本核算的特点

建筑企业，是指从事建筑、安装等工程施工活动的企业，也称为建筑施工企业或施工企业。建筑工程包括房屋、建筑物、设备基础等建筑工程，管道、输电线路、通信导线等铺设工程，上下水道工程，道路工程，铁路工程，桥梁工程，隧道工程，水利工程，矿井开凿、钻井工程，各种特殊炉的砌筑工程等；安装工程主要是指生产、动力、起重、运输、传动、医疗、实验等各种需要安装设备的装配、装置工程。与其他行业的生产活动相比，建筑安装工程施工生产流动性大、施工周期长，劳动产品具有固定性、单体性、多样性、形体庞大、使用寿命长等特点。

（一）成本核算对象

建筑企业一般按照订立的单项合同确定成本核算对象。单项合同包括建造多项资产的，企业应当按照《企业会计准则》规定的合同分立原则，确定建造合同的成本核算对象；为建造一项或数项资产而签订一组合同的，按合同合并的原则，确定建造合同的成本核算对象。根据建筑施工生产特点和内部成本管理要求，建筑企业有以下几种确定成本核算对象的方法：

1.以独立编制施工图预算的单位工程作为成本核算对象

这是因为施工图预算是按单位工程编制的，按单位工程确定成本核算对象，有利于考核单位工程预算的执行情况。

2.以分部工程作为成本核算对象

规模大、工期长的单位工程可以按施工图设计将工程划分为若干部位，以分部工程作为成本核算对象。

3.若干个单位工程合并作为一个成本核算对象

同一施工单位、同一建设项目、同一施工地点、同一结构类型、开竣工时间相近的若干个单位工程可以合并作为一个成本核算对象。改建、扩建等零星工程也可以将同一建设项目、开竣工时间相近的若干个单位工程，合并作为一个成本核算对象。

4.以同一单位工程作为成本核算对象

一个单位工程由几个施工单位共同施工，各施工单位应当以同一单位工程作为成本核算对象，各自核算其自行完成的部分。

5.以单位工程或者专业项目作为成本核算对象

工业设备安装工程可以按单位工程或者专业项目，如机械设备、管道、通风设备等作为成本核算对象；变电所、配电站、锅炉房等可以按所、站、房等安装工程作为成本核算对象。

6.根据实际情况和管理要求确定成本核算对象

土石方工程、打桩工程可以根据实际情况和管理要求，以一个单位工程为成本核算对象，或将同一施工地点的若干个工程量较小的单项工程合并作为一个成本核算对象。

建筑企业发生的有关费用由某一成本核算对象负担的，应当直接计入该成本核算对象成本；由几个成本核算对象共同负担的，应当选择直接费用比例、定额比例或直接人工比例等合理的分配标准，分配计入各成本核算对象成本。

（二）成本计算期

建筑施工生产周期较长，工程全部竣工后再计算已完工程成本不利于企业工程成本管理，建筑企业应当按月计算成本。合同结果能够可靠估计的，应当采用完工百分比法确定和结转当期提供服务的成本；合同结果不能可靠估计的，应当直接结转已经发生的成本。

（三）成本项目

建筑企业一般设置直接人工、直接材料、机械使用费、其他直接费用和间接费用等成本项目。建筑企业将部分工程分包的，还可以设置分包成本项目。

1.直接人工

直接人工，是指按照国家规定支付给施工过程中直接从事建筑安装工程施工的工人以及在施工现场直接为工程制作构件和运料、配料等工人的职工薪酬。建筑企业采用计件工资制时，直接人工可以直接计入有关成本核算对象；采用计时工资制时，直接人工如果不能直接计入有关成本核算对象，可以采用工作日或者工作小时分配法分配计入各成本核算对象成本。

2.直接材料

直接材料，是指在施工过程中所耗用的、构成工程实体的材料、结构件、机械配件和有助于工程形成的其他材料以及周转材料的租赁费和摊销等。直接材料一般可以直接计入有关成本核算对象成本。

3.机械使用费

机械使用费，是指施工过程中使用自有施工机械所发生的机械使用费、使用外单位施工机械的租赁费和按照规定支付的施工机械进出场费等。

4.其他直接费用

其他直接费用，是指施工过程中发生的材料搬运费、材料装卸保管费、燃料和动力费、临时设施摊销、生产工具用具使用费、检验试验费、工程定位复测费、工程点交费、场地清理费，以及能够单独区分和可靠计量的、为订立建造承包合同而发生的差旅费、投标费等费用。

5.间接费用

间接费用，是指企业各施工单位为组织和管理工程施工所发生的费用。

6.分包成本

分包成本，是指按照国家规定开展分包，支付给分包单位的工程价款。

二、建筑企业成本核算举例

（一）“工程施工”和“机械作业”账户

1.“工程施工”账户

建筑企业“工程施工”账户应当分别“合同成本”“间接费用”“合同毛利”并按成本核算对象分成本项目进行明细核算。

（1）“工程施工——合同成本”账户，用来核算建筑企业各项建造工程实际发生的各项费用。该账户借方登记建造工程实际发生的合同费用，包括直接计入的直接人工、直接材料、其他直接费用和分配转入的机械使用费、间接费用等；贷方登记合同完工结清“工程施工”和“工程结算”账户时的金额；结转以后“工程施工——合同成本”账户如果有余额，反映建筑企业尚未完工的建造合同成本。

（2）“工程施工——间接费用”账户，用来核算建筑企业各项建造工程实际发生的间接费用。该账户借方登记建造工程实际发生的施工单位管理人员薪酬、固定资产折旧费、财产保险费、工程保修费、排污费等间接费用；贷方登记期末分配计入建造合同成本的间接费用；期末分配结转后，一般无余额。建筑企业间接费用的分配应当体现受益原则，在实际工作中，土建工程一般以工程直接费用为分配标准，安装工程一般以直接人工为分配标准。

（3）“工程施工——合同毛利”账户，用来核算建筑企业各项建造工程合同确认的合同毛利。确认合同成本和合同收入时，按合同成本记入“主营业务成本”账户的借方，按合同价格记入“主营业务收入”账户的贷方，其差额记入“工程施工——合同毛利”账户的借方或者贷方。合同完工时，应当结清“工程施工”和“工程结算”账户，即借记“工程结算”账户，贷记本账户；结转以后“工程施工——合同毛利”账户如果有余额，反映建筑企业尚未完工的建造合同毛利。

【同步思考9-4】

“工程施工”账户与“生产成本”账户有何异同？

2.“机械作业”账户

“机械作业”账户，用来核算建筑企业（建造承包商）及其内部独立核算的施工单位、机械站和运输队使用自有施工机械和运输设备进行机械作业（包括机械化施工和运输作业等）所发生的各项费用。“机械作业”账户可以按照施工机械或运输设备的种类，并按确定的成本项目进行明细核算。

建筑企业内部独立核算的机械站和运输队等一般可以设置直接人工、燃料和动力费、折旧费、其他直接费用、间接费用等成本项目。

建筑企业及其内部独立核算的施工单位从外单位或本企业其他内部独立核算的机械站租入施工机械的发生的机械租赁费，直接计入有关成本核算对象成本（"工程施工——合同成本"账户），不通过"机械作业"账户进行归集。

（二）成本核算举例

【例9-11】海联建筑公司承建蓝天小区项目2号楼和3号楼建造工程，20××年6月直接从事施工的工人薪酬总额为2 537 800元，其中2号楼施工人员薪酬为1 200 000元、3号楼施工人员薪酬为1 300 000元、同时为2号和3号楼施工的人员薪酬为37 800元；2号楼和3号楼共同施工人员总工时为1 800小时，其中2号楼1 000小时，3号楼800小时。根据资料编制直接人工费用分配表，见表9-9。

表9-9 **海联建筑公司直接人工费用分配表**

项目部：蓝天小区工程项目部　　20××年6月　　金额单位：元

工程名称	直接发生人工费用	分配共同人工费用			人工费用合计
		施工工时（小时）	分配率	应分配人工费	
2号楼	1 200 000	1 000		21 000	1 221 000
3号楼	1 300 000	800		16 800	1 316 800
合计	2 500 000	1 800	21	37 800	2 537 800

根据分配结果，编制会计分录如下：

借：工程施工——合同成本——蓝天2号楼（直接人工）　1 221 000

　　　　　　——合同成本——蓝天3号楼（直接人工）　1 316 800

　贷：应付职工薪酬　2 537 800

【例9-12】海联建筑公司承建的2号楼和3号楼工程20××年6月已完成砌石工程量分别为600立方米和400立方米，砌石工程共同耗用砂石水泥等材料为188 000元，钢模板、木模板、脚手架摊销额为12 000元，按已完成砌石工程量比例分配；2号楼和3号楼直接耗用钢材、水泥、水泥预制件等材料分别为2 600 000元和2 200 000元。根据资料编制材料费用分配表，见表9-10。

表9-10 **海联建筑公司材料费用分配表**

项目部：蓝天小区工程项目部　　20××年6月　　金额单位：元

工程名称	直接领用材料	分配共同耗用材料			周转材料摊销		直接材料合计
		砌石工程量（立方米）	分配率	分配材料费	分配率	分配周转材料	
2号楼	2 600 000	600		112 800		7 200	2 720 000
3号楼	2 200 000	400		75 200		4 800	2 280 000
合　计	4 800 000	1 000	188	188 000	12	12 000	5 000 000

根据分配结果，编制会计分录如下：

借：工程施工——合同成本——蓝天2号楼（直接材料） 2 720 000

——合同成本——蓝天3号楼（直接材料） 2 280 000

贷：原材料 4 988 000

周转材料——周转材料摊销 12 000

【例9-13】海联建筑公司承建的2号楼和3号楼工程共同使用A塔吊，20××年6月使用A塔吊的实际台时分别为190台时和170台时，A塔吊机械作业明细账归集的费用见表9-11；根据资料编制机械作业费用分配表，见表9-12。

表9-11 海联建筑公司机械作业费用明细账

机械类别或名称：A塔吊 20××年6月 单位：元

摘要	直接人工	燃料和动力	折旧费	其他直接费用	间接费用	合计
计提折旧			5 000			5 000
领用配件				1 600		1 600
工具摊销				800		800
动力费		2 200				2 200
组织施工费用					400	400
人员薪酬	8 000					8 000
本月合计	8 000	2 200	5 000	2 400	400	18 000
分配转出	-8 000	-2 200	-5 000	-2 400	-400	-18 000

表9-12 海联建筑公司机械作业费用分配表

项目部：蓝天小区工程项目部 20××年6月 金额单位：元

工程名称	实际工作台时	分配率	应分配机械作业费用
2号楼	190		9 500
3号楼	170		8 500
合计	360	50	18 000

根据分配结果，编制会计分录如下：

借：工程施工——合同成本——蓝天2号楼（机械作业费用） 9 500

——合同成本——蓝天3号楼（机械作业费用） 8 500

贷：机械作业——A塔吊 18 000

【例9-14】海联建筑公司租用挖土机为承建的2号楼和3号楼工程服务，20××年6月以银行存款支付租赁费6 000元，其中2号楼3 500元、3号楼2 500元。根据资料编制会计分录如下：

借：工程施工——合同成本——蓝天2号楼（机械作业费用）　3 500

　　　　　　——合同成本——蓝天3号楼（机械作业费用）　2 500

　贷：银行存款　6 000

【例9-15】海联建筑公司20××年6月临时设施摊销费为9 136元，按照2号楼和3号楼人工费用比例分配；根据资料编制临时设施摊销费用分配表，见表9-13。

表9-13　**海联建筑公司临时设施摊销费用分配表**

项目部：蓝天小区工程项目部　　20××年6月　　金额单位：元

工程名称	人工费用	分配率	应分配临时设施摊销费
2号楼	1 221 000		4 396
3号楼	1 316 800		4 740
合计	2 537 800	0.0036	9 136

根据分配结果编制会计分录如下：

借：工程施工——合同成本——蓝天2号楼（其他直接费用）　4 396

　　　　　　——合同成本——蓝天3号楼（其他直接费用）　4 740

　贷：累计折旧　9 136

【例9-16】海联建筑公司20××年6月以银行存款支付施工现场材料二次搬运费、场地清理费2 900元，其中2号楼1 600元、3号楼1 300元；生产工具摊销费为7 000元，其中2号楼4 000元、3号楼3 000元。根据资料，编制会计分录如下：

借：工程施工——合同成本——蓝天2号楼（其他直接费用）　5 600

　　　　　　——合同成本——蓝天3号楼（其他直接费用）　4 300

　贷：银行存款　2 900

　　　周转材料——低值易耗品摊销　7 000

【例9-17】海联建筑公司蓝天小区项目20××年6月发生间接费用18 194元（见表9-14），按照2号楼和3号楼的直接费用比例分配；根据资料编制间接费用分配表，见表9-15。

表9-14　**海联建筑公司间接费用明细账**

项目部：蓝天小区工程项目部　　20××年6月　　单位：元

摘要	人员薪酬	物料消耗	办公费	差旅费	折旧费	保险费	排污费	合计
人员薪酬	9 200							9 200
领用材料		100						100
付办公费			94					94
付差旅费				1 200				1 200
计提折旧					3 200			3 200
付保险费						1 100		1 100
付排污费							3 300	3 300
本月合计	9 200	100	94	1 200	3 200	1 100	3 300	18 194
分配转出	−9 200	−100	−94	−1 200	−3 200	−1 100	−3 300	−18 194

表 9-15　　　　海联建筑公司间接费用分配表

项目部：蓝天小区工程项目部　　　　20××年6月　　　　金额单位：元

工程名称	直接费用	分配率	应分配间接费用
2号楼	3 963 996		9 514
3号楼	3 616 840		8 680
合　计	7 580 836	0.0024	18 194

根据分配结果，编制会计分录如下：

借：工程施工——合同成本——蓝天2号楼（间接费用）　　9 514

　　　　　　——合同成本——蓝天3号楼（间接费用）　　8 680

　贷：工程施工——间接费用　　18 194

【例 9-18】 海联建筑公司承建的蓝天小区项目2号楼、3号楼工程月初未完工程成本和6月发生的工程成本已经记入工程成本明细账中（见表9-16和表9-17）。2号楼6月已经完工并向业主办理工程价款结算，合同收入为13 800 000元，合同成本为11 943 510元（见表9-16），合同毛利为1 856 490元（13 800 000-11 943 510）；3号楼工程6月开始施工尚未完工，不能按照完工百分比法结转成本。

表 9-16　　　　海联建筑公司工程成本计算单

工程名称：蓝天2号楼　　　　20××年6月　　　　单位：元

摘要	直接人工	直接材料	机械使用费	其他直接费用	间接费用	合计
月初未完工程成本	2 300 000	5 600 000	30 000	20 000	20 000	7 970 000
员工薪酬（例9-11）	1 221 000					1 221 000
领用材料（例9-12）		2 720 000				2 720 000
分配塔吊费用（例9-13）			9 500			9 500
挖土机租赁费用（例9-14）			3 500			3 500
临时设施摊销（例9-15）				4 396		4 396
材料搬运、场地清理费（例9-16）				5 600		5 600
分配间接费用（例9-17）					9 514	9 514
本月合计	1 221 000	2 720 000	13 000	9 996	9 514	3 973 510
累计工程成本	3 521 000	8 320 000	43 000	29 996	29 514	11 943 510
本月完工工程成本	3 521 000	8 320 000	43 000	29 996	29 514	11 943 510

表 9-17 **海联建筑公司工程成本计算单**

工程名称：蓝天3号楼 20××年6月 单位：元

摘要	直接人工	直接材料	机械使用费	其他直接费用	间接费用	合计
员工薪酬（例 9-11）	1 316 800					1 316 800
领用材料（例 9-12）		2 280 000				2 280 000
分配塔吊费用（例 9-13）			8 500			8 500
挖土机租赁费用（例 9-14）			2 500			2 500
临时设施摊销（例 9-15）				4 740		4 740
材料搬运、场地清理费（例 9-16）				4 300		4 300
分配间接费用（例 9-17）					8 680	8 680
本月合计	1 316 800	2 280 000	11 000	9 040	8 680	3 625 520
累计工程成本	1 316 800	2 280 000	11 000	9 040	8 680	3 625 520
月末未完工工程成本	1 316 800	2 280 000	11 000	9 040	8 680	3 625 520

根据资料，编制会计分录如下：

（1）向业主办理工程价款结算。

借：应收账款——蓝天小区建设指挥部 13 800 000

　贷：工程结算——蓝天2号楼 13 800 000

（2）确认合同收入、合同费用和合同毛利。

借：主营业务成本——蓝天2号楼 11 943 510

　　工程施工——合同毛利——蓝天2号楼 1 856 490

　贷：主营业务收入——蓝天2号楼 13 800 000

（3）结转工程结算和工程施工账户。

借：工程结算——蓝天2号楼 13 800 000

　贷：工程施工——合同成本——蓝天2号楼 11 943 510

　　　　　　——合同毛利——蓝天2号楼 1 856 490

■ 本章重点与难点

1.本章重点：种植业、畜牧养殖业、汽车运输业、建筑施工业成本核算对象、成本计算期、成本计算单位、成本项目的特点；物流企业成本计算的特点；种植业、畜牧养殖业、汽车运输业、建筑施工企业费用的归集和分配、完工产品成本的结转。

2.本章难点：农业企业消耗性生物资产和生产性生物资产在账务处理上的区别；建筑施工企业已完工程成本的结转。

■ 基本训练

第九章判断题　　　　第九章选择题

实务题

（1）长青农场今年种植小麦4 000亩，收获入库2 500吨；种植玉米5 000亩，收获入库4 600吨。今年发生的费用如下：领用种子300 000元，其中小麦50 000元、玉米250 000元；领用肥料170 000元，其中小麦70 000元、玉米100 000元；以银行存款支付拖拉机、播种机、脱粒机等农业机械油料费50 000元，其中小麦20 000元、玉米30 000元；应付职工薪酬62 000元，其中小麦30 000元、玉米32 000元；农业机械应计提折旧费25 000元，其中小麦10 000元、玉米15 000元；以银行存款支付灌溉费8 000元，按照本年种植面积分摊。

要求：根据资料计算小麦、玉米的总成本和单位成本，编制有关会计分录。

（2）长青农场1月2日以银行存款120 000元购入种猪和猪苗，其中猪苗500头、价款80 000元，种猪20头、价款40 000元；同时以银行存款支付运杂费、保险费3 000元，运杂费、保险费按买价分摊。1月，肉猪养殖发生饲养员薪酬10 000元、饲料费48 000元，以银行存款支付水电费、卫生防疫费等其他费用10 000元。12月20日，肉猪500头全部出售，货款800 000元已经通过银行收到；该批肉猪明细账登记的总成本为660 000元。

要求：根据资料计算肉猪总成本，编制有关会计分录。

（3）红星建筑公司承建56号楼和57号楼建造工程，本月两栋楼直接施工人员薪酬分别为600 000元和400 000元；直接耗用钢材、水泥、水泥预制件等材料分别为1 200 000元和800 000元；钢模板、木模板、脚手架摊销额分别为10 000元和6 000元；以银行存款支付的施工机械租赁费分别为6 000元和2 000元。以银行存款支付施工现场材料二次搬运费、场地清理费等分别为3 000元和2 000元，生产工具摊销费分别为4 000元和2 000元。同时为两栋楼服务的员工薪酬为50 000元，按实际工时分配，其中56号楼1 200小时、57号楼800小时；本月机械作业明细账归集的费用为30 000元，按实际台时分配，其中56号楼300小时、57号楼200小时；本月临时设施折旧费为15 000元，按两栋楼直接人工比例分配；本月间接费用明细归集的间接费用总额为31 300元，按两栋楼直接费用比例分配。本月56号楼已经完工，57号楼尚未完工。56号楼月初未完工程成本为13 000 000元，合同收入为16 000 000元，已经向业主办理工程价款结算。

要求：根据资料计算本月已完工程和未完工程成本，编制有关费用归集和分配、成本结转、收入结算的会计分录。

第十章　成本报表和成本分析

学习目标

通过对本章内容的学习，在知识方面，掌握成本报表的含义和特点，熟悉成本分析的方法；在实务方面，重点掌握商品产品成本表、主要产品单位成本表的编制，比较分析法、比率分析法和因素分析法的应用，熟悉可比产品成本分析方法、技术经济指标变动对成本影响的分析方法。

导入案例

海韵公司总裁审阅了该公司月度资产负债表、利润表、现金流量表等对外提供的财务报表和财务分析资料。本月该公司财务状况、经营成果和现金流量情况都比较好，营业收入环比增长3.6%，同比增长7.8%，但营业利润环比基本持平，同比只增长1.6%。为了进一步了解情况，他查阅了只对该公司高管报送的生产经营情况表、商品产品成本表、主要产品单位成本表、制造费用明细表和期间费用明细表等成本报表和成本分析资料。在成本报表中，该公司产品销售和生产情况、产品成本水平和成本计划完成情况、期间费用发生情况等一目了然。成本分析报告指出该公司甲产品（主要产品）销售量比上月增长6%，产品市场占有率大幅上升，生产方面全面保证了销售需要；由于原材料价格上升，甲产品成本每件比计划增加36元，超支4%，销售费用中的专设销售机构费用增长幅度较大，共同影响了营业利润与营业收入的同步增加。成本分析报告还提出，丙产品销售价格略低于生产成本，是否应当停产？总裁要求有关部门按照成本分析报告进一步落实控制成本费用的各项措施，指示在该公司生产能力能够满足需求的情况下，继续接受丙产品订货。

思考：该公司总裁为什么要查阅成本报表和成本分析报告？一个公司的成本报表和成本分析报告与法定的对外财务报告一样，是不可缺少的吗？该公司总裁为什么决定继续接受丙产品订货？

第一节　成本报表

一、成本报表概述

（一）成本报表的概念和种类

成本报表是根据企业日常成本费用核算资料以及其他有关资料编制的，反映企业一定时期内产品成本和费用水平及其构成情况的报告文件。

与对外财务报告不同，成本报表是一种对内管理会计报表。成本报表的种类和格式、指标的设计以及报表的编制时间、编制方法和报送对象等不需要遵循国家统一规定，可以由企业自行决定。生产企业成本报表可以按其反映的经济内容和编制时间分类。

1.按成本报表反映的经济内容分类

按成本报表反映的经济内容，可以分为反映企业产品成本和费用水平及其构成情况的报表、反映企业生产经营和成本费用情况的专题报表等。

（1）反映企业一定时期内产品成本水平及其构成情况的报表，包括商品产品成本表、主要产品单位成本表等。

（2）反映企业一定时期内生产经营过程中费用水平及其构成情况的报表，包括制造费用明细表、管理费用明细表、销售费用明细表和财务费用明细表等。

（3）反映企业生产经营和成本费用情况的专题报表，完全根据企业生产工艺过程和生产组织的特点以及成本管理的要求编制，比较灵活，如生产企业可以设置生产经营情况表、材料耗用量（材料成本）报告表、材料价格差异分析表、人工成本报告表、在产品成本明细表以及质量成本报表、环境成本报表等。

【同步链接 10-1】

财务报告是指企业对外提供的反映企业某一特定日期财务状况和某一会计期间经营成果、现金流量等会计信息的文件，包括财务报表和其他应当在财务报告中披露的相关信息和资料。一套完整的财务报表至少应当包括资产负债表、利润表、现金流量表、所有者权益变动表和附注。

2.按成本报表编制时间分类

成本报表按其编制时间，可以分为年报、季报、月报、旬报、周报、日报和班报。

企业对外财务报表主要有年度报表和中期报表（半年度报表、季度报表和月度报表）。为了及时向企业经营管理者提供成本信息，以满足生产经营管理特别是成本控制和考核的需要，成本报表除了年度、半年度、季度和月度报表外，应当更多采用旬报、周报、日报和班报等形式。

（二）设置和编制成本报表的要求

成本报表是向企业经营管理者提供成本信息的内部管理会计报表，通过编制和分析成本报表，可以考核企业成本计划和费用预算的执行情况，为正确进行成本决策提供资料。编制和分析成本报表是成本会计工作的重要内容。企业只有精心设计成本报表的种类和格式、指标内容和填制方法，合理规定成本报表的编制时间和报送范围，及时提供内部管理必需的、具有实用性和针对性的、真实的、准确的、完整的、及时的成本信息，才能充分发挥成本报表的作用。因此，企业在设置和编制成本报表时，应当符合内部管理会计报表设置和编制的一般要求。

1.成本报表指标应当具有实用性

成本报表指标的实用性，是指企业设置的成本报表要符合企业生产经营的特点，满足成本管理的要求。成本报表具有多样性特点，成本报表的种类要满足企业自身的需要，各项指标应当体现实用性原则。企业应当从自身生产经营活动的实际出发，设计成本报表的种类和每张报表的内容。企业成本报表的指标项目应当简明适用，不搞烦琐的计算和没有经济意义的数字罗列，要注重指标的实际内容而不拘泥于报表形式。

2.成本报表内容应当具有针对性

成本报表内容的针对性，是指企业设置成本报表的种类、格式和指标内容要有针对性，既要有反映企业成本全貌的报表，又要有反映企业成本管理中某一专门问题或者针对企业某一具体业务的特点而设计的报表和报表项目。成本报表指标内容具有针对性，才能突出企业成本管理工作的重点，满足成本管理各个方面的专门需要；企业也才能利用成本报表提供的信息，有针对性地采取措施，及时解决生产经营活动和管理工作中的问题。

3.成本报表的编制和报送必须做到数字真实、计算准确、内容完整、报送及时

数字真实是编制成本报表的基本要求，只有报表数据真实可靠，如实反映企业费用、成本水平及其构成情况，企业经营管理者才有可能正确进行成本分析和成本决策。计算准确是指成本报表中的各项指标数据必须按照企业在设置成本报表时规定的计算方法计算，报表中的各种相关数据，如本期报表与上期报表之间、同一时期不同报表之间、同一报表不同项目之间具有勾稽关系的数据应当核对相符。内容完整是指企业成本报表的种类应当完整，能全面反映企业各种费用成本的水平及其构成情况；同一报表的各个项目内容应当完整，必须填报齐全。只有内容完整的报表，才能满足企业经营管理者对成本信息的需求。报送及时是指企业必须及时编制和报送成本报表，以充分发挥成本报表在指导生产经营活动中的作用。为了体现成本报表编制和报送的及时性，有的可以定期编报，有的可以不定期编报。例如，反映费用支出和成本形成主要指标的报表，既可以按月编制，也可以按旬、按周以至按日、按班编制，并及时提供给有关部门负责人和成本管理责任者，以便他们及时采取措施控制支出、节约费用、降低成本。

（三）成本报表的特点

成本报表是服务于企业内部经营管理的内部管理会计报表，与资产负债表、利润表和现金流量表等对外财务报表相比，它有以下特点：

1.成本报表是为满足企业内部经营管理的需要而编制的

在市场经济条件下，激烈的商业竞争使企业对自己的生产和经营情况、产品成本和期间费用的水平及其构成情况采取保密态度。也就是说，反映企业一定时期内产品成本和期间费用水平及其构成的成本报表是企业的商业秘密，不对外报送和公开。而在企业内部生产经营管理工作中，成本费用水平及其构成等成本信息是非常

重要的。正确编制和及时报送成本报表，在考核企业成本计划的执行情况，分析成本管理工作中的成绩和问题，挖掘降低成本、节约费用的潜力，及时做出成本决策，指导生产经营活动等方面，发挥着其他管理工作无法替代的作用。成本报表是为满足企业内部经营管理的需要而编制的，成本报表的种类、格式、指标的设计和编制时间、编制方法、报表的报送对象和报送时间等由企业自行决定，这是成本报表的主要特点。

【同步链接 10-2】

财务报告的目标是向财务报告的使用者提供与企业财务状况、经营成果和现金流量有关的会计信息，反映企业管理层受托责任的履行情况，有助于财务报告使用者做出经济决策。财务报告的使用者通常包括投资者、债权人、政府及其有关部门和社会公众等。

2.成本报表的种类和格式具有较强的灵活性和多样性

一个企业的成本信息与其生产工艺技术过程和生产组织的特点及成本管理的要求密切相关，各个企业需要获取的成本信息也有不同的侧重点。财务报表由国家统一规定报表的种类和格式，成本报表则可以由企业自行确定报表的种类、格式、指标和内容。成本报表的种类、格式、指标和内容等在不同企业之间存在差异，企业自行设计和编制的成本报表具有较强的灵活性和多样性，这是成本报表区别于财务报表的又一重要特点。

3.成本报表提供的成本信息（成本指标）具有综合性和全面性

成本指标是反映企业生产、技术、经营和管理工作水平的综合性指标。企业产品产量的多少，产品质量的高低，原材料、燃料和动力消耗的节约与浪费，工人劳动生产率和平均工资的高低，固定资产的利用程度，废品率的变动，生产单位和企业管理部门费用的节约与浪费，以及生产经营管理工作的好坏等，都会或多或少、直接或间接地反映到费用和成本指标上来。成本指标本身的性质决定了成本报表具有综合性和全面性的特点。

二、商品产品成本表的结构和编制方法

（一）商品产品成本表的结构

商品产品成本表是反映企业在一定会计期间生产产品所发生的生产费用总额和全部产品生产总成本的报表，通常按月编制。

【同步思考 10-1】

生产费用和产品成本有何联系和区别？企业一定会计期间的生产费用总额和全部产品生产总成本在什么情况下相等？

企业一定会计期间的生产费用总额，可以按照费用的经济性质（包括外购材料、外购燃料、外购动力、职工薪酬、折旧费、修理费和其他支出等费用要素）反映，也可以按照费用的经济内容（包括直接材料、燃料和动力、直接人工和制造费

用等成本项目）反映。企业一定会计期间全部商品产品的生产成本总额，可以按照产品品种和类别反映，也可以按照产品成本项目反映。

按产品品种和类别编制的商品产品成本表一般分为单位成本、产量、生产总成本等部分。单位成本包括上年实际平均单位成本、本年计划单位成本、本月实际单位成本和本年累计实际平均单位成本等，产量包括本月实际产量和本年累计实际产量，生产总成本分为本月总成本和本年累计总成本。为了便于分析，实际产量的生产总成本应当按照上年实际平均单位成本、本年计划单位成本、本月实际单位成本和本年累计实际平均单位成本等不同单位成本分别计算。

按成本项目编制的商品产品成本表一般分为生产费用总额、商品产品生产成本、在产品和自制半成品成本等部分。商品产品生产成本总额等于本期生产费用总额，加上在产品和自制半成品期初余额，减去在产品和自制半成品期末余额。商品产品成本表中生产费用总额按费用的用途分为直接材料、燃料和动力、直接人工和制造费用等成本项目。在产品和自制半成品成本按期初数、期末数分别反映；在经常有自制半成品对外销售的企业，在产品成本、自制半成品成本可以分别反映。为了便于分析，商品产品成本表（按成本项目编制）各项目应当反映上年实际、本月实际和本年累计实际等指标。

（二）按产品类别反映的商品产品成本表的编制

【例 10-1】 海达公司根据有关资料按产品类别编制商品产品成本表，见表 10-1。有关项目编制方法如下：

表 10-1　**商品产品成本表（按产品类别编制）**

编制单位：海达公司　　20××年 12 月　　单位：元

产品名称和规格	计量单位	实际产量		单位成本				本月总成本			本年累计总成本		
		本月	本年累计	上年实际累计	本年计划	本月实际	本年累计实际平均	按上年实际平均单位成本计算	按本年计划单位成本计算	本月实际	按上年实际平均单位成本计算	按本年计划单位成本计算	本年实际
		①	②	③	④	⑤	⑥=⑫÷②	⑦=①×③	⑧=①×④	⑨=①×⑤	⑩=②×③	⑪=②×④	⑫
主要产品								1 456 000	1 416 320	1 426 000	16 000 000	15 560 000	15 508 000
甲产品	件	440	5 000	2 400	2 328	2 350	2 316	1 056 000	1 024 320	1 034 000	12 000 000	11 640 000	11 580 000
乙产品	件	200	2 000	2 000	1 960	1 960	1 964	400 000	392 000	392 000	4 000 000	3 920 000	3 928 000
非主要产品									444 000	436 000		4 440 000	4 240 000
丙产品	件	200	2 000		2 220	2 180	2 120		444 000	436 000		4 440 000	4 240 000
合计									1 860 320	1 862 000		20 000 000	19 748 000

1.实际产量

本月实际和本年累计实际产量，根据产品产量统计表提供的资料填列，也可以根据库存商品明细账中有关完工入库产品数量资料填列。

2.单位成本

上年实际平均单位成本根据上年12月份本表中“本年累计实际平均单位成本”栏的数字填列；本年计划单位成本根据本年产品成本计划资料填列；本月实际单位成本根据本月产品生产成本明细账（产品成本计算单）提供的资料填列；本年累计实际平均单位成本需要计算填列，计算公式为：

$$某种产品本年累计实际平均单位成本=\frac{该产品本年累计实际总成本}{该产品本年累计实际产量}$$

3.本月总成本

按上年实际平均单位成本计算的本月总成本，根据本月实际产量乘以上年实际平均单位成本计算；按本年计划单位成本计算的本月总成本，根据本月实际产量乘以本年计划单位成本计算；本月实际总成本，根据本月产品成本计算单（库存商品明细账）提供的资料填列。

4.本年累计总成本

按上年实际平均单位成本计算的本年总成本，根据本年累计实际产量乘以上年实际平均单位成本计算；按本年计划单位成本计算的本年总成本，根据本年累计实际产量乘以本年计划单位成本计算；本年实际总成本，根据该产品本年各月产品成本计算单提供的资料汇总计算填列，或者用本月实际生产总成本加上上月本表中的本年累计实际生产总成本计算填列。

（三）按成本项目反映的商品产品成本表的编制

【例10-2】海达公司根据有关资料按成本项目编制商品产品成本表，见表10-2。有关项目编制方法如下：

表10-2 **商品产品成本表（按成本项目编制）**

编制单位：海达公司　　20××年12月　　单位：元

项目	行次	上年实际	本月实际	本年累计实际
一、生产费用合计	1	17 032 000	1 832 000	19 760 000
其中：1.直接材料	2	4 638 700	583 900	5 356 800
2.燃料和动力	3	1 113 300	106 700	1 292 700
3.直接人工	4	6 174 000	592 400	7 191 300
4.制造费用	5	5 106 000	549 000	5 919 200
加：在产品及自制半成品期初余额	6	1 000 000	970 000	928 000
其中：1.直接材料	7	272 000	271 000	252 700
2.燃料和动力	8	65 500	62 800	60 800
3.直接人工	9	362 500	348 400	336 500
4.制造费用	10	300 000	287 800	278 000

续表

项目	行次	上年实际	本月实际	本年累计实际
减：在产品及自制半成品期末余额	11	928 000	940 000	940 000
其中：1.直接材料	12	252 700	255 900	255 900
2.燃料和动力	13	60 800	61 500	61 500
3.直接人工	14	336 500	340 800	340 800
4.制造费用	15	278 000	281 800	281 800
二、产品生产成本合计	16	17 104 000	1 862 000	19 748 000
其中：1.直接材料	17	4 658 000	599 000	5 353 600
2.燃料和动力	18	1 118 000	108 000	1 292 000
3.直接人工	19	6 200 000	600 000	7 187 000
4.制造费用	20	5 128 000	555 000	5 915 400

按成本项目编制的商品产品成本表“上年实际”栏，根据该公司上年12月份编制的商品产品成本表中“本年累计实际”栏内的金额填列；“本月实际”栏和“本年累计实际”栏的填列方法如下：

1.生产费用合计

生产费用合计及各成本项目金额中，“本月实际”栏根据本月生产成本二级账（明细账）的资料分析计算填列；“本年累计实际”根据本月本表中“本月实际栏”的金额，加上上月本表中“本年累计实际”栏的金额填列，也可以根据生产成本二级账（明细账）的资料分析计算填列。本表各成本项目的金额之和应当等于生产费用合计。

2.在产品及自制半成品期初余额

在产品及自制半成品期初余额中，“本月实际”根据“生产成本”和“自制半成品”两个账户本月月初余额之和填列；“本年累计实际”指年初余额，根据上年12月份本表中在产品及自制半成品期末余额数（本月实际数和本年累计实际数一致）填列，这一数字与本年本表中“上年实际”栏第11行“在产品及自制半成品期末余额”的数字一致。

3.在产品及自制半成品期末余额

在产品及自制半成品期末余额中，“本月实际”和“本年累计实际”两栏的数字是一致的，都应根据该公司“生产成本”和“自制半成品”两个账户的本月月末余额之和填列。

4.产品生产成本合计

产品生产成本合计的“本月实际”和“本年累计实际”数额，都可以由本月本表中生产费用合计，加上在产品及自制半成品期初余额，减去在产品及自制半成品期末余额计算求得。本月本表中本月实际和本年累计实际产品生产成本合计，应与本月按产品品种和类别编制的商品产品成本表中全部产品本月实际和本年累计实际产品生产成本合计分别对应相符。

三、主要产品单位成本表的结构和编制方法

（一）主要产品单位成本表的结构

主要产品单位成本表是反映企业一定会计期间内生产的各种主要产品的单位成本及其构成情况的报表。该表通常按月编制，其一般格式见表10-3。

主要产品单位成本表应按企业主要产品分别编制，即每种主要产品编制一张报表。该表按照成本项目分别反映各种主要产品的历史先进水平单位成本、上年实际平均单位成本、本年计划单位成本、本月实际单位成本和本年累计实际平均单位成本等指标。为了便于分析，该表还可以提供有关产品产量的资料。主要产品单位成本表反映企业各种主要产品的单位成本水平及其变动趋势，以及各种主要产品单位成本的构成情况，为进一步分析产品成本升降的原因、寻找降低产品成本的途径指明方向。

（二）主要产品单位成本表的编制方法

【例10-3】 海达公司根据有关资料编制主要产品单位成本表，见表10-3。

表10-3　**主要产品单位成本表**

编制单位：海达公司　20××年12月　单位：元

产品名称：甲产品　本月实际产量：440件　本年累计产量：5 000件　单位售价：2 800元

成本项目	历史先进水平（2015年）	上年实际平均	本年计划	本月实际	本年累计实际平均
1.直接材料	460	510	495	500	493
2.燃料和动力	150	160	160	165	164
3.直接人工	965	1 072.5	1 040	1 050	1 035
4.制造费用	735	657.5	633	635	624
产品单位成本	2 310	2 400	2 328	2 350	2 316

在表10-3中，产品单位成本的历史先进水平，是指本企业生产该种产品在历史上单位生产成本最低年度的成本，根据该产品历史上成本最低年度的成本计算资料填列；上年实际平均单位成本、本年计划单位成本、本月实际单位成本和本年累计实际平均单位成本等指标的填列方法，与商品产品成本表中单位生产成本的填列方法相同，主要产品单位成本表中仅增加了各成本项目的资料。

表10-1、表10-2和表10-3三张报表中相同产品对应的单位成本的数额应当相符。

四、制造费用明细表的结构和编制方法

（一）制造费用明细表的结构

制造费用明细表是反映企业及其生产单位在一定会计期间内发生的制造费用总额及其构成情况的报表。制造费用的构成除了按照费用明细项目反映外，还应当按照生产单位反映。企业编制的各生产单位汇总的制造费用明细表只汇总基本生产单位的制造费用，不包括辅助生产单位的制造费用。

为了加强费用管理，及时了解制造费用的发生情况，制造费用明细表一般应当按月编制。在某些季节性生产企业，制造费用明细表也可以按年编制。

制造费用明细表应当按照费用的明细项目提供制造费用的上年实际数、本年计划数、本月实际数和本年累计实际数等指标。通过制造费用明细表，我们可以分析制造费用的构成和增减变动情况，考核制造费用预算的执行情况。制造费用明细表的一般格式见表10-4。

（二）制造费用明细表的编制方法

【例10-4】海达公司根据有关资料编制制造费用明细表，见表10-4。

表10-4　**制造费用明细表**

编制单位：海达公司　20××年12月　单位：元

费用项目	上年实际	本年计划	本月实际	本年累计实际
1.职工薪酬	456 000	645 000	45 600	655 400
2.折旧费	3 000 000	3 020 000	286 000	3 230 200
3.物料消耗	80 000	98 440	8 000	100 000
4.低值易耗品摊销	40 000	80 000	34 000	92 800
5.无形资产摊销	320 000	300 000	44 000	400 000
6.租赁费	8 000	20 000	1 500	18 000
7.水电费	592 000	600 000	56 000	654 000
8.办公费	40 000	40 000	6 400	43 800
9.差旅费	40 000	56 000	10 500	60 000
10.运输费	24 000	38 000	2 000	40 000
11.环境保护费	188 000	200 000	20 000	225 000
12.保险费	218 000	232 000	23 000	258 000
13.设计制图费	20 000	20 000	0	42 000
14.试验检验费	20 000	20 000	2 000	20 000
15.劳动保护费	60 000	80 000	10 000	80 000
16.季节性和修理期间的停工损失				
17.其他				
合　计	5 106 000	5 449 440	549 000	5 919 200

在表10-4中，上年实际数根据上年12月份编制的制造费用明细表中“本年累计实际”栏的数字填列；本年计划数根据本年制造费用预算资料填列；本月实际数根据制造费用明细账中各费用项目本月发生额填列；本年累计实际数根据制造费用明细账中各费用项目本年累计发生额填列，也可以将本月实际数加上上月本表中本年累计实际数后填列。

【同步思考10-2】

海达公司制造费用明细表中的合计数应当与哪一张报表的相关数据一致？

五、期间费用明细表的结构和编制方法

（一）期间费用明细表的结构

期间费用明细表是反映企业一定会计期间内各项期间费用的发生额及其构成情况的报表，包括管理费用明细表、销售费用明细表和财务费用明细表等。期间费用明细表通常按月编制。

各种期间费用明细表一般按其费用项目，分别反映该费用项目的上年实际数（上年同期实际数）、本年（月）计划（预算）数、本月实际数和本年累计实际数。通过期间费用明细表，我们可以分析该项期间费用的构成及其增减变动情况，考核期间费用预算的执行情况。

管理费用明细表、销售费用明细表、财务费用明细表一般格式分别见表10-5、表10-6和表10-7。

（二）期间费用明细表的编制方法

【例10-5】海达公司根据有关资料编制管理费用明细表、销售费用明细表和财务费用明细表，见表10-5、表10-6和表10-7。

表10-5 **管理费用明细表**

编制单位：海达公司 20××年12月 单位：元

费用项目	上年实际	本年计划	本月实际	本年累计实际
一、管理费用	2 546 600	2 612 000	777 700	2 609 300
1.管理人员薪酬	530 600	550 000	512 000	550 000
2.办公费	122 500	125 000	23 800	136 000
3.差旅费	105 000	125 000	2 800	123 000
4.折旧费	250 000	260 000	23 000	262 000
5.修理费	275 000	280 000	25 000	272 000
6.物料消耗	52 500	60 000	12 000	61 000
7.低值易耗品摊销	25 000	26 000	2 600	27 500
8.董事会费	120 000	120 000	10 000	120 000
9.聘请中介机构费	125 000	125 000	60 000	125 000
10.咨询费				
11.诉讼费				
12.税金	536 000	536 000	46 500	536 000
其中：房产税	300 000	300 000	25 000	300 000
城镇土地使用税	150 000	150 000	12 500	150 000
车船税	80 000	80 000	7 000	80 000
印花税	6 000	6 000	2 000	6 200
13.技术转让费				
14.矿产资源补偿费				
15.排污费	225 000	225 000		225 000
16.业务招待费	120 000	120 000	20 000	112 000
17.其他管理费用	60 000	60 000	40 000	59 800
二、研发费用	500 000	600 000		660 000
合　计	3 046 600	3 212 000	777 700	3 269 300

表 10-6

销售费用明细表

编制单位：海达公司　　20××年12月　　单位：元

费用项目	上年实际	本年计划	本月实际	本年累计实际
1.专设销售机构费用	575 000	700 000	89 200	850 000
其中：职工薪酬	285 000	399 000	34 200	427 500
差旅费	75 000	75 000	25 000	150 000
办公费	15 000	12 500	2 000	32 500
业务费	25 000	18 500	11 750	25 000
租赁费	20 000	20 000		
折旧费	105 000	130 000	12 500	170 000
低值易耗品摊销	50 000	45 000	3 750	45 000
2.保险费	250 000	275 000	25 000	300 000
3.包装费	75 000	87 500	12 500	100 000
4.展览费和广告费	125 000	200 000		150 000
5.商品维修费				
6.预计产品质量保证损失				
7.运输费	250 000	300 000	27 500	295 000
8.装卸费	125 000	150 000	20 000	175 000
9.其他销售费用				
合　计	1 400 000	1 712 500	174 200	1 870 000

表 10-7

财务费用明细表

编制单位：海达公司　　20××年12月　　单位：元

费用项目	上年实际	本年计划	本月实际	本年累计实际
1.利息费用	1 500 000	1 875 000	125 000	1 500 000
2.利息收入	125 000	156 250	12 500	132 500
3.汇兑损益				
4.金融机构手续费	13 000	15 000	1 250	22 500
5.发生的现金折扣或收到的现金折扣				
6.其他筹资费用				
合　计	1 388 000	1 733 750	113 750	1 390 000

在期间费用明细表中，上年实际数根据上年12月份各表中的本年累计实际数分别填列；本年计划数应根据本年管理费用预算、销售费用预算和财务费用预算中确定的本年计划数分别填列；本月实际数根据管理费用明细账、销售费用明细账和财务费用明细账本月发生额合计数分别填列；本年累计数应根据管理费用明细账、销售费用明细账和财务费用明细账本年累计发生额合计数分别填列，也可以根据上月该表的本年累计实际数与本月该表的本月实际数之和分别填列。

第二节 成本分析

一、成本分析的作用

成本分析是根据成本核算、成本计划及其他有关资料，运用一系列专门方法，揭示企业成本计划和费用预算的完成情况，查明各种因素变化对成本计划和费用预算完成的影响程度，寻找降低成本和节约费用的途径的一项专门工作。

成本分析是成本核算工作的继续，是成本会计的重要组成部分。定期和不定期的成本分析在查明费用预算和成本计划的完成情况，找出成本费用管理工作中的成绩和问题，明确成本管理的责任，挖掘企业降低成本、节约费用的潜力，以及为编制成本计划、进行成本预测和决策提供资料等方面具有重要意义。

首先，通过成本分析，可以查明企业费用预算和成本计划的完成情况，找出影响计划（预算）完成的原因，评价企业成本计划的先进性和可行性，总结成本管理工作中的经验教训，发现成本管理工作中的问题。

其次，通过成本分析，可以明确企业内部各个部门以及责任人在成本管理方面的责任，有利于考核和评估成本管理工作业绩，落实成本管理责任制。

最后，通过成本分析，可以挖掘企业内部扩大销售、增加生产、节约费用、降低成本的潜力，促使企业改进生产经营管理和成本管理，提高经济效益。

成本分析贯穿费用发生和成本形成的全过程，包括的内容很多。本节主要介绍根据成本报表和成本计划等资料进行的成本事后分析，包括商品产品成本计划完成情况的分析、主要产品成本计划完成情况的分析、产品单位成本的分析、技术经济指标对产品成本影响的分析。

二、成本分析的方法

成本分析方法多种多样，具体选用哪种方法，取决于企业成本分析的目的、费用和成本形成的特点、成本分析所依据的资料性质等。常用的成本分析方法有比较分析法、比率分析法和因素分析法。

（一）比较分析法

比较分析法是将两个或两个以上相关的可比数据进行对比，从数量上确定差异的方法。成本报表（以及成本计划）中有关成本指标数量的差异，反映了成本管理工作的成绩好坏。运用比较分析法就是要揭示这种差异，分析产生差异的原因，以便研究解决问题的途径和方法，提高成本管理水平。

在成本分析中运用比较分析法，主要有以下几种比较（对比）方式：

1.分析期实际数据与计划（预算）数据对比

将分析期实际数据与计划（预算）数据进行比较，是基本的比较方法。这种方法可以找出分析期实际成本费用与计划成本和费用预算之间的差异，了解成本计划和费用预算的执行情况。在具体比较时，可以计算差异额和差异率两个指标。

（1）实际脱离计划的差异额，即实际与计划比较增加或减少的数额。其计算公式为：

实际脱离计划的差异额=分析期指标的实际数据-分析期指标的计划数据

在费用总额和产品单位成本分析中，经常用到上述公式。分析期实际费用总额大于预算中费用总额或者产品实际单位成本大于计划单位成本时，称为费用或成本的超支；反之，称为费用的节约或成本的降低。

在实际工作中，经常要计算成本降低额指标。实际单位成本小于计划单位成本时，形成成本的降低额；实际单位成本大于计划单位成本时，形成成本的超支额。与计划成本比较的成本降低额是同一产量的计划成本总额减去实际成本总额后的差额。其计算公式为：

与计划成本比较的成本降低额=实际产量按计划单位成本计算的总成本-实际总成本

上述公式中的计划成本，是按实际产量进行调整以后的计划总成本（计划单位成本×实际产量），它与实际总成本（实际单位成本×实际产量）之差，如为正数称为成本降低额，如为负数则称为成本超支额。这是“实际脱离计划的差异额”的计算公式的另一种表现形式。

（2）实际脱离计划的差异率，即实际较计划增加或减少的百分比。其计算公式为：

$$\text{实际脱离计划的差异率}=\frac{\text{分析期指标的实际数据}-\text{分析期指标的计划数据}}{\text{分析期指标的计划数据}}\times 100\%$$

根据上述公式的原理，在成本计划完成情况的分析中，经常需要计算与计划成本比较的成本降低率。其计算公式为：

$$\begin{array}{c}\text{与计划成本比较的}\\\text{成本降低率}\end{array}=\frac{\text{实际产量按计划单位成本计算的总成本}-\text{实际总成本}}{\text{实际产量按计划单位成本计算的总成本}}\times 100\%$$

将分析期实际数据与计划（预算）数据进行比较，如果实际数据与计划数据的差异额较大，必须对计划（预算）的编制情况进行检查。如果将实际数据与质量不高、不切实际的计划（预算）数据进行比较，得出的结论不能说明问题，分析没有实际经济意义。

2.分析期实际数据与前期实际数据对比

将分析期实际成本费用与前期（上月、上季、上年、上年同期等）实际成本费用进行比较，可以反映企业成本费用的变动趋势。在有关成本计划（费用预算）资料不全或者计划（预算）的质量不高时，这种比较尤为重要。

在成本分析中，将分析期实际数据与前期实际数据进行对比，除了可以计算出分析期实际数据较前期增加或减少的数额（差异额）和增加或减少的百分比（差异率）外，主要产品成本降低额和降低率也是这种对比方式的另一种表现形式。

企业主要产品成本降低额和降低率，无论是计划降低额（降低率）还是实际降低额（降低率），都是与上年实际进行比较来计算的。其计算公式为：

主要产品实际成本降低额=实际产量按上年实际平均单位成本计算的总成本-实际总成本

$$主要产品实际成本降低率=\frac{主要产品实际成本降低额}{实际产量按上年实际平均单位成本计算的总成本}\times 100\%$$

主要产品计划成本降低额=计划产量按上年实际平均单位成本计算的总成本-计划总成本

$$主要产品计划成本降低率=\frac{主要产品计划成本降低额}{计划产量按上年实际平均单位成本计算的总成本}\times 100\%$$

在成本分析中，分析期实际数据除了与上月、上季、上年和上年同期等前期实际数据进行比较以外，还应当与本企业历史先进水平的成本费用指标进行比较。历史先进水平是指本企业生产的某种产品，其成本水平最低的年度的实际成本，或者在生产规模、生产条件大致相同的情况下，某种费用总额最低的年度的费用额。历史先进水平年份的成本费用资料，也是一种前期实际数据。

3.分析期实际数据与本行业（企业集团）实际平均数据及本行业（企业集团）先进企业实际数据对比

将分析期实际数据与计划数据及前期实际数据进行对比，可以考查企业成本费用计划（预算）的完成情况和成本费用的变动趋势，找出成本管理工作中的成绩和问题。但是，这种企业内部的纵向比较还不能充分说明成本管理工作的成绩和成本费用水平，只有将企业实际数据与行业实际平均数据及行业内先进企业的实际数据进行横向对比，才能找出本企业的差距，才能确定企业成本管理水平在同行业同类企业中的位置。因为企业对于成本数据通常是保密的，所以，成本数据在企业之间的横向比较只有在行业内各企业之间达成了某种协议，同行业同类企业之间有成本数据交换的情况下才可能进行。至于企业集团（总公司）内部各企业之间的成本数据则是公开的，这种企业之间的横向比较应当经常进行。

（二）比率分析法

比率是用倍数或比例表示的分数式，比率分析法是通过计算比率进行分析的方法。在成本分析中，常用的比率分析法有相关比率分析法、构成比率分析法等。

1.相关比率分析法

相关比率是两个相互联系、相互依存（相关）但性质不同的指标计算出的比率。例如，利润总额与成本费用总额的比率，反映了企业一定时期内所得（利润总额）与所费（成本费用总额）之间的比例关系，即企业每百元成本费用的投入能获得多少利润。这一比率是反映成本效益的重要指标，称为成本费用利润率。相关比率分析法就是通过计算性质不完全相同而又相关的两个指标的比率进行分析的方法。通过相关比率的计算，可以排除企业之间的某些不可比因素，有利于企业经营管理者进行成本效益分析和经营决策。

在成本效益分析中，与企业成本指标性质不同而又相关的指标有反映生产成果的产值（工业总产值和商品产值）指标、反映销售成果的营业收入指标和反映财务成果的利润（营业利润和利润总额）指标等。运用相关比率分析法所计算的相关比率也就包括产值成本率、营业收入成本率和成本费用利润率等。

产值成本率是产品成本与工业总产值或商品产值的比率。其计算公式为：

$$产值成本率=\frac{产品生产成本}{工业总产值或商品产值}\times 100\%$$

营业收入成本率是营业成本与营业收入的比率，反映企业一定时期内生产耗费与销售成果的关系。其计算公式为：

$$营业收入成本率=\frac{营业成本}{营业收入}\times 100\%$$

成本费用利润率是利润与成本费用的比率，反映企业一定时期内的财务成果（利润总额或营业利润额）与生产耗费（成本费用总额或营业成本总额）的关系。其计算公式为：

$$成本费用利润率（成本利润率）=\frac{利润总额（营业利润额）}{成本费用总额（营业成本）}\times 100\%$$

2.构成比率分析法

构成比率也叫作结构比率，是局部数量（数额）与总体数量（数额）之比，即局部在总体中的比重，或称部分与全部的比率。例如，在单位产品成本或产品总成本中各个成本项目所占的比重、在费用总额中各个费用项目所占的比重等，都是构成比率。构成比率分析法就是通过计算构成比率来进行分析的，因此也称作结构分析法。

在成本分析中，通过计算产品成本中各个成本项目的比重、费用总额中各个费用项目的比重，可以反映产品成本或费用总额的构成是否合理，为寻找降低成本、节约费用的途径指明方向。成本分析中有关构成比率的计算公式为：

$$\begin{matrix}产品成本的构成比率\\（某成本项目的比重）\end{matrix}=\frac{直接材料（燃料和动力、直接人工、制造费用）数额}{产品成本总额}\times 100\%$$

$$\begin{matrix}期间费用的构成比率\\（某项期间费用的比重）\end{matrix}=\frac{管理费用（财务费用、销售费用）数额}{期间费用总额}\times 100\%$$

$$制造费用的构成比率（某费用项目的比重）=\frac{制造费用中某费用项目数额}{制造费用总额}\times 100\%$$

管理费用、财务费用、销售费用在分别计算其费用项目的构成比率时，其公式与制造费用构成比率的计算公式相同。产品成本（期间费用等）的构成比率之和等于1。

（三）因素分析法

成本是反映企业工作质量的综合性指标，企业成本费用的高低是多种因素共同影响的结果。因素分析法就是将综合经济技术指标分解为各个原始因素，并确定各个因素变动对该项经济指标的影响方向和影响程度的方法。成本分析中的因素分析法包括连环替代法和差额计算法。

1.连环替代法

连环替代法又称连锁替代法，是将综合性经济指标分解为各个因素后，以组成该指标的各个因素的实际数，按顺序替换比较标准（如计划数、前期实际数等），来计算各个因素变动对该指标的影响程度的方法。运用连环替代法进行分析计算有以下几个步骤：

（1）根据综合性经济指标的特征和分析的目的，确定组成该项指标的因素。例如，在分析单位产品成本中直接材料费用的变动原因时，可以确定分析单位产品材料消耗量和材料单价两个因素的影响。

（2）根据各因素的依存关系按一定的顺序排列。采用连环替代法，改变各因素的排列顺序，计算结果会有所不同。为了便于比较和分析，应当确定各因素的排列顺序。在实际工作中，一般将反映数量的因素排列在前，反映质量的因素排列在后；反映实物量和劳动量的因素排列在前，反映价值量的因素排列在后。例如，影响单位产品成本中直接材料费用的因素有单位产品材料消耗量和材料单价两个因素，一般将单位产品材料消耗量排列在前面。又如，影响材料消耗总额的因素有产品产量、单位产品材料消耗量和材料单价三个因素，一般按产品产量、单位产品材料消耗量、材料单价的顺序排列因素。

【同步思考 10-3】

采用连环替代法改变各因素的排列顺序后，计算结果为什么会有所不同？

（3）确定比较的标准（各因素的本期计划数或前期实际数）后，依次以各因素的本期实际数替代该因素的标准数（本期计划数或前期实际数），每次替换都计算出新的数据，有几个因素就需替换几次，直至最后计算出该指标的实际数据。

（4）以每次替换后计算出的新数据，减去前一个数据，其差额即为该因素变动对经济指标的影响程度。

（5）综合各因素的影响程度，其代数和（正负数抵消以后）应等于该经济指标的实际数与标准数（本期计划数或前期实际数）的差异。

【例 10-6】 海林工厂利用A材料加工成甲产品，20××年6月单位产品A材料计划消耗量为100千克，实际消耗量为95千克；A材料计划单价为20元，实际单价为22元；单位产品A材料消耗计划成本为2 000元（100×20），实际成本为2 090元（95×22）。运用连环替代法分析单位产品材料消耗量和材料单价两个因素对材料成本的影响。分析过程如下：

①分析对象（单位产品材料成本脱离计划的差异）=2 090-2 000=90（元）（超支）

②计划数据（比较标准）=100×20=2 000（元）

③第一次替换（以单位产品A材料实际消耗量替换计划消耗量）=95×20=1 900（元）

④单位产品A材料消耗量变化对成本的影响=1 900-2 000=-100（元）（节约）

⑤第二次替换（以A材料实际单价替换计划单价）=95×22=2 090（元）

⑥A材料单价变化对成本的影响=2 090-1 900=190（元）（超支）

⑦综合以上计算结果可以看出，甲产品成本中A材料实际成本比计划超支90元，是材料消耗量和材料单价两个因素共同影响的结果。单位产品A材料消耗量减少5千克，使成本降低100元；A材料单价超支2元，使成本超支190元。对于A材料单价超支的原因应当进一步分析。

2.差额计算法

差额计算法是连环替代法的简化形式，它是根据各因素本期实际数与标准数（本期计划数或前期实际数）的差额，直接计算各因素变动对经济指标影响程度的方法。

【例10-7】根据【例10-6】的资料，运用差额计算法分析单位产品材料消耗量和材料单价两个因素对材料成本的影响。分析过程如下：

（1）分析对象（单位产品材料成本脱离计划的差异）=2 090-2 000=90（元）（超支）

（2）单位产品A材料消耗量变化对成本的影响=（95-100）×20=-100（元）（节约）

（3）A材料单价变化对成本的影响=（22-20）×95=190（元）（超支）

（4）综合以上计算结果可以看出，差额计算法与连环替代法的分析计算结果完全相同。

上述计算数据见表10-8。

表10-8 **材料成本分析表**

产品：甲产品 20××年6月 金额单位：元

项目	计划	实际	差异	差异分析	
				单位产品材料消耗量影响	材料单价影响
单位产品A材料成本	2 000	2 090	+90	-100	190
单位产品材料消耗量（千克）	100	95	-5	（-5）×20=-100	
单位材料价格	20	22	+2		2×95=190

三、商品产品成本计划完成情况分析

商品产品成本计划是按产品类别和成本项目分别编制的，商品产品成本计划完成情况的分析也应当按照产品类别和成本项目分别进行。通过分析，查明全部商品产品和各种产品成本计划的完成情况，查明全部产品总成本中各个成本项目成本计划的完成情况，同时找出成本超支或降低幅度较大的产品成本和成本项目，为进一步分析指明方向。

（一）按产品类别进行商品产品成本计划完成情况分析

按产品类别进行商品产品成本计划完成情况分析，依据是分析期按产品类别编制的商品产品成本表和商品产品成本计划。

【例10-8】海达公司根据20××年商品产品成本表（见表10-1）和商品产品成本计划（见表10-9）的有关资料，编制按产品类别反映的商品产品成本计划完成情况分析表，见表10-10。

表10-9　**商品产品成本计划（按产品类别编制）**

编制单位：海达公司　　20××年度　　金额单位：元

产品名称	计量单位	计划产量	单位成本		计划产量的总成本		成本降低任务	
			上年实际	本年计划	按上年实际单位成本计算	本年计划	成本降低额	成本降低率（%）
主要产品					14 400 000	14 008 320	391 680	2.72
甲产品	件	4 320	2 400	2 328	10 368 000	10 056 960	311 040	3
乙产品	件	2 016	2 000	1 960	4 032 000	3 951 360	80 640	2
非主要产品						4 262 400		
丙产品	件	1 920		2 220		4 262 400		
合　计						18 270 720		

表10-10　**商品产品成本计划完成情况分析表（按产品类别分析）**

编制单位：海达公司　　20××年度　　金额单位：元

产品名称	计量单位	本年实际产量	单位成本			实际产量的总成本			与计划成本比	
			上年实际	本年计划	本年实际	按上年实际单位成本计算	按本年计划单位成本计算	本年实际	成本降低额	成本降低率（%）
主要产品						16 000 000	15 560 000	15 508 000	52 000	0.3342
甲产品	件	5 000	2 400	2 328	2 316	12 000 000	11 640 000	11 580 000	60 000	0.5155
乙产品	件	2 000	2 000	1 960	1 964	4 000 000	3 920 000	3 928 000	-8 000	-0.2041
非主要产品							4 440 000	4 240 000	200 000	4.5045
丙产品	件	2 000		2 220	2 120		4 440 000	4 240 000	200 000	4.5045
合　计							20 000 000	19 748 000	252 000	1.2600

在海达公司商品产品成本计划完成情况分析表（见表10-10）中，总成本都是按实际产量来计算的，因为只有同一实物量的总成本才可以比较。在该公司全部商品产品中，有的是以前年度没有正式生产过的，没有上年成本资料。因此，该公司全部商品产品成本计划完成情况分析是与计划比较，计算出全部商品产品的成本降低额和降低率，查明成本计划的完成情况。在本例中，实际总成本与实际产量按计划单位成本计算的总成本比较，成本降低额为252 000元，成本降低率为1.26%，表明该公司20××年全部商品产品总成本完成了计划。在全部商品产品中，主要产品完成了成本计划，成本降低率为0.3342%，成本降低额为52 000元。其中，甲产品成本降低额为60 000元，成本降低率为0.5155%，完成了成本计划；乙产品成本较计划超支8 000元，超支0.2041%，应当进一步查明原因。非主要产品丙产品实际成本较计划降低了4.5045%，成本降低额为200 000元，成本计划完成较好。但是，该公司也应当分析成本计划的准确性。

（二）按成本项目进行商品产品成本计划完成情况分析

按成本项目进行商品产品成本计划完成情况分析，依据是分析期按成本项目编制的商品产品成本表和商品产品成本计划。

【例10-9】海达公司根据20××年商品产品成本计划（见表10-9）和商品产品成本表（见表10-2）的有关资料，编制按成本项目反映的商品产品成本计划完成情况分析表，见表10-11。

表10-11　　**商品产品成本计划完成情况分析表（按成本项目分析）**

编制单位：海达公司　　20××年度　　金额单位：元

成本项目	实际产量的总成本		与计划比	
	按本年计划单位成本计算	本年实际	成本降低额	成本降低率（%）
1.直接材料	5 645 000	5 353 600	291 400	5.16
2.燃料和动力	1 250 000	1 292 000	-42 000	-3.36
3.直接人工	7 180 000	7 187 000	-7 000	-0.10
4.制造费用	5 925 000	5 915 400	9 600	0.16
合　计	20 000 000	19 748 000	252 000	1.26

在海达公司商品产品成本计划完成情况分析表（见表10-11）中，实际总成本与实际产量按本年计划单位成本计算的总成本比较，成本降低额为252 000元，成本降低率为1.26%，与按产品类别分析的商品产品成本计划完成情况计算结果相同（见表10-10）。此外，在四个成本项目中，直接材料和制造费用计划完成情况比较好，特别是直接材料与计划比较的成本降低额为291 400元，降低率为5.16%，是成本降低的主要因素；燃料和动力、直接人工都没有完成计划，分别超支42 000

元和7 000元，超支3.36%和0.10%。对于燃料和动力、直接人工两个项目超支的原因，应当进一步分析。

四、主要产品成本计划完成情况分析

企业主要产品是指分析期正常生产、大量生产的产品，主要产品的产量、消耗、成本、收入、利润等在企业全部商品产品中占很大比重，是产品成本分析的重点。

企业主要产品一般在上年生产过，通常有上年成本资料可以比较，也称为可比产品。在企业商品产品成本计划中，除了规定主要产品的计划单位成本和计划总成本以外，还规定了与上年比较的成本降低任务，即计划成本降低额和降低率。因此，主要产品成本计划完成情况分析的重点是对主要产品成本降低任务完成情况的分析。

根据因素分析法的原理，分析主要产品成本降低任务的完成情况，首先，要确定分析对象；其次，要确定影响成本降低任务完成的主要因素；最后，要计算各个因素变动对成本降低任务的影响程度。

（一）确定分析对象

企业主要产品成本降低任务完成情况的分析，其分析对象是主要产品实际成本降低额与计划成本降低额的差额、主要产品实际成本降低率与计划成本降低率的差异。

【例10-10】海达公司生产的甲产品和乙产品是主要产品，根据表10-1，该公司主要产品实际产量按上年平均单位成本计算的总成本为16 000 000元，实际总成本为15 508 000元。根据表10-9，该公司主要产品计划产量按上年实际平均单位成本计算的总成本为14 400 000元，计划总成本为14 008 320元。为了便于考核，主要产品的计划成本降低额和降低率、实际成本降低额和降低率都是与上年比较计算的。有关成本降低额、降低率和分析对象计算如下：

主要产品计划成本降低额=14 400 000−14 008 320=391 680（元）

$$主要产品计划成本降低率=\frac{391\,680}{14\,400\,000}\times100\%=2.72\%$$

主要产品实际成本降低额= 16 000 000 −15 508 000=492 000（元）

$$主要产品实际成本降低率=\frac{492\,000}{16\,000\,000}\times100\%=3.075\%$$

成本降低额实际脱离计划的差异=492 000−391 680=100 320（元）

成本降低率实际脱离计划的差异=3.075%−2.72%=0.355%

与上年比较，主要产品实际成本降低额为492 000元，实际成本降低率为3.075%。主要产品实际成本降低额超计划100 320元，实际成本降低率与计划成本降低率的差异为0.355%，该公司较好地完成了主要产品成本降低目标。为什么会超计划完成成本降低任务？超计划的成本降低额100 320元和成本降低率0.355%就是需要运用因素分析法进一步分析的对象，分析对象的计算过程见表10-12。

表10-12　**主要产品成本降低任务完成情况分析表**

编制单位：海达公司　20××年度　金额单位：元

项目	成本降低额	成本降低率
1.计划数		
甲产品	10 368 000−10 056 960=311 040	311 040÷10 368 000×100%=3%
乙产品	4 032 000−3 951 360=80 640	80 640÷4 032 000×100%=2%
合　计	14 400 000−14 008 320=391 680	391 680÷14 400 000×100%=2.72%
2.实际数		
甲产品	12 000 000−11 580 000=420 000	420 000÷12 000 000×100%=3.5%
乙产品	4 000 000−3 928 000=72 000	72 000÷4 000 000×100%=1.8%
合　计	16 000 000−15 508 000=492 000	492 000÷16 000 000×100%=3.075%
3.差异（分析对象）		
甲产品	420 000−311 040=108 960	3.5%−3%=0.5%
乙产品	72 000−80 640=−8 640	1.8%−2%=−0.2%
合　计	492 000−391 680=100 320	3.075%−2.72%=0.355%

（二）确定影响成本降低任务完成的因素

表10-12的计算结果表明，海达公司主要产品成本降低任务已经超额完成，成本降低额超计划100 320元，成本降低率超计划0.355个百分点。但是，分产品看，甲产品的成本降低额和降低率都完成了计划，而乙产品成本降低额比计划少8 640元，成本降低率比计划低0.2个百分点。各种产品成本降低任务完成情况的不同，直接影响企业成本降低任务的完成。

主要产品成本降低任务包括成本降低额和成本降低率，在没有将产品成本划分为变动成本和固定成本的情况下，从一种产品来看，影响成本降低额的有产品产量和产品单位成本两个因素，影响成本降低率的只有产品单位成本一个因素；从多种产品综合来看，影响成本降低额的有产品产量、产品品种结构和产品单位成本三个因素，影响成本降低率的有产品品种结构和产品单位成本两个因素。

（三）计算各个因素变动对成本降低任务完成的影响程度

1.产品单位成本变动的影响

在影响主要产品成本降低任务完成的各个因素中，产品单位成本是最主要的因素，因为从单一产品来说，影响成本降低率的只有产品单位成本一个因素。在不考虑将成本划分为固定成本和变动成本的情况下，产品产量的变动不会对成本降低率产生影响。产品总成本的降低率也就是产品单位成本的降低率。海达公司甲产品20××年实际产量为5 000件，实际平均单位成本为2 316元，上年实际平均单位成本为2 400元；本年实际总成本为11 580 000元，本年实际产量按上年实际平均单位计算的总成本为12 000 000元。该公司甲产品单位成本降低率和总成本降低率可以计算如下：

$$\frac{2\,400-2\,316}{2\,400}\times100\%=3.5\%$$

$$\frac{12\,000\,000-11\,580\,000}{12\,000\,000}\times100\%=3.5\%$$

甲产品单位成本和总成本降低率都是3.5%，说明影响成本降低率的只有产品单位成本一个因素。产品单位成本的降低或超支，直接带来成本的降低额或超支额。因此，产品单位成本变动对主要产品成本降低任务（成本降低额和降低率）完成的影响可以用下列公式计算：

$$\text{产品单位成本变动对成本降低额的影响}=\text{产品实际产量按计划单位成本计算的总成本}-\text{实际总成本}$$

$$\text{产品单位成本变动对成本降低率的影响}=\frac{\text{产品单位成本变动影响的成本降低额}}{\text{产品实际产量按上年实际平均单位成本计算的总成本}}\times100\%$$

根据表10-1，海达公司产品单位成本变动对成本降低任务完成情况的影响计算如下：

产品单位成本变动影响的成本降低额=15 560 000-15 508 000=52 000（元）

$$\text{产品单位成本变动影响的成本降低率}=\frac{52\,000}{16\,000\,000}\times100\%=0.325\%$$

2.产品品种结构变动的影响

产品品种结构是指各种产品在总产品中的比重。由于产品实物量不能综合，在主要产品成本降低任务完成情况的分析中，总产品是根据各种产品的实物产量和该产品上年实际平均单位成本来综合计算的。由于各种产品的计划成本降低率不同，各种产品产量在总产品中的比重（结构）发生变化时，就会影响成本降低任务的完成程度。海达公司主要产品计划和实际的品种结构见表10-13。

表10-13 **主要产品品种结构计算表**

编制单位：海达公司　　20××年度　　金额单位：元

产品名称	计划产量	实际产量	上年单位成本	计划产量按上年平均单位成本计算的总成本	计划品种结构（%）	实际产量按上年平均单位成本计算的总成本	实际品种结构（%）
甲产品	4 320	5 000	2 400	10 368 000	72	12 000 000	75
乙产品	2 016	2 000	2 000	4 032 000	28	4 000 000	25
合　计				14 400 000	100	16 000 000	100

主要产品的成本降低率是多种产品综合的结果，不仅受各种产品成本降低率（单位成本）变动的影响，而且受产品品种结构变动影响。在表10-12中，海达公司甲、乙两种产品计划成本降低率分别为3%和2%；实际成本降低率分别为3.5%和1.8%；综合的计划成本降低率为2.72%，实际成本降低率为3.075%，可以根据

表10-13用下列方法计算：

计划成本降低率=3%×72%+2%×28%=2.72%

实际成本降低率=3.5%×75%+1.8%×25%=3.075%

上述计算式表明，产品品种结构变动对产品成本降低率是有影响的，影响程度可以根据上述计算式所表达的原理计算。具体计算时，可以先求出各种产品计划成本降低率不变，只有产品品种结构变动的综合成本降低率，再与计划的综合成本降低率比较，其差额就是产品品种结构变动对成本降低率的影响。根据表10-9和表10-13，计算海达公司产品品种结构变动对成本降低率的影响如下：

计划成本降低率=3%×72%+2%×28%=2.72%

产品品种结构变动以后的计划成本降低率=3%×75%+2%×25%=2.75%

产品品种结构变动对成本降低率的影响=2.75%-2.72%=0.03%

计算结果表明，在甲、乙两种产品的计划成本降低率（3%和2%）不变的情况下，由于产品品种结构的变动，该公司主要产品综合的成本降低率由2.72%提高到2.75%，增加了0.03个百分点。这是在该公司总产品中，计划成本降低率比较高（3%）的甲产品的比重由72%上升到75%的结果。

在实际工作中，产品品种结构变动对成本降低额和降低率的影响，可以利用以下公式直接计算：

$$\text{产品品种结构变动对成本降低率的影响}=\frac{\text{实际产量按上年实际平均单位成本计算的总成本}-\text{实际产量按计划单位成本计算的总成本}}{\text{实际产量按上年实际平均单位成本计算的总成本}}-\text{计划成本降低率}$$

$$\text{产品品种结构变动对成本降低额的影响}=\text{实际产量按上年实际平均单位成本计算的总成本}\times\text{产品品种结构变动对成本降低率的影响}$$

根据表10-1和表10-9，海达公司产品品种结构变动对成本降低率和降低额的影响可以计算如下：

$$\text{产品品种结构变动影响的成本降低率}=\frac{16\,000\,000-15\,560\,000}{16\,000\,000}-2.72\%=0.03\%$$

产品品种结构变动影响的成本降低额=16 000 000×0.03%=4 800（元）

【同步思考10-4】

什么是产品品种结构？为什么产品品种结构变动会影响成本降低任务的完成程度？

3.产品产量变动的影响

在不考虑将成本区分为固定成本和变动成本的情况下，产品产量的变动只影响成本降低额，不影响成本降低率。产品产量变动对成本降低额的影响，如果分产品计算，包含了产品品种结构变动的影响；如果多种产品综合计算，则排除了产品品种变动的影响。多种产品综合计算有两种计算方法，其计算公式为：

$$\text{产品产量变动对成本降低额的影响}=\text{实际产量按上年实际平均单位成本计算的总成本}\times\text{计划成本降低率}-\text{计划成本降低额}$$

或　　　　$= \left(\begin{array}{c} \text{实际产量按上年实际平均} \\ \text{单位成本计算的总成本} \end{array} - \begin{array}{c} \text{计划产量按上年实际平均} \\ \text{单位成本计算的总成本} \end{array} \right) \times \begin{array}{c} \text{计划成本} \\ \text{降低率} \end{array}$

根据表10-1和表10-9，海达公司产品产量变动对成本降低额的影响可以计算如下：

产品产量变动影响的成本降低额＝16 000 000×2.72%－391 680＝43 520（元）

或　　　　＝（16 000 000－14 400 000）×2.72%＝43 520（元）

计算产品单位成本、产品品种结构和产品产量三个因素对成本降低任务完成的影响程度，也可以采用连环替代法。根据连环替代法的计算原理，影响成本降低额的三个因素的排列顺序为产品产量、产品品种结构、产品单位成本；影响成本降低率的两个因素的排列顺序为产品品种结构、产品单位成本。

【同步思考10-5】

怎样采用连环替代法计算各因素变动对成本降低任务完成的影响程度？

在具体计算各因素对成本降低任务完成的影响程度时，还可以采用更为简便的余额法，即在已知两个因素共同影响的数值和其中一个因素的影响数值以后，用减法求出另一个因素的影响数值。其计算过程见表10-14。

表10-14　　**主要产品成本降低任务完成情况分析表**

编制单位：海达公司　　　　20××年度　　　　金额单位：元

影响因素	对成本降低额的影响	对成本降低率的影响
产品单位成本	③15 560 000－15 508 000＝52 000	④52 000÷16 000 000×100%＝0.325%
产品品种结构	⑥16 000 000×0.03%＝4 800	⑤0.355%－0.325%＝0.03%
产品产量	⑦100 320－52 000－4 800＝43 520	
合　计	① 100 320	②0.355%

在表10-14中，①、②、③、④、⑤、⑥、⑦表示数据取得或计算的顺序。

无论采用哪种方法，在计算确定各个因素变动的影响程度以后，要对企业主要产品成本降低任务的完成情况做出简要评价。海达公司主要产品成本降低任务的完成情况可以分析评价如下：

海达公司20××年主要产品成本降低额和降低率都完成了计划。成本降低额比计划增加100 320元，成本降低率比计划增加0.355个百分点。该公司成本降低任务的超额完成是产品单位成本、产品产量和产品品种结构三个因素共同影响的结果。该公司产品单位成本和产品产量较好地完成了计划。由于产品单位成本的降低，成本降低额增加52 000元，成本降低率增加0.325个百分点；由于产品产量的增加，成本降低额增加43 520元。在该公司两种主要产品中，甲产品单位成本较计划减少12元（2 328－2 316），产量完成计划的115.74%（5 000÷4 320），成本管理工作取得了一定成绩；乙产品单位成本较计划超支4元（1 960－1 964），产量较计划减少16

件，完成计划的99.21%（2 000÷2 016）。对乙产品单位成本超支和产量没有完成计划的原因应进一步分析。

五、产品单位成本计划完成情况的分析

产品单位成本是影响商品产品成本计划和主要产品成本降低任务完成的主要因素，企业应当重点分析产品单位成本计划完成情况，查明产品单位成本升降的原因，寻求降低产品成本的途径。

产品单位成本计划完成情况的分析重点包括两类产品：一是单位成本升降幅度较大的产品；二是在全部产品中所占比重较大的产品。在这两类产品中，又应重点分析成本升降幅度较大的和所占比重较大的成本项目。产品单位成本计划完成情况的分析依据的是有关成本报表资料和成本计划资料。分析方法是先运用比较分析法，查明产品单位成本计划的完成情况，即进行一般分析；再运用因素分析法，查明各个成本项目成本升降的具体原因，即进行因素分析。

（一）产品单位成本计划完成情况的一般分析

【例10-11】根据海达公司20××年主要产品单位成本表（见表10-3）提供的资料和其他有关资料，运用比较分析法的原理，编制产品单位成本计划完成情况分析表，见表10-15。

表10-15　**产品单位成本计划完成情况分析表**

编制单位：海达公司　20××年度　金额单位：元

成本项目	单位成本			与上年实际比		与本年计划比	
	上年实际	本年计划	本年实际	成本降低额	降低率（%）	成本降低额	降低率（%）
一、甲产品合计	2 400	2 328	2 316	84	3.50	12	0.52
1.直接材料	510	495	493	17	3.33	2	0.40
2.燃料和动力	160	160	164	−4	−2.50	−4	−2.50
3.直接人工	1 072.5	1 040	1 035	37.5	3.50	5	0.48
4.制造费用	657.5	633	624	33.5	5.10	9	1.42
二、乙产品合计	2 000	1 960	1 964	36	1.80	−4	−0.20
1.直接材料	680	645	614.8	65.2	9.59	30.2	4.68
2.燃料和动力	120	125	128	−8	−6.67	−3	−2.40
3.直接人工	500	510	516	−16	−3.20	−6	−1.18
4.制造费用	700	680	705.2	−5.2	−0.74	−25.2	−3.71
三、丙产品合计		2 220	2 120			100	4.50
1.直接材料		940	829.5			110.5	11.76
2.燃料和动力		100	108			−8	−8.00
3.直接人工		480	490			−10	−2.08
4.制造费用		700	692.5			7.5	1.07

与上年实际比较，海达公司两种主要产品成本都有所降低，甲产品的成本降低84元，降低率为3.50%，完成了成本降低任务；乙产品成本降低36元，降低率为

1.80%，没有完成成本降低任务。两种产品燃料和动力费用分别比上年增加2.50%和6.67%，乙产品直接人工费用比上年增加16元，增加了3.2%，影响了成本降低任务的完成。对于乙产品燃料和动力、直接人工费用比上年增加的原因应当进一步分析。与20××年计划比较，甲产品、丙产品单位成本分别降低12元和100元，降低率分别为0.52%和4.50%；乙产品单位成本超支4元，超支0.20%。甲产品单位成本超额完成计划，主要是由于直接人工和制造费用计划完成较好，成本降低额分别为5元和9元；燃料和动力项目较计划超支4元，超支2.5%，应当进一步分析其原因。乙产品虽然直接材料项目超额完成计划，但燃料和动力、直接人工、制造费用三个项目分别超支3元、6元和25.2元，超支2.40%、1.18%和3.71%；丙产品虽然直接材料、制造费用项目超额完成计划，但是燃料和动力、直接人工两个项目分别超支8元和10元，特别是燃料和动力项目超支达8%；甲产品燃料和动力项目，乙产品燃料和动力、直接人工、制造费用三个项目，丙产品燃料和动力、直接人工两个项目超计划的原因应当重点分析。丙产品是以前年度没有生产过的，直接材料比计划减少11.76%，燃料和动力比计划增加8%，应当分析具体原因并评价计划的先进性。

（二）产品单位成本计划完成情况的因素分析

1.直接材料、燃料和动力项目的分析

降低原材料、燃料和动力成本是降低产品成本的重要途径，特别是直接材料、燃料和动力费用占成本比重较大的产品，更应作为产品单位成本分析的重点。

影响产品单位成本中直接材料、燃料和动力费用变动的因素主要是单位产品原材料、燃料和动力消耗量（用量）与原材料、燃料、动力价格两个因素。分析材料用量与价格两个因素变动对成本的影响程度，根据连环替代法的原理，可以按下列公式计算（分析燃料和动力的用量与价格两个因素变动对成本的影响程度的计算公式与材料项目相同）：

$$\text{用量变动对材料成本的影响}=\left(\begin{matrix}\text{单位产品材料}\\\text{本年实际用量}\end{matrix}-\begin{matrix}\text{单位产品材料}\\\text{本年计划用量}\end{matrix}\right)\times\text{材料本年计划价格}$$

$$\text{价格变动对材料成本的影响}=\left(\begin{matrix}\text{材料本年}\\\text{实际价格}\end{matrix}-\begin{matrix}\text{材料本年}\\\text{计划价格}\end{matrix}\right)\times\text{单位产品材料本年实际用量}$$

上述公式中，材料本年计划用量和材料本年计划价格是比较的标准。如果与上年实际比较，则材料上年实际用量和材料上年实际价格是比较的标准，在计算材料用量和价格对材料成本的影响数额时，可以将上述公式中的“本年计划”改为“上年实际”。

分析产品单位成本中直接材料费用变动的原因，应当根据直接材料的具体组成内容以及各种材料耗用量和价格的资料，按照上述两个公式分别计算材料耗用量和价格变动对成本的影响，查明直接材料费用超支或节约的原因。

【例10-12】根据表10-15，海达公司20××年生产的丙产品与计划比较，直接材料费用减少110.5元，减少11.76%。丙产品消耗A、B、C、D四种主要材料和其他材料，根据各种材料耗用量和价格（其他材料为金额）资料，编制直接材料费用分析表，见表10-16。

表 10-16　　海达公司直接材料费用分析表

产品：丙产品　　20××年度　　金额单位：元

材料名称	计量单位	材料消耗量		材料价格		材料成本		成本差异		差异额分析	
		计划	实际	计划	实际	计划	实际	差异额	差异率（%）	用量影响	价格影响
		①	②	③	④	⑤=①×③	⑥=②×④	⑦=⑥-⑤	⑧=⑦÷⑤	⑨=（②-①）×③	⑩=（④-③）×②
A材料	千克	40	42	10	8	400	336	-64	-16	20	-84
B材料	千克	33	30	6	6	198	180	-18	-9.09	-18	0
C材料	千克	20	18	8	8.4	160	151.2	-8.8	-5.5	-16	7.2
D材料	千克	10	10	12	11.72	120	117.2	-2.8	-2.33	0	-2.8
其他材料	元					62	45.1	-16.9	-27.26	0	-16.9
合计						940	829.5	-110.5	-11.76		

表 10-16的分析计算结果表明，在海达公司丙产品单位成本中，直接材料费用实际比计划减少 110.5 元，减少 11.76%，主要是由 A 材料的价格、B 材料和 C 材料的耗用量比计划降低以及其他材料耗用比计划减少引起的，降低额分别为 84 元、18 元、16 元和 16.9 元；C 材料价格比计划高了 5.5%，使成本增加 7.2 元，应当进一步分析原因。该公司丙产品以前年度没有生产过，计划单位成本是第一次制定，B 材料、C 材料和其他材料的计划耗用量是否先进合理也应当进一步分析。

2.直接人工项目的分析

产品单位成本中的直接人工费用受工人劳动生产率和工人平均工资两个因素影响。这两个因素也可以用单位产品工时消耗和小时人工费用率来表示。

【例 10-13】根据表 10-15，海达公司 20××年生产的乙产品单位产品成本中，直接人工费用实际比计划超支 6 元，超支 1.18%。分析单位产品工时消耗和小时人工费用率对直接人工费用变动的影响，编制直接人工费用分析表，见表 10-17。

表 10-17　　海达公司直接人工费用分析表

产品：乙产品　　20××年度　　金额单位：元

项目	本年计划	本年实际	差异额	差异额分析	
				工时影响	费用率影响
乙产品生产工人薪酬总额	1 028 160	1 032 000	3 840		
产品产量（件）	2 016	2 000	-16		
产品生产总工时（小时）	102 816	100 000	-2 816		
单位产品直接人工费用	510	516	6	-10	16
单位产品工时消耗（小时）	51	50	-1	-10	
小时直接人工费用率（元/小时）	10	10.32	0.32		16

根据连环替代法的原理，分析单位产品工时消耗和小时工资率变动对成本的影响。其计算公式为：

$$\text{单位产品工时消耗变动对成本的影响}=\left(\text{单位产品本年实际工时}-\text{单位产品本年计划工时}\right)\times\text{本年计划小时人工费用率}$$

$$\text{小时人工费用率变动对成本的影响}=\left(\text{本年实际小时人工费用率}-\text{本年计划小时人工费用率}\right)\times\text{单位产品本年实际工时}$$

上述公式是以本年计划作为比较标准的，如果以上年实际作为比较标准，可将上述公式中的“本年计划”改为“上年实际”。

分析海达公司乙产品单位成本中直接人工费用超计划的原因，分析计算过程如下：

①分析对象（乙产品单位成本中直接人工费用实际脱离计划的差异额）=516-510=6（元）

②单位产品工时消耗降低的影响=（50-51）×10=-10（元）

③小时人工费用率提高的影响=（10.32-10）×50=16（元）

④两个因素共同影响的数额=-10+16=6（元）

上述计算结果表明，海达公司乙产品单位成本中直接人工费用实际比计划超支6元，主要是小时人工费用率超计划造成的。由于小时人工费用率实际比计划提高0.32元，乙产品单位成本增加16元；而乙产品单位产品工时消耗实际比计划减少1小时，使产品单位成本降低10元。这说明海达公司工人劳动生产率（表现为单位产品工时消耗）比计划有所提高，但由于工人平均工资（表现为小时人工费用率）的增长幅度超过了工人劳动生产率的增长幅度，单位成本中的直接人工费用仍比计划超支6元。

3.制造费用项目的分析

制造费用是生产单位为组织和管理生产所发生的各项间接费用，通常应当按照一定标准分配到该生产单位所生产的各种产品成本之中。根据制造费用计入产品成本的方式，分析各因素变动对单位产品成本中制造费用的影响时，可以分析产品产量和制造费用总额两个因素，也可以分析单位产品工时消耗和小时制造费用率两个因素。

【例10-14】根据表10-15，海达公司20××年生产的乙产品单位成本中的制造费用实际比计划超支25.2元，超支3.71%。分析单位产品工时消耗和小时制造费用率对制造费用变动的影响，编制制造费用分析表，见表10-18。

表10-18 **海达公司制造费用分析表**

产品：乙产品 20××年度 金额单位：元

项目	本年计划	本年实际	差异额	差异额分析	
				工时影响	费用率影响
乙产品制造费用总额	1 370 880	1 410 400	39 520		
单位产品制造费用	680	705.2	25.2	-13.33	38.53
单位产品工时消耗（小时）	51	50	-1	-13.33	
小时制造费用率（元/小时）	13.3333	14.1040	0.7707		38.53

根据连环替代法的原理，分析单位产品工时消耗和小时费用率两个因素变动对单位产品成本中制造费用的影响。其计算公式为：

$$\text{单位产品工时消耗变动对成本的影响}=\left(\text{单位产品本年实际工时}-\text{单位产品本年计划工时}\right)\times\text{本年计划小时制造费用率}$$

$$\text{小时制造费用率变动对成本的影响}=\left(\text{本年实际小时制造费用率}-\text{本年计划小时制造费用率}\right)\times\text{单位产品本年实际工时}$$

上述公式是以本年计划作为比较标准的，比较标准为上年实际时，可将公式中的“本年计划”改为“上年实际”。

分析海达公司乙产品单位成本中制造费用超计划的原因，分析计算过程如下：

（1）分析对象（乙产品单位成本中制造费用实际脱离计划的差异）=705.2−680=25.2（元）

（2）单位产品工时消耗降低对成本的影响=（50−51）×13.3333=−13.33（元）

（3）小时制造费用率提高对成本的影响=（14.1040−13.3333）×50=38.53（元）

（4）两个因素共同影响的数额=−13.33+38.53=25.2（元）

计算结果表明，海达公司乙产品单位成本中制造费用实际比计划超支25.2元，主要是由小时制造费用率超计划造成的。小时制造费用率实际比计划超支0.7707元，使产品单位成本超支38.53元。这说明该公司在控制制造费用总额和增加产品产量方面还大有潜力。对该公司制造费用总额增加和乙产品未完成产量计划的原因还应进一步分析。

要了解制造费用节约或超支的原因，就要进一步分析制造费用总额及明细项目。依据制造费用预算、制造费用明细表和其他资料对制造费用总额进行分析时，应当注意以下几点：

（1）运用比较分析法，将本年（月、季）实际制造费用总额分别与上年实际制造费用总额和本年制造费用预算进行比较，查明两个年度制造费用总额的变化情况，查明制造费用的预算执行情况。

（2）根据费用与产品产量的关系，将制造费用划分为固定费用和变动费用。在一定产量（业务量）范围内，固定费用总额应是相对固定的，变动费用总额则随产品产量（业务量）的变化而变化。在运用比较分析法进行分析时，固定费用项目可以直接对比；变动费用项目可以先按产品产量（业务量）的变化情况，对本年预算数进行调整，再将本年实际数与调整后的预算数进行对比。

（3）对制造费用各明细项目要逐项分析，分析的重点是实际脱离预算较大（与上年比较差异额较大）的费用项目，以及在制造费用总额中数额较大或所占比重较大的费用项目。

（4）分析制造费用各个明细项目构成比例（比重）的变化情况，检查费用构成变化的合理性。

六、技术经济指标变动对产品成本影响的分析

产品成本是反映企业生产经营和管理工作水平的重要综合指标，企业各项技术经济指标的变动都会或多或少、直接或间接地反映到产品成本指标上来。为了深入分析企业产品成本升降的原因，寻找降低产品成本的途径，挖掘降低

产品成本的潜力，在成本分析中，应当进一步分析技术经济指标变动对产品成本的影响。

企业技术经济指标与生产经营活动的特点紧密相关，每个企业都有适应本企业生产经营活动特点的技术经济指标体系。一般来说，一个企业的技术经济指标体系包括产品产量（及产品品种）、产品质量、劳动生产率、设备利用率，以及原材料、燃料和动力的消耗等基本指标。

（一）产品产量变动对成本影响的分析

产品产量是企业重要技术经济指标，企业设备利用率、劳动生产率和产品质量等指标的变化都会影响产品产量。在主要产品成本降低任务完成情况的分析中，我们曾分析过产品产量变动对主要产品成本降低额的影响。从技术经济指标的角度看，产品产量变动对成本的影响主要是指对产品成本中固定费用的影响。在固定费用总额不变的情况下，增加产品产量，可以降低单位产品成本中的固定费用；当产品产量的增长幅度超过固定费用总额的增长幅度时，也可以降低单位产品成本中的固定费用。

产品产量变动形成的成本降低率和降低额，可以用下列公式计算：

$$\text{产品产量变动形成的成本降低率}=\left(1-\frac{1}{\text{产量计划完成率}}\right)\times\text{计划固定费用占产品成本的百分比}$$

$$\text{产品产量变动形成的成本降低额}=\text{实际产量按计划单位成本计算的总成本}\times\text{产品产量变动形成的成本降低率}$$

【例10-15】海达公司生产的甲产品20××年计划产量为4 320件，计划单位成本为2 328元，计划制造费用中固定性制造费用为1 810 252.8元；单位产品成本中固定费用为419.04元（1 810 252.8÷4 320），占单位产品成本的18%（419.04÷2 328）。甲产品本年实际产量为5 000件、产量计划完成率为115.74%（5 000÷4 320）。根据资料计算产品产量变动形成的成本降低率和降低额。

$$\text{产品产量变动形成的成本降低率}=\left(1-\frac{1}{115.74\%}\right)\times 18\%=2.448\%$$

产品产量变动形成的单位成本降低额=2 328×2.448%=56.9894（元）

或 $419.04-\frac{1\,810\,252.8}{5\,000}=56.9894$（元）

$$\text{产品产量变动形成的总成本降低额}=5\,000\times 56.9894=284\,947\text{（元）}$$

或 （5 000×2 328）×2.448%=11 640 000×2.448%=284 947（元）

或 5 000×419.04−1 810 252.8=284 947（元）

（二）产品质量变动对成本影响的分析

反映产品质量的指标比较多，产品质量变动对成本影响的计算也比较复杂。这里主要介绍废品率变动对产品成本影响的分析。

废品率是产品生产过程中废品数量与全部生产数量（合格品数量与废品数量之和）的比率。其计算公式为：

$$废品率 = \frac{废品数量}{合格品数量 + 废品数量} \times 100\%$$

生产过程中产生的废品损失是由合格产品成本负担的，在废品承担的生产成本与合格品相同的条件下，可以将废品率变动前和变动后的合格产品单位成本中的废品损失进行比较，计算废品率变动形成的成本降低额和降低率。合格产品单位成本中废品损失所占的比重可以用下列公式计算：

$$废品损失占单位成本百分比 = \frac{废品率 \times (1 - 废品残料价值占废品生产成本的百分比)}{1 - 废品率} \times 100\%$$

【例 10-16】 海联公司生产的丙产品划分为合格品和废品，上月合格产品产量为 5 225 件，废品为 275 件；本月合格产品产量为 6 000 件，废品为 250 件；上月和本月废品率计算表见表 10-19。丙产品上月合格产品单位成本为 1 000 元，其中废品损失占 4.8%；上月废品残料价值占废品生产成本的 8.8%。根据资料计算废品率变动形成的成本降低额和降低率。

表 10-19　**海联公司废品率计算表**

产品：丙产品　　20××年 6 月　　实物计量单位：件

项目	上月	本月	差异
合格产品产量	5 225	6 000	+775
废品数量	275	250	−25
生产总量	5 500	6 250	+750
废品率（%）	5	4	−1

$$上月废品率 = \frac{275}{5\,225 + 275} \times 100\% = 5\%$$

$$本月废品率 = \frac{250}{6\,000 + 250} \times 100\% = 4\%$$

$$上月废品损失占单位成本的百分比 = \frac{5\% \times (1 - 8.8\%)}{1 - 5\%} \times 100\% = 4.8\%$$

$$本月废品损失占单位成本的百分比 = \frac{4\% \times (1 - 8.8\%)}{1 - 4\%} \times 100\% = 3.8\%$$

废品率变动形成的单位成本降低额=1 000×（4.8%−3.8%）=10（元）

废品率变动形成的总成本降低额=6 000×10=60 000（元）

$$废品率变动形成的成本降低率 = \frac{10}{1\,000} \times 100\% = 1\%$$

（三）工人劳动生产率变动对成本影响的分析

分析工人劳动生产率变动对产品成本的影响，应当同时考虑工人平均工资变动的影响。只有工人劳动生产率的增长超过工人平均工资的增长，才能形成成本的降低额和降低率。工人劳动生产率的增长超过平均工资的增长形成的成本降低额和成本降低率计算公式为：

$$工人劳动生产率的增长超过工人平均工资增长形成的成本降低率 = \left(1 - \frac{1 + 工人平均工资增长率}{1 + 工人劳动生产率增长率}\right) \times 计划直接人工占产品成本的比重$$

$$\text{工人劳动生产率的增长超过工人平均工资增长形成的成本降低额}=\text{实际产量按计划单位成本计算的总成本}\times\text{工人劳动生产率的增长超过工人平均工资增长形成的成本降低率}$$

【例10-17】海联公司生产的丙产品计划单位成本为1 000元，其中直接人工费用占25%。丙产品20××年11月实际产量为6 000件，工人劳动生产率实际比计划增长12%，平均工资实际比计划增长8.416%。根据资料计算工人劳动生产率的增长超过工人平均工资的增长形成的成本降低率和成本降低额。

$$\text{工人劳动生产率的增长超过工人平均工资增长形成的成本降低率}=\left(1-\frac{1+8.416\%}{1+12\%}\right)\times25\%=0.8\%$$

工人劳动生产率的增长超过工人平均工资增长形成的单位成本降低额=1 000×0.8%=8（元）

工人劳动生产率的增长超过工人平均工资增长形成的总成本降低额=6 000×8=48 000（元）

或　（6 000×1 000）×0.8%=48 000（元）

（四）材料利用情况变化对成本影响的分析

改进产品设计，减轻单位产品的净重，合理使用代用材料，以及提高原材料利用率等，都可以改变材料利用情况，减少材料消耗，降低产品成本。

1.改进产品设计以减轻产品净重对产品成本的影响

产品净重在这里是指构成产品实体的原材料重量。通过改进产品设计，产品在稳定或提高质量的前提下减轻净重，是节约材料消耗、降低产品成本的重要途径。改进产品设计、减轻产品净重形成的成本降低额和降低率计算公式为：

$$\text{减轻产品净重形成的成本降低率}=\left(1-\frac{\text{改进后产品净重}}{\text{改进前产品净重}}\right)\times\text{改进前直接材料成本占产品成本的比重}$$

$$\text{减轻产品净重形成的成本降低额}=\text{改进前产品单位成本}\times\text{减轻产品净重形成的成本降低率}$$

或

$$=\text{改进前产品直接材料成本}\times\left(1-\frac{\text{改进后产品净重}}{\text{改进前产品净重}}\right)$$

【例10-18】海联公司生产的丁产品在改进产品设计前净重400千克，产品单位成本为6 000元，其中构成产品实体的直接材料成本为3 000元，占产品单位成本的50%。通过改进产品设计，产品净重已降低到360千克，20××年实际生产丁产品1 000件。根据资料计算减轻产品净重形成的成本降低率和成本降低额。

$$\text{减轻产品净重形成的成本降低率}=\left(1-\frac{360}{400}\right)\times50\%=5\%$$

减轻产品净重形成的单位成本降低额=6 000×5%=300（元）

减轻产品净重形成的总成本降低额=1 000×300=300 000（元）

2.合理使用代用材料对产品成本的影响

在保证产品质量的前提下，通过充分的技术论证，合理使用价格较低的代用材料，可以降低产品成本中的直接材料成本。合理采用代用材料形成的成本降低额和降低率计算公式为：

$$\text{使用代用材料形成的成本降低额}=\left(\text{原使用材料耗用量}\times\text{该材料价格}\right)-\left(\text{代用材料耗用量}\times\text{代用材料价格}\right)$$

$$使用代用材料形成的成本降低率=\frac{使用代用材料形成的成本降低额}{产品原单位成本}\times 100\%$$

【例10-19】海林工厂生产的乙产品，原来采用A材料，单位产品耗用量为100千克，每千克为26.4元，单位产品材料成本为2 640元，产品单位成本为5 000元。现通过试验和论证，改用B材料。其不仅价格略低，而且有助于产品质量的提高。B材料每千克价格为23元，单位产品耗用量为110千克。20××年实际生产乙产品10 000件。根据资料计算合理采用代用材料形成的成本降低额和降低率。

改用B材料形成的单位成本降低额=（100×26.4）-（110×23）=110（元）

改用B材料形成的总成本降低额=10 000×110=1 100 000（元）

$$改用B材料形成的成本降低率=\frac{110}{5\,000}\times 100\%=2.2\%$$

或 $\frac{1\,100\,000}{10\,000\times 5\,000}\times 100\%=2.2\%$

3.提高原材料利用率对产品成本的影响

原材料利用率是指生产过程中利用的原材料数量与投入生产的原材料数量的比率。其计算公式为：

$$原材料利用率=\frac{生产中利用原材料的数量}{生产中投入原材料的数量}\times 100\%$$

上述公式中，生产中利用原材料的数量可以用产品产量或加工后产品净重来表示，也可以用产品中原材料重量来表示。在生产过程中，企业最初投入生产的原材料数量总是大于生产中利用原材料的数量，它们之间的差距越小，说明加工过程中原材料的损耗越小。生产过程中原材料利用得越好，原材料利用率就越高；原材料利用率越高，单位产品负担的材料费用就越少。原材料利用率变动形成的成本降低率和降低额计算公式为：

$$\begin{array}{c}原材料利用率变动\\形成的成本降低率\end{array}=\left(1-\frac{变动前原材料利用率}{变动后原材料利用率}\right)\times\begin{array}{c}变动前原材料成本\\占产品成本的比重\end{array}$$

$$\begin{array}{c}原材料利用率变动\\形成的成本降低额\end{array}=\begin{array}{c}变动前产品\\单位成本\end{array}\times\begin{array}{c}原材料利用率变动\\形成的成本降低率\end{array}$$

【例10-20】海林工厂生产的甲产品由A材料构成产品实体，甲产品计划单位成本为62.5元，其中A材料成本为31.25元。20××年计划投入A材料80 000千克，计划生产甲产品67 584千克；实际投入A材料80 000千克，实际生产甲产品70 400千克。A材料本年计划单价和实际单价均为26.4元。根据资料计算原材料利用率变动形成的成本降低额和降低率。

（1）计算原材料利用率（见表10-20）。

$$本年计划原材料利用率=\frac{67\,584}{80\,000}\times 100\%=84.48\%$$

$$本年实际原材料利用率=\frac{70\,400}{80\,000}\times 100\%=88\%$$

（2）计算原材料利用率变动形成的成本降低率和降低额。

$$原材料利用率变动形成的成本降低率=\left(1-\frac{84.48\%}{88\%}\right)\times\frac{31.25}{62.5}=2\%$$

表10-20 **甲产品原材料利用率计算表**

20××年度 金额单位：元

项　目	本年计划	本年实际	差异
生产中投入A材料数量（千克）	80 000	80 000	0
生产中利用A材料数量——甲产品产量（千克）	67 584	70 400	2 816
原材料利用率（%）	84.48	88	3.52
A材料单位价格	26.4	26.4	0
A材料总成本	2 112 000	2 112 000	0
单位甲产品A材料成本	31.25	30	-1.25

原材料利用率变动形成的单位成本降低额=62.5×2%=1.25（元）

原材料利用率变动形成的总成本降低额=70 400×1.25=88 000（元）

或　70 400×31.25-80 000×26.4=88 000（元）

■ 本章重点与难点

1.本章重点：成本报表的种类和特点；设置和编报成本报表的基本要求；商品产品成本表的编制；比较分析法、比率分析法和因素分析法的基本原理和运用；全部产品成本计划完成情况的分析；主要产品成本降低任务完成情况的分析；产品单位成本计划完成情况的分析；技术经济指标变动对成本影响的分析。

2.本章难点：连环替代法的运用；主要产品成本降低任务完成情况的因素分析；废品率、原材料利用率、工人劳动生产率变动对成本影响的分析。

■ 基本训练

第十章判断题　　第十章选择题

实务题

（1）海明工厂生产的甲产品和乙产品为主要产品，上年实际平均单位成本分别为3 000元和2 500元，丙产品为本年新生产的非主要产品。甲、乙、丙三种产品本年计划产量分别为1 080件、504件和480件，本年实际产量分别为1 250件、500件和500件；三种产品本年计划单位成本分别为2 910元、2 450元和2 775元，本年实际平均单位成本分别为2 895元、2 455元和2 650元。

要求：根据资料分析商品产品成本计划完成情况并简要评价。

（2）根据上题海明工厂资料分析主要产品成本计划完成情况并简要评价。

（3）海明工厂生产的甲产品上年实际平均单位成本为3 000元，其中直接材料1 175元、直接人工925元、燃料和动力200元、制造费用700元；本年计划单位成本为2 910元，其中直接材料1 097元、直接人工938元、燃料和动力200元、制造费用675元；本年实际单位成本为2 895元，其中直接材料1 113元、直接人工930元、燃料和动力202元、制造费用650元。

要求：根据资料分析甲产品单位成本计划完成情况（甲产品各成本项目本年计划和实际的用量与价格资料请自行设计）。

（4）海明工厂甲产品成本划分为固定成本和变动成本，本年计划单位成本为2 910元，其中固定成本占16%；本年计划产量为1 080件，实际产量为1 250件。

要求：根据资料分析甲产品产量变动形成的成本降低率和成本降低额。

（5）海叶工厂生产的丁产品由C原材料构成产品实体，上年C原材料利用率为85%，C原材料成本占产品成本的比重为60%；本年C原材料利用率为86.7%，C原材料成本占产品成本的比重没有变化。

要求：根据资料分析C原材料利用率变动形成的成本降低率。

第十一章 成本预测、成本决策和成本计划

学习目标

通过对本章内容的学习，在知识方面，理解成本预测、成本决策和成本计划的基本概念、内容；在实务方面，掌握成本定量预测分析方法，重点掌握差量分析、本量利分析和相关成本分析等方法在成本决策中的具体运用以及成本计划的编制方法。

导入案例

向阳模具厂生产一种模具，主要原料是从某钢铁厂购进的铸件。上半年共对外销售8万套，实现利润120万元。该产品市场售价为180元，单位变动成本为120元。下半年由于市场竞争加剧，产品在技术上已不具有优势，于是该厂将市场售价降至170元以扩大市场份额。与此同时，主要原料供应商也要求提高原料售价，使得单位变动成本从120元上升为130元。该厂领导要求挖掘成本潜力，下功夫控制制造费用支出，要实现年初预定的200万元目标利润。

思考：如果下半年销量与上半年持平，固定成本最多不能超过多少？如果固定成本与上年持平，销售量最少应达到多少？

第一节 成本预测

一、成本预测的意义

成本预测，是指根据成本特性、各种技术经济条件的相关数据和情况，结合发展前景，采用一定的科学方法，对企业未来期间的一定产品、项目或方案的成本水平及变动趋势进行预计和测算，为企业的决策、计划服务，以提高生产经营综合经济效益的一种会计预测。

成本预测是现代会计的一项重要职能。在市场经济条件下，企业要生存和发展，必须重视成本预测，因为产品成本的高低关系到企业在竞争中的成败。企业总是事先根据目标利润预测目标成本，然后再确定设计工艺标准和生产水平，并在执行中实行成本控制，以达到实现目标利润的目的。实践证明，搞好成本预测，对生产经营决策科学化、正确制订成本计划、为成本控制提供目标和方向、改善经营管理、调动职工生产积极性、挖掘降低成本的潜力、增强企业竞争能力、提高经济效

益都具有十分重要的意义。

（一）成本预测是企业成本决策的依据

正确的决策来自可靠的预测。通过成本预测，企业可以预计在各种技术经济条件下产品的成本，提供制造产品的多个技术经济方案，由决策者从中选择成本最低、效益最好、切实可行的方案；可针对成本形成过程中的重点环节、薄弱环节进行改良，制定更完善的方案，为合理组织生产经营、提高企业经济效益做出正确决策。

（二）成本预测是编制成本计划的基础

成本预测是编制成本计划过程中必不可少的阶段，没有成本预测，就没有成本决策。计划是对未来的具体要求和部署，预测是对未来事件的描述，两者通过决策环节相联结。预测提出可行的备选方案，决策从备选方案中确定最佳的可行方案，计划则是对决策确定的最佳方案做出实施的具体规划。没有科学准确的成本预测，也就没有科学的决策，更不会存在对决策所选方案进行成本计划的问题。

（三）成本预测是加强成本管理、降低产品成本的方法

成本预测过程是对产品成本的解剖和分析过程。通过对历史资料的分析和对未来情况的估计，能发现可降低成本的环节，拟定降低成本的措施，挖掘降低成本的潜力；针对薄弱环节，加强成本管理，克服盲目性，提高预见性。

管理人员在进行成本预测时应注意以下几个方面：第一，预测的结果和实施的结果可能不完全一致，甚至完全不一致，这都是正常状况。客观条件和经济环境是不断变化的，只有不断根据现状调整成本预测数据，修改成本计划，才能使预测结果更贴近实际。第二，成本预测按时间分类，可分为短期预测、中期预测和长期预测。短期预测提供的方案要详细，最好同时配合考虑降低成本的具体措施；而中长期预测主要是指出成本趋势，可以粗略一些。第三，为使成本预测真正起到提高企业经济效益的作用，还需对开展成本预测工作所需的成本进行预测，如进行成本预测的耗费大于等于降低成本可能获取的收益，那就应当考虑是否需要成本预测了。

二、成本预测的内容

成本预测是现代化企业管理的重要环节，每个企业在不同时期有不同项目需要进行成本预测，涉及生产技术、生产组织及经营管理等诸多方面。成本预测的内容主要包含以下几个方面：

（一）产品结构、生产工艺设计和技术改造项目成本的预测

企业在组织生产经营活动时，为提高产品质量、提高劳动生产率和降低产品成本而采取新产品开发、品种结构调整、生产工艺设计、技术改造、设备更新等措施，应以最小的耗费取得最好的效益，成本预测可提供最佳方案。

（二）新建、扩建企业（网点）成本的预测

扩大生产规模是企业的重大投资项目，需进行严格的可行性研究。建设成本的预测、投产后产品成本的预测是可行性研究的重要内容。

（三）目标成本的预测

目标成本的预测即预测实现目标利润时应达到的成本水平。目标成本是一项预计成本，是指产品、劳务、工程项目等在其生产经营活动之前，根据预定的目标所预先制定的产品、劳务、工程项目生产过程中的必要劳动消耗的标准。目标成本为企业合理组织生产、控制成本支出提供了依据。

（四）成本变动趋势的预测

成本变动趋势预测即预测未来一定时期内可能达到的成本水平及成本变动的规律。通过趋势预测，可以掌握成本增减的变动规律，从而控制成本、费用的支出。

成本预测具有未知性、时间性和不确定性，企业在进行成本预测时，既要讲究预测方法，也要考虑成本效益原则，还要以科学的态度对待预测的结果。

三、成本预测的程序

（一）确定预测对象和目标

这是预测的准备阶段。预测对象和内容是指预测的具体项目和指标，预测目标即预测所要达到的目的。只有预测对象和目标明确，才能有目的地搜集资料，选择恰当的预测方法，规定预测的期限，从而使预测结果符合未来的成本变化趋势。

（二）搜集和分析所需资料

这是决定预测成败的一项基础性工作。影响成本的因素很多，可以搜集的资料也较多，一般包括社会经济和本企业、本部门的历史会计统计资料及其他历史资料，政府现行方针、政策、法规、法令，当前社会经济和市场状况，本企业、本部门经济活动状况等。搜集和分析资料时，要注意其可靠性、完整性和代表性。

（三）提出假设，建立数学模型

数学模型是指用数量来表示已知现象和未知现象之间、原因和结果之间相互联系的数学公式，人们可以借助它来研究、发现事物发展变化的规律性。需要注意的是，数学模型是对客观事物发展变化情况的高度概括和抽象，因此具有一定的假设性。预测是以过去事物的发展模式为基础，对未来事物的量和质所做的估计，因此，预测的结果和实际情况难免会有误差存在，需要不断地检验和修正。

（四）选定预测方法，做出预测判断

预测方法是指各种预测的技术和手段，预测效果的好坏与预测方法有很大关系。选择预测方法的基本要求是结果准确、费用节省、方法简便、预测及时。

（五）分析预测误差，评价预测结果

分析预测误差一般有两种情况：一是分析预测所采用的数学模型的理论误差，以便改进数学模型；二是对已作为决策、计划依据的预测结果，追踪检查其与实际执行结果的符合程度，分析误差大小及其产生的原因，以便总结经验改进预测。评价预测结果是指判断预测的可信程度及是否符合实际情况，一般从统计检验和直观判断两方面进行。

（六）修正预测结果

由于假设的存在，数学模型往往舍去了一些影响因素或事件，因此，要运用定性方法考虑这些因素，并修正定量预测的结果。运用定性方法预测的结果往往也需要应用定量方法加以修正、补充，使预测结果更接近实际。

四、成本预测的方法

选择适当的成本预测方法是进行成本预测的基本程序之一。成本预测方法根据对象性质的不同，可分为定量预测法和定性预测法两大类。

（一）定量预测法

定量预测法是用数学的方法，对过去的历史资料进行科学的处理与加工，借以揭示有关因素和变量之间的数量关系，以此作为预测的依据。定量预测法有两类：一类是以某一指标过去的变化趋势，预测未来，把未来看作过去的延伸；另一类是利用指标间的数量关系，以一个指标的变动为基础，来推断另一个指标的变动程度。定量预测法中运用比较广泛的有高低点法、回归直线法、时间序列法、本量利分析法、因素测算法等。

1.高低点法

高低点法是以成本性态分析为基础的一种成本预测方法。成本性态亦称成本习性，是指成本与业务量之间的依存关系。这里的业务量可以是生产或销售的产品数量，也可以是反映生产工作量的直接人工小时或机器工作小时等。

成本按其与业务量之间的依存关系，可以分为固定成本、变动成本和混合成本三大类。

固定成本，是指在一定业务量范围内，不受业务量增减变动影响而保持不变的成本，如按直线法计算的固定资产折旧费、管理人员的薪酬、机器设备的租赁费等。

变动成本，是指在一定业务量范围内，其总额随着业务量的变动而成正比例变动的成本，如直接材料、直接人工、包装材料费等。

混合成本，是指介于固定成本和变动成本之间、既随业务量变动又不成正比例变动的那部分成本。比如，机器设备的维修保养费、销售人员的薪金等通常有一个初始量，类似于固定成本，在此基础上，随业务量的增加而相应增加，类似于变动成本；再如企业化验员、检验员的薪酬等，这类成本在一定业务量范围内其成本不随业务量的变动而变动，当业务量超出这个范围，成本就会跳跃上升，并在新的业务量变动范围内固定不变，直到出现另一个新的跳跃为止。为便于成本预测、决策、控制和考核分析，通常要采用一定的方法，把混合成本分解为固定成本和变动成本，从而使所有成本均可通过成本性态分析，分解为固定成本和变动成本两大类。用数学模型表示为：

$$y=a+bx$$

其中：y为总成本或混合成本；a为固定成本总额；b为单位变动成本；x为业务量。

高低点法就是根据一定期间内的最高业务量及其成本和最低业务量及其成本，利用 $y=a+bx$ 来推算成本中的固定成本和变动成本，进而预测总成本的一种成本预测方法。

高低点法的基本步骤是：

（1）确定高低点。根据某项成本过去一定时期的业务量和成本资料，确定最高点和最低点。

（2）计算单位变动成本（b）和固定成本（a）。根据混合成本的组成方程式 $y=a+bx$ 和高低点资料，可列出一个二元一次方程组：

$$y_{高}=a+bx_{高}$$

$$y_{低}=a+bx_{低}$$

$$b=\frac{y_{高}-y_{低}}{x_{高}-x_{低}}$$

$$a=y_{高}-bx_{高}$$

或 $a=y_{低}-bx_{低}$

【例 11-1】某企业生产甲产品，最大生产能力为250台。2015—2020年有关产量和成本资料见表11-1，2021年计划产销量为220台，要求预测2021年的成本水平。

表 11-1　　2015—2020年有关产量和成本资料

年度	产销量（x）（台）	总成本（y）（万元）
2015	170	580
2016	180	550
2017	210	680
2018	160	560
2019	200	650
2020	190	600

首先，确定高低点（见表11-2）。

表 11-2　　高低点

项　目	最高点（2017年）	最低点（2018年）
产销量（x）（台）	210	160
总成本（y）（万元）	680	560

其次，计算b和a，按成本性态建立直线方程。

$$b=\frac{y_{高}-y_{低}}{x_{高}-x_{低}}$$

$$b=\frac{680-560}{210-160}=2.4\text{（万元）}$$

$$a=y_{高}-bx_{高}=680-2.4\times210=176\text{（万元）}$$

或 $a=y_{高}-bx_{高}=560-2.4\times160=176$（万元）

则甲产品生产的直线方程为：

$y=176+2.4x$

当2021年计划产销量为220台时，预测的总成本为：

$y=176+2.4\times220=704$（万元）

单位成本 $= \dfrac{704}{220} = 3.2$（万元）

【同步链接11-1】

产量的最高点、最低点与成本的最高点、最低点不相匹配时，应以产量的最高点和最低点为准，取其相对应的成本作为最高点成本和最低点成本。

高低点法的优点是简便易行，便于理解。其缺点是由于它只选择了诸多历史资料中的两组数据作为计算依据，建立起来的成本性态模型很可能不具有代表性，也可能导致较大的计算误差。这种方法只适用于成本变化趋势比较稳定的企业。

2.回归直线法

回归直线法是研究变量间相互关系的一种数理统计方法，它是根据若干历史时期的业务量和成本资料，运用最小二乘法的原理，计算出最能代表业务量和成本关系的回归直线方程，据此确定成本的固定部分和变动部分，利用成本性态模型预测成本的一种成本预测方法。

回归分析是一种统计方法，用以获得与一种数据最相符的唯一的成本预测公式。回归线或回归方程是指通过回归分析使预测误差的平方和最小的成本趋势直线。误差是指从回归线到每一点的距离。回归直线法又称最小二乘法，被认为是成本预测中最有效的方法之一。

设成本y与业务量x之间的关系为：

$y=a+bx$

根据实际观测值（x_i，y_i），i=1，2，3，…，n，可得：

$$\sum y = na + b\sum x \tag{11-1}$$

$$\sum xy = a\sum x + b\sum x^2 \tag{11-2}$$

解式（11-1）和式（11-2）的联立方程组，得：

$$a = \frac{\sum y - b\sum x}{n} \tag{11-3}$$

$$b = \frac{n\sum xy - \sum x\sum y}{n\sum x^2 - (\sum x)^2} \tag{11-4}$$

根据式（11-3）和式（11-4），即可求出a、b的值，进而建立回归直线方程。

【例11-2】 仍以【例11-1】的资料为例，运用回归直线法预测2021年的目标成本。

首先，把表11-1的资料加工整理，求得回归分析有关数据，见表11-3。

表 11-3 **回归分析有关数据**

年份	产量 x_i（台）	总成本 y_i（万元）	x_iy_i	x_i^2
2015	170	580	98 600	28 900
2016	180	550	99 000	32 400
2017	210	680	142 800	44 100
2018	160	560	89 600	25 600
2019	200	650	130 000	40 000
2020	190	600	114 000	36 100
$\sum$	1 110	3 620	674 000	207 100

其次，根据公式，解 y=a+bx，待定常数 a 与 b 的值为：

$$b=\frac{n\sum xy-\sum x\sum y}{n\sum x^2-(\sum x)^2}=\frac{6\times 674\,000-1\,110\times 3\,620}{6\times 207\,100-(1\,110)^2}=2.457$$

$$a=\frac{\sum y-b\sum x}{n}=\frac{3\,620-2.457\times 1\,110}{6}=148.788$$

所以，甲产品的成本性态模型为：

y=148.788+2.457x

假设2021年甲产品计划产销量为220台，则预计的成本水平为：

总成本=148.788+2.457×220=689.328（万元）

$$单位成本=\frac{689.328}{220}=3.13（万元）$$

回归直线法的主要优点在于它的精确性，具有最小的预测误差。但是，由于误差是被平方后来寻找合适的回归线，回归分析可能受到一些极端值的影响，结果可能是预测直线并不代表大多数的数据。为防止这种干扰，会计人员经常在使用回归直线法之前将数据绘制成图，然后判断是否存在极端值。如果存在，则根据每一个极端值判断它的存在是由于数据记录错误还是正常经营条件下产生的，抑或是由独立的、不会再发生的事件引起的；然后会计人员根据使用回归分析的目标，即代表大多数的数据、提供最精确的预测来决定更改数据还是删除数据。

回归直线法利用了微分极值原理，计算结果比较准确，但计算工作量较大，比较麻烦。通常情况下，为了保证预测模型的可靠性，要对业务量与成本之间的线性相关程度进行分析判断。当相关性较强时，预测结果比较准确；否则，不宜采用此方法进行成本预测。

3.时间序列法

时间序列法是根据企业历年的成本资料，按时间的先后顺序予以排列，再采用数理统计的方法来推测未来成本变动趋势的一种成本预测法。预测期长短和成本变动的规律性特点决定时间序列法主要分为移动平均法、指数平滑法等方法。

（1）移动平均法。移动平均法是通过计算以往若干时期成本的移动平均数，作为对未来成本的预测数。它是将统计资料按时间顺序划分为若干个数据点相等的组，并依次向前平行移动一个数据，计算各组的算术平均数，组成新的时间序列进行预测。

移动平均法假设预测值与较近期的观察值关系较大，因此它在处理历史资料时不像简单平均法那样进行一次平均，而是顺序地重叠分组（一般按三期或五期），求出该组的平均值。通过逐步向后移动，用近期数据替换远期数据，用新的平均值修改原来的平均值，从而反映实际增减趋势。设 x_t 为t时刻的成本数据，M_t 为t时刻的简单移动平均数，n为每组数据的个数（一般为3或5），则移动平均法的计算公式为：

$$M_t=\frac{x_t+x_{t-1}+\cdots+x_{t-n+1}}{n}=M_{t-1}+\frac{x_t-x_{t-n}}{n}$$

【例11-3】某企业2020年各月甲产品单位成本资料及按n=5时计算的各期移动平均数见表11-4。

表11-4　**甲产品单位成本移动平均值**　金额单位：元

月份	时间（t）	单位成本（x_t）	五期移动平均（M_t）	变动趋势	三期趋势移动平均
（1）	（2）	（3）	（4）	（5）	（6）
1月	1	150	—	—	—
2月	2	154	—	—	—
3月	3	157	—	—	—
4月	4	160	—	—	—
5月	5	153	154.8	—	—
6月	6	158	156.4	+1.6	—
7月	7	164	158.4	+2	—
8月	8	165	160	+1.6	1.733
9月	9	160	160	0	1.2
10月	10	154	160.2	+0.2	0.6
11月	11	150	158.6	−1.6	−0.467
12月	12	168	159.4	+0.8	−0.2

从表11-4可以看出，按五期移动平均计算的11月数值为158.6元，以此作为12月的预测值，而12月的实际值为168元，偏差为9.4元。这种偏差既与每组数据个数n的多少有关，也受数据变动趋势的影响。

一般来说，n的取值越大，移动平均数对远期干扰因素的反应越弱，对数据变化的敏感性也越弱，预测值较平稳；反之，n的取值越小，预测值对近期数据变化的敏感性较强，但修匀能力下降，估计值误差较大。另外，数据序列存在非趋势变动时，也将影响最后的预测值。因此，为了使预测更加准确，一般采用计算移动平均数M_t增减量的移动平均值，以尽量消除非趋势变动的影响。预测公式为：

预测值=最后一期移动平均数+变动趋势调整数

=最后一期移动平均数+趋势移动平均数×时间滞后期

根据上述公式，【例11-3】中12月的成本预测值可计算如下：

12月的成本预测值=158.6-0.467×4=156.73（元）

（2）指数平滑法。指数平滑法是通过导入平滑系数对本期实际成本和本期预测成本进行加权平均，并将其作为下期预测成本的一种方法。它属于持续性的预测方法，即过去的发展规律反映了未来的变化趋势。只要有了本期的实际数据及预测值，就可推算出下期的预测值。其计算公式为：

$$F_t=F_{t-1}+\alpha(A_{t-1}-F_{t-1})$$

$$=\alpha A_{t-1}+(1-\alpha)F_{t-1}\qquad(0\leq\alpha\leq1)$$

其中：F_t为下期成本预测值；F_{t-1}为本期成本预测值；α为平滑系数；A_{t-1}为本期实际成本值。

【例11-4】某企业2020年7月的实际总成本为56 000元，而当月预测成本为60 000元，设平滑系数为0.3，则2020年8月的总成本预测值为：

F_8=0.3×56 000+（1-0.3）×60 000=58 800（元）

一般来说，α越大，平滑效果越差；α越小，平滑效果越好。当认为经济现象数据波动不大时，α取小值（0.1~0.3）；当认为经济现象数据波动较大时，α取大值（0.6~0.8）；不易掌握时，可分别取不同的值进行试算比较，选取预测误差最小的α值。值得注意的是：α的取值范围一般要根据经验确定，通常采用较小的平滑系数，可反映出预测值长远的变动趋势；而采用较大的平滑系数，则能反映预测值近期的变动趋势。α=1，说明下期成本预测值与本期实际成本相等；α=0，说明下期成本预测值等于本期成本预测值。

这种方法所需资料不多，因而计算比较简便，同时通过导入平滑系数加权，可适当消除偶然因素的影响，但是，平滑系数的选择具有很大的人为因素，选择不同的平滑系数将得到不同的预测结果，所以运用该方法时一定要谨慎。

4.本量利分析法

本量利分析法即CVP预测法，是依据成本（C）、预计产销量（V）和目标利润（P）之间关系的原理，计算目标成本的方法。利用本量利进行成本预测时，应先确定目标利润，然后据以计算目标销售量，再根据目标销售量确定目标成本。其计算公式为：

$$目标销售量=\frac{总固定成本+目标利润}{单位售价-单位变动成本}$$

目标总成本=目标销售量×单位售价-目标利润

当然，还可根据对该公式的变形，预测目标单位变动成本和目标固定成本总额。

$$目标单位变动成本 = 单位售价 - \frac{总固定成本 + 目标利润}{计划销售量}$$

目标固定成本总额=（单位售价-单位变动成本）×计划销售量-目标利润

【例 11-5】 某企业生产某产品总固定成本为60 000元，目标利润为30 000元，单位售价为100元，单位变动成本为70元，则：

$$目标销售量 = \frac{60\,000 + 30\,000}{100 - 70} = 3\,000（件）$$

目标总成本=3 000×100-30 000=270 000（元）

若销售单价不变，销售量为3 000件，而要求达到目标利润为32 000元，则在固定成本不变的情况下，目标单位变动成本应为：

$$目标单位变动成本 = 100 - \frac{60\,000 + 32\,000}{3\,000} = 69.33（元）$$

与原来的单位变动成本相比，应降低0.67元，如果单位变动成本最多只能降低0.4元，则目标固定成本总额应为：

目标固定成本总额=（100-69.6）×3 000-32 000=59 200（元）

也就是说，目标固定成本总额必须比原来降低800元（60 000-59 200）。

5.因素测算法

因素测算法是通过对影响成本的各项因素的具体分析，预测计划期可比产品成本降低率的方法。由于产品成本变动不仅受历史水平的影响，也受产品产量、直接材料、直接人工、制造费用等因素以及企业的各项技术经济措施的综合影响。在生产环节影响成本升降的主要因素是材料消耗定额变动及其价格变动、劳动生产率增长与生产工人平均工资的增长、变动性制造费用的变动、产量变动与固定性制造费用的变动。产品成本降低率的预测就是预测上述因素变动对成本的影响程度，确定能否实现计划或目标成本降低率。

产品成本降低率的预测一般以企业基期成本为基础，以可靠的数据为依据，按数学模型进行测算。因此，需要在前期产品实际水平的基础上，测算出预测期内各项因素以及各项措施对成本的影响程度和影响值。采用因素测算法预测产品成本降低率的步骤如下：

第一步，预计基期平均单位成本并计算计划年度按基期平均单位成本计算的总成本。

计划年度可比产品目标成本降低率和降低额是以基期平均单位成本为基数计算的。进行成本降低指标的预测，首先必须正确确定基期可比产品的全年平均单位成本，由于成本预测通常在基期第四季度进行，此时已拥有第一至第三季度的实际成本资料，但第四季度的实际成本资料尚未完全取得，因此，需要对第四季度的产品产量和成本进行预计，以求得基期全年的平均单位成本。其计算公式为：

$$基期预计平均单位成本 = \frac{1—9月份产品总成本 + 10—12月份预计产品总成本}{1—9月份产品实际产量 + 10—12月份产品预计产量}$$

用每种产品的基期预计平均单位成本乘以计划年度产量，便可计算出按基期平均单位成本计算的计划年度可比产品总成本。其计算公式为：

$$\text{按基期平均单位成本计算的计划年度产品总成本}=\text{基期平均单位成本}\times\text{计划年度产品产量}$$

或
$$\frac{\text{按基期平均单位成本计算的}}{\text{计划年度产品总成本}}=\frac{\text{基期产品}}{\text{实际总成本}}\times\left(1+\frac{\text{计划年度}}{\text{生产增长率}}\right)$$

第二步，计算计划期内各主要因素变动对产品成本的影响程度。

各主要因素变动所形成的成本降低额可按以下公式计算：

$$\frac{\text{某因素变动所形成的}}{\text{成本降低额}}=\frac{\text{该因素变动所形成的}}{\text{成本降低率}}\times\frac{\text{按基期平均单位成本计算的}}{\text{计划年度总成本}}$$

（1）直接材料费用变动对成本降低率的影响。产品成本中直接材料费用的多少主要受材料消耗定额和材料单价两个因素的影响。

①当材料价格不变时，材料消耗定额降低对产品成本的影响。其计算公式为：

$$\frac{\text{材料消耗定额降低影响的}}{\text{成本降低率}}=\frac{\text{材料消耗}}{\text{定额降低率}}\times\frac{\text{基期直接材料费用}}{\text{占产品成本的比重}}$$

②当材料消耗定额不变时，材料价格变动对产品成本的影响。其计算公式为：

$$\text{材料价格变动影响的成本降低率}=\text{材料价格降低率}\times\text{基期直接材料费用占产品成本的比重}$$

③由于材料消耗定额的节约部分已经和材料价格变动无关，受材料价格变动影响的只是材料消耗定额的使用部分，因此，这里我们考虑在材料消耗定额变动的情况下，材料价格变动对产品成本的影响。其计算公式为：

$$\frac{\text{材料价格变动影响的}}{\text{成本降低率}}=\left(1-\frac{\text{材料消耗}}{\text{定额降低率}}\right)\times\frac{\text{材料价格}}{\text{降低率}}\times\frac{\text{基期直接材料费用}}{\text{占产品成本的比重}}$$

④当材料消耗定额和材料价格同时变动时，综合影响产品成本降低率。其计算公式为：

$$\begin{array}{c}\text{材料消耗定额和材料}\\\text{价格同时变动综合}\\\text{影响的成本降低率}\end{array}=\left[1-\left(1-\frac{\text{材料消耗}}{\text{定额降低率}}\right)\times\left(1-\frac{\text{材料价格}}{\text{降低率}}\right)\right]\times\frac{\text{基期直接材料费用}}{\text{占产品成本的比重}}$$

（2）直接人工费用变动对成本降低率的影响。直接人工费用对成本降低率的影响是和劳动生产率的高低联系在一起的。产品成本中直接人工费用的多少主要取决于劳动生产率的提高速度和平均工资增长速度的对比关系。当劳动生产率的提高速度超过平均工资的增长速度时，单位产品成本中的直接人工费用就会下降，反之则会上升。其计算公式为：

$$\frac{\text{劳动生产率和工资水平的}}{\text{变动影响的成本降低率}}=\left(1-\frac{1+\text{平均工资增长率}}{1+\text{劳动生产率提高率}}\right)\times\frac{\text{基期直接工资费用}}{\text{占产品成本的比重}}$$

（3）制造费用变动对成本降低率的影响。制造费用中有的费用随产品产量的变动而变动，如机物料消耗、运输费等，这种制造费用是变动性制造费用；有的费用一般不随产品产量的变动而变动，发生数比较固定，如管理人员薪酬、办公费等，这种制造费用是固定性制造费用。因此，对于制造费用中的固定费用和变动费用应分别进行测算。其计算公式为：

$$\frac{\text{固定性制造费用变动}}{\text{影响的成本降低率}}=\left(1-\frac{1}{1+\text{生产增长率}}\right)\times\frac{\text{基期固定性制造费用}}{\text{占产品成本的比重}}$$

$$\text{变动性制造费用变动影响的成本降低率}=\left(1-\frac{1+\text{变动性制造费用增长率}}{1+\text{生产增长率}}\right)\times\text{基期变动性制造费用占产品成本的比重}$$

第三步，综合测算产品成本降低率和降低额。将以上各因素变动影响的成本降低率进行汇总，即为计划年度产品成本降低率，然后将此降低率乘以按基期平均单位成本计算的计划年度产品总成本，即可计算出产品成本降低额。产品成本降低额也可按各个影响因素分别计算，然后加总得出。其计算公式为：

$$\text{产品成本降低率}=\text{直接材料费用变动影响的成本降低率}+\text{直接人工费用变动影响的成本降低率}+\text{固定性制造费用变动影响的成本降低率}+\text{变动性制造费用变动影响的成本降低率}$$

$$\text{产品成本降低额}=\sum\text{计划产量}\times\text{基期预计平均单位成本}\times\text{产品成本降低率}$$

产品成本降低率和降低额计算出来后，还应与预定的成本降低目标进行比较，如果没有达到目标要求，则需进一步挖掘潜力，采取措施，保证成本降低任务的完成。

【例11-6】假定某企业生产A产品，2020年度产品目标成本降低率为8.2%。A产品2019年1—9月份实际产量为1 400件，实际单位成本为120元；预计10—12月份产量为600件，预计单位成本为115元。假定2019年产品成本中直接材料费用占50%，直接人工费用占30%，制造费用占20%（其中固定费用占制造费用的40%、变动费用占制造费用的60%）。

2020年影响A产品成本变动的因素及影响程度如下：A产品产量增长20%；直接材料消耗定额降低10%，价格增长3%；工人劳动生产率提高15%，平均工资增长8%；固定性制造费用总额增加5%，变动性制造费用增长6%。

根据以上资料，分项测算A产品2020年的产品成本降低率和降低额，并与成本降低目标进行比较，做出评价。

首先，计算2019年预计平均单位成本和2020年按基期平均单位成本计算的总成本。

$$2019\text{年预计平均单位成本}=\frac{1400\times120+600\times115}{1400+600}=118.5\text{（元）}$$

2020年按基期平均单位成本计算的总成本=118.5×2 000×（1+20%）=284 400（元）

其次，计算2019年各因素变动对产品成本的影响幅度。

（1）直接材料费用变动影响的成本降低率和降低额：

降低率=［1-（1-10%）×（1+3%）］×50%=3.65%

降低额=284 400×3.65%=10 380.6（元）

（2）直接人工费用变动影响的成本降低率和降低额：

$$\text{降低率}=\left(1-\frac{1+8\%}{1+15\%}\right)\times30\%=1.83\%$$

降低额=284 400×1.83%=5 204.52（元）

（3）制造费用变动影响的成本降低率和降低额：

$$①\text{固定性制造费用变动影响的成本降低率}=\left(1-\frac{1}{1+20\%}\right)\times20\%\times40\%=1.33\%$$

②变动性制造费用变动影响的成本降低率 $=\left(1-\frac{1+6\%}{1+20\%}\right)\times 20\%\times 60\%=1.40\%$

制造费用变动影响成本降低率=1.33%+1.40%=2.73%

制造费用变动影响成本降低额=284 400×2.73%=7 764.12（元）

A产品成本降低率=3.65%+1.83%+2.73%=8.21%

A产品成本降低额=10 380.6+5 204.52+7 764.12=23 349.24（元）

或　A产品成本降低额=284 400×8.21%=23 349.24（元）

从预测结果可知，该企业2020年A产品成本降低率为8.21%，与目标成本降低率8.2%比较超额降低0.01%，这一结果是预计材料消耗定额下降、劳动生产率提高、产量增长幅度大于固定性制造费用增长幅度、变动性制造费用增长和材料价格上涨、工资水平提高等因素变动的综合影响所带来的。以上预测结果是企业进行成本决策和编制成本计划的重要依据。

【同步思考11-1】

如何采用因素测算法预测的目标成本降低率编制企业的成本计划？

（二）定性预测法

定性预测法是成本管理人员根据专业知识和实践经验，运用逻辑思维方法对未来成本变化趋势做出分析和判断。由于定性预测方法是利用现有的资料，依靠个人的主观判断和综合分析能力对未来成本进行直观判断，因此这种方法也称直观判断法。

直观判断法简单易行，应用范围广泛，但由于受主观因素的影响，其准确程度有限，所以，这种预测方法只在缺乏历史资料和数据、不能采用定量分析的情况下使用。定性预测法包括专家座谈法、德尔菲法和类推法等。

1.专家座谈法

专家座谈法就是把有关专家召集在一起，对相关成本信息进行集思广益，各抒己见，通过分析判断，最终达到对未来成本做出预测的目的。这种方法的优点是比较可靠，因为由各方专家进行参与，信息量大，考虑因素多，便于防错堵漏，但其准确性易受专家主观臆断、会议时间和个人情感等因素的影响。

2.德尔菲法

德尔菲法也称函询调查法或往复预测法，是20世纪40年代由号称美国“思想库”的兰德公司首创并发展起来的一种有效的定性预测法。其做法是：采用函询调查方式，将预测问题以调查表的形式递交给专家，请他们做出书面答复，然后将收回的调查表进行综合、整理和归类，并匿名反馈给各个专家，再次征求意见。如此经过多次反复，直到取得各专家对预测问题的一致意见后得出预测结果。这种方法的优点是能在模糊领域对问题求得一致判断，有利于消除专家汇集在一起时易受个性、情感等方面影响的弊病，费用较低，用途广泛，花费专家的时间较少等，但这种方法难以判断专家意见的准确程度，无法考虑意外事件的影响，其可靠性不够，并且时间难以把握。

【例 11-7】 宏达工厂20××年准备投产一种新产品，估计市场承受价格为1 000元。现请A、B两类专家进行预测。A类专家为技术专家，拟定的权数为5；B类专家为管理专家，拟定的权数为3。另外，该厂直接生产人员预测的新产品单位成本为800元，拟定的权数为2。A、B两类专家对新产品单位成本的分析判断见表11-5。

表11-5 **专家调查表** 金额单位：元

状况	A类专家（权数为5）			B类专家（权数为3）		
	成本水平	概率（%）	期望值	成本水平	概率（%）	期望值
1	760	40	304	780	60	468
2	820	50	410	810	30	243
3	850	10	85	830	10	83
合计		100	799		100	794

根据表11-7，考虑该厂直接生产人员的意见，新产品单位成本预测值为：

$$\text{新产品单位成本} = \frac{799 \times 5 + 794 \times 3 + 800 \times 2}{5 + 3 + 2} = 797.7\text{（元）}$$

3.类推法

类推法是指一个事件的成本可在另一相似事件成本的基础上进行预测。类推法的前提条件是寻找相似事件。当我们发现两种事件存在某种相似性或某种规律性的联系时，就可用已发生事件的成本来预测未发生事件的成本。采用这种方法，可先根据已发生事件的历史数据确定其成本模型曲线，然后再确定未发生事件的模型曲线，根据该模型曲线的发展趋势，预测未知事件的未来成本。这种方法的优点是简便、成本低，但必须找到相似事件才能使用。

【同步链接11-2】

在实务中，一般将定量预测法和定性预测法相结合，进行产品成本预测。

第二节 成本决策

一、成本决策概述

（一）成本决策的意义

成本决策是现代成本会计的一项重要职能。所谓决策，是对两个或两个以上备选方案，利用有关决策的理论和方法进行比较分析，权衡利弊，从中选择最优方案的一项活动。决策正确与否，直接影响企业未来的经营前途和经济效益。为了使决策符合客观实际，取得最佳效果，要善于根据有关数据进行可行性研究，其中成本数据是一个关键因素。成本决策是按照既定或要求的总目标，选择达到目标成本最优化的活动，其核心是提高经济效益。换言之，成本决策是在成本预测的基础上，利用各种决策成本数据对各备选方案进行分析比较，从中选择最佳方案的活动。

成本决策涉及面广，在每个环节都应选择最优的成本决策方案，做出最优的成本决策。正确的决策是编制成本计划的前提，也是实施成本控制和提高经济效益的重要途径。加强成本决策，有助于管理决策保持应有的谨慎，减少决策风险，提高企业经济效益，增加企业在市场上的竞争能力。成本决策在企业制定产品销售价格和营销策略、开发新产品以及经济资源的综合利用等方面都发挥着极为重要的作用。提高企业经济效益的途径有两个：一是提高收入；二是降低成本。在收入既定的条件下，降低成本就成为提高经济效益的关键。企业采用不同的决策方法对改进产品设计结构、合理组织生产和其他所有涉及成本的方面进行成本决策，可以达到降低成本的目的。

（二）成本决策的程序

科学的成本决策程序贯穿成本决策的全过程，也是成本决策顺利进行的基本保证。成本决策程序的基本步骤为：

1.确定成本决策目标

成本决策目标是成本决策的出发点和归宿。没有明确的成本决策目标，就没有有条不紊的成本决策过程，就会导致无效的成本决策。成本决策的总目标是成本最低。在这个总目标下，要注意以下几点：一是需要与可能相结合；二是目标要具体化并尽可能量化；三是适当考虑目标的约束条件；四是正确处理多重目标之间的相互关系。

2.拟订多个备选方案

在明确提出成本决策目标的前提下，要围绕成本决策目标，广泛搜集资料，充分考虑现实与可能，拟订各种可能实现成本决策目标的备选方案。备选方案的提出一般要经过形成基本设想、做出初步方案、最后形成备选方案的反复补充修改过程。一项成功的决策应有一定数量和质量的可行性方案作为保证，因此，一定要在可靠、充分的预测资料的基础上，制订多个可行的备选方案。

3.评价备选方案

各成本决策方案指明了实现目标成本的多种途径。究竟哪一种途径最合理？还需要对已形成的各方案采用定性、定量方法进行可行性论证，从不同侧面分析评价各方案在技术、经济等方面的先进性、合理性与可行性，以备选择。

4.确定最佳方案

在评价分析备选方案的基础上，全面权衡利弊得失，从全部备选方案中选出最佳方案。选择最佳方案的关键是评价标准是否适当，特别是在多目标决策中，更要注意评价标准的多重性和综合性。

5.落实方案，做好信息反馈

以上决策程序是通过预算来组织实施的。在实际工作中，成本决策分析与生产经营计划是交叉进行的，成本决策的结果要变成预算体现出来，然后用预算与实际比较，将发生的差异与存在的问题及时反馈出来，以便及时采取改进措施，使成本决策目标得以实现。

（三）成本决策的内容

1.生产经营规划中的成本决策

生产经营规划中的成本决策是从成本的角度，对生产经营规划的各个方案做出评价与选择。这是事先控制资金耗费和成本水平的第一步，如果决策失误，将使后续的成本决策、计划和控制等工作失去意义。

（1）可行性研究中的成本决策。企业在新建、改建、扩建生产设备，以及在施行相关技术组织措施之前，要对不同方案的成本水平与技术先进性等进行可行性论证，并在此基础上做出决策，该决策与企业今后的成本管理有密切关系。

（2）产品设计与改造的成本决策。产品成本降低额的绝大部分来自产品设计阶段，因此，改进产品设计是降低成本的最主要途径。在新产品开发与老产品改造中必须对不同的设计改造方案进行科学的决策，以使产品达到功能最强、成本最低。

2.生产过程中的短期成本决策

在产品生产过程中，为了节约支出和控制各种劳动耗费，必须进行有关的成本决策。

（1）生产组织的成本决策。这类决策是为了使生产支出最低、生产效益最高而进行的，如追加订货的成本决策、自制或外购零部件的成本决策、半成品进一步加工或出售的成本决策等。

（2）合理组织生产的成本决策。合理组织生产，对于降低成本也有很大的关系，如生产批量的大小、原材料的合理投放、零部件的加工顺序、厂内运输路线的合理安排等。

二、成本决策中的相关收入和相关成本

（一）相关收入

相关收入是指与特定决策方案相联系的、能对决策产生重大影响的、在经营决策中必须予以充分考虑的收入。如果某项收入因某个决策方案的存在而存在，即这个决策方案存在就会发生这项收入，若这个决策方案不存在就不会发生这项收入，那么，这项收入就是相关收入。相关收入的计算以特定决策方案的单价和相关业务量为依据。

与相关收入对应的概念是无关收入。某项收入的发生与某决策方案的存在与否无关，即无论某决策方案是否存在，这项收入均会发生，那么该项收入是某决策方案的无关收入。无关收入在经营决策中不予考虑。

（二）相关成本

相关成本指受决策影响而在决策过程中必须考虑的成本。如果某项成本只属于某个经营决策方案，即这个方案存在就会发生这项成本，若这个方案不存在就不会发生这项成本，那么，这项成本就是相关成本。相关成本包括重置成本、付现成

本、可避免成本、边际成本、增量成本、差别成本、估算成本、专属成本、机会成本、加工成本、可递延成本等。

与相关成本对应的概念是无关成本。无关成本是指不受决策影响而在决策中不必考虑的成本，包括历史成本、沉落成本、不可避免成本、共同成本、联合成本和不可递延成本等。

1.历史成本和重置成本

历史成本是指过去为取得现有资产而实际发生的全部支出。

重置成本是指以现在的市场价格取得某项现有资产所需支付的全部费用。企业在进行成本决策时，应以有关资产的重置成本为依据，而不能以历史成本为依据；否则，会误入歧途。例如，某企业有一种存货，其单位进价（历史成本）为3 000元；若现在购入同样存货，其进价（重置成本）为4 000元。这时，若按该存货的历史成本3 000元考虑其定价，则高于3 000元的单位售价即可有毛利。例如，按3 500元的单价出售，则有毛利500元。这实际上是一种假象，因为出售该存货后所得到的3 500元价款不能重新获得同样存货。因此，在决策过程中，必须对资产的重置成本进行考虑。

2.付现成本和沉没成本

付现成本又称现金支出成本，是指那些由于某项决策而引起的需要在未来动用现金支付的成本。在决策过程中，全面衡量各个备选方案在经济上是否真正有利时，不能仅比较备选方案的总成本，还应对付现成本予以必要的考虑。特别是在企业资金比较拮据、筹资又有困难时，选择总成本较高而付现成本较低的方案可能更有利。例如，某企业为扩大生产能力，急需添置一台新的设备，可向甲、乙两位供货商洽购。甲供货商开价30万元，要求一次付清；乙供货商开价34万元，但只要求购买时付50%的款项，其余部分可分期付清。尽管乙供货商的价格高于甲供货商4万元，但付现成本低于甲供货商13万元。该企业在目前资金比较拮据的情况下，决定向乙供货商购买。这样做不仅能避免由于购买新设备使资金更加紧张、影响企业正常生产经营活动的局面，又能尽快将设备投产，扩大生产规模，以便用所增加的利润偿还负债。

沉没成本又称沉落成本，是指那些由过去的决策所引起的、已支付过款项的成本。这些成本已经发生，无法被现在或将来的任何决策所改变，因此，这种成本与未来决策无关，可不考虑。需考虑的是沉没成本所形成资产的变现价值，因为这是一项未来成本，会对决策产生影响。

3.差别成本和边际成本

差别成本亦称差异成本，是指可供选择的决策备选方案之间预期成本的差额。差别成本的含义有广义和狭义之分。广义的差别成本是指两个备选方案的预期成本之间的差额。例如，企业生产中所需的零件可以自制，也可以委托加工，将这两个方案进行比较，计算出来的成本差额即为差别成本，是成本决策的依据。狭义的差别成本是指在同一产品的生产中，由于生产能力利用不同而引起的不同产量水平下的成本差额。成本决策中常对差别成本予以广义的理解。

边际成本是指成本对产量无限小的变化的变动部分。在实际工作中，产量无限小的变化，最小只能小到一个单位，小于一个单位就会失去实际意义。因此，边际成本的实际计量就是产量增加或减少一个单位所引起的成本变动。在相关范围内，增加或减少一个单位的差别成本就是单位产品的变动成本。在这个范围内，边际成本和差别成本、变动成本是一致的。边际成本具有两个重要的性质：一是当边际成本与边际收入相等时，边际利润为零，此时可获得最大的利润值；二是平均成本与边际成本相等时，平均成本达到最低。这两个性质对企业选择最优经营决策是非常有用的。

4.可避免成本和不可避免成本

可避免成本是指决策者通过某项决策可以改变其数额或决定其是否发生的成本。例如，某企业在生产中需要某种配件，该种配件即可自制，又可外购。如决定外购，则与自制方案有关的变动成本就不会发生，这类成本就是可避免成本。一般而言，变动成本都是可避免成本。

不可避免成本是指不因决策者的某项决策而改变其数额的成本。这种成本与各备选方案无直接关系，无论备选方案是否被采纳，这一金额的成本都会发生，如原有机器设备等固定资产的折旧费、管理人员的工资等。

5.可递延成本和不可递延成本

可递延成本是指如果对已选定的某一方案推迟实行，还不致影响企业的大局，则与这一方案有关的成本就是可递延成本。比如企业在实行办公自动化过程中，如暂时因资金有限，可考虑推迟实行办公自动化。由于推迟办公自动化一般不会影响企业的大局，故与实现办公自动化有关的成本即为可递延成本。

不可递延成本是指已选定某一方案，即使企业资金有限也不能考虑推迟执行，否则将会对企业的全局产生重大影响，与这一方案相关联的成本即为不可递延成本。例如，某企业在生产过程中出现机械故障，致使生产中断，企业经营管理者必须做出立即排除故障的决策。即使此时企业资金短缺，难以支付排除故障所需的费用，排除故障的任务也要完成，因为故障不排除会导致整个企业停产。在这种情况下，与排除上述故障有关的成本即为不可递延成本，由于它的支付不能推后，故在决策分析时不予考虑。

6.机会成本与估算成本

机会成本是指在决策分析中，从各个备选方案中选取最优方案而放弃次优方案所失去的潜在利益。它可以理解为由于放弃某一机会而失去的收益。机会成本并非实际支出，不记入会计账簿，但在决策中必须加以考虑，这个潜在的收益要从选择的最优方案中得到补偿。

估算成本又称假计成本，是机会成本的一种特殊形态。一般情况下，机会成本可以确切计量，但在某些情况下，机会成本只能估算。例如，企业将一笔资金用于购建某一新固定资产，这笔资金可能部分来自企业发行的债券，部分来自企业发行的股票。企业发行的债券存在比较明显的“资本成本”问题，也就是说，使用长期借款是要支付利息的，但企业发行股票是不计利息的。在进行决策分析时，尽管发行股票不计利息，也应把利息因素考虑进去，视同机会成本进行估算。这种与某项经济活动相关联、需要估计才能确定的机会成本就是假计成本。假计成本不是企业的实际支出，也不记入会计账簿，它是使用某种经济资源的代价。这种代价在进行备选方案决策时要认真考虑。

7.专属成本和共同成本

专属成本是指可以明确归属于某种、某批产品或某个部门等特定对象的固定成本，又称特定成本。

共同成本是指几个备选方案都需负担，且金额相同的固定成本，如管理人员的工资、车间的照明费等，是与专属成本相对应的概念。

（三）相关业务量

相关业务量是在决策中必须认真考虑的、与特定决策方案相联系的产量或销量。相关业务量对决策方案的影响往往是通过对相关收入和相关成本的影响来实现的。例如，在半成品是否深加工决策中，如果半成品与产成品之间的投入产出关系不是1∶1，则两个方案相关产量就会不一样。

同一方案的相关收入与相关成本的差额称为相关利润。不同方案之间的预计收入差额称为差量收入。不同方案之间的差量收入与差量成本的差额称为差量收益(损失)。

三、成本决策的基本方法及其应用

（一）成本决策的基本方法

成本决策方法有很多，按决策者掌握的信息详细程度不同可分为确定型决策方法、风险型决策方法和不确定型决策方法。

确定型决策通常是指决策者对未来情况所掌握的信息都是肯定的数据，没有不确定性因素在内，那么，只要比较不同方案的计算结果就能做出决策。其具体方法有差量分析法、本量利分析法、相关成本分析法、线性规划法、非线性方程式法等。

风险型决策所涉及的各种备选方案的各项条件虽然也是已知的，但表现出若干种变动趋势，每一方案的执行都会出现两种或两种以上的不同结果，可以依据有关数据通过预测来确定其客观概率。由于结果具有不唯一性，这类决策存在一定的风险。决策树法是风险型决策的常用方法。

不确定型决策是指决策者对未来情况虽有一定程度的了解，但又无法确定各种情况可能出现的概率，在这种情况下做出的决策就是不确定型决策。对于不确定型决策问题，其选优标准通常取决于决策者对未来所持的态度是乐观、稳健还是保守。持不同态度的决策者所选用的决策方法是不同的，绝大多数都是先把不确定型决策转化为确定型决策或风险型决策，估算出各种方案的预期收益或预期损失，然后以预期收益最大或预期损失最小的方案作为最优方案。具体方法包括小中取大法、大中取大法、大中取小法、折中决策法等。

常见的成本决策方法有以下几种：

1.差量分析法

这里的差量是指不同备选方案之间的差别。差量分析法就是通过比较不同备选方案的差量收入和差量成本来选择最优方案的方法。前已述及，差量成本是两个备选方案预期成本的差异数；差量收入则是两个备选方案预期收入的差异数。差量收入减去差量成本就是差量损益。若差量收入大于差量成本，即取得差量收益，则前一方案是较优的方案；相反，如差量收入小于差量成本，即取得差量损失，那么后一方案是较优的方案。需特别强调的是，计算差量收入和差量成本的方案应保持排列顺序一致。

差量分析法常用于是自制还是外购某零部件、自制半成品是否进一步加工、亏损产品是停产还是继续生产、是否接受特殊定价等决策。

2.本量利分析法

本量利分析法是指通过对备选方案的业务量、成本、利润之间的依存关系进行分析，确定特定情况下哪个方案最优的方法。本量利分析法的关键是确定成本分界点（也称成本平衡点）。所谓成本分界点，是指两个备选方案的预期成本相等时的业务量。确定了成本分界点，就可以明确在某个业务量范围内哪个方案最优。这一方法可用于零件是自制还是外购的决策和采用不同工艺进行加工的决策等。

成本分界点业务量的计算公式为：

$$\text{成本分界点业务量}=\frac{\text{两个方案相关固定成本之差}}{\text{两个方案单位变动成本之差}}$$

若业务量等于成本分界点业务量，则两方案成本相等，均可行；

若业务量小于成本分界点业务量，则固定成本较低的方案较优；

若业务量大于成本分界点业务量，则单位变动成本较低的方案较优。

3.相关成本分析法

这一方法适用于只涉及成本的方案决策，它是以相关成本的大小作为最终的评价指标来决定方案取舍的一种方法。决策时，首先要估计各可行备选方案的未来成本，如差异成本、机会成本、专属成本等。不相关成本即与决策无关的成本，这部分成本在决策中不予考虑，如沉没成本。另外，某些未来成本，不论在我们决策时选定哪个方案，均发生相同的数额，则发生该成本的项目也略去不计，这样可以花费较少的时间得出同一结果。确定相关成本有两种方法：一是列出所有的相关成本项目，加计总数求得；二是汇总各备选方案的全部总成本，减去不相关成本，即为相关成本。这种方法有四个步骤：第一，将决策时的备选方案的全部成本（包括机会成本）进行汇总；第二，扣除沉没成本；第三，扣除各备选方案中金额相等项目的成本；第四，其余各项成本汇总起来，就可得出决策的相关成本。

通过两个方案相关成本的对比，就可以确定哪一个方案在经济上更有利。

（二）成本决策方法的应用

1.新产品开发的决策分析

企业产品如果不更新换代，不适销对路，不降低成本，不能做到价廉物美，就不能适应市场经济发展的需要，因此，新产品开发的决策是企业的重要决策。这里介绍企业利用现有生产能力，进行哪种新产品开发的决策。

【例 11-8】 某企业现有剩余生产能力（假定用设备台时表示）60 000小时，可用于开发新产品，有关生产能力的固定成本为35 000元。现有A与B两种新产品可供选择，该两种产品生产的有关资料见表11-6。该企业应开发哪种新产品？

表 11-6　　**预测资料**　　金额单位：元

品种 项目	A	B
单位售价	200	150
单位变动成本	160	110
单位产品定额台时（小时）	20	15

计算利用多余生产能力生产新产品的产量：

$$\text{生产A产品的产量}=\frac{60\,000}{20}=3\,000\text{（件）}$$

$$\text{生产B产品的产量}=\frac{60\,000}{15}=4\,000\text{（件）}$$

运用差量分析法，分析结果见表11-7。

表 11-7　　**差量分析表**　　单位：元

方案 项目	开发A产品	开发B产品	差异额
相关收入	200×3 000=600 000	150×4 000=600 000	0
相关成本	480 000	440 000	+40 000
其中：增量成本	160×3 000=480 000	110×4 000=440 000	
差量损益			−40 000

根据上述分析，差量收入小于差量成本，即与生产A产品相比，生产B产品会取得差量收益40 000元。据此断定，应当开发B产品，这样可以使企业多获得利润40 000元。

2.亏损产品应否停产的决策分析

工业企业在日常经营过程中，往往会由于某些主客观原因造成有的产品发生亏损，这就出现了亏损产品是否要停产的问题。对于这方面的决策分析，可以采用差量分析法。

【例 11-9】 某厂生产甲、乙、丙三种产品，其中甲产品是亏损产品，三种产品资料见表11-8。

表 11-8　**甲、乙、丙三种产品资料表**　单位：元

项目＼产品	甲	乙	丙	合计
销售收入	60 000	50 000	80 000	190 000
减：销售成本	48 000	25 000	45 000	118 000
边际贡献	12 000	25 000	35 000	72 000
减：固定成本	14 000	10 000	15 000	39 000
利润	-2 000	15 000	20 000	33 000

（1）甲产品要不要停产？

（2）若停产，闲置的生产设备可用于对外出租，租金收入为18 000元，是否停产？

（1）按照常人的理解，亏损就应停产，这种观点是不正确的。如果停产，甲产品负担的固定成本就会转由乙、丙产品负担，进而使企业总利润由33 000元降低为21 000元（见表11-9）。

表 11-9　**停产后资料表**　单位：元

项目＼产品	乙	丙	合计
销售收入	50 000	80 000	130 000
减：变动成本	25 000	45 000	70 000
边际贡献	25 000	35 000	60 000
减：固定成本	15 600	23 400	39 000
利润	9 400	11 600	21 000

甲产品负担的固定成本为14 000元，无论是否停产都将发生，应视为沉没成本（见表11-9），企业应继续生产亏损的甲产品。

在表11-9中，甲产品的固定成本按乙、丙产品固定成本的比例进行分配：

$$乙产品固定成本 = \frac{14\,000}{25\,000} \times 10\,000 = 5\,600（元）$$

丙产品固定成本=14 000-5 600=8 400（元）

一般情况下，亏损产品只要有边际贡献就不一定非要停产，但是，如果某些产品由于质量差、款式陈旧等原因造成市场滞销，仓库积压，发生了亏损，就要淘汰亏损的老产品，转而生产新产品。

【同步思考 11-2】

是不是亏损产品就必须停产？

（2）租金收入为18 000元，可视为继续生产甲亏损产品的机会成本，也可视为停产后的收入。运用差量分析法，分析结果见表11-10。

表11-10 差量分析表 单位：元

项目＼方案	不停产	停产	差异
相关收入	60 000	18 000	42 000
相关成本	48 000	0	48 000
差量损失			6 000

由表11-10可知，差量收入小于差量成本，所以应当停止生产甲产品，将闲置的生产设备用于出租，这样可多获得6 000元的收益。

本例也可采用以下方式分析，结果见表11-11。

表11-11 差量分析表 单位：元

方案	不停产	停产	差异
相关收入	60 000	0	60 000
相关成本	66 000	0	60 000
其中：机会成本	18 000		
差量损失			6 000

此分析结果与前一种方法相同，只是将生产设备的出租收入18 000元看作不停产方案的机会成本。

3.零部件是自制还是外购的决策分析

专业化生产和分工协作是现代工业发展的客观规律和发展趋势，专业化程度越高，产品品种越多，质量越好，劳动生产率越高，成本也越低。因此，任何一个企业若“大而全”或“小而全”都是不经济的。对这类问题进行决策分析时，应当注意的是，自制方案的预期相关成本在无须增加固定设备的情况下，不要考虑固定成本，只考虑直接材料、直接人工和变动制造费用。如需增加专用设备，则应考虑新增加的固定成本。外购方案的预期相关成本包括买价和订货、运输、装卸、保险、税金等费用。当然，在分析过程中还要注意是否有机会成本，如果有，也应考虑进去。

（1）自制不增加固定成本，采用差量分析法在自制变动成本和外购成本之间比较，做出决策。

【例11-10】某企业生产甲产品需要A零件，年需要量为1 000件，该零件如果自制，企业尚有生产能力可以利用。经测算，生产A零件每件需耗用直接材料费50元，直接人工费30元，变动制造费用20元。该企业固定成本总额为100 000元，每件A零件需分摊固定成本15元；A零件的外购单价为105元。请对A零件自制还是外购进行决策。

从上述资料中可以看出，A零件自制的单位成本是115元（50+30+20+15），外购单价是105元，自制成本高于外购单价，似乎不应自制。不管自制与否，100 000元的固定成本都是照常发生的，是一种非相关成本，所以，A零件自制应负担的固定成本在决策时不应考虑。

A零件的自制成本=（50+30+20）×1 000 = 100 000（元）

A零件的外购成本=105×1 000 = 105 000（元）

A零件自制的差量收益=5 000元

A零件的自制成本低于外购成本，可以节省开支5 000元，因此该企业应选择自制方案。

（2）外购时，自制零件的设备可对外出租，应把租金作为自制方案的机会成本来考虑。

【例11-11】接【例11-10】，假定该企业外购A零件，剩余的生产能力对外出租，可收取租金12 000元。

A零件的自制成本=（50+30+20）×1 000+12 000=112 000（元）

A零件的外购成本=105×1 000=105 000（元）

A零件外购的差量收益=7 000元

A零件的外购成本低于自制成本，可以节省开支7 000元，因此该企业应选择外购方案。

（3）自制需要增加固定成本时，应把增加的固定成本作为决策的相关成本来考虑。

【例11-12】接【例11-11】，假定该企业自制A零件还需租用一台设备，年租金为4 000元，判断A零件在需要量为500件、1 000件时是否应自制，并计算自制与外购的成本分界点。

①需要量为500件时：

A零件的自制成本=（50+30+20）×500+4 000=54 000（元）

A零件的外购成本=105×500=52 500（元）

A零件外购的差量收益=1 500元

A零件外购时成本低于自制成本，可以节省开支1 500元，故该企业应选择外购。

②需要量为1 000件时：

A零件自制的成本=（50+30+20）×1 000+4 000=104 000（元）

A零件外购的成本=105×1 000=105 000（元）

A零件自制的差量收益=1 000元

A零件的自制成本低于外购成本，可以节省开支1 000元，故该企业应选择自制。

对于这类问题的决策，也可以通过求解成本分界点进行。

在本例中，设自制成本和外购成本相等时的业务量为Q，则：

$$100Q+4\ 000=105Q$$

$$Q=\frac{4\ 000}{105-100}=800\text{（件）}$$

零部件需要量大于成本分界点时应自制，反之则应外购。在本例中，A零部件需要量大于800件时应自制，小于800件时应外购。

（4）外购时，有批量价格折扣。有些零部件生产企业为了薄利多销，鼓励客户多订货，往往给客户一定的批量价格折扣。在这种情况下，应在不同的折扣范围内计算成本分界点。

【例11-13】某厂需用一种零部件，可以外购也可以自制。如果自制，单位变动成本为50元，另需增加固定成本24 000元。外购有批量价格折扣，当购买量小于2 000件时，每件单价为65元；当购买量大于2 000件时，每件单价为60元。

小于2 000件时成本分界点：

$$Q=\frac{24\ 000}{65-50}=1\ 600\text{（件）}$$

大于2 000件时成本分界点：

$$Q=\frac{24\ 000}{60-50}=2\ 400\text{（件）}$$

从计算结果可知：$Q<1\ 600$件时，应外购；1 600件$<Q<2\ 000$件时，应自制；2 000件$<Q<2\ 400$件时，应外购；$Q>2\ 400$件时，应自制。

4.特殊订货的决策分析

当企业有剩余生产能力可以利用时，还可考虑是否接受特殊价格的追加订货。当客户要求以低于正常价格，甚至以低于正常产量的平均单位成本的特殊价格追加订货时，企业是否可接受这种条件的追加订货呢？应针对不同情况区别对待。

（1）当追加订货不影响正常销售的实现，又不要求追加专属成本，且剩余生产能力无法转移时，只要特殊订货单价大于该产品的单位变动成本，就可以接受追加订货。这里所说的追加订货不影响正常销售，是指企业完全可以利用其剩余生产能力完成追加订货的生产，而不会妨碍正常订货的生产。

（2）若该订货要求追加专属成本，其余条件同（1），则接受追加订货方案的前提条件是：该方案创造的贡献边际大于专属成本。

（3）若有关的剩余生产能力可以转移，其余条件同（1），则应将转移剩余生产能力的可能收益作为追加订货的机会成本来考虑，当追加订货创造的贡献边际大于机会成本时，可接受追加订货。

（4）若追加订货影响正常销售，即剩余生产能力不够生产全部的追加订货，从而减少正常销售，其余条件同（1），则应将由此而减少的正常收入作为追加订货的机会成本来考虑。当追加订货的贡献边际足以补偿这部分机会成本时，可接受追加订货。

【例11-14】某企业甲产品最大生产能力为10 000件，目前正常订货量为8 000件，销售单价为40元，单位产品成本为34元（直接材料16元，直接人工7元，变动制造费用5元，固定制造费用6元）。现有某客户向企业追加订货，且客户只愿出价每件32元。

要求：就以下各种情形做出是否接受该项追加订货的决策：

（1）订货2 000件，剩余生产能力无法转移，且追加订货不需追加专属成本。

（2）订货2 000件，剩余生产能力无法转移，但追加订货需要一台专用设备，全年需支付专属成本5 000元。

（3）订货2 300件，剩余生产能力无法转移，也不需要追加专属成本。

（4）订货2 300件，剩余生产能力可以对外出租，可获年租金4 000元，追加订货需追加专属成本5 000元。

根据上述资料计算分析如下：

（1）因为特殊定价32元大于单位变动成本28元（16+7+5），因此，应该接受追加订货，由此可多获得利润8 000元（（32−28）×2 000）。

（2）编制相关损益分析表，见表11−12。

表11−12 **相关损益分析表** 单位：元

项目＼方案	接受追加订货
相关收入	32×2 000=64 000
相关成本	61 000
其中：变动成本	28×2 000=56 000
专属成本	5 000
相关损益	3 000

由表11−12可知，追加订货可使企业多获得利润3 000元，因此，应该接受追加订货。

（3）该追加订货会影响正常销售，原因是企业剩余生产能力为2 000件，故追加订货2 300件中只能有2 000件可利用剩余生产能力，其余300件要减少正常订货量。但这300件不论是否接受追加订货均要安排生产，对于变动成本而言属于无关产量，因而只有2 000件属于相关产量。此外，在决策时，还要将减少正常订货300件的正常收入作为追加订货的机会成本。追加订货成本决策可用差量分析法分析，见表11−13。

表11−13 **差量分析表** 单位：元

项目＼方案	接受追加订货	拒绝追加订货	差量
相关收入	32×2 300=73 600	0	+73 600
相关成本	68 000	0	+68 000
其中：变动成本	28×2 000=56 000	0	
机会成本	40×300=12 000	0	
差量损益			+5 600

由此可见，接受追加订货可使企业多获得利润5 600元，所以应该接受追加订货。

(4) 编制相关损益分析表，见表11-14。

表11-14 相关损益分析表 单位：元

项目 \ 方案	接受追加订货
相关收入	32×2 300=73 600
相关成本	77 000
其中：变动成本	28×4 000=56 000
专属成本	5 000
机会成本	40×300=12 000
机会成本	4 000
相关损益	-3 400

由此可见，接受追加订货会使企业减少利润3 400元，因而不应该接受追加订货。

【同步思考11-3】

如果客户追加订货的价格低于正常售价，甚至低于正常产量的平均单位成本，是否接受追加订货呢？

5.产品是否进一步加工决策分析

在多步骤生产的企业里，往往有一些完成某一阶段加工的半成品可以直接对外出售。例如，纺织厂的棉纱既可以直接对外出售，也可以织成布对外出售。对于这类决策问题，可采用差量分析法。需要注意的是，在进一步加工前所发生的成本，无论是变动成本还是固定成本，在决策分析中都属于沉没成本，无须考虑。若差量成本>差量收入，直接出售；若差量成本<差量收入，继续加工。

【例11-15】某企业生产A产品8 000件，单位变动成本为15元，固定成本总额为30 000元。A产品单价为35元。该企业还可以将A产品进一步加工成B产品后销售，但每件需追加变动成本5元，同时还需追加固定成本6 000元。B产品单价为42元。A产品是否应该加工成B产品销售？

差量收入=（42-35）×8 000=56 000（元）

差量成本=5×8 000+6 000=46 000（元）

继续加工的差量收益=56 000-46 000=10 000（元）

因此，A产品应继续加工成B产品销售。

6.生产工艺决策分析

在许多企业里，往往先进与落后的生产工艺并存，一种产品可以采用不同的工艺来生产。一般来说，选用先进的工艺生产时，所用的设备价值较高，其维修费与管理费用也相应较高，因此固定成本相对较高。但由于先进工艺的生产存在效率高、材料消耗低、废品率低等特点，选用先进工艺生产时，变动成本相对较低。而采用普通工艺生产时的情况则相反。普通工艺所需设备价格较低，维护与管理费用较低，但其生产效率低、材料消耗高、废品率高，因而一般表现为低固定成本和高变动成本。一般情况下，大多数企业愿意使用先进工艺生产产品，但从经济效益的角度看，未必是工艺越先进越好。对这种问题的分析宜采用本量利分析法。

【例 11-16】某企业可采用两种工艺生产甲产品。自动化生产时，单位变动成本为25元，年固定成本为100 000元；机械化生产时，单位变动成本为35元，年固定成本为60 000元。请做出采用何种工艺进行生产的决策。

设成本分界点为x件，则：

自动化生产总成本=25x+100 000

机械化生产总成本=35x+60 000

成本分界点应满足：

25x+100 000=35x+60 000

解得：x=4 000件

因此，当该产品年产量大于4 000件时，应选择自动化生产；当该产品年产量等于4 000件时，两种方案均可行；当该产品年产量小于4 000件时，应选择机械化生产。

第三节 成本计划

一、成本计划的意义

成本计划既是企业成本会计的重要组成内容，又是企业内部计划管理的有机组成部分，属于成本的事前管理。成本计划是在成本预测和决策的基础上，根据目标成本，以货币形式规定企业在一定时期内完成生产任务所需耗用的生产费用数额和各种产品的成本水平，是对预测成本运用决策手段平衡后的结果。编制成本计划对加强成本管理、降低产品成本、提高经济效益具有十分重要的作用。

（一）成本计划是企业成本控制的重要依据

成本计划是为实现企业目标而制订的，它体现了企业降低成本的具体要求，是企业降低成本的努力目标。企业的生产经营过程也就是各项计划的执行过程，成本的发生过程本身也伴随着对成本的控制。

（二）成本计划是企业编制其他计划的重要依据

在企业生产经营全面预算中，成本计划是非常重要的部分，又是对其他计划提出的最优成本要求。在财务计划中，成本计划是核心，企业的利润计划、营运资金计划必须建立在先进的成本计划的基础上。离开成本计划，企业的整个生产经营计划将无从优化。

（三）成本计划是企业成本分析和考核的基本标准

计划成本既包括各产品的计划成本，也包括各部门的目标成本。成本计划的逐级分解是将来进行成本考核分析的基本标准。无论是分析全部产品成本还是分析个别产品成本，无论是分析各部门成本降低任务的完成情况还是考核各部门的成本管理水平，都以成本计划为基本标准。通过定期分析成本计划的完成情况，查明各部门的成本差异，分清主观和客观原因，可以正确评价和考核各部门的工作业绩，作为奖惩的依据，从而调动各部门及员工降低成本的积极性。

【同步链接 11-3】

成本计划与成本预测及成本决策的关系（见上文）。

二、成本计划的内容

由于企业的成本费用分为生产成本和期间费用两大部分，因此，企业的成本计划有广义和狭义之分。广义的成本计划包括产品成本计划和期间费用预算两大部分。产品成本计划是对本期生产产品的生产费用提出的成本目标，期间费用预算是对由本期损益直接负担的期间费用提出的成本目标。狭义的成本计划仅指产品成本计划。

（一）产品单位成本计划

产品单位成本计划是按照成本项目反映计划期间内主要产品所要达到的成本水平，并规定单位产品耗用工时和主要材料定额耗用量等内容。

（二）全部商品产品成本计划

全部商品产品成本计划有两种形式：一种按产品类别编制，这种成本计划反映各种可比产品和不可比产品的计划单位成本、计划总成本，可比产品成本的降低额和降低率，以及全部商品产品的总成本水平；另一种按成本项目编制，这种成本计划分不同成本项目分别反映计划期可比产品、不可比产品、全部产品的总成本，以及全部可比产品成本的降低额和降低率等。

（三）制造费用预算

制造费用预算是反映车间（分厂）为了组织和管理生产所发生的各种综合性间接费用的预算。要编制商品产品成本计划，需要先编制制造费用预算。该项费用按车间（分厂）汇集后，再按一定标准分配到产品成本中去。制造费用预算一般是按费用项目并依据费用与业务量的依存关系编制的。

（四）期间费用预算

企业的期间费用是指直接计入当期损益的管理费用、销售费用和财务费用等。这些费用不计入产品成本，但影响企业的利润水平。在成本管理中，这是不可缺少的一部分。在整个成本费用计划体系中，期间费用预算不可或缺。这三项费用内容复杂，项目繁多，应分别编制预算。

三、成本计划编制的程序

不同企业的生产特点不同，规模不同，管理的要求也各有差异，不同企业编制成本计划的程序也不尽相同。通常小型企业与产品品种较少的企业会采取集中编制，由厂部直接编制全厂的成本计划，各车间不再编制本车间成本计划；而大中型企业通常采取分级编制的方法，由车间编制本车间的成本计划，再由厂部汇总平衡编制全厂成本计划。综合两种编制方法，企业成本计划编制的一般程序如下：

（一）搜集和整理资料

为使成本计划先进合理，企业应尽量搜集有关上期实际成本和与成本相关的历史资料、同行业先进资料、市场调查资料、厂内计划价格资料，以及新产品的设计资料等相关信息，并按照企业经营管理者对成本降低的要求进行整理。同时，为了编好成本计划，还必须深入细致地进行一些调查研究工作，掌握生产的具体情况，作为编制成本计划的参考。

（二）确定目标成本和费用控制限额

目标成本和费用控制限额是成本计划控制的两个部分，前者是总体控制水平，后者是前者的分解。在确定了成本降低要求后，应在成本预测和成本决策的基础上，考虑各项消耗定额降低及物价水平上涨等因素，进行成本试算平衡，以确定可行的目标成本水平和费用控制额度。

（三）分车间部门编制成本计划及费用预算

按照分级归口责任管理的要求，厂部应将成本费用目标下达到各有关职能部门、生产车间和辅助生产车间，由各部门和车间结合其实际情况加以修正，再连同各项成本降低措施上报厂部。

（四）正式编制企业成本计划

在各职能部门和车间反馈的成本计划和预算的基础上，厂部从全局出发对成本指标进行试算、综合平衡，尽可能考虑各局部的合理要求，调动全体员工降低成本的积极性，上下结合编制正式的成本计划。

四、成本计划的编制方法

（一）编制成本计划的基本方法

产品成本计划的编制方法主要有两种：一种是因素测算法，它要求在正式编制成本计划之前，根据现实情况和以往经验，测算影响成本的主要因素，提出降低成本的主要措施，然后在上年实际成本的基础上按照各项成本降低措施调整，提出本期的成本计划数据。这种方法能反映成本升降的有关因素，计算比较简便，但比较粗略，不便于控制执行，与实际成本核算方法相脱节，不利于分析考核。所以，因素测算法一般适用于中长期成本计划编制。另一种是直接计算法，它根据现实的各项消耗定额和费用预算资料，在考虑成本降低要求的基础上，按产品成本核算的程序和方法详细计算各产品和各成本项目的计划成本，然后再汇总编制全部产品成本计划。这种方法因成本核算方法的不同而不同，适应性强，计算详细，比较准确，有利于控制、分析与考核，有利于企业内部成本责任制的贯彻，但编制过程比较烦琐，工作量较大。

在应用直接计算法编制成本计划时，由于企业规模、生产特点和管理要求不同，编制成本计划的组织方式也有所不同。如前所述，小型企业或产品品种不多的企业采取集中编制法，由厂部直接编制全厂的成本计划，车间不编制本车间的成本计划；大中型企业为落实分级归口责任制管理，采取分级编制法。这里介绍由各车间采用分级编制法编制产品成本计划的步骤。

1.编制辅助生产车间成本计划

辅助生产车间为基本生产提供产品或劳务，同时也为管理部门、销售部门服务，甚至以其产品或劳务对外出售。辅助生产费用应采用一定方法分配到各受益单位的产品成本或费用计划中去。因此，编制产品成本计划时，首先要编制辅助生产车间成本计划。辅助生产车间成本计划包括辅助生产费用预算和辅助生产费用分配两大部分。

2.基本生产车间成本计划要分别就各车间来编制

首先应编制车间直接费用计划，按产品计算直接费用；然后编制制造费用预算，并在各产品之间进行分配；最后编制车间的产品成本计划。制造费用总预算是在各车间制造费用预算的基础上编制的，它根据辅助生产车间、基本生产车间的制造费用预算资料按明细项目汇总列示。制造费用总预算可作为控制和监督制造费用未来发生数的标准，将实际制造费用同预算目标进行比较，可以评价制造费用的实际支出情况，查明超支或节约的原因。

3.汇编全厂成本计划

厂部财会部门对各车间编制的成本计划进行审查后，综合编制全厂产品成本计划。全厂产品成本计划主要包括主要产品单位成本计划和商品产品成本计划。

【例11-17】假设某企业设有第一、第二两个基本生产车间和一个辅助生产（机修）车间，计划年度生产A、B两种主要产品（可比产品）和正式投产的C新产品（非主要产品，不可比产品），原材料分次投入，经过第一车间和第二车间按顺序加工完成，采用平行结转分步法计算产品成本，间接费用按工时比例分配。

1.2019年报告年度有关资料

（1）产量资料。第一至第三季度实际产量：A产品700件，B产品550件。第四季度预计产量：A产品300件，B产品200件。

（2）单位成本资料。第一至第三季度实际单位成本：A产品450元，B产品700元。第四季度预计单位成本：A产品400元，B产品625元。

2.2020年计划年度有关资料

（1）产品消耗定额及计划单价资料，见表11-15。

（2）各车间一般消耗资料，见表11-16。

（3）各车间一般费用计划表，见表11-17。

表 11-15　　产品消耗定额及计划单价

项目	计量单位	计划单价	单位消耗定额					
			A 产品		B 产品		C 产品	
			第一车间	第二车间	第一车间	第二车间	第一车间	第二车间
原材料								
甲材料	千克	50	2	0.5	1	2	6	2
乙材料	千克	20	3	1.2	6	4.5	6	0.4
燃料	立方米	0.6	15	30	30	50	30	80
动力	千瓦时	0.5	12	10	15	20	18	25
工资	工时	5	4	3	7	4	4	4
职工福利费	工时	0.7	4	3	7	4	4	4
工会经费	工时	0.3	4	3	7	4	4	4
职工教育经费	工时	0.2	4	3	7	4	4	4
五险一金	工时	1.8	4	3	7	4	4	4

表 11-16　　各车间一般消耗表

项目	单位	计划单价	第一车间	第二车间	机修车间	
					生产用	管理用
原材料						
甲材料	千克	50	70	100	180	30
乙材料	千克	20	90	120	60	20
燃料	立方米	0.6	800	1 100	250	50
动力	千瓦时	0.5	2 000	1 800	3 000	800

表 11-17　　各车间一般费用计划表　　单位：元

项　目	第一车间	第二车间	机修车间	
			生产用	管理用
工资	40 000	30 000	10 000	8 000
职工福利费	5 600	4 200	1 400	1 120
工会经费	800	600	200	160
职工教育经费	600	450	200	140
五险一金	12 000	9 000	3 000	2 400
折旧费	30 000	25 000	20 000	5 000
办公费	8 000	7 060		2 000
修理费	8 000	2 700		5 500
劳动保护费	2 000	3 000	2 000	
其他费用	5 016	7 000	1 000	1 000

（4）生产工时消耗资料，见表 11-18。

表 11-18 **各车间生产工时消耗表** 单位：小时

部门	单位产品工时定额			修理总工时		
	A 产品	B 产品	C 产品	第一车间	第二车间	厂部
第一车间	4	7	4			
第二车间	3	4	4			
机修车间				800	1 500	200

（5）其他情况说明。

①各车间按生产任务投料，计划耗用的原材料、燃料、动力均为外购。

②计划期产量：A 产品 1 500 件，B 产品 900 件，C 产品 500 件。

③为简化成本计划编制，假定计划期年初、年末在产品和自制半成品余额相等，均为 400 000 元，本期生产量与完工量一致。

3.2020 年度产品成本计划的编制

（1）计算 2019 年预计平均单位成本。

$$\text{A产品2019年预计平均单位成本} = \frac{700 \times 450 + 300 \times 400}{700 + 300} = 435\text{（元）}$$

$$\text{B产品2019年预计平均单位成本} = \frac{550 \times 700 + 200 \times 625}{550 + 200} = 680\text{（元）}$$

（2）根据 2019 年预计平均单位成本，计算 2020 年（计划年度）主要产品总成本。

A 产品 2020 年主要产品总成本=1 500×435=652 500（元）

B 产品 2020 年主要产品总成本=900×680=612 000（元）

（3）编制辅助生产车间成本计划。

①编制机修车间生产费用预算，见表 11-19。

表 11-19 **2020 年度机修车间生产费用预算表** 单位：元

项目	外购材料	外购燃料	外购动力	薪酬费用	折旧费	办公费	其他	本年预算
甲材料	10 500							10 500
乙材料	1 600							1 600
燃料		180						180
动力			1 900					1 900
工资				18 000				18 000
职工福利费				2 520				2 520
工会经费				360				360
职工教育经费				340				340
五险一金				5 400				5 400
折旧费					25 000			25 000
办公费						2 000		2 000
修理费							5 500	5 500
劳动保护费							2 000	2 000
其他费用							2 000	2 000
合　计	12 100	180	1 900	26 620	25 000	2 000	9 500	77 300

②编制机修车间生产费用分配表，见表11-20。

表11-20　**2020年度机修车间生产费用分配表**　金额单位：元

耗用单位	分配标准	分配率	分配金额
第一车间	800		24 736
第二车间	1 500		46 380
厂部	200		6 184
合　计	2 500	77 300÷2 500=30.92	77 300

（4）编制基本生产车间成本计划。

①分车间编制直接费用计划，见表11-21和表11-22。

表11-21　**第一车间直接费用计划表**

2020年度　金额单位：元

费用项目	计划单价	A产品1 500件			B产品900件			C产品500件			车间总成本
		消耗定额	单位成本	总成本	消耗定额	单位成本	总成本	消耗定额	单位成本	总成本	
直接材料：											
甲材料	50	2千克	100	150 000	1千克	50	45 000	6千克	300	150 000	345 000
乙材料	20	3千克	60	90 000	6千克	120	108 000	6千克	120	60 000	258 000
燃料	0.6	15立方米	9	13 500	30立方米	18	16 200	30立方米	18	9 000	38 700
动力	0.5	12千瓦时	6	9 000	15千瓦时	7.5	6 750	18千瓦时	9	4 500	20 250
直接人工：											
工资	5	4	20	30 000	7	35	31 500	4	20	10 000	71 500
职工福利费	0.7	4	2.8	4 200	7	4.9	4 410	4	2.8	1 400	10 010
工会经费	0.3	4	1.2	1 800	7	2.1	1 890	4	1.2	600	4 290
职工教育经费	0.2	4	0.8	1 200	7	1.4	1 260	4	0.8	400	2 860
五险一金	1.8	4	7.2	10 800	7	12.6	11 340	4	7.2	3 600	25 740
产品总成本			207	310 500		251.5	226 350		479	239 500	776 350

表11-22　**第二车间直接费用计划表**

2020年度　金额单位：元

费用项目	计划单价	A产品1 500件			B产品900件			C产品500件			车间总成本
		消耗定额	单位成本	总成本	消耗定额	单位成本	总成本	消耗定额	单位成本	总成本	
直接材料：											
甲材料	50	0.5千克	25	37 500	2千克	100	90 000	2千克	100	50 000	177 500
乙材料	20	1.2千克	24	36 000	4.5千克	90	81 000	0.4千克	8	4 000	121 000
燃料	0.6	30立方米	18	27 000	50立方米	30	27 000	80立方米	48	24 000	78 000
动力	0.5	10千瓦时	5	7 500	20千瓦时	10	9 000	25千瓦时	12.5	6 250	22 750
直接人工：											
工资	5	3	15	22 500	4	20	18 000	4	20	10 000	50 500
职工福利费	0.7	3	2.1	3 150	4	2.8	2 520	4	2.8	1 400	7 070
工会经费	0.3	3	0.9	1 350	4	1.2	1 080	4	1.2	600	3 030
职工教育经费	0.2	3	0.6	900	4	0.8	720	4	0.8	400	2 020
五险一金	1.8	3	5.4	8 100	4	7.2	6 480	4	7.2	3 600	18 180
产品总成本			96	144 000		262	235 800		200.5	100 250	480 050

②分车间编制制造费用预算表及其分配表，见表11-23、表11-24、表11-25

和表11-26。

表11-23

第一车间制造费用预算表

2020年度

单位：元

	外购材料	外购燃料	外购动力	薪酬费用	办公费	折旧费	其他	分配费用	本年预算
工资				40 000					40 000
职工福利费				5 600					5 600
工会经费				800					800
职工教育经费				600					600
五险一金				12 000					12 000
办公费					8 000				8 000
折旧费						30 000			30 000
修理费							8 000	24 736	32 736
劳动保护费							2 000		2 000
机物料：									
甲材料	3 500								3 500
乙材料	1 800								1 800
燃料		480							480
动力			1 000						1 000
其他费用							5 016		5 016
合　计	5 300	480	1 000	59 000	8 000	30 000	15 016	24 736	143 532

表11-24

第二车间制造费用预算表

2020年度

单位：元

	外购材料	外购燃料	外购动力	薪酬费用	办公费	折旧费	其他	分配费用	本年预算
工资				30 000					30 000
职工福利费				4 200					4 200
工会经费				600					600
职工教育经费				450					450
五险一金				9 000					9 000
办公费					7 060				7 060
折旧费						25 000			25 000
修理费							2 700	46 380	49 080
劳动保护费							3 000		3 000
机物料：									
甲材料	5 000								5 000
乙材料	2 400								2 400
燃料		660							660
动力			900						900
其他支出							7 000		7 000
合　计	7 400	660	900	44 250	7 060	25 000	12 700	46 380	144 350

表 11-25　　**第一车间制造费用分配表**

2020 年度　　金额单位：元

产品	计划产量	单位定额（工时）	生产工时	分配率（元/工时）	单位产品分配额	分配总额
A 产品	1 500	4	6 000		40.15	60 225
B 产品	900	7	6 300		70.26	63 234
C 产品	500	4	2 000		40.15	20 073
合　计			14 300	143 532÷14300=10.0372		143 532

表 11-26　　**第二车间制造费用分配表**

2020 年度　　金额单位：元

产品	计划产量	单位定额（工时）	生产工时	分配率（元/工时）	单位产品分配额	分配总额
A 产品	1 500	3	4 500		42.88	64 320
B 产品	900	4	3 600		57.17	51 453
C 产品	500	4	2 000		57.17	28 577
合　计			10 100	144 350÷10 100=14.2921		144 350

③分车间编制基本生产车间产品成本计划，见表 11-27、表 11-28。

表 11-27　　**第一车间产品成本计划表**

2020 年度　　单位：元

成本项目	A 产品 1 500 件		B 产品 900 件		C 产品 500 件		车间总成本
	单位成本	总成本	单位成本	总成本	单位成本	总成本	
直接材料：							
甲材料	100	150 000	50	45 000	300	150 000	345 000
乙材料	60	90 000	120	108 000	120	60 000	258 000
燃料	9	13 500	18	16 200	18	9 000	38 700
动力	6	9 000	7.5	6 750	9	4 500	20 250
直接人工：							
工资	20	30 000	35	31 500	20	10 000	71 500
职工福利费	2.8	4 200	4.9	4 410	2.8	1 400	10 010
工会经费	1.2	1 800	2.1	1 890	1.2	600	4 290
职工教育经费	0.8	1 200	1.4	1 260	0.8	400	2 860
五险一金	7.2	10 800	12.6	11 340	7.2	3 600	25 740
制造费用	40.15	60 225	70.26	63 234	40.15	20 073	143 532
合　计	247.15	370 725	321.76	289 584	519.15	259 573	919 882

表 11-28　**第二车间产品成本计划表**

2020 年度　单位：元

成本项目	A 产品 1 500 件		B 产品 900 件		C 产品 500 件		车间总成本
	单位成本	总成本	单位成本	总成本	单位成本	总成本	
直接材料：							
甲材料	25	37 500	100	90 000	100	50 000	177 500
乙材料	24	36 000	90	81 000	8	4 000	121 000
燃料	18	27 000	30	27 000	48	24 000	78 000
动力	5	7 500	10	9 000	12.5	6 250	22 750
直接人工：							
工资	15	22 500	20	18 000	20	10 000	50 500
福利费	2.1	3 150	2.8	2 520	2.8	1 400	7 070
工会经费	0.9	1 350	1.2	1 080	1.2	600	3 030
职工教育经费	0.6	900	0.8	720	0.8	400	2 020
五险一金	5.4	8 100	7.2	6 480	7.2	3 600	18 180
制造费用	42.88	64 320	57.17	51 453	57.17	28 577	144 350
合　计	138.88	208 320	319.17	287 253	257.67	128 827	624 400

（5）编制主要产品单位成本计划。

设该企业生产的 A、B、C 三种产品均为主要产品，根据各生产车间的产品成本计划分别各产品予以平行汇总，即可得到该企业主要产品单位成本计划表，见表 11-29。

表 11-29　**主要产品单位成本计划表**

2020 年度　金额单位：元

成本项目	计量单位	计划价格	A 产品		B 产品		C 产品	
			消耗定额	单位成本	消耗定额	单位成本	消耗定额	单位成本
直接材料：				247		425.5		615.5
甲材料	千克	50	2.5	125	3	150	8	400
乙材料	千克	20	4.2	84	10.5	210	6.4	128
燃料	立方米	0.6	45	27	80	48	110	66
动力	千瓦时	0.5	22	11	35	17.5	43	21.5
直接人工		8	7	56	11	88	8	64
制造费用				83.03		127.43		97.32
合　计				386.03		640.93		776.82

（6）编制全厂商品产品成本计划。

根据该企业上年可比产品的预计平均单位成本资料，以及本年度各车间的成本计划表、主要产品单位成本计划表，即可编制商品产品成本计划。商品产品成本计划应分别按成本项目和产品类别编制，分成本项目编制的成本计划可以反映该企业产品成本的构成及各成本项目的增减变动情况，按产品类别编制的成本计划可以反映各种产品成本计划数额及可比产品较上年成本的升降情况。

设该企业2019年度A、B产品的预计平均单位成本资料见表11-30。

表11-30 **2019年A、B产品预计平均单位成本资料** 单位：元

成本项目	A产品	B产品
直接材料	265	460
直接人工	80	90
制造费用	90	130
合 计	435	680

根据表11-30及各车间的成本计划，编制全厂商品产品成本计划，见表11-31和表11-32。

表11-31 **商品产品成本计划表（按成本项目编制）**

2020年度 金额单位：元

成本项目	可比产品计划总成本				不可比产品计划总成本	全部商品产品计划总成本
	按上年平均单位成本计算	按本年计划单位成本计算	计划降低额	计划降低率（%）		
直接材料	811 500	753 450	58 050	7.15	307 750	1 061 200
直接人工	201 000	163 200	37 800	18.81	32 000	195 200
制造费用	252 000	239 232	12 768	5.07	48 660	287 892
合 计	1 264 500	1 155 882	108 618	8.59	388 410	1 544 292

表11-32 **商品产品成本计划表（按产品类别编制）**

2020年度 金额单位：元

产品名称	计量单位	计划产量	单位成本		总成本			
			上年预计	本年计划	按上年计算	按计划计算	计划降低额	计划降低率（%）
可比产品：					1 264 500	1 155 882	108 618	8.59
A产品	件	1 500	435	386.03	652 500	579 045	73 455	11.26
B产品	件	900	680	640.93	612 000	576 837	35 163	5.75
不可比产品：				776.82		388 410		
C产品	件	500		776.82		388 410		
全部产品						1 544 292		

（二）编制成本计划的其他方法

1.弹性预算法

弹性预算法是按照可预见的多种生产经营活动水平分别确定相应数据的成本计划法。编制弹性成本预算时，关键在于要把所有的成本划分为变动成本和固定成本。变动成本的计划数主要依据单位业务量来确定，固定成本的计划数则依据总额确定，具体可根据上期实际发生的情况结合本期的实际情况调整确定。弹性成本预算的计算公式为：

$$\text{弹性成本预算}=\sum(\text{单位变动成本预算数}\times\text{预计业务量})+\text{固定成本预算总额}$$

对于产品成本中的直接材料、直接人工、制造费用、销售及管理费用，可采用不同的方法编制弹性预算。

由于直接材料、直接人工的弹性预算只需以预算期内多种可能完成的生产量为基础，分别乘以单位产品的预算数（或标准）即可完成预算的编制，因此，在实际工作中，通常只编制单位产品变动成本标准作为控制指标，待实际业务发生后，再按实际业务量进行换算，形成弹性预算。

制造费用属于混合成本，为加强控制，宜按照不同的业务量水平编制制造费用的弹性预算。生产单一产品的企业，制造费用预算可按生产量直接编制；生产多种产品的企业，通常可按照直接人工工时（或机器工时）进行编制。

销售与管理费用弹性预算的编制方法与制造费用弹性预算的编制方法基本相同，所不同的是编制基础的选择不一样。它不是以生产工作量（直接人工小时、机器工时等）作为计算基础，而是以销售量（以金额表示的销售净收入）作为计算基础。

弹性预算法是为克服固定预算法难以适应经营活动水平变化的缺陷而产生的。其主要优点是能适应不同实际经营活动水平的需要，扩大了计划的适用范围，使根据预算对实际执行情况的评价与考核建立在更加客观、可比的基础上，能更好地发挥成本计划的指导和控制作用，避免在实际情况发生变化时对预算作频繁的修改。其编制步骤为：

（1）选择和确定经营活动水平的计量单位（如产品产量、直接人工小时、机器工时和维修小时等）和数量界限。

（2）确定不同情况下经营活动水平的范围，通常以正常生产能力的70%~110%为宜（间隔一般以5%或10%为宜）。

（3）根据成本和产量之间的依存关系，分别确定变动成本、固定成本和混合成本及其具体费用项目在不同经营活动水平范围内的控制数额。

（4）通过一定的表格加以汇总，编制弹性预算。

【例11-18】 某企业在不同业务水平下的弹性成本预算见表11-33。

表 11-33　　弹性成本预算

2020 年度

业务量（件）	14 000	16 000	18 000	20 000	22 000
生产能力百分比（%）	70	80	90	100	110
变动成本：					
直接材料（0.5 元/件）	7 000	8 000	9 000	10 000	11 000
直接材料（0.7 元/件）	9 800	11 200	12 600	14 000	15 400
变动制造费用（0.4 元/件）	5 600	6 400	7 200	8 000	8 800
变动成本小计（元）	22 400	25 600	28 800	32 000	35 200
固定制造费用（元）	5 000	5 000	5 000	5 000	5 000
生产成本合计（元）	27 400	30 600	33 800	37 000	40 200

【同步思考 11-4】

什么是弹性成本预算？在什么情况下成本计划的编制应采用弹性预算法？

2. 概率预算法

在编制成本计划过程中会涉及许多因素，如材料单价、小时工资率、产销量等，这些因素由于企业内外部经济条件的变化常常表现为若干种变化趋势，而不是完全确定的。在因素不确定的情况下编制成本计划，就须采用概率预算法。

所谓概率预算法，就是指对于变动的预算数值，利用概率论的基本原理，对各种变量数值出现的可能性分别做出概率估计，然后进行概率综合并求出相应概率预算值的一种预算编制方法。概率预算法是概率论原理与预算的结合运用，其实质是一种修正的弹性预算，即将每一项可能发生的概率结合应用到弹性预算的编制中。其编制步骤为：

（1）估计因素的可能值及其概率，即对每种产品的产销量、单位消耗定额、材料单价、小时工资率等的可能取值及其概率进行判断。

（2）分别计算各种可能组合的产品成本及联合概率。

（3）以联合概率为权数，分别计算各种可能的期望值。

（4）计算产品成本的综合期望值，综合期望值等于各种可能的期望值之和。

由于概率预算法考虑了所有因素变动的各种可能组合，因此，成本计划更符合实际，但计算比较复杂，概率的测算也比较困难。

【例 11-19】 某厂只生产一种产品，产品销售价格为 5 元/件，销售量和变动成本的预期值和相应概率的有关数据见表 11-34（P 为概率）。

表11-34 销售量和变动成本的预期值和相应概率的有关数据 金额单位：元

销售量（件）	变动成本	酌量性固定成本	约束性固定成本	利润	联合概率	利润×联合概率
100 000（P=0.2）	2.1（P=0.3）	35 000	100 000	155 000	0.06	9 300
	2（P=0.5）	35 000	100 000	165 000	0.1	16 500
	1.9（P=0.2）	35 000	100 000	175 000	0.04	7 000
110 000（P=0.6）	2.1（P=0.3）	45 000	100 000	174 000	0.18	31 320
	2（P=0.5）	45 000	100 000	185 000	0.3	55 500
	1.9（P=0.2）	45 000	100 000	196 000	0.12	23 520
120 000（P=0.2）	2.1（P=0.3）	60 000	100 000	188 000	0.06	11 280
	2（P=0.5）	60 000	100 000	200 000	0.1	20 000
	1.9（P=0.2）	60 000	100 000	212 000	0.04	8 480
						182 900

概率预算在预算管理中引入了概率论原理，使预算更加科学合理，减少了预算的盲目性，提高了预算的准确性，使实际情况得到了充分的估计。但是这种方法计算比较复杂（如在上面的例子中，如果销售价格由市场决定，要将估计的销售价格及其概率加入计算中，将更为复杂），工作量较大，而且企业往往没有足够的信息来准确地估计预算内容的可能数值及其概率。

■ 本章重点与难点

1.本章重点：成本预测的内容和程序；成本预测常用的定量分析法；成本决策中的相关收入、相关成本、相关业务量；成本决策常用的方法；编制成本计划的方法。

2.本章难点：成本预测的回归直线法、移动平均法、指数平滑法；产品成本降低率的预测；不同工艺方案的成本决策分析；成本计划的编制。

■ 基本训练

第十一章判断题

第十一章选择题

实务题

（1）某企业生产A产品，基期单位成本为200元，其中直接材料占50%、直接人工占30%、变动性制造费用占2%、固定性制造费用占8%。计划年度单位目标成本为188元，为实现目标利润，计划年度A产品的成本降低率应达到6%。计划年度采取相应措施后预计有关因素变动如下：①产量增长10%；②材料消耗定额降低5%，材料价格上涨4%；③工人劳动生产率提高15%，工人平均工资增长3%；④单位产品变动制造费用降低6%；⑤固定制造费用总额增长8%。

要求：预测计划年度A产品成本降低率能否达到要求。

（2）某企业可采用两种工艺生产A产品。自动化生产的单位变动成本为49.5元，年固定成本为247 500元；机械化生产的单位变动成本为82.5元，年固定成本为165 000元。

要求：做出采用何种工艺进行生产的决策。

（3）某企业设有第一和第二两个基本生产车间和一个机修车间，2020年计划生产甲、乙两种可比产品和投产丙新产品，甲、乙产品由第一、第二车间顺序加工完成，丙产品由第一车间独立加工完成。全年计划产量是：甲产品4 000台，乙产品3 000台，丙产品2 000台。根据资料按以下要求和顺序编制成本计划：

①根据辅助生产费用预算编制辅助生产计划费用分配表。

辅助生产费用年度预算为50 000元，预计完成修理工时3 125小时，其中第一车间1 600小时、第二车间1 400小时、管理部门125小时。

②根据各产品的单耗定额及计划单价（见表11-35）编制基本生产车间直接费用计划表。

表11-35　**产品单位消耗定额及计划单价表**　金额单位：元

项目	计量单位	第一车间			第二车间		单价
		甲产品	乙产品	丙产品	甲产品	乙产品	
直接材料：							
A材料	千克	12	10	8	16	14	15
B材料	千克	10	8	8	12	10	10
C材料	千克	8	6	10			5
动力	千瓦时	20	18	22	24	22	1
直接人工	工时	30	16	20	18	16	6
职工福利费							14%

③根据基本生产车间制造费用预算表编制分配表，2020年度第一、第二车间制造费用预算分别为124 800元和60 000元，根据产量及工时资料分配。

④编制第一、第二车间成本计划。

⑤编制主要商品产品单位成本计划。

⑥编制全部商品产品成本计划（分别按成本项目和产品类别编制）。

设该企业2019年度甲、乙产品的预计平均单位成本资料见表11-36。

表11-36 **甲、乙产品的预计平均单位成本** 单位：元

成本项目	甲产品	乙产品
直接材料	740	614
直接人工	324	216
制造费用	36	20
合　计	1 100	850

第十二章　成本控制和成本考核

学习目标

通过对本章内容的学习，在知识方面，理解标准成本控制和责任成本考核的基本原理及区别，熟悉标准成本控制；在实务方面，掌握标准成本差异的计算与分析方法，理解标准成本控制与定额成本控制的异同点，熟悉责任成本考核的方法。

导入案例

宏达公司本期预算固定性制造费用为100 000元，预算工时为5 000小时；实际耗用4 500小时，实际发生固定性制造费用115 000元；标准工时为4 800小时。

思考：预算工时与标准工时有什么区别？请计算固定性制造费用生产能力利用程度差异，并解释其含义。

第一节　成本控制

一、成本控制的意义

成本控制是成本经营管理的重要内容，它主要是根据成本预测和成本决策所确定的成本目标，对企业生产经营过程中各项费用的发生进行指导、限制和监督，以便及时发现偏差，采取纠正措施，使各项生产耗费被控制在目标所规定的范围之内的一种管理活动。

以成本的发生为基点，可以将成本控制分为事前控制、事中控制和事后控制。成本的事前控制是指在产品投产前对影响成本的各项经济活动进行事前规划、审核，确定目标成本，即进行成本预测、成本决策和编制成本计划。成本的事中控制是指在成本形成过程中，按照预定的成本目标，对生产耗费进行严格的计量、监督和指导，及时分析产生偏差的原因，并予以纠正和控制。成本的事后控制是指成本形成之后，把日常发生的成本差异及其原因汇总起来进行分析研究，探索成本升降的原因及规律性，明确经济责任，并提出日后改进意见，以不断降低成本，提高经济效益。成本的事前控制主要是确定成本标准；成本的事中控制主要是围绕成本标准，对各项成本开支进行控制，又称日常成本控制；成本的事后控制主要是成本的分析和考核，为日后的生产经营奠定基础。

成本控制有广义和狭义之分。广义的成本控制包括事前控制、事中控制和事后控制，贯穿成本管理的全过程；狭义的成本控制仅指成本的事中控制。本节介绍日常成本控制。

通过成本控制，可以将产品成本限制在事先测算确定的成本水平之内，防止产品生产过程中浪费现象的发生，使企业的经济资源得到合理有效的利用，达到节约生产耗费，降低产品成本，提高经济效益的目的。成本控制的意义表现在：

（一）成本控制是成本管理的关键环节

成本管理包括预测、决策、计划、控制、核算、分析和考核等环节，其中成本控制要渗透到成本预测、决策和计划之中，既要对目标成本的确定进行控制，又要对产品生产过程中的成本发生进行控制，以保证成本目标的实现。可见，现代成本管理中的成本控制是对产品成本形成全过程的控制，是成本管理的关键环节。

（二）成本控制是加强成本管理责任制的重要手段

成本控制的方法之一是实行内部经济责任制，将标准成本以责任成本的形式层层分解落实到各部门、车间、班组和个人，形成一个完整的成本控制系统，通过对该系统各层次、各环节的费用支出进行控制，对这些业务活动的成本进行分析、研究和考核，调动劳动者的积极性和创造性，最大限度地挖掘降低成本的潜力，保证成本目标的实现。因此，通过成本控制，可以进一步落实和完善成本管理责任制。

（三）成本控制是推动企业加强成本管理基础工作、提高管理水平的动力

企业成本管理的基础工作和管理水平对产品成本有直接的影响。实行成本控制就要建立相应的控制标准和控制制度，如定额管理制度、财产物资收发领退制度、计划价格制度、原始记录制度、责任制度等，并随实际情况的变化及时修订。因此，通过成本控制，可以建立健全成本管理的各项制度，改善成本管理的各项基础工作，提高企业的管理水平。

二、成本控制的程序

为了保证成本控制的顺利进行，成本控制应按以下基本程序进行：

（一）制定成本控制标准

成本控制标准是评价和判断成本管理工作效率和效果的尺度，亦称目标成本。成本控制标准有定额成本和标准成本，一般按成本项目分别制定。制定每一项标准时，都要考虑数量和单价两个基本因素。企业应根据自身的生产经营条件和技术水平制定经过努力可以达到的标准，并以标准为中心，确定一个上下波动的正常范围。成本控制标准一旦制定，就为成本控制树立了目标，成为对产品实际成本进行控制、检查、分析和考核的依据。成本控制标准还要根据企业技术经济条件的变化定期修正，使之符合实际情况，满足成本控制的需要。

（二）计算、揭示成本差异

成本控制标准制定后，要与实际发生的费用进行比较，及时计算、揭示实际成本与成本控制标准之间的差异，分析各种差异的具体内容、差异产生的环节、差异

的大小以及产生的原因，区别可控因素和不可控因素，明确责任部门和单位。

（三）成本反馈

企业应将揭示出的成本差异情况，按差异的具体内容反馈给成本控制中心，以确定责任归属，评价和考评业绩，以便及时消除不利差异，发展有利差异或修正成本控制标准。

成本控制可分为定额成本控制和标准成本控制。由于定额成本控制不仅是一种成本控制方法，也是一种成本计算方法，因而已作为产品成本计算的其他方法在本教材的第七章作了介绍。本节重点介绍标准成本控制。

三、标准成本控制

（一）标准成本及其类型

标准成本是根据历史成本资料，对企业生产经营过程通过精确的调查、分析与技术测定后制定的，在正常经营条件下应该发生的，可以作为控制成本开支、评价实际成本、衡量工作效率的依据和尺度的一种预计成本，亦称应该成本。由于制定标准成本所使用的成本标准不同，企业的标准成本一般有以下三种：

1.理想标准成本

理想标准成本是以现有生产技术和经营管理处于最佳状态为基础确定的标准成本。所谓最佳状态，是指最好的生产条件与最好的生产组织。最好的生产条件包括最好的生产设备、最低的原材料价格、最经济的消耗、最合理的工资、最高的产量与销量。最好的生产组织是指生产中无任何浪费，无废料、废品，无停工损失等。这种标准要求过高，是一种理想的标准成本，企业一般很难达到，所以实际中一般很少采用。

2.基本标准成本

基本标准成本是以某一年度的生产技术和经营管理条件为基础而制定的标准成本。这种标准成本一经制定，多年不变。各期实际成本同基本标准成本比较，可以看出各期成本的升降幅度。但是，在生产经营条件发生较大变化时，基本标准成本就起不到应有的控制作用。

3.正常标准成本

正常标准成本是在现有生产技术和经营管理水平达到正常生产效率的条件下所能达到的成本标准。这种标准成本是依据过去较长时期实际水平的平均值，剔除其中生产经营过程中的异常情况，并考虑未来的变动趋势制定的。这种标准成本一般经过努力可以达到，在成本管理中可以调动职工降低产品成本的积极性，因此在实际中普遍采用。

企业制定的标准成本要切实可行，既要有先进性，又要经过努力可以达到。标准制定得过高，容易挫伤职工的积极性，使成本控制失去作用；标准制定得过低，又会失去监督和激励的作用，使实际成本无法控制。标准成本制定以后，要按其内容和责任单位进行分解，落实到各部门、车间、班组，结合经济责任制，建立全厂的成本控制体系。

（二）标准成本的制定

产品的标准成本应按成本项目分别制定。各成本项目的标准成本又是根据其数量标准和价格标准的相互关系计算确定的。

1.直接材料标准成本及其制定

直接材料标准成本是根据直接材料用量标准和直接材料价格标准计算确定的。其计算公式为：

$$\text{单位产品直接材料标准成本}=\sum\left(\text{某种直接材料用量标准}\times\text{该种直接材料价格标准}\right)$$

直接材料用量标准是指生产单位产品所耗用的材料数量，通常根据企业现有技术条件，结合经营管理水平和成本降低任务的要求，同时考虑材料在使用过程中发生的必要损耗来制定。直接材料用量标准一般由企业生产技术部门制定。

直接材料价格标准是指取得某种材料应该支付的单位材料价格，包括买价和采购费用。材料价格标准主要由供应部门和财会部门一起，根据现行价格或正常价格，并考虑市场变动、运输条件变化等因素分析制定。

2.直接人工标准成本及其制定

直接人工标准成本是指为生产某种产品而发生的直接人工耗费，是根据直接人工工时用量标准和标准工资率计算确定的。其计算公式为：

单位产品直接人工标准成本=单位产品直接人工工时用量标准×直接人工工资率标准

直接人工工时用量标准又称直接人工效率标准，是指在现有生产技术条件下，生产单位产品应当耗用的生产加工工时。它包括产品直接加工工时、必要的间歇和停工工时，以及不可避免的废料、废品所需工时等。直接人工工时用量标准一般由生产技术部门运用“时间和动作研究”原理，以事先确定的工艺方案为基础，结合生产工人素质等因素，按产品的各加工步骤分别计算，最后按产品汇总。

直接人工工资率标准又称直接人工价格标准，是指在现有工资水平条件下，单位生产工时应支付的工资费用。在不同的工资制度下，其内容也不一样。在计件工资制下，直接人工工资率标准就是单位产品所支付的生产工人工资，也称计件工资单价。在计时工资制下，直接人工工资率标准是指生产工人每工作一小时应支付的工资。工资率的高低取决于生产工人的工作性质、生产技术、熟练程度以及受教育程度等因素，工资率标准一般是由劳动人事部门、生产技术部门和财会部门协同制定。

3.制造费用标准成本及其制定

制造费用标准成本又称制造费用预算，由生产能力标准（数量标准）和制造费用分配率标准（价格标准）构成，通常按照变动性制造费用和固定性制造费用分别制定。

$$\text{单位产品变动性制造费用标准成本}=\text{单位产品耗用生产能力标准}\times\text{变动性制造费用标准分配率}$$

$$\text{单位产品固定性制造费用标准成本} = \text{单位产品耗用生产能力标准} \times \text{固定性制造费用标准分配率}$$

生产能力标准通常用直接人工工时或机器台时表示，它有两种含义：第一，指企业充分利用现有生产能力可以达到的最高产量（工时）；第二，指预算产量和单位产品标准工时所确定的预算产量标准工时。在实际工作中，生产能力也可用生产量表示。生产能力标准是由生产技术部门根据设计生产能力和实际利用情况分析制定的，在制定时还要充分考虑季节性停工、必要的间歇停工，以及不可避免的废料、废品损失等所耗用的生产能力。

制造费用分配率标准是指在现有生产能力条件下，单位生产能力利用应负担的制造费用数额。制造费用分配率标准分为变动性制造费用分配率标准和固定性制造费用分配率标准。其计算公式为：

$$\text{变动性制造费用分配率标准} = \frac{\text{变动性制造费用弹性预算数}}{\text{相应生产能力水平标准}}$$

$$\text{固定性制造费用分配率标准} = \frac{\text{固定性制造费用预算数}}{\text{预计生产能力标准}}$$

4.单位产品标准成本的制定

将上述分成本项目制定的标准成本加总，就得到单位产品标准成本。其计算公式为：

$$\text{单位产品标准成本} = \text{单位产品直接材料标准成本} + \text{单位产品直接人工标准成本} + \text{单位产品制造费用标准成本}$$

在实际工作中，通常为每一种产品设置一张标准成本卡，反映产品标准成本的具体构成。在每种产品生产之前，它的标准成本卡要送达有关人员，包括各级生产部门负责人、会计部门、仓库等，作为领料、派工和支出其他费用的依据。标准成本卡的格式见表12-1。

表12-1　**甲产品标准成本卡**

成本项目	用量标准	价格标准	标准成本
直接材料：			
A材料	11千克/件	50元/千克	550元/件
B材料	25千克/件	12元/千克	300元/件
小　计			850元/件
直接人工	100工时/件	6元/小时	600元/件
变动性制造费用	100台时/件	1元/小时	100元/件
固定性制造费用	100台时/件	1.2元/小时	120元/件
单位产品标准成本	1 670元/件		

【同步思考 12-1】

什么是用量标准？什么是价格标准？产品的标准成本应该如何制定？

（三）标准成本差异及其分类

标准成本差异是指在一定时期生产一定数量的产品所发生的实际成本与标准成本之间的差额。标准成本指明了企业正常状态下预计应发生的成本限额，由于生产经营情况千变万化，执行的结果不可能完全与标准成本一致。当实际成本超过标准成本时，其差额称为超支差异或不利差异、逆差；当实际成本小于标准成本时，其差额称为节约差异或有利差异、顺差。

标准成本差异因成本构成的内容不同而各异，从各项成本构成以及便于分析的角度出发，可将成本差异按不同标准进行分类。

1.按照成本差异的经济内容分类

（1）直接材料成本差异，即直接材料的实际耗用额与标准耗用额之间的差异。

（2）直接人工成本差异，即直接耗用的人工成本与标准人工成本之间的差异。

（3）制造费用差异，即实际发生的制造费用支出与标准制造费用之间的差异。

将以上各成本项目的差异直接汇总，可以得出产品实际总成本与标准总成本之间的差异。总差异可以概括地说明成本管理工作的总体效益。

按照成本差异的经济内容分类，指明了成本差异的最终结果及其主要构成要素，提供了成本差异的静态指标，但这种分类无法揭示形成差异的具体原因。

2.按照成本差异形成过程分类

（1）数量差异，即形成各种成本的实际耗用量脱离标准耗用量而产生的成本差异。

（2）价格差异，即形成各种成本的实际价格水平（或实际费用分配率）脱离标准价格水平（或标准费用分配率）而产生的成本差异。

按照成本差异形成过程分类，是从动态的角度进行分析，不仅明确了差异的结果，还可说明形成这种结果的原因，为评判业绩及责任归属提供了依据。

3.按照成本差异的可控程度分类

（1）可控制差异，是指与主观努力程度相联系而形成的差异，又叫主观差异。如因劳动纪律、劳动态度、工人技术熟练程度等的不同而形成的差异。

（2）不可控差异，是指与主观努力程度关系不大，主要受客观影响而形成的差异，也叫客观差异。如因材料质量的改变、产品制造方法的改变等而形成的差异。

按照成本差异的可控程度分类，有利于对成本差异进行管理，分清管理重点，控制好主观差异，尽量减少客观差异的影响。

4.按照差异对成本的影响分类

（1）有利差异，是指因实际成本小于标准成本而形成的节约差。有利差异是相对的，并不是有利差异越大越好。例如，为了盲目追求成本的有利差异，不惜以牺牲质量为代价，这是不妥当的。

（2）不利差异，是指因实际成本大于标准成本而形成的超支差。

企业应通过成本差异的计算与分析，确定差异的性质，找出差异形成的原因和责任，以便采取相应的措施，发展有利差异，消除不利差异，实现对成本的有效控制。

【同步链接12-1】

标准成本差异可以从不同的角度进行分类，每一种分类都有其优点和不足。成本控制需要对标准成本差异从不同角度进行分类，而不能只从某个角度进行一种分类，这样才能进行全方位的标准成本控制。

（四）标准成本差异的计算与分析

标准成本差异的计算与分析，一般是先从比较结果出发，进而根据形成这种结果的不同原因，分析其对结果的影响程度及其数额。

1.直接材料成本差异的计算与分析

直接材料成本差异，是指在实际产量下直接材料实际总成本与标准成本之间的差额，由直接材料数量差异和直接材料价格差异两部分构成。其计算公式为：

直接材料成本差异=直接材料实际成本-直接材料标准成本

=直接材料数量差异+直接材料价格差异

（1）直接材料数量差异，是指按材料的实际耗用量和标准单价计算的成本，与按标准耗用量和标准单价计算的成本之间的差额。其计算公式为：

直接材料数量差异=（实际耗用量-标准耗用量）×标准单价

直接材料数量差异一般由生产部门负责。控制用料的有效方法主要是限额领料和超额领料制度，以此及时提供材料信息，但有时材料耗用量出现差异，并非生产部门所致。如采购部门购进了质量、规格不合要求的材料，而使材料消耗量增加；或者在制定标准成本时考虑不周，使标准成本过低，导致材料实际耗用量超过标准耗用量。

（2）直接材料价格差异，是指材料实际单价脱离标准单价按实际材料耗用量计算而产生的差额。其计算公式为：

直接材料价格差异=实际耗用量×（实际单价-标准单价）

直接材料价格差异一般由采购部门负责。通常情况下，采购部门可根据生产需要，选择质量较好、价格较便宜、采购费用较低和运输较方便的材料采购，但在有些情况下，材料价格差异是采购部门无法控制的，如市场价格的变化、材料采购数量的增减能否享受价格优惠、运输条件的改变及运输费用的提高和降低等，均会形成材料价格差异。

【例12-1】 根据表12-1甲产品耗用A、B材料的标准成本资料，假定11月份生产甲产品200件，实际耗用A材料2 400千克，实际单价为45元；实际耗用B材料5 200千克，实际单价为13元。则直接材料成本差异的计算如下：

直接材料的实际成本=2 400×45+5 200×13=175 600（元）

A材料的标准用量=200×11=2 200（千克）

B材料的标准用量=200×25=5 000（千克）

直接材料的标准成本=2 200×50+5 000×12=170 000（元）

直接材料成本差异=175 600-170 000=5 600（元）

其中：

直接材料数量差异=（2 400-2 200）×50+（5 200-5 000）×12=12 400（元）

直接材料价格差异=2 400×（45-50）+5 200×（13-12）=-6 800（元）

由于两因素的共同影响而产生的材料成本差异额：

12 400（超支）+（-6 800）（节约）=5 600（元）（超支）

以上计算结果说明，甲产品耗用材料的数量差异为超支12 400元，主要是因为A材料超支10 000元，B材料超支2 400元。而该企业甲产品耗用材料的价格差异为节约6 800元，主要是因为A材料节约12 000元，而B材料却超支5 200元。因此，A材料的数量差异超支和B材料的价格差异超支是该企业材料成本控制的重点，应分别由生产部门和采购部门进一步寻找原因，落实责任，并提出改进意见。

2.直接人工成本差异的计算与分析

直接人工成本差异，是指在实际产量下直接人工实际总成本与标准成本之间的差额，由直接人工效率差异和直接人工工资率差异两部分构成。其计算公式为：

直接人工成本差异=直接人工实际成本-直接人工标准成本

=直接人工效率差异+直接人工工资率差异

（1）直接人工效率差异，是指产品生产过程中实际耗用的生产工时数脱离标准工时数按标准工资率计算而产生的直接人工成本差异。其计算公式为：

直接人工效率差异=（实际工时-标准工时）×标准工资率

直接人工效率差异一般由生产部门负责。它取决于劳动组织和人员配备情况、生产工人技术熟练程度、责任感的强弱，但产品生产工艺的改进、材料和动力的供应情况、机器设备的运行情况等由其他部门负责。企业应认真分析原因，确定其责任范围和归属。

（2）直接人工工资率差异，是指实际工资率脱离标准工资率按实际耗用工时计算而产生的直接人工成本差异。其计算公式为：

直接人工工资率差异=实际工时×（实际工资率-标准工资率）

直接人工工资率差异一般由劳动工资部门所确定的工资水平决定。在实行合同制用工的情况下，工资水平一般是事先确定的，所以一般不会出现工资率差异。如果在实际执行中发生了变动，就必然会出现差异。如果生产中劳动用工安排不合理，出现用工浪费，也会出现工资率差异，这时应由生产部门负责。

【例12-2】根据表12-1甲产品标准人工成本资料，假定11月实际产量为200件，实际耗用工时为21 000小时，实际小时工资率为5.5元/小时。直接人工成本差异计算分析如下：

直接人工成本差异=21 000×5.5-200×100×6=-4 500（元）

其中：

直接人工效率差异=（21 000−200×100）×6=6 000（元）

直接人工工资率差异=21 000×（5.5−6）=−10 500（元）

由于两因素的共同影响而产生的直接人工成本差异额：

6 000（超支）+（−10 500）（节约）=−4 500（元）（节约）

以上计算结果表明，甲产品直接人工成本差异为节约4 500元，主要是因为直接人工工资率差异节约10 500元，而直接人工效率差异超支6 000元，应进一步查找原因，落实责任。

3.变动性制造费用成本差异的计算与分析

变动性制造费用成本差异，是指变动性制造费用实际发生总额与实际产量下的标准变动性制造费用总额之间的差额，由变动性制造费用效率差异（又称工时数量差异）和变动性制造费用耗费差异（又称开支差异）两部分构成。其计算公式为：

变动性制造费用成本差异=实际变动性制造费用发生数−实际产量下的标准变动性制造费用数

=变动性制造费用效率差异+变动性制造费用耗费差异

（1）变动性制造费用效率差异，是指实际生产工效（生产工时或机器台时）脱离标准生产工效按变动性制造费用标准分配率计算而产生的费用差额。它类似于直接材料数量差异和直接人工效率差异。其计算公式为：

变动性制造费用效率差异=（实际工时−标准工时）×标准变动性制造费用分配率

=弹性预算数−标准成本

（2）变动性制造费用耗费差异，是指实际变动性制造费用分配率脱离标准变动性制造费用分配率按实际工时计算而产生的费用差额。它类似于直接材料价格差异和直接人工工资率差异。其计算公式为：

$$\text{变动性制造费用耗费差异} = \text{实际工时} \times \left(\begin{matrix}\text{实际变动性}\\ \text{制造费用分配率}\end{matrix} - \begin{matrix}\text{标准变动性}\\ \text{制造费用分配率}\end{matrix} \right)$$

$$= \text{实际变动性制造费用数} - \text{弹性预算数}$$

变动性制造费用差异一般由生产管理部门负责，如办公用品的浪费、差旅费失控、工器具的使用不当增加维修或更新费用等。但由于变动性制造费用的构成内容多，其具体原因也多，不一定都是生产管理部门的责任，如间接人工的工资水平变动、间接耗用的材料价格变动等就不是生产管理部门所能控制的，应具体情况具体分析。

【例12−3】根据表12−1甲产品标准制造成本资料，假定11月份实际产量为200件，实际耗用机器台时为21 000小时，当月实际变动性制造费用分配率为0.88元。则变动性制造费用成本差异的计算与分析如下：

变动性制造费用差异=21 000×0.88−200×100×1=−1 520（元）

其中：

变动性制造费用效率差异=（21 000−200×100）×1=1 000（元）

变动性制造费用耗费差异=21 000×（0.88−1）=−2 520（元）

由于两因素的共同影响产生的变动性制造费用差异额：

1 000（超支）+（−2 520）（节约）=−1 520（元）（节约）

变动性制造费用是一个综合性的费用项目，对其差异的分析应结合其具体明细项目作进一步的对比分析，从而找出差异的原因，即责任归属。

4.固定性制造费用成本差异的计算与分析

固定性制造费用成本差异，是指在实际产量下，固定性制造费用实际发生总额与标准固定性制造费用之间的差额。由于固定性制造费用在相关范围内是固定不变的，因而它与前述项目成本控制的方法有所不同。在实际工作中，由于生产能力利用程度不同、生产效率高低不同以及实际执行与固定性制造费用预算不可能完全一致，因而固定性制造费用成本差异可以分解为固定性制造费用生产能力利用差异、固定性制造费用效率差异、固定性制造费用耗费差异三部分。其计算公式为：

$$\begin{aligned}\text{固定性制造费用成本差异} &= \text{实际固定性制造费用发生数} - \text{实际产量下的标准固定性制造费用数}\\ &= \text{固定性制造费用生产能力利用差异} + \text{固定性制造费用效率差异} + \text{固定性制造费用耗费差异}\end{aligned}$$

（1）固定性制造费用生产能力利用差异，是指预算所规定的生产能力水平脱离实际生产能力利用水平，按标准固定性制造费用分配率计算而产生的费用差额。其计算公式为：

$$\text{固定性制造费用生产能力利用差异} = \left(\text{预算产量下的标准工时} - \text{实际工时}\right) \times \text{标准固定性制造费用分配率}$$

上述计算结果若为正数，表示生产能力利用不充分，有剩余生产能力闲置，因此带来了闲置的生产费用；计算结果若为负数，表示生产能力得到了充分利用甚至超负荷运转，从而没有生产能力闲置的损失存在。我们希望生产能力得到充分利用，但不希望超负荷运转。

（2）固定性制造费用效率差异，是指实际耗用工时（或机器台时）脱离实际产量的标准工时（或机器台时），按标准固定性制造费用分配率计算而产生的费用差额。其计算公式为：

$$\text{固定性制造费用效率差异} = \left(\text{实际工时} - \text{实际产量下的标准工时}\right) \times \text{标准固定性制造费用分配率}$$

以上计算结果若为有利差异，说明单位产品耗用工时有节约（即工效提高），因而可少负担固定性制造费用；反之，则说明工效不高，多耗用了工时，因而就多负担固定性制造费用。

（3）固定性制造费用耗费差异，又称固定性制造费用开支差异，是指固定性制造费用实际发生数与预算数之间的差额。其计算公式为：

固定性制造费用耗费差异=固定性制造费用实际发生数-固定性制造费用预算数

这是从实际费用控制效果的角度来看的，若计算结果为正数，说明从固定性制造费用总额上来说，控制开支的效果不好，没有很好地执行预算；反之，说明固定性制造费用控制的效果较好。

引起固定性制造费用差异的原因很多，有企业内部的，也有企业外部的；有可控制的，也有不可控制的。在分析时，应按其构成内容的明细项目进行分解，确定主要因素及差异产生的原因。一般来说，效率差异和生产能力利用差异主要与企业内部生产效率有关，应由生产部门负责；而耗费差异则主要由管理部门负责。

【例 12-4】 根据表 12-1 甲产品标准制造成本资料，假定 11 月实际产量为 200 件，实际耗用机器台时 21 000 小时，实际固定性制造费用为 27 000 元，预算产量为 190 件。求当月甲产品耗用的固定性制造费用成本差异。

固定性制造费用成本差异=27 000−200×100×1.2=3 000（元）

其中：

固定性制造费用生产能力利用差异=（190×100−21 000）×1.2=−2 400（元）

固定性制造费用效率差异=（21 000−200×100）×1.2=1 200（元）

固定性制造费用耗费差异=27 000−190×100×1.2=4 200（元）

由于三因素的共同影响而产生的固定性制造费用成本差异额：

（−2 400）（节约）+1 200（超支）+4 200（超支）=3 000（元）（超支）

【同步链接 12-2】

制造费用有许多明细项目，在实务中，你能区分它们是变动性制造费用还是固定性制造费用吗？

（五）标准成本差异的账务处理

在标准成本制度下，完工产品与期末在产品的成本均按标准成本核算，标准成本与实际成本的差异运用一系列成本差异账户单独归集和转销。其账务处理的主要特点有：

1.借贷方均登记实际产量的标准成本

在标准成本法下，“生产成本”“库存商品”“主营业务成本”等账户，无论借方还是贷方均登记实际产量的标准成本。

2.设置各种成本差异账户

实际成本与标准成本相比所产生的差异按其性质设置各种成本差异账户，包括“直接材料数量差异”“直接材料价格差异”“直接人工效率差异”“直接人工工资率差异”“变动性制造费用效率差异”“变动性制造费用耗费差异”“固定性制造费用生产能力利用差异”“固定性制造费用效率差异”“固定性制造费用耗费差异”等账户，这些成本差异账户的借方登记超支差异，贷方登记节约差异和差异转销额（超支用蓝字，节约用红字）。

3.期末各成本差异的处理方法

（1）直接处理法，是指将本期发生的各种成本差异全部记入利润表，即直接计入本期主营业务成本，由本期销售收入补偿的一种处理方法。这样处理的优点是：本期差异体现本期成本控制的业绩，要在本期利润上予以反映，使当期经营成果与成本控制业绩直接挂钩。但由于资产负债表中的“在产品”和“库存商品”项目只反映标准成本，如果差异较大，则会影响存货计价的准确性，并且会导致当期利润水平失真。西方会计中一般采用直接处理法。

（2）递延法，是指把本期各种差异按标准成本的比例在期末存货和本期销货之间进行分配，从而将存货的成本和销货的成本调整为实际成本的一种处理方法。递延法的优点是：强调成本差异的产生与存货、销货均有联系，不能只由本期销货负担，应该有一部分差异随期末存货递延到以后的会计期间，从而减少对本期利润的影响程度。其不足之处是分配差异的工作过于烦琐。

【同步思考12-2】

在标准成本法下，期末对标准成本差异的处理，你认为哪种方法比较合理？为什么？

【例12-5】 现以【例12-1】、【例12-2】、【例12-3】、【例12-4】计算的甲产品标准成本差异为例，编制有关会计分录如下：

（1）生产中领用材料：

借：生产成本——基本生产成本——甲产品	170 000	
直接材料数量差异	12 400	
贷：原材料		175 600
直接材料价格差异		6 800

（2）生产中耗用人工成本：

借：生产成本——基本生产成本——甲产品	120 000	
直接人工效率差异	6 000	
贷：应付职工薪酬		115 500
直接人工工资率差异		10 500

（3）结转变动性制造费用：

借：生产成本——基本生产成本——甲产品	20 000	
变动性制造费用效率差异	1 000	
贷：变动性制造费用		18 480
变动性制造费用耗费差异		2 520

（4）结转固定性制造费用：

借：生产成本——基本生产成本——甲产品	24 000	
固定性制造费用效率差异	1 200	
固定性制造费用耗费差异	4 200	
贷：固定性制造费用		27 000
固定性制造费用生产能力利用差异		2 400

（5）结转完工产品成本：

假设无期初、期末在产品，本月生产甲产品200件全部完工。

借：库存商品——甲产品	334 000	

　　贷：生产成本——基本生产成本——甲产品　　334 000

（6）结转甲产品销售成本：

假设完工甲产品全部销售。

借：主营业务成本　　334 000

　　贷：库存商品——甲产品　　334 000

期末编制标准成本差异汇总表，见表12-2。

表12-2　**标准成本差异汇总表**　单位：元

账户名称	借方余额（不利差异）	贷方余额（有利差异）
直接材料数量差异	12 400	
直接材料价格差异		6 800
直接人工效率差异	6 000	
直接人工工资率差异		10 500
变动性制造费用效率差异	1 000	
变动性制造费用耗费差异		2 520
固定性制造费用生产能力利用差异		2 400
固定性制造费用效率差异	1 200	
固定性制造费用耗费差异	4 200	
合　计	24 800	22 220
标准成本差异净额	2 580	

借：主营业务成本　　2 580

　　直接材料价格差异　　6 800

　　直接人工工资率差异　　10 500

　　变动性制造费用耗费差异　　2 520

　　固定性制造费用生产能力利用差异　　2 400

　　贷：直接材料数量差异　　12 400

　　　　直接人工效率差异　　6 000

　　　　变动性制造费用效率差异　　1 000

　　　　固定性制造费用效率差异　　1 200

　　　　固定性制造费用耗费差异　　4 200

四、标准成本制度与成本核算定额法的比较

标准成本制度又称标准成本法，是预先制定标准成本，将标准成本与实际成本比较，揭示成本差异、对成本差异进行分析处理并据以加强成本控制的一种成本控制系统。它包括制定标准成本、差异分析和差异处理三方面内容。成本核算

定额法是根据产品定额成本控制生产费用，并在定额成本的基础上加、减脱离定额的差异和定额变动差异，计算出产品实际成本的一种成本核算、控制方法。它由定额成本的制定、脱离定额差异和定额变动差异的核算、实际成本的计算三部分组成。

（一）标准成本法与定额法的共同点

1.均预先制定目标成本

两种方法都要预先制定标准成本或定额成本作为目标成本，并以此作为衡量和控制成本实际发生额的尺度。

2.均揭示并分析成本差异

两种方法都要揭示实际成本偏离预定目标的差异，并对产生差异的原因进行分析和采取控制措施。

（二）标准成本法与定额法的区别

1.成本及差异的分类不同

标准成本法将标准成本划分为变动成本和固定成本，同时将差异按不同项目和属性划分为价格、数量、能力、耗用（预算）、效率等类别，这样划分有利于对成本分别进行控制，分清差异的责任；而定额法把定额成本按报表要求划分为各成本项目，把差异划分为成本项目的定额差异和定额变动差异，这样划分有利于对材料成本进行控制，其他成本项目的差异分析就只能将实际数与预算数对比，不便于差异原因的分析与责任的落实。

2.差异的揭示方法不同

标准成本法对差异采用实际产量、实际耗用量与标准产量、标准耗用量的计算比较来揭示，无须专用差异凭证，核算工作量较小，但查明差异原因的工作不细致；而定额法通过差异凭证对每一笔消耗的差异予以随时揭示，核算工作细致，但工作量较大。

3.差异的账务处理和确定产品成本的方法不同

标准成本法对各种差异采用一系列差异账户单独归集，一般不在完工产品、在产品和销售产品之间进行分配，而是期末直接转入主营业务成本（即由当期损益负担），最终计算确定的产品成本是标准成本；而定额法的定额差异要在生产成本明细账中归集，并在月末在完工产品和期末在产品之间分配，计入完工产品和期末在产品成本，最终计算的产品成本是实际成本。

从以上分析可以看出，标准成本法是侧重于成本控制的一种成本管理制度或体系；而定额法是侧重于实际成本核算的一种成本核算方法，具有成本控制的作用。

【同步思考12-3】

标准成本控制和定额成本控制存在哪些异同？

第二节 成本考核

一、成本考核的意义

成本考核是在成本分析的基础上，定期通过成本指标的对比，对目标成本的实现情况和成本计划指标的完成结果进行全面的审核和评价，是成本会计工作的重要组成部分。具体地讲，成本考核是在报告期终了，把成本的实际指标与事先制定的成本目标（如计划成本、定额成本、标准成本等）进行对比，评定目标成本的完成情况，并根据完成程度给予相应的奖惩。为了监督和评价各部门、各单位成本计划的完成情况，促使其履行有关的经济责任，保证目标成本的实现，应建立定期成本考核制度。

成本考核是开展全面成本管理的最后一个环节，对于降低成本、促进成本管理工作水平的提高，具有十分重要的意义。

（1）通过成本考核，可以评价企业成本计划的完成情况，发现企业现时的成本水平与历史先进水平的差距，揭示影响成本变动的各种因素，并查明和测定各种因素对成本节约或超支的影响程度，以挖掘企业内部降低成本的潜力，为进一步降低成本寻求途径和方法。

（2）通过成本考核，可以从企业的实际成本中发现节约或超支的项目，并分析其原因，从而不断地总结经验教训，改善成本管理工作。

（3）通过成本考核，可以为成本预测和决策提供重要的信息资料，以提高企业成本管理的水平。

（4）通过成本考核，可以评价有关财经纪律和管理制度的执行情况。为了进行国民经济宏观调控，提供国家所需要的宏观决策参考依据，国家规定了成本开支范围、费用开支标准等。通过成本考核，可以检查有关成本制度的执行情况，保证成本考核与成本管理的合法性。

（5）通过成本考核，可以激发责任中心与全体员工的积极性。责任中心是指与其经营决策密切相关的，责、权、利相结合的部门。通过成本考核，可以评价各责任中心对当期经济效益的贡献，使企业树立全员成本管理意识，使各个责任单位和责任人员从成本考核的奖惩制度中看到自身的经济利益，增强其降低成本的责任心，激发其降低成本的积极性和创造性，为增收节支做出更大的贡献。

（6）成本考核是成本管理工作中总结经验、推动工作的有力措施。成本考核是目标成本管理的重要环节。目标成本管理的核心是责、权、利相结合，如不进行考核，就会责任不明，成本目标就要落空。只有经常性地进行检查、考核，才能奖惩分明，激发员工降低成本、增加效益的积极性，从而促进目标成本管理健康发展。

二、成本考核的原则

（一）以国家的有关政策法令为依据

国家的有关政策法令给人们提供了一个按客观经济规律办事的行为规范，因此，在对企业进行考核时，必须把国家的政策法令放在首位，对企业经营活动及目标成本管理情况进行全面的考核和评价。

（二）以成本目标为标准

企业的成本目标是根据市场经济需要并结合企业的实际情况制定的。它不仅是企业全体员工奋斗的目标，也是衡量各部门工作效率的标准。对企业及其内部单位进行成本考核时，必须以成本目标为标准。

（三）以完整可靠的资料、指标为基础

在成本考核前，必须对成本考核资料及指标进行详细的检查和审计，然后才能做出恰如其分的考核评价。

（四）以提高经济效益为目的

目标成本管理的最终目的就是最大限度地提高企业的经济效益，对企业进行成本考核必须把提高经济效益放在首位。

三、成本考核的方法

（一）责任成本考核

责任成本是以责任单位为对象，以其承担的责任为范围所归集的成本费用，是按照“谁负责，谁承担”的原则进行汇集和考核的。责任单位是指具有一定的管理权限并承担相应经济责任的企业内部单位。责任成本应具备以下条件：一是可预计，即责任单位知道将要发生的成本；二是可控制，即责任单位通过自己的行为可以进行调节、控制；三是可计量，即责任单位通过一定的计量手段可以计量。也就是说，首先，责任成本必须是未来成本；否则，像历史成本那样时过境迁，就无管理控制的实际意义可言了。其次，责任成本必须是可控成本。所谓可控成本，是指在特定时期内，特定的责任中心能够直接控制其发生额的成本，凡不属于有关车间、部门或责任者控制范围内的成本，不能作为对比和考核的依据。责任成本是企业目标成本管理的核心，它可作为评价责任者成本责任的履行情况及考核成本经营绩效的依据。

在实行成本责任制的企业，成本考核是评价各责任中心，特别是成本中心业绩的主要手段。通过责任成本考核，能够促进各责任中心控制和降低各种资源的耗用量，并借以控制和降低各种产品的生产成本、期间费用等，提高企业经济效益。责任成本考核工作主要包括以下内容：

1.编制和修订责任成本预算

责任成本预算是根据预定的生产量、生产耗用定额标准和成本标准，运用弹性预算法编制的各责任中心的预定责任成本。责任成本预算是各责任中心业绩控制和考核的重要依据，严格遵守和完成责任成本预算是各责任中心应履行的职责。

责任成本预算可以根据企业成本预算分解得到，也可以自下而上地编制。各车间等责任中心可根据预定的各种产品生产任务、生产耗用定额标准或成本标准来各自编制责任成本预算。生产车间的责任成本包括变动成本和固定成本两部分。变动成本一般是可控成本，列在预算前面；固定成本是责任中心的不可控成本，列在后面供参考。

2.确定各责任中心的责任成本

各责任中心的责任成本一般也是自下而上地计算汇总。班组责任成本是本班组所属各工序的责任成本，由班组长负责，按月编制本班组的责任成本报告上交车间主任；车间责任成本由车间主任负责，汇总所属各班组的责任成本，再加上属于本车间的可控间接费用成本，按月编制本车间的责任成本报告上交工厂厂长；工厂责任成本由工厂厂长负责，汇总全厂所属各车间的责任成本，再加上工厂的可控间接费用成本。各责任中心责任成本的计算公式为：

班组责任成本=可控直接材料成本+可控直接人工成本+可控制造费用成本

车间责任成本=各班组责任成本之和+车间的可控间接费用成本

工厂责任成本=各车间责任成本之和+工厂的可控间接费用成本

3.责任成本的考核

责任成本的考核是将责任成本的实际数与预算数进行比较，分析产生差异的具体原因，并以此作为评价和考核成本管理状况的依据。

责任成本考核的指标主要集中于目标责任成本的完成情况，包括目标成本节约额和目标成本节约率两个指标。

第一，目标成本节约额。目标成本节约额是一个绝对数指标，它以绝对数的形式反映目标成本的完成情况。其计算公式为：

目标成本节约额=预算成本-实际成本

第二，目标成本节约率。目标成本节约率是一个相对数指标，它以相对数的形式反映目标成本的完成情况。其计算公式为：

$$目标成本节约率=\frac{目标成本节约额}{目标成本}\times 100\%$$

【例 12-6】 宏发工厂根据各责任单位的责任成本预算及实际责任成本报告编制责任成本考核表，见表 12-3。

表 12-3　**责任成本考核表**　单位：元

责任中心	项目	预算数	实际数	成本节约额
一班组	直接材料	23 300	21 000	2 300
	直接人工	12 500	13 000	-500
	制造费用	4 200	4 000	200
	合　计	40 000	38 000	2 000
二班组	直接材料	25 200	29 000	-3 800
	直接人工	16 500	16 000	500
	制造费用	8 300	9 000	-700
	合　计	50 000	54 000	-4 000
第一车间	一班组责任成本	40 000	38 000	2 000
	二班组责任成本	50 000	54 000	-4 000
	第一车间的可控间接费用	10 000	7 000	3 000
	合　计	100 000	99 000	1 000
工厂	第一车间责任成本	100 000	99 000	1 000
	第二车间责任成本	123 000	130 000	-7 000
	工厂的可控间接费用	17 000	16 500	500
	合　计	240 000	245 500	-5 500

一班组目标成本节约额=40 000-38 000=20 00（元）

二班组目标成本节约额=50 000-54 000=-4 000（元）

第一车间目标成本节约额=100 000-99 000=1 000（元）

根据目标成本节约额的计算结果，各责任中心的目标成本节约率计算如下：

一班组目标成本节约率=2 000÷40 000×100%=5%

二班组目标成本节约率=-4 000÷50 000×100%=-8%

第一车间目标成本节约率=1 000÷100 000×100%=1%

需要强调的是，为了使责任成本考核更为全面，主要考核指标是可控制责任成本（费用）指标，包括可控变动成本（费用）和可控固定成本（费用），可以分别确定它们的差异额和差异率。对于可控变动成本（费用），首先运用弹性预算形式，确定差异额和差异率，然后分别确定各个成本项目的差异额和差异率；对于可控固定成本（费用），采用总额预算形式，首先从总量上确定差异额和差异率，然后确定构成各项目的差异额和差异率。对于能够模拟市场的责任成本中心，应建立责任利润和成本利润率等指标，以发挥市场机制的调节作用。从考核的配套指标来看，成本责任中心可设置产量计划完成率、产品品种计划完成率、质量合格率、质量成本降低率、安全生产率、能耗、物耗等指标；责任成本（费用）单位根据其职责范围，结合岗位责任制的要求制定工作质量指标，可采用评分法，给每项工作质量指标划定标准进行测评。

4.业绩评价

目标成本节约额和目标成本节约率两个指标是相辅相成的，因此，评价一个责任中心的经营业绩时必须综合考核这两个指标。从【例12-6】的指标计算中可以看出，一班组目标成本完成情况较好，目标成本节约额为2 000元，目标成本节约率为5%，主要表现在直接材料和制造费用控制得比较好；二班组目标成本完成情况较差，目标成本超支额4 000元，目标成本超支率为8%，主要表现在直接材料和制造费用控制不严格，未完成预算；第一车间目标成本节约额为1 000元，目标成本节约率为1%，正好完成预算。

为了增强责任成本考核的严肃性、公正性和有效性，应建立严格的责任成本考核奖惩制度，使责任成本考核制度化、经常化。激励是考核的延伸，根据责任成本预算的完成情况，进行必要的奖惩，其目的是调动员工的积极性和创造性。责任成本的激励表现在事前、事中和事后。事前激励主要是在责任成本预算制定阶段，为各责任中心确定先进合理的成本降低目标，起到目标激励作用；事中激励主要是在生产经营过程中，根据各责任中心反馈的信息及时给予绩效激励；事后激励主要是期末根据计算出的各责任中心的经营业绩，给予奖惩。激励的手段包括精神奖励和物质奖励，这两个方面互相配合，缺一不可。对于未能完成责任成本预算、经营业绩不理想的单位，应给予必要的经济惩罚。

需要说明的是，对于可控的间接费用，各责任中心还应将其划分为固定费用与变动费用两部分分别考核。固定费用总额在一定范围内一般不随产量的增减而变动，当实际支出与预算数有较大差异时，应视为不合理超支。变动费用按产量或有关业务量增减比例调整后，实际支出数仍有较大超支差异时，说明隐含着不合理现象。

总之，责任单位的成本考核应以可控成本作为重点，编制各责任中心的业绩报告，这样可方便各责任中心负责人全面了解与其有关的成本。根据业绩报告，可以进一步对差异形成的原因和责任进行剖析，充分发挥信息的反馈作用。这将有助于各个责任中心积极采取措施，巩固成绩、改正缺点，促使其可控成本不断降低；根据各自的特点，为实现企业总体目标，互相协调、卓有成效地开展有关活动，最大限度地提高企业生产经营效益。

（二）产品成本考核

企业采用品种法等方法进行成本核算的，其责任成本考核可以按产品品种进行。对企业经营的产品只通过一个车间进行封闭式生产的，其责任成本考核也可以按该车间的产品种类分别进行。产品成本考核的指标有两个：一个是产品目标成本节约额，另一个是产品目标成本节约率。其计算公式为：

产品目标成本节约额=产品目标成本-产品实际成本

$$产品目标成本节约率=\frac{产品目标成本节约额}{产品目标成本}\times 100\%$$

计算结果为正数代表节约额，为负数代表超支额。

以上目标成本节约额和节约率的计算原理可以结合实际运用，如计算预算成本节约额和节约率、预算费用节约额和节约率、可比产品成本降低额和降低率等，用于各种成本费用的考核。

【例 12-7】A公司某责任中心封闭式生产两种产品。11月甲产品成本预算为160 000元，乙产品成本预算为100 000元；月末根据产品生产成本明细账结转库存商品的记录反映，甲产品实际成本为170 000元，乙产品实际成本为97 000元。

两种产品的目标成本节约额计算如下：

甲产品目标成本节约额=160 000-170 000=-10 000（元）

乙产品目标成本节约额=100 000-97 000=3 000（元）

根据两种产品目标成本节约额的计算结果，计算两种产品目标成本节约率如下：

甲产品目标成本节约率=（-10 000）÷160 000×100%=-6.25%

乙产品目标成本节约率=3 000÷100 000×100%=3%

从上述成本考核指标的计算结果可以看出，甲产品目标成本超支10 000元，超支率达6.25%，表明甲产品的成本控制任务完成情况较差。其绝对数值较大，值得责任中心及企业管理部门特别注意。对如此大的成本上升幅度，企业必须按例外管理原则处理，同时，要专门分析成本超支的原因，研究降低成本的措施。乙产品目标成本完成情况较好，节约3 000元，说明该产品成本控制成效明显，应予以鼓励。乙产品目标成本节约率达到3%，本期成本下降幅度相当可观。

在责任成本考核中，贯彻物质利益原则是很重要的。同物质利益挂钩，就是将责任成本指标完成得好坏同经济利益联系起来，做到有奖有罚，奖罚分明；同时，还要加强对员工的思想和道德教育，要求员工树立全局观念，培养敬业精神，提高管理意识。

【同步思考12-4】

责任成本考核如何与经济利益挂钩来帮助企业降低成本、提高经济效益？

■ 本章重点与难点

1.本章重点：标准成本的种类；标准成本控制与定额成本控制的异同；责任成本考核的内容；标准成本的计算；标准成本差异的计算与分析；标准成本差异的账务处理。

2.本章难点：直接材料成本差异的计算；直接人工成本差异的计算；变动性制造费用成本差异的计算；固定性制造费用成本差异的计算。

■ 基本训练

第十二章判断题

第十二章选择题

实务题

（1）某企业生产甲产品，只耗用A材料，单位产品的标准用量为50千克，每千克标准价格为10元。11月甲产品投产200台，实际耗用A材料16 000千克，A材料实际价格为每千克9.5元；实际耗用工时8 000小时，实际工资总额为40 000元；单位甲产品工时耗用标准为43小时，标准工资率为6元；实际发生变动性制造费用50 000元，标准费用分配率为5.5元。

要求：计算直接材料标准成本差异、直接人工标准成本差异、变动性制造费用标准成本差异，并编制相应的会计分录。

（2）某企业生产500件A产品，实际耗用工时9 800小时。单位产品的工时耗用标准为20小时，该企业11月实际发生固定性制造费用83 300元，预计生产能力为12 000小时，固定性制造费用预算为96 000元。

要求：计算固定性制造费用效率差异、固定性制造费用生产能力利用差异、固定性制造费用耗费差异，并编制相应的会计分录。

（3）假设某厂甲、乙、丙三个责任中心的责任成本预算分别是110 000元、62 000元和50 000元，其实际成本分别是106 000元、60 200元和51 800元。

要求：计算各责任中心的目标成本节约额及节约率，并简单进行业绩评价。

第十三章　战略成本管理

学习目标

通过对本章内容的学习，在知识方面，了解战略成本管理的必要性，理解从战略角度进行成本分析来取得并维持竞争优势，熟悉战略定位分析、战略成本动因分析以及价值链分析的基本内容；在实务方面，掌握价值链分析、战略定位分析、战略成本动因分析等方法。

导入案例

小米公司是中国手机行业的后起之秀，它成立于2010年4月，距今不过十多年。小米公司在近乎白热化的手机市场竞争中得以生存并发展，在很大程度上得益于其采取的战略成本管理模式。正如小米公司董事长雷军说的那样，真材实料做好每一款产品，为此不惜成本；另外价格还得便宜，在价格便宜的同时不惜一切代价控制每一个环节的成本。首先，小米手机定位于中高端，自主掌握核心技术。它没有建立自己的生产加工厂，而是将技术含量较低的生产业务外包，选择英达华、富士康等更有成本优势的知名企业为其代工生产，自己只负责产品的研发设计和售后服务。2017年4月19日，小米公司发布了小米6手机。这款机型的配置很高，每部小米6手机的硬件成本初步估计达到302.5美元，约合人民币2 000元，而小米6手机的报价仅为2499元。其次，在销售渠道方面，小米公司独辟蹊径，没有采取代理商模式，而是通过官方网站销售以及部分运营商定制的形式，避开各级代理商中间环节，从而节省了中间环节的成本费用，保证小米手机顺利实施低价抢占市场份额策略。再次，在营销策略上，小米公司不打广告，不请代言，利用微博、论坛等网络社交工具进行产品营销，实现口口相传的口碑营销模式。最后，小米公司采用零库存模式，最大限度地节省零配件采购，提高产品存货周转率。

思考：小米公司的战略定位是什么？你认为小米公司凭借什么在激烈的手机市场竞争中求得生存并成为我国手机行业的龙头企业？

第一节　战略成本管理概述

一、战略成本管理产生的背景

“战略”一词原是军事术语，是对战争全局的筹划和指导，泛指重大的、全局性的或者决定全局的谋划。经济的快速发展和企业竞争使得成本管理的目标不再由利润最大化这一短期性的直接动因决定，而是定位在更具广度和深度的战略层面。从广度上看，从企业内部的成本管理发展到供应链成本管理；从深度上看，从传统的成本管理发展到战略成本管理。

战略成本管理之所以日益受到企业的重视，其根本原因是市场环境发生了巨大变化。进入21世纪后，由于社会富裕程度逐渐提高，市场需求由大众化向个性化转变，传统的大批量、标准化生产向小批量、个性化生产过渡。这种市场需求和市场竞争的变化，一方面要求企业更加重视市场，并能够根据市场需求的变动及时地调整生产经营活动，管理的视角由单纯的生产经营过程管理扩展到与顾客需求及利益直接相关的、包括产品设计和产品使用环节的产品生命周期管理；另一方面要求企业更加注重内部组织管理，尽可能地消除各种非增值作业，以获取竞争优势。

随着企业经营环境的变化以及信息技术的快速发展，经济理论的每一个领域都在发生变革，理论与实践均不再局限于原有的框架与模式，边缘化现象日趋明显。随着各种创新的会计理论与实践层出不穷，战略成本管理作为战略管理和管理会计的边缘学科应运而生。

二、战略成本管理的含义

不同学者对于战略成本管理有不同的解释。桑克和哥维达列杰在《战略成本管理——取得竞争优势的新工具》一书中的表述为：战略成本管理是企业获得竞争优势的一种新工具，是在战略管理的一个或多个阶段对成本信息的管理性运用，它主要包括价值链分析、战略定位分析和成本动因分析。库伯和斯拉莫得的定义是：战略成本管理是指企业运用一系列成本管理方法来同时达到降低成本和提高战略地位之目的。夏宽云教授认为，战略成本管理是在创造企业竞争优势的同时进行的成本管理，是指管理会计人员提供企业本身及其竞争对手的分析资料，帮助企业管理者形成和评价企业战略，从而创造竞争优势，达到企业有效适应外部持续变化的环境的目的。

以上观点虽然在表述上有所不同，但反映的是同一个信息，战略成本管理就是通过获取成本优势来帮助企业取得竞争优势。它的要旨就是实现企业在成本降低的同时提升自身竞争力的最优战略。

三、战略成本管理的特点

战略成本管理的一切活动都以保证战略目标的实现为前提。与传统成本管理相比，它有以下特点：

（一）目标的长期性

战略成本管理立足于长远的战略目标，其核心目的是帮助企业取得并保持长期持久的竞争优势，使企业在激烈的市场竞争中获取生存和发展的空间。战略成本管理注重企业未来的发展，重视企业在市场竞争中竞争地位的提高以及市场份额的扩大。竞争地位和市场份额代表企业未来的业务收入或利润，所以战略成本管理不是不注重利润而是更注重长期利润。目标的长期性还体现在，战略成本管理不再局限于单一的会计期间，而是从多期竞争地位的变化中把握企业未来的发展方向。它充分考虑企业不同发展阶段的特点，使各个发展阶段都服从于企业的长远目标，甚至不惜牺牲短期利益来追求持久的竞争优势，从而帮助企业扩大市场份额，最终确立优势地位。

（二）对象的全局性

战略成本管理是以企业的全局为对象，根据企业总体发展战略而制定的。它把企业内部结构和外部环境结合起来，使价值链贯穿企业内部自身价值创造作业和外部价值转移作业的二维空间。价值链不同于价值增值，它是更广阔的外在于企业的价值系统，企业不过是整个价值创造作业链中的一部分。因此，战略成本管理是从企业所处的竞争环境出发，其成本管理不仅包括企业内部的价值链分析，而且包括竞争对手的价值链分析和企业所处行业的价值链分析，从而达到知己知彼、洞察全局的目的，并由此形成价值链的各种战略。战略成本管理的目标是获得成本优势，进而营造企业的竞争优势，而竞争优势又建立在相对成本对比的基础上，因此，企业应突破会计主体的限制，获得竞争对手的信息，了解相对成本。

（三）管理的开放性

战略成本管理的主要特点之一就是超越了会计主体的限制，跳出了单一企业这一狭小的空间范围，将目光更多地投向影响企业的外部环境，具有开放性特征。战略成本管理的着眼点是外部环境，将成本管理外延，向前延伸到采购环节，甚至是研究开发与设计环节，向后考虑售后服务环节；既要重视与上游供应商的联系，也应重视与下游客户及经销商的联系。只有对企业所处环境进行正确的分析和判断，才能预测和控制风险；根据企业自身的特点，确定和实施正确、适当的管理战略；把握机遇，主动、积极地适应和驾驭外界环境，在竞争中取得主动，最终实现预定的战略目标。

（四）信息的多样性

战略成本管理提供了超越会计主体范围的更广泛、更有用的信息，主要包括战略财务信息和经营业绩信息、对各种信息的分析评价结果信息、企业发展的潜力和面临的风险信息、环境状况信息以及竞争对手的信息等。例如，在竞争对手方面，战略成本管理注重搜集、分析并提供以下信息：竞争对手的目标和所采取的战略措施及成功的可能性；竞争对手的竞争优势和劣势；面对外部企业的挑战，竞争对手的反击策略是怎样的等。战略成本管理关注竞争对手的信息，旨在帮助企业做到知己知彼，取得竞争优势，在竞争中立于不败之地。

（五）策略的抗争性

企业战略成本管理的目标——成本优势，是关于企业在激烈的竞争中如何与竞争对手抗衡的基本竞争战略之一，同时也是企业针对来自各方面的冲击、压力、威胁和困难的应对方案。它与较少考虑竞争、挑战而单纯为了改善企业现状、增加经济效益的传统成本管理不同。只有当成本管理工作与强化企业竞争能力及迎接挑战直接相关，且具有战略意义时，才能构成战略成本管理的内容。因此，战略成本管理方法具有策略上的抗争性。

第二节 战略成本管理的基本内容

价值链分析、成本动因分析、战略定位分析构成了战略成本管理的基本框架。

一、价值链分析

价值链是由一系列创造价值且相互联系的作业构成的，这些作业分布在从产品设计、原材料采购开始至最终销售给客户的每一个环节，形成一个始于供应商，经过企业内部，最后为顾客提供产品或劳务的作业链。每一个企业都有其独特的价值链，供应商不仅为企业的价值作业提供生产要素，还会对企业的生产成本和产品品质产生极大的影响；而顾客则是每一环节累积成本的最终承担者，价值链上的所有活动的价值体现都取决于顾客愿意对最终产品或服务所支付的价格。这一价格是整个价值链上所有边际利润的总和，形成企业的收入来源。企业的竞争优势归根结底产生于以同样或低于竞争对手的成本创造更高的客户价值，或以低于竞争对手的成本创造同等的客户价值，二者都要求企业不仅关注自身内部的作业及流程，还要注重内部价值链和外部价值链的联系。

价值链分析就是通过分析和利用企业内部与外部的相关活动，达到整个企业的战略目的，实现成本最小化。它把影响产品成本的每个环节，从项目科研、产品设计、材料供应、生产制造、产品销售、运输到售后服务作为成本控制的重点，逐一进行作业成本分析，使管理人员对产品生产周期和每一个环节的控制方法都有充分了解，从而使产品的利润在整个生产周期最大化。价值链分析包括三个方面：

（一）企业内部价值链分析

企业内部价值链分析研究的是企业内部价值的运动过程，是价值链分析的起点，也是进行行业价值链和竞争对手价值链分析的前提和基础。企业内部价值链分析的目的就是找出最基本的价值链，然后分解为单独的作业，并根据企业整体战略目标进行价值作业之间的权衡、取舍，帮助企业实现成本最低、差异最佳，达到价值增值最大的目标。

企业的生产经营过程就是最终为满足顾客需要而设定的“一系列作业”的集合体，形成一个作业链。作业的进行要占用并消耗一定的资源，而作业的产出又包含该作业所创造的一定价值，转移到下一个作业，并逐步推移直至最终把产品或服务提供给企业外部的顾客，以满足他们的需要。最终产品作为企业内部一系列作业的综合体现，它凝聚了各有关作业创造的价值。因此，作业链同时也是价值链。通过优化价值链，尽可能提高顾客价值，这是扩大企业竞争优势的关键。由于价值链是作业链的价值表现，因而价值链的优化应从作业链的优化着手。从作业链同顾客价值的关系看，在企业生产经营中，并不是所有作业的实施都能使顾客价值增加。据此，可将作业分为两大类：一类是可增加顾客价值的作业，即增值作业，如产品设计、加工制造、包装以及营销方面的作业；另一类是非增值作业，如与存货有关的各种形式的作业，如存货的存储、维护、分类、整理等，以及原材料、在产品、产成品等因质量不符合要求而形成的追加作业等，它们并不会对产品最终满足顾客需要产生积极的影响。由此可见，要优化价值链，就要尽可能消除所有非增值作业，并尽可能提高增值作业的运作效率，减少资源的占用和消耗，最大限度地优化价值链，最经济、有效地满足顾客需要，促进顾客价值的提高，进而提高企业的竞争优势。

（二）产业价值链分析

产业价值链分析又称纵向价值链分析，任何企业都位于所处产业价值链的某个阶段。产业价值链分析，就是把企业与供应商和顾客的关系视为内部价值链的延伸，将企业置于产业这个大环境中，从合理分配利润的角度进行战略规划，分析企业是否可以利用上下游价值链，建立企业与供应商和顾客之间的战略合作伙伴关系，从而进一步降低成本，获得独特的竞争优势。

一个企业的成本优势不仅取决于其内部活动，还取决于企业外部更大的活动体系。这个更大的体系包括企业上游供应商的价值链、下游客户或联盟的价值链。通过对某产品价值链上的利润共享情况进行分析，以及对产业未来的发展趋势进行合理预期，企业可以做出进入或退出产业的判断。同时，通过分析利用上游（供应商）与下游（分销商和顾客）价值链的各种可能性，企业可以明确自身在产业价值链中的位置，并决定是否将企业内部现有的生产销售活动向企业外部拓展，如采用纵向整合方式，从而调整企业在产业价值链中的位置与活动范围，获取更大的成本优势。

（三）竞争对手价值链分析

竞争对手价值链又称为横向价值链，在一个行业中往往存在很多生产同类产品并处在相同竞争环境中的企业，这些企业的价值链在行业中处于平行位置。企业的任何价值活动都或多或少地受到其竞争对手的影响，同时企业活动也作用于外部，影响和制约竞争对手的价值活动，它们之间相互作用、相互影响，决定了各个企业在产业内部的相对竞争地位。通过竞争对手价值链分析，可以测算竞争对手的成本水平、成本构成与成本支出情况，并与企业自身产品成本进行比较，揭示决定竞争地位的差异原因，从而根据竞争对手的不同反应制定相应的战略，扬长避短，获取成本优势。

【同步思考 13-1】

为什么要进行价值链分析？如何理解产业价值链分析和竞争对手价值链分析与企业成本管理的关系？

二、成本动因分析

成本动因即引起产品成本的作业或因素，可分为两个层次：与企业的具体生产作业相关的微观层次的成本动因，如物耗、作业量等；战略层次的成本动因，如规模、技术多样性、质量管理等。成本动因大体可分为结构性成本动因和执行性成本动因。结构性成本动因是指与企业基础经济结构和战略成本相关的成本驱动因素，包括投资规模大小、产品或服务的复杂程度、操作人员经验、生产技术水平、联系范围等；执行性成本动因是指与企业执行作业程序相关的成本驱动因素，包括员工向心力、全面质量管理、生产能力运用、产品设计、上下游联系等。

战略成本动因分析是从战略的高度对企业成本结构和成本行为进行全面的了解，找出引起成本变动的因素，并通过不断调整与完善，寻求降低成本以获得长期竞争优势的战略途径。成本动因分析贯穿战略成本管理的始终，处于战略成本管理的基础地位。

（一）结构性成本动因分析

结构性成本动因是指受企业基础结构影响的成本驱动因素。结构性成本动因的形成往往发生在生产开始之前，其支出属于资本性支出，其形成需要较长时间，且一经确定往往很难变动，因此支出前必须慎重行事，要进行充分的评估与分析。结构性成本动因决定了企业的产品成本，据统计，产品成本的70%形成于结构性成本动因；同时，它也对企业的产品质量、人力资源、财务、生产经营等方面产生重要的影响。结构性成本动因通常包括以下内容：

1.企业规模

企业的经营规模是一个重要的结构性成本动因，它主要通过规模经济效应对成本施加两方面的影响：一是当企业规模扩大时，企业可以提高作业效率，或者因业务量扩大而使单位产品分摊的成本降低，即增加企业共享资源的使用规模和频率，就可以降低产品成本，形成递增的规模收益，对企业产生积极影响，这就是规模经济；二是当企业规模扩大时，固定成本加大，单位产品成本并未因产量的增加而降低，而由于生产的复杂性及管理成本的提高，企业效率下降，如必须新增大量固定资产以及人工成本来支撑更大的生产销售规模，或由于需求走高导致原材料供给紧张致使采购价格上涨等，这些因素都会抵减规模收益，对企业产生消极影响，这就是规模不经济。企业规模的战略选择是找出临界点，努力达到规模经济，限制或消除规模不经济。

2.整合程度

整合程度是指垂直一体化程度，就是在同一个行业中扩大公司的竞争范围。整合是指企业根据自身的发展需要和战略目标，将业务范围后向延伸到供应源或前向延伸到最终的消费者。垂直一体化可以是全线一体化（参与行业价值链的所有阶段），也可以是部分一体化（进入整个行业的某些阶段），这取决于企业和市场对垂直整合程度的要求。如果合并或协调行业价值链中紧密相关的活动能够带来重大的成本节约，前向或后向一体化就有极大的潜力，整合程度的提高就可能带来效率的提高或成本的降低。

3.学习与溢出

企业价值链活动可以通过学习提高作业效率从而降低成本。随着工作量和经验的积累而带来的成本节约，称为成本的学习曲线或经验曲线。员工通过在工作中积累的经验和各种培训提高了他们的技术水平，产生了“干中学”效应，这会大大降低企业的成本，扩大企业的竞争优势。学习的作用因企业不同而异，初建期的企业尤为明显，当企业发展到成熟阶段时就不大显著了；对于价格敏感性较高的行业，学习可带动需求，增加产量，进而降低成本。学习的成果可以通过咨询顾问、新闻媒体、前雇员和供应商等渠道从一个企业流到另一个企业，这就是学习的溢出效应。学习的溢出效应会影响企业的学习速度和企业在整个行业中的竞争地位。

4.技术

技术是指企业在每一条价值链活动中所运用的技术处理方式，体现企业生产工艺水平和能力。从战略成本角度来看，在产品设计、生产过程以及管理方式等方面采用先进的技术、方法和手段，可以有效降低企业的成本，保持企业的竞争优势。

5.地理位置

厂址的选择是战略决策中的一项重要内容，因为厂址会对企业成本产生长期甚至难以改变的影响。地理位置可以通过若干种方式影响成本。首先，对于企业未来成本改善造成约束性影响，如厂址选择在远离原料供应商和购买商的地方，那么即使企业运用最先进的管理经验也难以降低企业的进料和运输成本；其次，对企业的成本产生影响，如地形、交通、运输条件、能源储量及相关基础设施等对企业的产供销产生影响等。

（二）执行性成本动因分析

执行性成本动因是指企业在执行具体作业时的成本驱动因素，它是在结构性成本动因决定以后才发生的，且大多属于非量化的，其对成本的影响因企业不同而异。虽然执行性成本动因多属于战术层面，但是战略目标的最终实现依赖战术的实施，因此，执行性成本动因也是企业成本战略的重要组成部分。执行性成本动因通常包括：

1.生产能力运用模式

生产能力运用模式是一个很重要的成本驱动因素，因为它本身附带了巨大的固定成本，因此，生产能力运用模式主要通过固定成本影响企业的成本水平。在既定工厂规模的前提下，当企业的生产能力利用率提高，如进行技术改造或采用先进的生产管理方法等使产量上升时，由于固定成本在相关的范围内不随产量的增加而改变，产品所负担的单位成本就会降低。业务资本密集度越高或固定成本占总成本的比重越高的企业，这个成本驱动因素的重要性就越明显。

值得注意的是，生产能力利用率的提高并不总是意味着企业效率的改善。如果企业产量提高而销量不变，虽然产量提高所引起的固定成本的分摊基础扩大引起单位成本的下降，但是这部分被分摊的固定成本实际上全部转入了库存，并未转化为企业经济效益的实际流入，所以生产能力利用率的提高应以产销一致为前提。

2.联系

联系是价值链的重要组成部分，是指各种价值活动之间的相互关联。这种关联可分为企业内部联系和垂直联系两类，前者遍布整个价值链，后者则反映企业与供应商和销售渠道之间的依存关系。如果一项活动的成本受到另一项活动的影响，那么在确保相关的活动以一种协调合作的方式开展的情况下，就可以降低成本。例如，当一个公司的质量控制成本或材料库存成本同供应商的活动相关时，就可以通过零配件的设计、质量保证程序、及时送货，以及一体化材料供应等与关键供应商合作来降低成本。因此，有效地协调相互联系的活动具有降低成本的潜力。

3.员工对企业的向心力

企业行动是众多个人行动的总和，企业各部门的每一名员工都与成本直接相关，如果企业中人人都有节约成本的思想，并以降低成本为己任，那么企业的成本管理效果自然会好。

4.全面质量管理

企业产品价值的实现和对成本的补偿在于最终消费者对于产品的肯定，质量是消费者选择产品的主要因素。全面质量管理强调质量管理的范围应是全过程的，即从产品研发、设计、制造到检验等若干价值活动中都存在质量成本的驱动因素，都要进行质量成本分析，企业的每一名员工都要承担质量责任。全面质量管理要求企业以最少的质量成本获得最优的产品质量，并且最低的质量成本可以在产品“零缺陷”时达到。由于对错误的纠正成本是递减的，所以总成本会保持下降的趋势，直至最后缺陷被消除，从而保持企业的竞争优势。

三、战略定位分析

战略定位是指在激烈的市场竞争中，企业如何选择竞争战略以对抗竞争对手。根据波特的战略理论，企业可先分析其产品的生命周期和市场份额等，再确定其应采取的战略。对于处在不同生命周期的产品，可采取不同的市场战略，如成本领先战略、产品差异化战略等。

（一）基本竞争战略

1.成本领先战略

成本领先战略是借助规模经济和严格的成本控制，通过一切可能的手段和方式，使企业成为行业中的低成本生产商，以成本优势获取竞争优势。典型的低成本生产商一般会销售标准的、实惠的产品，并强调获取规模经济或绝对的成本优势。成本领先战略要求企业成为领先者，而非几个竞争企业中的一员，因此成本领先战略是一种先发制人的战略。它可通过大规模生产、学习曲线及严格的成本控制来实现。

2.产品差异化战略

产品差异化战略建立在产品本身的性能、销售体系和特殊服务等基础之上，力求产品性能的某方面独树一帜，突出其特定功能，以吸引消费者，增强产品竞争力。实施产品差异化战略重在创新，它在带来溢价报酬的同时也会因为维护产品的独特性能而增加额外成本，因此，判断该战略成败的标志之一是实施该战略所增加的收入是否超过为此而追加的成本。

> 【同步思考 13-2】
> 成本领先战略和产品差异化战略的根本区别是什么？在什么情况下企业应选择成本领先战略？在什么情况下企业应选择产品差别化战略？

3. 目标聚集战略

目标聚集战略的实质是通过细分市场，将目标瞄准某一特定消费领域，使企业的产品满足该领域消费者的特定需要，从而排斥其他竞争者，使企业在某特定领域获得竞争优势。目标聚集战略有两种形式：成本聚集和差异聚集。前者是在细分市场的成本行为中挖掘差异，寻求目标市场的成本优势；后者是开发细分市场上客户的特殊需要，追求目标市场的差异化优势。

4. 产品生命周期战略

产品生命周期理论认为，任何产品从导入市场到最终退出市场都有一个生命周期，这个周期可分为几个明显的阶段：导入期、成长期、成熟期和衰退期。在不同的阶段，企业会面临不同的机会和挑战，因而需采取不同的阶段战略。产品生命周期战略可以很好地指导企业的战略成本管理。在导入期和成长期，可采取发展战略，以提高市场份额为战略目标，加大投入，重视差异化，甚至不惜牺牲短期收益和现金流量；在成熟期，可采取固守战略，以巩固已有市场份额和维持竞争地位为目标，重视和保持成本领先，尽可能保持本阶段的市场份额，最大限度地延长本阶段；在衰退期，可采取收获与撤退战略，以预期收益和现金流量最大化为战略目标，有时是主动缩小市场份额。

5. 整合战略

整合战略可以扩展企业的价值链活动。横向整合扩大企业业务规模，但规模与经济并不呈正比例直线关系。随着规模的扩大，协调的复杂性和非直接成本的跳跃式增加可能导致某项价值活动规模不经济。因此，规模适度才能取得成本优势及最佳成本效益比。纵向整合是沿企业价值链向前或向后延伸。它可以回避强有力的竞争供方或买方，也可以带来联合作业的经济性等，从多方面降低成本。恰当运用整合战略，调整（增加或解除）整合程度，可以重构企业价值链，提高企业整体盈利水平。

企业管理层在确定本企业的战略定位、分析本企业的价值链和成本动因后，通过战略环境分析，考查企业内外部资源和环境，评判企业的竞争地位，了解自己和竞争对手的价值链，确定战略成本管理的方向；通过战略规划，确定企业如何进入、发展、固守或撤出该价值链活动；通过战略实施，控制计划进度和成本动因，保证战略成本管理目标的实现；通过战略业绩计量与评价，综合运用不同层次的业绩指标，获取企业的长远利益，扩大企业的战略成本优势与竞争优势。

（二）战略成本定位常用的分析方法

1.SWOT分析法

企业要对自己的内部和外部环境进行详细周密的调查分析，明确自身内部的优势和劣势及外部环境的机会和威胁，即进行优势-劣势-机会-威胁（SWOT）分析。SWOT分析的核心思想是通过对企业外部环境与内部条件的分析，明确企业可利用的机会和可能面临的风险，并将这些机会和风险与企业的优势和劣势结合起来，形成企业成本控制的不同战略。SWOT分析将企业外部的机会和威胁与内部的优势和劣势进行匹配，有四种不同类型的组合：

（1）优势-机会（SO）：这是企业内部优势与外部机会相结合的情形，是一种理想的战略模式。当企业具有特定方面的优势，而外部环境又为发挥这种优势提供有利机会时，可以采取大胆的发展战略。

（2）劣势-机会（WO）：在这种情况下，企业面临较好的市场机会，但同时内部劣势比较明显。企业可采取措施先克服自身弱点，只有这样，才能进一步利用各种外部机会降低成本，赢得竞争优势。

（3）优势-威胁（ST）：在这种情形下，企业要以自身优势面对不利环境。企业对此可持两种态度：一是利用现有优势在其他产品或市场上建立持久性优势，这是有其他发展机会的企业经常采取的态度，如我国一些企业采取的“人无我有，人有我优，人优我廉，人廉我走”战略。二是以企业自身的优势克服环境障碍。整合和多样化就是为克服环境威胁所采取的战略。不过，只有在企业的优势非常突出、实力较强时才适合采取这类战略。

（4）劣势-威胁（WT）：这是最不理想的情况。企业处在相对劣势时恰恰面临严峻的环境威胁，这时企业最好采取减少产品或压缩市场的战略，即退出战略。

企业实施战略成本管理的主要目的在于获取竞争优势，以便迅速适应持续变化的环境。为达到此目的，企业可以选择不同的经营战略，即选择获取竞争优势的不同方式。

运用SWOT分析法进行战略成本管理应注意以下几个问题：

（1）SWOT分析法的结果仅显示了企业的可选战略，并不一定是最佳战略。分析的结果应该与应用其他竞争环境分析模型（如波特的“五种力量分析法”和外部环境分析的PEST法等）的结果综合对比，以确定企业应采取的最有利的战略。

（2）进行SWOT分析时，除了要将外部环境和内部条件结合起来外，也要参考价值链分析、战略定位分析和成本动因分析，使成本控制战略建立在多方位、多角度、多层次分析的基础之上。

（3）在与竞争对手对比时，应该从产品种类、生产地点、劳动生产率、生产规模等方面较为准确地“模拟”竞争对手的成本，这样既可知己知彼，又能避免无谓的竞争。

（4）既要树立扬长避短观念（指充分发挥优势和抓住机会并回避劣势及威胁），又要树立取长补短观念（指用优势弥补劣势，用机会抑制威胁），并在一定情况下有机融合这两种观念。

2.竞争对手成本分析法和标杆分析法

在进行竞争对手成本分析时，必须首先从各种渠道获知大量相关信息，初步估计竞争对手的各项成本指标。另外，还需根据竞争对手的其他信息调整上述估计指标，如竞争对手现在和未来的战略及其导致的成本水平变化、企业环境的新趋势以及产业潜在进入者的行为。当竞争对手的成本结构被确定下来后，企业可以使用这一成本信息作为计量其自身成本业绩的标杆，即以此作为目标和尺度来进行系统的、有组织的学习与超越。

■ 本章重点与难点

1.本章重点：战略成本管理的含义和特点；战略成本管理的内容；战略成本动因的分类；价值链分析的内容。

2.本章难点：企业获得竞争优势的基本战略；通过价值链分析提高企业竞争能力的途径；利用战略成本动因分析获得竞争优势的途径；战略定位分析的含义，进行战略定位分析的方法；制定竞争战略的方法、基本战略的种类、企业通过各种战略取得竞争优势的方法。

■ 基本训练

第十三章判断题

第十三章选择题

实务题

假定太平洋酒店和时代酒店在住宿行业中所选择的战略不同。太平洋酒店以低成本为基础，其特点是以比竞争对手更低的价格吸引经济型旅行者，给他们提供标准化服务。时代酒店以差异化为基础，价格较高，主要为比较富裕的客户提供上乘的个性化服务。虽然这两个酒店的竞争战略不同，但由于住宿市场上有多种多样的购买者，其偏好和支付能力也多种多样，因此它们都获得了竞争优势。

要求：这两个酒店所追求的竞争战略是什么？为什么说它们都获得了竞争优势？